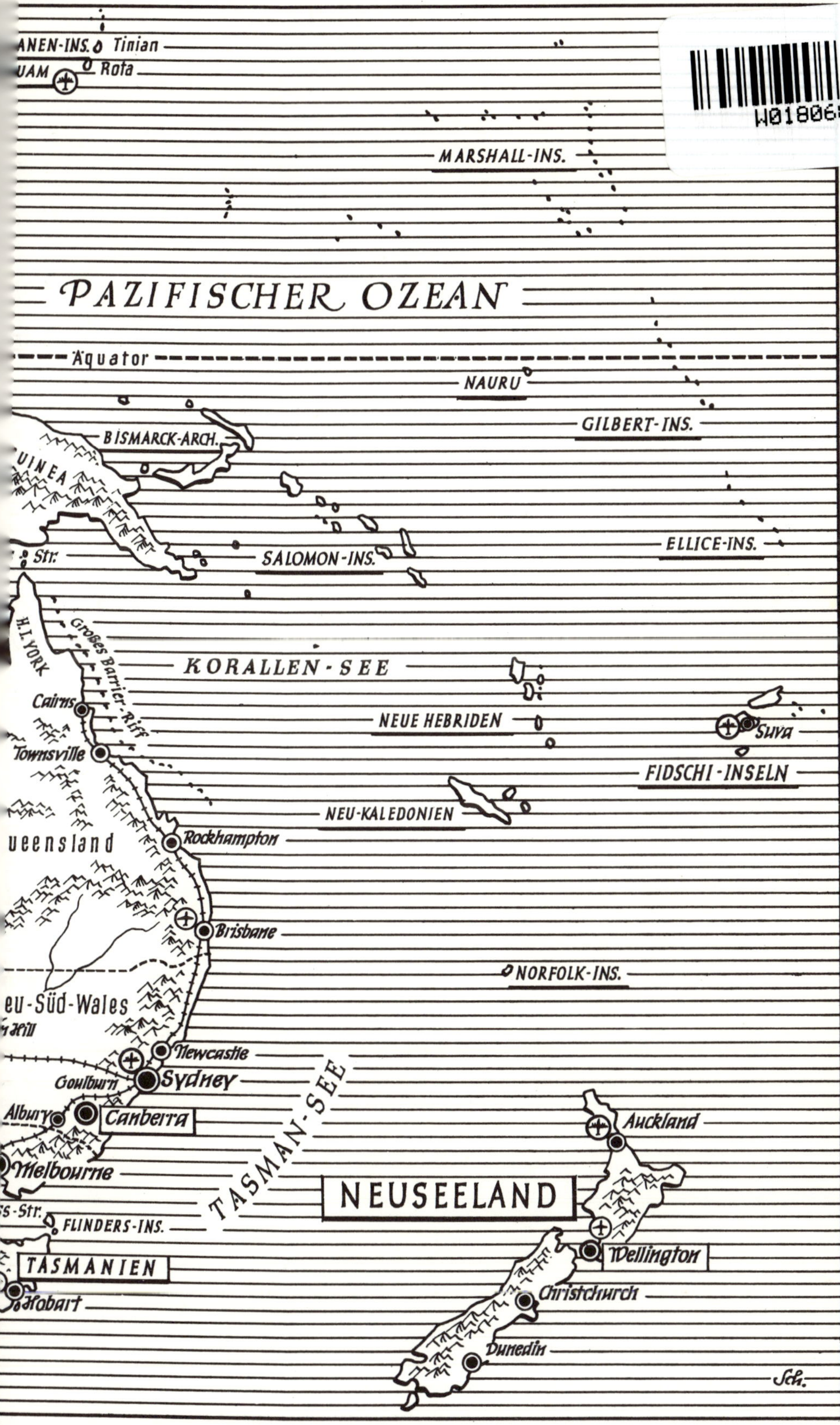
ANEN-INS.
Tinian
UAM
Rota
MARSHALL-INS.
PAZIFISCHER OZEAN
Äquator
NAURU
GILBERT-INS.
BISMARCK-ARCH.
UINEA
SALOMON-INS.
ELLICE-INS.
Str.
H.I. YORK
Großes Barrier-Riff
KORALLEN-SEE
Cairns
NEUE HEBRIDEN
Suva
Townsville
FIDSCHI-INSELN
NEU-KALEDONIEN
ueensland
Rockhampton
Brisbane
NORFOLK-INS.
eu-Süd-Wales
Hill
Newcastle
Goulburn
Sydney
TASMAN-SEE
Albury
Canberra
Auckland
Melbourne
NEUSEELAND
s-Str.
FLINDERS-INS.
TASMANIEN
Wellington
Hobart
Christchurch
Dunedin
Sch.

Hans-Otto Meissner · Das fünfte Paradies

Hans-Otto
Meissner

Das fünfte Paradies

Australien:
Menschen, Tiere, Abenteuer

C. Bertelsmann Verlag

C. Bertelsmann Verlag: Tafel 8 oben Wilfried Becker
Gruner und Jahr: Tafel 10 oben Ulli Seer
Mauritius: Tafel 2 oben, 9 oben, 11 oben, 14 unten Steve Vidler; 3 oben, 16 oben Ray Skobe; 3 unten links, 5 unten, 8 unten rechts Fritz Prenzel; 15 oben W. Fischer; 15 unten P. Krinninger
Okapia: Tafel 4 unten; 14 oben Fritz Prenzel
Fritz Prenzel: Tafel 1, 3 unten rechts, 4 oben, 5 oben, 6/7, 9 unten; 10 unten Stroheim; 11 unten, 13 oben, 13 unten, 16 unten
Alle anderen Photos sind dem Archiv des Autors entnommen.
Das Bild von Otto Pereultja wird mit freundlicher Erlaubnis der VG Bild/Kunst, München, abgedruckt.

 / 5 4 3 2
Überarbeitete Neuausgabe 1984
Lektorat: Dr. Dieter Struss, Grafing bei München
Gesamtherstellung: Mohndruck Graphische Betriebe GmbH, Gütersloh
ISBN 3-570-07047-6
Printed in Germany

Inhaltsverzeichnis

Australien, der kaum bekannte Erdteil

Australien ist über dreißigmal größer als die Bundesrepublik. Dieser Erdteil bedeckt eine Fläche von 7,7 Millionen Quadratkilometern. Von der West- bis zur Ostküste ist das riesige Land 4100 Kilometer breit, gleich der Entfernung von Köln nach Teheran. Die Südküste Australiens ist 3200 Kilometer von der Nordküste entfernt, gleich der Strecke von Köln nach Jerusalem.

Doch leben in diesem gewaltigen Raum nur gut fünfzehn Millionen Menschen, während sich bei uns, obwohl die Bundesrepublik über dreißigmal kleiner ist, sechzig Millionen Deutsche zusammendrängen. Fast zwei Drittel aller Australier wohnen in den elf Großstädten des Landes: Sydney, Melbourne, Brisbane, Adelaide, Perth, Newcastle, Wollongong, Canberra, Hobart, Geelong und Gold Coast. Von den übrigen fünf Millionen leben die meisten in kleineren Städten, so daß für den immensen Rest des fünften Erdteils nur wenige Menschen übrigbleiben, denen riesige Räume zur Verfügung stehen.

So ist zwar Australien das menschenleerste Land der Erde, aber seltsamerweise auch das am stärksten »verstädterte«. Drei Viertel der gesamten Bevölkerung wohnen relativ dicht beisammen, nämlich an der Südostküste, wo sich Melbourne, Sydney, Brisbane und Adelaide befinden. Das liegt am Klima, denn dieser Landstrich zwischen dem Meer und den Bergen ist nicht gar so heiß, und es regnet häufiger. Die Landwirtschaft, das Milchvieh und auch die Wollschafe gedeihen dort am besten. Dagegen sind im Binnenland die Weiden so mager, die Temperaturen so hoch und der Regen ist so selten, daß jedes Stück Vieh die zwanzigfache Fläche braucht, um sich notdürftig zu ernähren. An Äcker, Felder und Wälder ist dort überhaupt nicht zu denken. Dennoch, so kahl und ausgestorben, wie oft behauptet wird, ist selbst das Innere nicht. Ein paar Grashalme, Dornbüsche und stacheliges Gestrüpp gibt es überall, wirkliche Wüste ist relativ selten. Der Nordosten und die Halbinsel York sind so feucht, so heiß und so üppig bewachsen wie tropische Gebiete, aber nur dünn besiedelt, denn für Weiße ist das Klima schwer zu ertragen. Zwar gibt es viele Gebirgszüge im fünften Erdteil, doch nur die australischen Alpen erheben sich bis auf 2250 Meter. Immerhin hält sich im Winter Schnee auf diesen Höhen, und man kann dort Ski laufen.

Seinen Winter erlebt Australien im Juni, Juli und August. Während dieser kühlen Zeit bleibt in Melbourne und Sydney das Thermometer des öfteren unter 10 Grad Celsius. Aber immer noch über null Grad! Um die Weihnachtszeit herrscht hochsommerliche Hitze mit Temperaturen von 30 bis 40 Grad. Sie kann im heißen Herzen des Landes bis auf 50 Grad und darüber steigen, sogar im Schatten, nur fällt es schwer, ein schattiges Plätzchen zu finden.

Australien lebt in der Hauptsache noch immer von der Wolle seiner Schafe, vom Fleisch seiner Rinder und von der Ausfuhr seines Getreides. Doch haben sich während der letzten Jahrzehnte Bergbau und Industrie rasch entwickelt. Die Zukunft weist in diese Richtung, denn mit Bodenschätzen fast aller Art ist der glückliche Kontinent reich gesegnet. Sogar Erdöl wird seit etwa 30 Jahren in zunehmender Menge aus dem Boden geholt. Um jedoch seine Bodenschätze im großen Stil zu nützen, um eine mächtige Industrienation zu werden, hat Australien *zu wenig Menschen, zu wenig Wasser* und die *Entfernungen* sind *zu groß*.

Solange in fast allen europäischen Ländern das Wirtschaftswunder herrschte, war die Einwanderung schwach. Weil farbige Neubürger nicht allzu erwünscht sind, ist mit einem schnellen Anwachsen der Bevölkerung nicht mehr zu rechnen. Früher durften überhaupt nur Briten, Iren, Deutsche, Holländer, Skandinavier, Franzosen und reinweiße Amerikaner einwandern. Jetzt werden auch Italiener, Griechen, Spanier, Jugoslawen und Asiaten aufgenommen. Aber dies genügt nicht. Die Einwanderung erreicht bei weitem nicht den Umfang wie jener Menschenstrom, der sich im vorigen Jahrhundert in die Vereinigten Staaten ergoß. Gewiß, der Geburtenüberschuß der Australier ist beträchtlich, steht aber in keinem Vergleich zur Bevölkerungszunahme in Japan, China und Indonesien. Diese Länder und Landmassen aber sind es, die Australien am nächsten liegen. Ihre hungrigen Menschen werfen begehrliche Blicke auf die leere Fläche des fünften Kontinents, von dem Demagogen behaupten, daß Asiaten in der Lage seien, ihn trotz Hitze und Wassermangel besser zu nützen als die Weißen.

Um weitere landwirtschaftliche Flächen zu erschließen und für künftige Industrien Strom zu gewinnen, ist zur Zeit ein gigantisches System von Dammbauten und Kanälen in Arbeit, das bis zu seiner Fertigstellung mehr als 15 Milliarden Mark verschlingen wird. Snowy-Mountains-Project heißt das Unternehmen, von dem in Australien fast jeder spricht. Man will den Lauf des Snowy-River umdrehen, Flüsse durch die Berge leiten und sieben große Seen anlegen. Die Arbeit ist auf 25 Jahre veranschlagt. Das Ergebnis soll in 5 Millionen Hektar gutem Ackerland bestehen, in Gebieten, wo sich bis jetzt nur dürre Steppe ausbreitet.

Keine Bahn durchfährt den ganzen Kontinent von Norden nach Süden. Nur eine Bahnlinie verbindet den Osten mit dem Westen, bleibt aber stets in Küstennähe. Das Netz der Überlandstraßen ist nur dünn, und viele der Wege sind noch nicht befestigt. So ist der Transport schwerer Lasten teuer, langsam und nicht immer einfach. Der größte Teil Australiens ist noch heute ohne Verkehrswege und schon deshalb für die moderne Wirtschaft nicht zu nutzen. Flugzeuge besorgen die leichten Transporte, auch die Menschen wählen für lange Strecken fast nur den Luftweg. Wegen der enormen Entfernungen sind weite Reisen recht kostspielig. Nur wenige Australier kennen daher aus eigener Anschauung die Größe ihres Landes.

Die Ureinwohner des Erdteils waren um die Jahrhundertwende auf etwa fünfzigtausend Köpfe zurückgegangen, haben sich aber wieder auf rund 175 000 vermehrt, einschließlich der Mischlinge. In den Städten wird man ihnen nicht oft begegnen, viele leben im ›Weitdraußen‹, im ›Outback‹, wie das menschenarme Hinterland genannt wird. Die Uraustralier verkörpern eine der ältesten, noch existierenden Rassen der Menschheit. Obwohl von schwarzer Haut, sind sie dem ausgestorbenen Ureinwohner Europas, wie etwa dem Neandertaler, näher verwandt als dem afrikanischen Neger. Ebenso eigenartig wie die Urbevölkerung des fünften Erdteils ist auch seine Tierwelt. Fast alle Säugetiere sind Beuteltiere, von denen es hundert verschiedene Arten gibt, darunter merkwürdige Geschöpfe, die zwar Eier legen und sie ausbrüten, hernach aber noch monatelang in ihrer Bauchhöhle säugen.

Australien wurde zwar schon im Jahre 1642 von dem holländischen Seefahrer Abel Tasman entdeckt, damals aber von der übrigen Welt nicht weiter beachtet. Erst hundertdreißig Jahre später, als der britische Weltumsegler James Cook die Küsten des Erdteils näher erforscht hatte, begann 1788 von England aus die Besiedlung. Sträflinge beiderlei Geschlechts, die man aus britischen Gefängnissen holte, und ihre Wachsoldaten stellten jahrzehntelang den größten Teil der Einwanderer. Deshalb galt es lange Zeit als äußerst taktlos, einen Australier zu fragen, wann und warum seine Vorfahren ins Land kamen. Später wurde der Kontinent auch für freie Siedler geöffnet, von ihnen und nicht von den Sträflingen dürften wohl die meisten der heutigen Australier abstammen. Etwa ein Zehntel dieser Einwanderer kommt aus Deutschland, sind aber fast alle in der Gesamtbevölkerung aufgegangen.

Vor hundert Jahren zählte ganz Australien erst zwei Millionen Einwohner. Um die Jahrhundertwende waren es knapp vier Millionen, nach dem Ersten Weltkrieg 6,5 Millionen und heute sind es, wie gesagt, 15 Millionen. Erst 1901 wurde Australien ein ›Commonwealth‹ innerhalb des britischen Weltreiches. Bis dahin bestand es aus sechs verschiedenen Kolonien, die noch heute als Bundesstaaten fortbestehen, nämlich Neusüdwales, Südaustralien, Queensland, Victoria, Westaustralien und die Insel Tasmanien. Das sogenannte Nordterritorium, das die Mitte und den Nordteil des Kontinents umfaßt, wird wegen seiner geringen Bevölkerung direkt von der Landeshauptstadt aus verwaltet. Diese Hauptstadt, Canberra mit Namen, zählt 250 000 Einwohner; seit 1913 wird der Regierungssitz planmäßig ausgebaut.

Ähnlich wie bei uns hat jedes Bundesland seine eigene Regierung mit Parlament und Fachministerien. Die Zentralregierung in Canberra wird von einem Premierminister geführt, aber das Staatsoberhaupt residiert nicht in Canberra, sondern in London. Elisabeth II. ist auch Königin von Australien. Sie wird von einem Generalgouverneur vertreten, der im Namen der Königin alle Gesetze unterzeichnet, die man im Land beschließt. Es sind aber mehr traditionelle und wirtschaftliche Gründe, die Australien mit dem Mutterland verbinden, als politische. In jeder praktischen Hinsicht regieren sich die Australier selber.

Die Probleme des jüngsten Erdteils lassen sich mit denen der alten Welt nicht vergleichen. Bisher blieb Australien von den Gegensätzen zwischen Ost und West unberührt. Über die möglichen Gefahren, die in Zukunft aus dem übervölkerten Ostasien drohen, macht man sich vorerst nur wenig Gedanken. Obwohl die Wirtschaft stagniert und die Einkommen nicht mehr so rasch wie früher wachsen, gibt es kaum materielle Not und echte Armut. Die Städte entwickeln sich weiterhin mit erstaunlicher Geschwindigkeit, überall wird gebaut. Was im Lande selbst erzeugt wird, ist zumeist billiger als bei uns, im Verhältnis zum durchschnittlichen Verdienst. Fast jeder Bürger kann sich jene Dinge leisten, die zu einem bescheidenen Wohlstand gehören. Man verträgt sich gut miteinander. Der Umgangston ist durchweg freundlich, man respektiert geflissentlich die Rechte seines Nächsten.

Auch in politischer Hinsicht herrscht Ruhe im Lande, extreme Richtungen fallen zahlenmäßig kaum ins Gewicht. Obzwar linksradikale Einflüsse bei manchen Gewerkschaften, so bei den Hafenarbeitern, fühlbar sind, regt sich niemand sonderlich darüber auf. Man erträgt sie mit Gelassenheit, weil sie bisher nur materielle Auswirkungen hatten. Die soziale Fürsorge ist vortrefflich, zur Betreuung des Gesundheitswesens und zur Ausbildung des Nachwuchses stehen große Mittel zur Verfügung. Der Neubau von Schulen und Hospitälern wird gefördert. In schönster Weise haben Natur und Klima für die Gestaltung der Freizeit gesorgt. Es gibt kein Gedränge am Strand, Platz im Überfluß hat draußen vor der Stadt jeder Bewohner dieses großartigen Landes.

»Der fünfte Kontinent ist das fünfte Paradies«, sagte uns ein stolzer Australier, wobei er vergaß, die übrigen vier zu benennen.

Etwas übertrieben, möchten wir meinen, gleich von einem Paradies zu sprechen. Es gibt Ansichten, die beträchtlich abweichen. Nicht alles, was die Sonne beglänzt, muß aus purem Golde sein.

»Ob wir im fünften Paradies leben«, überlegt ein anderer Australier bedächtigt, »hängt wohl davon ab, mit welchen Verhältnissen Sie unsere vergleichen.«

Australien . . . ein Paradies? Nun ja, gewiß, ein Paradies mit Evas, herrlichen Äpfeln, giftigen Schlangen und einigen Fragezeichen!

So war das in Perth und Adelaide

Kaum hatte ein dumpfer Bumser angezeigt, daß sich unser Schiff an die Kaimauer schmiegte, ging unser Käpten schnell von der Brücke, lief grußlos vorbei und verschwand in seiner kleinen Wohnung. Dann hörten wir noch, wie er den Schlüssel zweimal herumdrehte.

»Was passiert«, fragten wir den Ersten, »schon so früh am Morgen?«

Der schaute hinunter aufs heiße Pflaster, wo schon in zwei, drei Gruppen die Schauerleute standen.

»Noch nicht, aber gleich geht der Ärger los!«

Nun war auch die Gangway heruntergelassen. Mit dem Arzt, dem Zöllner und Paßprüfer kamen auch zwei Herren in dunklem Anzug an Bord. Unser Erster wußte schon, wer sie waren, und bat sie mit ausgesuchter Höflichkeit in den Rauchsalon.

»Zwei Bosse von der Gewerkschaft«, klärte uns der Steward auf, »deshalb läßt sich der Käpten nicht mehr blicken, sobald wir festliegen. Ist auch besser so, denn ihm platzt gleich der Kragen. Dann wären wir erst recht aufgeschmissen!«

Was die Bosse diesmal verlangten, konnte noch hingehen. Es mußten nur die Halteseile der Ladevorrichtung abmontiert und zur Prüfung nach Perth geschickt werden. Bevor sie nicht mit positivem Bescheid zurückkamen, durfte kein Hafenarbeiter mit unserem Schiff das geringste zu tun haben. Außerdem hatten die Herren beim letzten Besuch der ›Nürnberg‹ festgestellt, daß sich im Unterdeck zum Teil nur deutsche, keine englischen Aufschriften befanden. Auch das mußte in Ordnung sein, bevor die Arbeit begann.

Alles nur Schikane, an den längsten Haaren herbeigezogen. Unser Schiff war nagelneu, hatte noch nicht das erste Jahr hinter sich und war natürlich vor seiner Jungfernfahrt bis ins kleinste Detail auf Herz und Nieren überprüft worden. Die Nylontaue an den Ladebäumen waren noch so frisch, daß sie hellgelb glänzten. Und Fremden war der Zutritt zum Unterdeck ohnehin verboten.

Unser Steward kannte alle großen Häfen der Welt und zufällig auch meine Eltern. Vor etwa dreißig Jahren hatte er sie auf der ›Europa‹ und der ›Columbus‹ betreut. So waren wir schnell miteinander befreundet und genossen sein Vertrauen.

»Für die erzwungene Wartezeit muß voll bezahlt werden«, erklärte er die Sachlage. »Aber darum geht's nicht allein, sie wollen auch ihre Macht beweisen. Das Schiff im Hafen ist ihnen ausgeliefert, so was macht doch Spaß, das wollen sie auskosten!«

Man nennt sie ›Wharfies‹, die Hafenherren von Australien, Neuseeland und Tasmanien, ein Stand von ganz besonderer Prägung und bewundernswerter Phantasie, was seine Ansprüche betrifft.

Als am frühen Nachmittag die Taue mit dem Zeugnis ihrer Haltbarkeit zurückkamen und inzwischen auch die Türen auf dem unteren Deck mit englischen Aufschriften versehen waren, begann langsam das Löschen. Selbst ein Laie konnte erkennen, daß dreimal so viele Leute antraten, als man wirklich gebraucht hätte. Für ein paar Stahlfässer mit chemischer Flüssigkeit erschienen sogar viermal so viel. Zum Unterschied von ihren Kollegen trugen sie orangerote Overalls und bezogen, weil das Zeug in den Tonnen brennbar war, eine Gefahrenzulage. Außerdem mußte das Schiff für ihre Sonderkleidung eine Leihgebühr zahlen, die man gewiß sehr saftig berechnete. Immer nur zwei Mann hantierten mit diesen Fässern, die übrigen sechs hielten sich als Ersatzleute bereit, falls Müdigkeit oder andere Übel die beiden Tätigen heimsuchen sollten.

Trotz aller Vorsicht unserer Besatzung, die auf ihrem eigenen Schiff nicht mehr viel zu sagen hatte, wäre es fast zu einem Streik gekommen. Wir hatten nämlich einen Ladeoffizier, der noch jung an Jahren und zum erstenmal in Australien war. Er bemerkte einen Wharfie, der breitbeinig und mit brennender Zigarre auf einer von den chemischen Tonnen saß. Sicher eine wohlberechnete Provokation, zumal er noch grinste und den Rauch durch beide Nasenlöcher puffte. Auf dem Faß stand dreisprachig und in leuchtendroten Buchstaben:

FEUERGEFÄHRLICH . . . NICHT RAUCHEN!

Der Ladeoffizier wandte sich an den Raucher und ließ sich zu der Frage hinreißen, ob er denn nicht lesen könne.

Sogleich verständigte der Wharfie seine Kollegen, erklärte, man habe ihn einen Analphabeten geschimpft und damit die ganze Zunft beleidigt. Unverzüglich wurden alle Arbeiten eingestellt, die Herren versammelten sich zur Beratung. Deren Ergebnis war noch glimpflich zu nennen. Es wurde nur gefordert, daß sich der junge Offizier entschuldigte und nicht mehr auf Deck erschien. Aus dem Schiffsbestand erhielt der Gekränkte eine Kiste Zigarren geschenkt, was ihn zur Milde bewog. Und so konnte die Arbeit gemächlich weitergehen.

Am folgenden Morgen war es keiner von unserem Schiff, der Veranlassung zum Streik gab. Ein Polizist war diesmal schuld daran, der einen Autofahrer notiert hatte, weil er trotz strengen Verbotes mit einem Privatwagen im gesperrten Gelände herumkurvte. Das war nun ausgerechnet ein Boß der Gewerkschaft. Für ihn wie seinesgleichen gelten ungeschriebene Gesetze, die manchmal die geschriebenen aufheben. Der Polizist war erst vor kurzem in den Hafen versetzt worden, er kannte noch nicht die Sonderrechte der führenden Gewerkschaftler und hatte versäumt, sich die Gesichter der Beherrscher des Hafens einzuprägen. Nun erklärte der Boß bitterböse, man habe ihn bei Ausübung seiner Pflichten behindert, und verfügte sogleich einen dreitägigen Proteststreik. Im Verlauf des Tages gelang es aber dann den Bemühungen einiger Schlichter, den Konflikt beizulegen.

»Und doch sollte man die Wharfies nicht allein nach ihrem arroganten Benimm im Hafen beurteilen«, riet uns der Erste Offizier, als wir abends ein Gläschen tranken, »die meisten sind recht gutmütige Leute, wenn man außerhalb des Dienstes mit ihnen zu tun hat.«

Bisher hatten wir noch nichts vom doppelten Gesicht der Australier gehört, sollten aber schon am ersten Nachmittag eine erste Begegnung haben. Bald nach dem Festmachen war oben an der Gangway ein Telefon installiert worden, mit direkter Verbindung zur Stadt. Wir hatten natürlich den Wunsch, während der Liegezeit möglichst viel von Perth zu sehen, mußten aber erst mal vom Hafen Freemantle in die Stadt hineinkommen. Der Versuch, telefonisch ein Taxi zu bestellen, blieb ohne Erfolg. Da erbot sich ein Wharfie, der zugehört hatte, und zwar ausgerechnet jener Raucher vom feuergefährlichen Faß, uns mit seinem Wagen hinzubringen. Wie sich dann herausstellte, war das eine Fahrt von zwanzig Kilometern, wenn nicht mehr. Im Zentrum angelangt, fuhr uns der freundliche Mann noch eine Weile herum und wies auf verschiedene Sehenswürdigkeiten hin. Zum Schluß wollte er uns gar ans Schiff zurückbringen. Weil sich dabei eine nette Unterhaltung ergab, fragte ich beiläufig, warum er denn diesen Streit mit unserem Ladeoffizier vom Zaun, oder vielmehr vom Faß gebrochen hatte.

»Na ja, Spaß muß doch mal sein«, lachte er vergnügt, »und so jungen Leuten kann's nicht schaden, wenn sie beizeiten lernen, wer wir sind!«

Die Wharfies, oder vielmehr ihre Bosse, sind nun mal die Herren des Hafens, Gebieter über die Liegezeit aller Schiffe, gefürchtet von jedem, der mit ihnen zu tun hat. Mag der einzelne im privaten Umgang noch so passabel und vielleicht auch gutmütig sein, ihre Organisation übt an der Wasserfront totalitäre Ansprüche aus. Schon längst haben es die Führer der Gewerkschaft erreicht, daß die Löhne haushoch über dem Durchschnitt liegen und daß mancherlei Sonderpausen die tatsächlichen Arbeitsstunden in drastischer Weise verkürzen. Das wäre noch nicht so schlimm und könnte als sozialer Erfolg gelten. Aber die Kosten steigen um das Doppelte und Dreifache, weil von den Bossen gar zu viele Ladeleute gestellt werden, deren Annahme und volle Entlohnung nicht diskutiert werden darf. Am Ende ist es natürlich der Verbraucher, aus dessen Tasche alles bezahlt wird. Denn was die Lader und Löscher, die Liegezeiten und alle Sonderwünsche der forderungsfreudigen Wharfies kosten, ist zum Schluß im Preis der Ware enthalten.

Den meisten Wharfies liegen politische Motive völlig fern. Handfeste Vorteile materieller Art halten sie zusammen. In ihren hochbezahlten Reihen Eingang zu finden, ist ziemlich schwer. Man muß schon gute Beziehungen haben, um in die Schicht der Privilegierten vorzudringen. Wer aufgenommen wird und wer bleiben darf, bestimmen die Bosse. Ihnen ist widerspruchslos zu gehorchen, vor allem wollen sie Gewißheit, daß niemand ihre Wiederwahl gefährdet. Und damit wird die Gesamtheit der Wharfies, ob sie wollen oder nicht, eben doch in ein politisches Netz verstrickt. Nämlich ins Netz der an sich nur kleinen kommunistischen Partei Australiens. Jedenfalls wird gesagt, daß die maßgeblichen

Führer der Wasserfront stahlharte Kommunisten seien und ihre Direktiven vom ›Büro‹ bezögen.

»Mir kommt's manchmal so vor«, meinte unser Erster, »als seien die meisten Wharfies nicht immer einverstanden mit all den blödsinnigen Provokationen und Befehlen.«

Einmal hatten sie drei Tage lang gestreikt, weil angeblich die Handtücher im Waschraum an Bord zu klein waren. Ein andermal hatten sie an der Seifenmarke etwas auszusetzen. Dann war die Milch für ihre Teepause nicht rechtzeitig gekommen, oder man hatte versäumt, für genügend Löffel zu sorgen. Noch von zahllosen anderen Quengeleien hörten wir später, mit denen oft wochenlange Todesstille in den Häfen begründet wurde. Echte Gründe gab es nur selten, fast immer waren es Schikanen, um Macht zu beweisen und Money zu machen.

Wir konnten wahrlich froh sein, daß wir nichts mit diesen Problemen zu tun hatten. Im Gegenteil, wenn man es bei Licht betrachtet, profitierten wir davon. Je langsamer die Wharfies mit unserem Schiff verfuhren und je öfter sie streikten, desto besser für uns. Bis nach Sydney hatten wir die Reise gebucht, am Fahrpreis änderte sich nichts, gleich, ob die restliche Reise zehn oder vierzehn Tage länger dauerte. Je länger sie dauerte, desto mehr Zeit hatten wir, uns in aller Ruhe die Städte unterwegs zu betrachten. Immer stand das Hotel ›Nürnberg‹ zu unserer Verfügung, wo wir besser wohnten und noch besser verpflegt wurden, als in so manchem Hotel zu Lande. Kehrten wir von diesen Ausflügen zurück, war das immer, als kämen wir nach Hause. Man gewöhnt sich an sein Schiff, wenn man so viele Wochen darauf verlebt.

Perth war unsere erste Stadt in Australien. Es klingt etwas seltsam, aber tatsächlich machten uns dort die Hüte der Damen den stärksten Eindruck. Wer aus Europa, ja selbst aus Amerika kommt, hat so etwas noch nicht gesehen. Sie leuchteten in allen Farben des Frühlings, glichen einem Bukett aus buntesten Blüten. Manche Ungetüme hatten die Größe von Wagenrädern, andere glichen einem garnierten Ballon und wieder andere sahen aus, als würden die Frauen einen üppigen Blumentopf auf ihrer Frisur balancieren. Gebilde aus Tüll und Taft, aus glänzender Seide und buntem Stroh. Noch aus vielen anderen Bestandteilen waren sie zusammengesetzt, die wir nicht enträtseln konnten. Eine unendliche Kleinarbeit steckte darin, denn natürlich waren die Kunstblumen peinlich getreu der Natur nachgebildet.

Alle Frauen und Mädchen trugen solche Hüte, nur die jüngsten nicht. Der phantastische Kopfschmuck war um so auffallender, als die meisten Männer, auch solche von würdiger Erscheinung, hutlos auftraten, der Hitze wegen auch ohne Jacke und Schlips durch die Straßen liefen. Die Damen jedoch legten großen Wert auf ihre Erscheinung, manche gingen schon am Vormittag in einer Art von Cocktailkleid ihren Besorgungen nach. Je älter sie waren, desto glanzvoller ihre Hüte, desto heller die Farben. Großmütter, die auch Urgroßmütter sein konnten, führten wahre Frühlingsgedichte auf ihrem Kopf spazieren. Mochten sie auch am Stock gehen und den Rinnstein nur mit Mühe erklimmen, auf ihrem Haar blühte ein taufrisches Blumenbeet. Bemerkenswert auch die Frisuren der Omas, kunstvoll gelockt und säuberlich gekräuselt. War das Haar nicht blau, violett oder rosengold gefärbt, dann hatte man ihr natürliches Weiß mit glitzerndem Pulver dieser oder jener Schattierung bestäubt. Wir konnten uns gar nicht satt sehen an ihrer Aufmachung.

»Je oller, um so doller«, meinte Marianne respektlos und wollte mir einreden, die Hüte seien auch parfümiert, jeweils im Duft der daran befestigten Kunstblumen. Als wir nach unserer Heimkehr auf einer Busfahrt zwischen Rotterdam nach Keukenhof hinter zwei älteren Damen saßen, die ebenso auffallende Hüte trugen, begann meine Frau gleich ein Gespräch mit ihnen, um herauszufinden, ob sie von Australien kamen. Tatsächlich waren sie in Perth zu Hause. Anders konnte es kaum sein, denn nicht für ganz Australien galt diese Mode, sie wurde speziell in Perth gepflegt.

Erst nachdem wir genügend über die Hüte gestaunt hatten, kamen wir dazu, der Hauptstadt Westaustraliens selbst mehr Beachtung zu schenken. Ohne Zweifel verdient sie einen längeren Besuch, ihre Lage ist von seltenem Reiz. Das bewohnte Gelände umfaßt eine herrlich geschwungene Bucht mit goldgelbem Sandstrand und dehnt sich bis in die Hügel hinauf. Obwohl die Stadt erst 1829 gegründet wurde, hatte man schon damals für breite Straßen gesorgt – für die Ochsengespanne. Auch für den heutigen Verkehr ist somit genügend Platz vorhanden. Es herrscht kein Gedränge, die Wagen gleiten flott dahin, nach einem Parkplatz muß man nicht lange suchen. Nur viermal vier Straßen bilden das Geschäftsviertel, um diese City herum breiten sich nach allen Seiten hin, zehn bis zwanzig Kilometer weit, die Villenviertel aus. Hier hat jede, auch die einfachste Familie, ihr eigenes Haus, keines ohne gepflegten Garten von mindestens tausend Quadratmetern. Grundstücke sind im Überfluß vorhanden, und die Bauplätze draußen am Stadtrand so billig, wie sie unsereins kaum im Traum zu finden hofft. Dem Klima entsprechend genügt leichte Bauweise aus Holz, ohne Heizung, meist auch ohne Keller. Die Autos, eine absolute Notwendigkeit angesichts der weiten Wege, stehen im ›Carport‹, das heißt, unter einem schlichten Vordach, das sich auf drei oder vier weiße Pfähle stützt.

Während der Mittagspause strömen die Angestellten aus Büros und Geschäften in die öffentlichen Parks, verteilen sich in Gruppen über die Rasenfläche und verzehren dort ihren mitgebrachten Lunch. Ein buntes Bild, eine heitere Stimmung. Man lebt gut in Perth, es wird hinreichend verdient, und das Leben ist nicht teuer. Wir waren erstaunt über die zivilen Preise, selbst in Restaurants und Teestuben, die für australische Begriffe einen gewissen Aufwand trieben.

Auch Überraschungen kann man dabei erleben! Wir fuhren hinauf zu einem Panorama-Restaurant, recht gefällig in einem öffentlichen Garten gelegen, von dem man die ganze Stadt und Bucht übersah. Es war ein Etablissement gehobener Art, worin der Gast von einer Empfangsdame begrüßt und an seinen Platz geleitet wird. Da wurden wir nun keineswegs zu einem freien Tisch am Fenster dirigiert, wo man die denkbar schönste Aussicht genießen konnte, sondern auf zwei Plätze an einer größeren Tafel, die schon von sechs Personen besetzt war. Ziemlich laut sprachen die Leute und gar lustig waren ihre Kinder. Vergeblich unser Einwand, es seien noch Tische genug vorhanden. Erfolglos auch der Wunsch, von einem Fenster über Stadt und Land zu schauen.

»Wollen Sie bitte Platz nehmen, wo ich Sie hinweise«, sagte die Dame mit strengem Blick, »Sie sehen doch, hier sind gerade noch zwei Stühle frei!«

Wir aber konnten ihre Logik nicht begreifen. Unsere Einwände ließen sie vermuten, daß wir noch nicht mit den Landessitten vertraut waren. Etwas milder gestimmt, gab sie ihre Gründe bekannt.

»Der Weg bis an die Fenstertische ist für das Personal zu weit. Solch unnötigen Schritte wollen wir tunlichst vermeiden. Nur wenn sonst kein Platz vorhanden ist, wird auch jene Reihe am Fenster vergeben.«

Der Achtertisch, an dem wir in fremder Gesellschaft essen sollten, lag der Anrichte am nächsten. Von jedem Gast wurde erwartet, daß er davon Gebrauch machte.

Wir gingen nicht darauf ein, sondern verließen erhobenen Hauptes die wenig gastliche Stätte. Aber im weiteren Verlauf der Reise mußten wir uns fügen, es ging nicht anders. Die Australier selber sind diese Unsitte gewohnt und empfangen fremde Leute an ihrem Tisch mit größter Selbstverständlichkeit. Es kommt dann auch gleich zu einer regen Unterhaltung. Der Fremdling wird weidlich ausgefragt, kann auch selber so manchen Ratschlag einholen. So lernten wir am folgenden Tag im Fischrestaurant ein älteres Ehepaar kennen, das sich eine Freude daraus machte, uns die nähere Umgebung von Perth zu zeigen. Die Sitte der gemeinsamen Tische, obwohl nicht überall angewandt, hat auch ihre Vorteile. Man hört an ihnen weit mehr, als im Baedeker steht, und kann seine Rundgänge danach richten.

So kamen wir denn auch zu einem Eukalyptusbaum, der uns besser als jede theoretische Erklärung bewies, mit welcher Schnelle in Australien Bäume emporschießen. Er war erst vor elf Jahren von der Königin gelegentlich ihres ersten Besuches in Perth gepflanzt worden, und schon hatte er die stattliche Höhe von etwa fünfzehn Metern sowie einen beträchtlichen Umfang erreicht. Er wuchs am Rande eines Haines, in dem alle Bäume ›in memoriam‹ für einen lieben Verwandten oder zu Ehren einer verdienten Person gepflanzt worden sind. Eine schöne Sitte, die jedermann üben kann. Man muß seinen Wunsch nur dem Parkwächter mitteilen und dafür bezahlen. Dann wird der Baum gepflanzt und ein Gedenkstein davor gesetzt. So entsteht nach und nach ein Gedächtniswald, der an Verstorbene erinnert und den Lebenden zur Erholung dient.

Weil wir vom Morgen bis zum Mittag und vom Mittag bis zum Abend mit dem Auslaufen unseres Schiffes rechnen mußten, verschoben wir die Ausflüge in die weitere Umgebung bis zur Rückreise. Doch versäumten wir nicht, ein spanisches Kloster zu besuchen, dessen Mission schon seit hundertzwanzig Jahren die Eingeborenen am Rand der großen Steppe betreut. Sie war wegen ihrer stilechten Anlage berühmt. Ihrem Aussehen nach könnte sie ebensogut in Kastilien liegen.

Obwohl in jedem Lexikon zu lesen steht, daß Perth die einzige Stadt im westlichen Australien von Bedeutung ist, fiel es uns schwer, daran zu glauben. Denn Westaustralien, ein Bundesstaat für sich, könnte ganz England zehnmal in seinem Territorium unterbringen. Dabei hat der Staat nur 1,5 Millionen Einwohner, von denen etwa zwei Drittel in der Hauptstadt lebt. Kein Wunder also, wenn das übrige Westaustralien so menschenleer ist wie kaum ein anderes Gebiet auf Erden. Wenn man deswegen meint, es sei alles nur leblose Wüste, so ist das ein Trugschluß. Steppen und Gestrüpp, auch Dornbäume und Akazienwälder ziehen sich an trockenen Flußläufen weit in das Land hinein. Es gibt mächtige Gebirge, deren Täler sich zeitweise begrünen. Es gibt hundert entlegene Farmen im Hinterland mit vielen hunderttausend Schafen. Desgleichen riesige Rinderherden, die allerdings Weideflächen von Provinzgröße brauchen, um sich notdürftig zu ernähren.

Als sich am vierten Tag die Anker der ›Nürnberg‹ lichteten, zeigte sich auch die Küste des Landes, so lange wir sie noch im Fernglas erblickten, von graugrüner Vegetation bedeckt. Alsdann kam so schlechtes Wetter auf, wie es unser Schiff auf der ganzen Reise noch nicht erlebt hatte. Vom Süden her, wo in weiter Ferne die Antarktis lag, wehte ein naßkalter Sturm. Mächtig rollten die Wogen heran, und der Himmel wurde ganz finster. Das Geschirr klirrte vom Tisch, es rumpelte auf allen Seiten, und die Passagiere krochen ins Bett. Doch als wir den Torrens-River nach Adelaide hinaufglitten, schien die Sonne wieder, und die Luft war trocken.

Zwei Stunden lang fuhren wir durch die Mangrovensümpfe des schlammigen Flusses, bis wir endlich an die Pier gelangten.

Unser Kapitän war angenehm überrascht, schon vom Lotsen zu hören, daß gegenwärtig in Adelaide nicht gestreikt wurde und auch sonst keine Schwierigkeiten, außer den üblichen, erwartet wurden. Weshalb zu befürchten stand, daß wir nicht lange blieben. Denn für Adelaide hatten wir keine große Ladung an Bord. Aber dann kam es doch, wie uns der Steward zugeraunt hatte. Die Wharfies ließen zwischen jeder Handbewegung geraume Zeit verstreichen, so daß uns auch in diesem heißen Hafen drei Tage vergönnt waren.

Von Adelaide muß man wissen, daß es die Hauptstadt von Südaustralien ist, dem viertgrößten Bundesstaat auf dem Kontinent. Über drei Viertel seiner Bewohner leben in der Metropole. Auch hier wieder jener typische australische Kontrast, daß zu viele Menschen sich in der Hauptstadt wohl fühlen und das Land unverhältnismäßig leer ist. Aber sicher ist Adelaide von allen Großstädten im fünften Erdteil die schönste und auch die jüngste. Erst 1836 wurde der Ort gegründet, vom ersten Tage an großzügig geplant und nach der Gemahlin König Williams IV. von England getauft. Wie gesund das Klima hier ist, läßt sich an dem hohen Alter ermessen, das erstaunlich viele Bürger Adelaides erreichen. Als die ›Buffalo‹ mit den allerersten Siedlern an der Küste eintraf, ging mit ihren Eltern auch Marianne Fischer an Land, ein Mädchen von zehn Jahren und vermutlich deutscher Herkunft. Sie wurde die Urgroßmutter einer weitverbreiteten Familie und hat noch ihren hundertsten Geburtstag erlebt, bevor sie 1927 starb. Die Neunzigjährigen sind keine Seltenheit, und die meisten Beamten im Ruhestand leben nach dem Prinzip, daß man dem Staat einen gesunden Pensionär recht lange erhalten soll.

Und wirklich, wenn man von einer Gartenstadt träumt, die allen Schäden einer geballten Zivilisation entging, so ist Adelaide das Beispiel der Erfüllung. So viele Parks und Grünanlagen, sogar im Zentrum selbst, besitzt keine andere Großstadt Australiens, ja überhaupt keine andere in der Welt. Ein Gefühl der Weite und Freiheit ist überall zu spüren. Selbst die Industrieviertel können sich sehen lassen. Wohl sechzig Kilometer breit ist Adelaide und verliert sich dann in einer hügeligen Landschaft.

William Light, damals General-Landvermesser von Australien, ist der Mann, dem Adelaide sein Glück im Grünen zu verdanken hat. Er kam, er sah und plante, schon bevor die ersten Pioniere am Torrens-River erschienen. Seine Straßen waren so breit entworfen, daß sogar ein Gespann mit zwölf Ochsen darin wenden konnte. Nicht weniger als fünfhundert Hektar Buschland mußten im Herzen der künftigen Stadt erhalten bleiben. Eine segensreiche Voraussicht, sonst wären die öffentlichen Gärten nicht möglich, die heute Adelaides Bürger erfreuen. So stolz sind die Stadtväter darauf, daß sie den offiziellen Empfang für die Queen nicht im Rathaus gaben, sondern unter freiem Himmel im schönsten Stadtpark. Und mit noch mehr Stolz können sie behaupten, daß es in Adelaide keine Slums, ja nicht einmal ärmliche Wohnviertel gibt. Noch immer fährt man von einem Vorort zum anderen durch kleine Gehölze wuchernden Urwalds. In seinen Visionen hatte William Light die heutige Ausdehnung Adelaides bis zum Fuße der Berge vorausgeahnt und schon den Grüngürtel eingeplant, den man erst in kommenden Jahrzehnten ausbauen wird. Ihm selber aber gereichte sein grenzenloser Optimismus zum Verhängnis. Als er 1850 rundheraus erklärte, die Siedlung werde in hundert Jahren eine halbe Million Einwohner zählen, hielt ihn der britische Gouverneur in Sydney für geisteskrank und sorgte dafür, daß er schleunigst pensioniert wurde. Denn zu diesem Zeitpunkt standen auf dem Areal von Adelaide nur eine bescheidene Anzahl weitverstreuter Blockhütten. Als jedoch ein Jahrhundert vergangen war, hatte Adelaide tatsächlich die halbe Million erreicht. Und so steht nun William Light, in Bronze gegossen, auf einem hohen Podest und weist mit ausgestreckter Hand zu jenen Hügeln hin, bis zu denen nach seiner Überzeugung Adelaide einmal reichen würde. Und jetzt reicht es bis dorthin!

Wir gingen viel zu Fuß, weil es Freude machte, planlos durch die Alleen zu wandern. Angesichts der Größe und Üppigkeit der Gärten hätte man bei uns vermutet, sie gehörten samt und sonders reichen Leuten. Doch kann es so viele Millionäre in ganz Australien gar nicht geben. Sah man die Häuser selber, so verrieten sie keinen besonderen Aufwand. Hier lebte der Mittelstand, zu dem laut steuerlicher Statistik die Mehrheit aller Australier gehört. Sie können es sich leisten, in einem behaglichen Gartenheim zu leben. Auch hier gibt es am Stadtrand noch Bauland im Überfluß, und zwar zu Preisen, die für unsere Begriffe schwindelhaft niedrig sind. Näher am Geschäftsviertel, der eigentlichen City, ist natürlich nichts mehr zu haben, es seien denn ältere Villen mit nunmehr weit höherem Wert. Was das Bauen selber anbetrifft, scheint es trotz hoher Löhne nur halb so teuer zu sein wie bei uns. Doch muß man bedenken, daß Keller wie Heizung fehlen und wegen des ständig warmen Klimas die Wände nur dünn sind. Die Kosten für den Hausbau, auch für das Grundstück, müssen nicht gleich bezahlt werden. Der Staat und die Banken gewähren billige Kredite bis fast an die Grenze der Gesamtsumme, und man hat zwanzig, ja sogar dreißig Jahre Zeit, sie abzutragen. So ist das Eigenheim billiger als eine Wohnung zur Miete, die es ohnehin so gut wie gar nicht gibt. Erst während der letzten Jahre sind in den Großstädten einige Mietshäuser und Wohnblocks mit kleinen Apartments entstanden, in erster Linie für Einwanderer gedacht. Der gebürtige Australier würde sich in keinem Hause wohl fühlen, das ihm nicht gehört oder das er mit anderen Leuten teilen muß.

Je näher der City, desto vornehmer wirken die Gärten. Denn ein bis zwei Generationen sind hier vergangen, seit sie angelegt wurden. So ruht nun das Haus im Schattengewölbe dicht belaubter Bäume. Diese älteren Viertel haben die gleiche Atmosphäre wie bei uns jene Seitenstraßen, wo schon zu Kaisers Zeiten die Honoratioren der Stadt zu wohnen pflegten. Weiter draußen sind die Gärten offener, sie hatten noch keine Zeit, bis übers Dach zu wachsen. Aber lange wird es nicht mehr dauern, zwei bis drei Jahrzehnte vielleicht, dann verschwinden auch die Außenbezirke in einem schöngepflegten Kulturwald. Er wird meist aus importierten Bäumen bestehen, weil nur wenige australische Arten ausladendes, dicht belaubtes Astwerk entwickeln.

Von den älteren Ehepaaren scheint sich in Adelaide wohl jedes dem Bowlingsport zu widmen, einem Kegelspiel, das auf grünem Rasen vor sich geht. Es gibt diese Plätze an allen Ecken und Enden. Nur die reiferen Jahrgänge scheinen zugelassen, junge Leute haben wir dort nie gesehen. Die Herren tragen lange weiße Hosen und eine blaue Clubmütze mit Schirm. Die Frauen kleiden sich in weite, tief herabfallende Röcke und bedecken ihr Haupt mit einem flachen, breiten Strohhut. Alle Herren und Damen spielten in der gleichen Tracht. Das scheint Vorschrift zu sein, auf jedem Platz dasselbe Bild. Die Generation der Großeltern, oder jene, die es sein könnten, ist dabei ganz unter sich. Man ist sehr vergnügt und mit Hingebung bei der Sache. Wer in Adelaide lebt und das entsprechende Alter erreicht hat, wird sich kaum davon ausschließen.

Überhaupt sind in dem sehr konformistischen Lande Außenseiter nicht beliebt. Um so beliebter sind dagegen Uniformen. Aber nur bis zum Ende der Schulzeit, wohlgemerkt. Wir sahen sie bei den Jungen und Mädchen in allen Städten des Kontinents, in Perth und Adelaide besonders häufig. Die meisten Privatschulen, von denen es anscheinend sehr viele gibt, haben ihre Schüler beiderlei Geschlechts uniformiert. Jedes Institut verfügt über seine eigene Tracht. Bei den Jungen wurden sie den britischen Public-Schools nachgeahmt, mit langen Hosen, gestreiftem Blazer und einer knapp anliegenden Mütze mit weit vorspringendem Schirm. Dazu blitzende Knöpfe und ein Wappen auf der Brusttasche, das selbst einem Lord des Oberhauses gut zu Gesicht stünde. Wir gerieten auf dem Rückweg in den Wirbel von hundert jungen Mädchen, die eben ihr viktorianisches Schulhaus verließen. Auf ihren Köpfen balancierten kesse Strohhütchen, flach wie Teller und von jener Art, wie sie unsere Damen vor dem Ersten Weltkrieg beim Tennisspiel trugen. Hier wirkte es nicht altmodisch, sondern schick und schmissig. Über die jungen Brüste spannten sich blaue Jacken, gleichfalls mit bunten Wappen verziert. Die plissierten Röcke, schwungvoll getragen, reichten bis knapp unters Knie. Mit dem Gekicher, das ihrem Alter entsprach, schwang sich die anmutige Schar auf ihre Fahrräder und sauste davon. Und ich gedachte jener Zeiten, da ich hinterhergesaust war.

Am nächsten Tag stiegen wir in einen Autobus für Touristen. Das ist nun mal die beste und bequemste Art, um von einer fremden Stadt in Kürze möglichst viel zu sehen. Am wichtigsten nahm sich der Fahrer selbst. Zwar hatte er nicht viel über seine Stadt zu sagen, gab aber einen Witz nach dem anderen zum besten. Jedenfalls lachten die Leute fast pausenlos aus vollem Hals. Sie hatten gut lachen, denn alle waren Australier und verstanden den Mann. Er sprach waschechtes ›Aussie‹, wie der verquetschte Dialekt urwüchsiger Australier genannt wird. Wo in gutem Englisch ein ›a‹ steht, sagen diese Leute ›ei‹, verschlucken dazu noch die letzte Silbe und verbinden ganze Sätze zu einem Wort. ›Hauerjuhtudaihmait‹ soll ›how are you today, mate?‹ heißen und stellt die übliche Form der Begrüßung dar. Unser Fahrer sagte, am Strande gebe es heute viele ›big weifs‹, doch meinte er keine dicken Frauen, sondern ›big waves‹, also große Wellen. Und als er von ›tuhdaih‹ sprach, sollte es nicht ›zu sterben‹ heißen, sondern hieß ganz einfach ›today‹, also ›heute‹. Wie er nun erfuhr, daß wir Deutsche waren und sogar deutsch zu sprechen verstanden, imponierte ihm das sehr. Er habe sich auch schon überlegt, eine fremde Sprache zu lernen, versicherte er dem ganzen Autobus, und dabei an Englisch gedacht!

Eine der Sehenswürdigkeiten, die wir besichtigen mußten, war das ›Muschelhaus‹. Achtunddreißig Jahre lang hat eine Familie gearbeitet, um diese einmalige Sammlung herzustellen. Zwei große und drei kleine Räume, sowie die enge Diele waren restlos mit Schalen, Spiegeln und Lampen, mit Kästchen, Kitsch und Nippes vollgestopft, die samt und sonders aus Muscheln bestanden. Sogar eine Reihe ungemein scheußlicher Bilder hatte man aus bemalten Muscheln jeder Form und Größe zusammengesetzt, desgleichen die dazugehörenden Rahmen. Zu allem Überfluß wurden diese Kitschwerke noch von hinten beleuchtet. Sie blühten in dutzenderlei verschiedenen Farben. Über einem silbernen Kindersarg schwebten goldgeflügelte Engel und ließen leuchtende Rosen herabrieseln, alles aus Muscheln und Müschelchen geschaffen und von der Rückseite angestrahlt. Es schien den meisten Besuchern gut zu gefallen. Andächtig lauschten sie den geschraubten Erklärungen der Hausfrau, die fest überzeugt war, daß sie hier über Kunstwerke von bleibendem Wert gebot. Der Eintritt kostete drei Schilling (damals drei gute Mark), keinen Penny weniger. Bei dem beachtlichen Andrang, der zumindest an diesem Tage herrschte, befriedigte das Muschelhaus nicht nur den Stolz seiner ›Schöpfer‹, sondern auch deren Geschäftssinn. Dagegen zeigte sich das Naturhistorische Museum, zu dem wir anschließend fuhren, als menschenleere Einsamkeit.

Auffallend für jeden Fremden, in Adelaide und Perth wie überhaupt in den australischen Städten, sind die imposanten Bauten der öffentlichen Verwaltung. Mit ihrer Größe und Wucht repräsentieren sie das britische Weltreich, so wie es einst gewesen und in der Erinnerung noch ist. Errichtet wurden die Bauten zu einer Zeit, als der Kontinent nur die Hälfte, sogar nur ein Viertel seiner heutigen Einwohner zählte und nur über einen Bruchteil seines jetzigen Einkommens verfügte. Wieviel gutes Geld und welche Mühe wurden aufgewandt, um diese mächtigen Paläste zu schaffen! Nicht nur das Staatsparlament und die Regierung hat man so pompös untergebracht, auch das Schatzamt und höchste Gericht, selbst die Hauptpost und den Bahnhof. Heute baut man glatt und klar, kühn und hoch hinaus, doch nicht so eindrucksvoll und für Jahrhunderte. Damals wurde geklotzt und in die Breite gegangen, man liebte gewaltige Säulen und vorspringende Gesimse. Man wollte prächtige Portale, hoch genug für Riesen von zehn Meter Größe. Allegorische Figuren wurden angefügt, deren Sinn im Grunde niemand versteht, und Freitreppen vorgebaut, so breit und großartig, als sollten vollzählige Regimenter im gleichen Schritt und Tritt hinaufmarschieren. Dazu ein Überfluß von Zierat an jeder Ecke und Kante. Nichts davon dient einem praktischen Zweck, nur dem Ausdruck staatlichen Prestiges. Zum modernen Australien paßt das ganz und gar nicht. Und doch haben es die Einheimischen gerne, wenn man darüber staunt. Praktisch haben sich ihre Verbindungen zu London und der englischen Krone schon längst so weit gelockert, daß vieles nur noch symbolisch zu verstehen ist. Aber eine emotionale Klammer ist noch durchaus wirksam. Das erweist sich weniger im täglichen Leben, als wenn schwarze Wolken das Mutterland bedrohen. England kann im Notfall noch immer auf seine australischen Enkel zählen, in den beiden Weltkriegen hat es sich gezeigt.

Um für den weiteren Verlauf der Reise zweckdienliche Auskunft zu erlangen, gingen wir ins amtliche Reisebüro von Queensland. Wir hatten uns gedacht, auch den tropischen Norden des Kontinents zu durchfahren. Ein Mann und zwei Frauen saßen hinter einem langen Tisch, der mit Fahrplänen und Prospekten aller Art bedeckt war. Aber unser Gruß wurde kaum beachtet, auf viele Fragen kamen nur wenige Antworten. Man schob uns gedrucktes Material über den Tisch, und das war alles. Kein werbewirksames Lächeln, scheinbar auch kein Interesse an Besuchern aus Übersee. Offenbar störten wir nur die Ruhe im Büro. Es war im Touristen-Office von Neu-Südwales nicht anders. Lustlos und ohne jede Spur einer höflichen Redensart bekamen wir auch dort unser Paket von Prospekten. Es war nicht möglich, zu erfahren, wann und mit welchem Schiff wir später Neuseeland erreichten konnten. Danach sollten wir in Sydney fragen, wurde gesagt, hier sei man nicht zuständig. Individuelle Touristen fallen aus dem üblichen Rahmen, sie machen nur unnötige Arbeit. Was man uns anbot, waren durchweg Sammelreisen mit fester Route und vorbestellter Unterbringung. Das mochte bequemer sein, war aber keineswegs billiger. Weil wir eigenen Plänen nachgehen wollten, erschienen wir als komische Käuze. Erleichtert sahen uns die staatlichen Angestellten dem Ausgang zustreben.

Wir mußten Tonbänder für unser Diktiergerät kaufen, weshalb wir in ein Spezialgeschäft traten. Kundschaft war nicht im Laden, die beiden Verkaufsdamen unterhielten sich miteinander. Wir warteten zunächst, doch als ihre Konversation so bald kein Ende nahm, äußerte ich höflich mein Begehren. Denn wozu ist ein Geschäft schließlich da, wenn nicht fürs Geschäft?

»Warten Sie bitte«, sagte das jüngere Mädechen, »wir sind noch im Gespräch.« Die ältere war weniger höflich, sie nannte uns rundheraus rücksichtslose Menschen.

Frostig und wortkarg ist die Bedienung eigentlich überall und oft von einem Phlegma, das selbst Schnecken verdrießen muß. Wenn ein Wunsch nur etwas speziell erscheint, so die Frage nach einer besonderen Filmsorte, wird gleich erklärt, das sei nicht vorhanden. Dabei liegt die gesuchte Sorte offensichtlich in der Vitrine. Aber die Verkäufer sind nicht gewohnt, daß man danach fragt, und fühlen sich persönlich gekränkt, wenn man den gesuchten Gegenstand trotzdem entdeckt. Gewiß, man kann Glück haben und gelegentlich eine bessere Behandlung erfahren. Aber das sind Ausnahmen von der Regel. Im allgemeinen ist der Kunde ein Bittsteller, dem die Majestäten eine Gnade gewähren, wenn sie seinen Wunsch erfüllen. Man bezahlt dafür keinen Preis, sondern entrichtet Tribut.

Im größten Hotel Adelaides bekamen wir nichts mehr zu essen, weil die knappe Tischzeit vorüber war. Auch keine Tasse Tee, weil die Teestunde erst um vier begann. Der Portier lehnte es ab, ein Taxi zu bestellen. Wir sollten uns draußen selber eines suchen. Aber draußen lehnte es der Chauffeur ab, in den Hafen zu fahren, weil er dort nicht gleich eine Fuhre finden würde, die zurück ins Geschäftsviertel strebte.

Aber dann, als wir an der nächsten Straßenkreuzung innehielten, um in den Stadtplan zu schauen, wurden wir sogleich von Passanten umringt, die uns beistehen wollten. Eine Dame erklärte, welcher Autobus zum Hafen fuhr, und ein junger Mann brachte uns zur Haltestelle. Solche Hilfe zeigte sich allemal, wenn wir den Plan hervorzogen. Wir erlebten im Museum, daß uns ein älteres Ehepaar ansprach, sie wollten uns, ›weil wir doch von so weit hergekommen waren‹, zu sich einladen. Als wir im Botanischen Garten auf einer Bank saßen, schlenderte ein Polizeibeamter heran und setzte sich zu uns. Wie nun das Gespräch ergab, daß wir zum ersten Male in Adelaide weilten, entwarf er voll Eifer ein Programm all der Sehenswürdigkeiten, die wir unbedingt noch besuchen sollten. Wenn wir bis zum Wochenende blieben, würde es seiner Frau und ihm das größte Vergnügen machen, uns die weitere Umgebung zu zeigen. In jenen drei Tagen erfuhren wir von wildfremden Menschen so viele Freundlichkeiten wie in keinem anderen Land. Doch zur gleichen Zeit in den Geschäften, Reisebüros und Restaurants eine so ruppige Bedienung, daß man wirklich nicht mehr wußte, wie sich das zusammenreimte. Führten die Australier ein Doppelleben, oder gab es zwei Sorten ganz verschiedener Menschen?

Der Agent unseres Schiffes, ein gebürtiger Deutscher, schon seit Jahrzehnten im Lande ansässig, machte den Versuch, das Phänomen zu erklären: Seiner Ansicht nach ist dem Australier aus tiefster Seele alles zuwider, was Zwang oder Verpflichtung bedeutet, vor allem die berufliche Pflicht, unmittelbar andere Menschen zu bedienen. Sie hegen die naive Befürchtung, dabei an Würde zu verlieren. Weshalb sie ihren Komplex durch künstliche Kälte, ja mitunter durch regelrechte Grobheit kompensieren. Ihr abweisendes Verhalten entspräche jedoch, betonte unser Gewährsmann, nicht ihrem wirklichen Wesen. Man trägt die rauhe Schale nur während der Dienststunden. Ein Gast aber, den man persönlich kennt, und der Stammkunde im Laden erfreuen sich liebenswürdiger Bedienung.

»Glauben Sie mir, es sind die nettesten Menschen der Welt. Alles kann man von ihnen haben, nur darf man es nicht verlangen oder als Dienstleistung erwarten.«

Lässig und lustlos begegnen die Angestellten den Kunden im Geschäft, höflich und hilfsbereit werden sie außerhalb der Dienststunden. Hart und heftig vertreten sie ihre beruflichen Rechte, gütig und gastfrei sind sie bei privatem Kontakt. Kurz und kantig wird man im Restaurant bedient, reizend und rücksichtsvoll sind die gleichen Leute beim Umgang außer Dienst. Das weiß jeder Australier, nur der Fremde muß sich erst daran gewöhnen. Kundendienst wird klein geschrieben, doch was man als persönliche Gefälligkeit erbittet, geschieht großzügig. Kein Hausdiener schleppt bereitwillig den Koffer des Gastes, aber jeder Unbekannte greift zu, falls er nicht selber damit fertig wird. Wenn Sie nur fünf Minuten zu spät im Speisesaal erscheinen, verweigert man Ihnen die Mahlzeit. Aber wenn Sie dem Zimmermädchen im Vertrauen sagen, daß Ihnen der Magen vor Hunger knurrt, erscheint bald ein Tablett mit belegten Brötchen auf Ihrem Zimmer. Eben weil die Dame Sie nun als ihren persönlichen Gast ansieht.

Jene mimosenhafte Empfindlichkeit, die australische Angestellte so oft ihrer Kundschaft und noch mehr ihren Arbeitgebern beweisen, soll historische Gründe haben. Auch die Schärfen und Schikanen der Wharfies sind angeblich noch immer eine Folge jener schamlosen Ausbeutung, die man vor hundert Jahren an ihren Vorgängern betrieb, als diese noch keine Möglichkeit hatten, sich zu wehren. Denn sie hatten damals im Heer der Sträflinge eine kasernierte Konkurrenz. Pausenlos mußten diese Unglücklichen schuften, bei knapper Kost und ohne Entgelt. Also konnten es sich die Unternehmer leisten, auch den freien Arbeitskräften Hungerlöhne zu bieten, für die größtmögliche Leistung. Nichts vermag diese Zustände klarer auszudrücken, als die Büroverordnung einer Importfirma aus dem Jahre 1855. Ich bekam die Abschrift von einem deutschen Kaufmann, näheres ist mir über die Herkunft des Originals nicht bekannt. Es lohnt sich, die Bestimmungen gründlich zu lesen:

Gottesfurcht, Sauberkeit und Pünktlichkeit sind die Voraussetzungen eines guten Geschäftes.

Auf Empfehlung des Gouverneurs dieser Kolonie hat unsere Firma die Arbeitsstunden verkürzt. Das Personal braucht jetzt nur noch an den Wochentagen zwischen 7 Uhr und 6 Uhr nachmittags anwesend zu sein. Der Sonntag dient dem Kirchendienst.

Morgens wird im Hauptbüro das Gebet gesprochen. Das Personal muß dabei anwesend sein.

Die Kleidung muß einfach sein. Das Personal wird sich nicht in hellschimmernden Farben bewegen und Strümpfe nur tragen, wenn diese in Ordnung sind.

Dem Personal steht ein Ofen zur Verfügung. Kohle und Holz müssen im Kasten verwahrt werden. Es wird erwartet, daß jedes Mitglied des Personals täglich bei kühlem Wetter 4 Pfund Kohle mitbringt. Kein Mitglied des Personals darf den Raum ohne Erlaubnis von Mr. Ryder verlassen. Man darf austreten.

Während der Bürostunden darf nicht gesprochen werden. Das Personal bringt seine eigenen Schreibfedern mit.

Die Sucht nach Tabak, Wein oder Alkohol ist eine menschliche Schwäche und dem gesamten Personal verboten.

Obwohl nun die Arbeitsstunden so drastisch vermindert wurden, ist die Einnahme von Nahrung zwischen 11.30 Uhr und Mittag erlaubt. Die Arbeit darf hierbei nicht eingestellt werden.

Die neuen erhöhten Wochenlöhne betragen:
Jungen bis 11 Jahren 1/4 Shilling, Jungen bis zu 14 Jahren 2/1 Shilling, Junioren 4/8 Shilling, Junior-Clerks 8/7 Schilling, Clerks 1/9 Shilling, Senior-Clerks (nach 15jähriger Dienstzeit) 21/– Shilling.

Die Eigentümer betonen hiermit, daß sie in Anbetracht der neuen Vergünstigungen eine wesentliche Steigerung der Arbeitsleistung erwartet.

In deutscher Währung betrug also der Mindestlohn 76 Pfennig und der Höchstlohn 11,66 Mark. Nicht pro Stunde oder Tag, sondern pro Woche! Allerdings war die damalige Kaufkraft des Geldes sehr viel höher, man kann heute mit gut dem zehn- bis zwanzigfachen Wert der Beträge rechnen. Aber selbst nach dieser Umrechnung stand dem altgedienten Buchhalter bestenfalls ein Monatsgehalt von knapp 600 bis 1 200 DM zur Verfügung. Die Anfänger gar mußten sich mit dem heutigen Wert von etwa 30 bis 50 DM monatlich begnügen. Und das bei einer 66-Stunden-Woche!

Wenn sich die australische Arbeitnehmerschaft tatsächlich noch an diese Zeiten erinnern sollte, so ist es schon zu verstehen, daß ihre Empfindlichkeit groß ist und ihre Forderungen immer größer werden. Die Nachfolger dringen auf posthume Wiedergutmachung jenes Unrechts, das man ihren Vorgängern antat. Ob das die richtige Erklärung ist, darüber kann man streiten. Befriedigt sie auch nicht den Verstand, so doch ein gewisses Gefühl der Gerechtigkeit.

Auf der ›Nürnberg‹ waren die Löscharbeiten beendet, und sie machte zum Auslaufen nach Melbourne klar, als im Hafen ein neuer Streik begann. Es war die ›Francis Drake‹ aus Hongkong eingelaufen mit einer vorwiegend chinesischen Besatzung an Bord. Dagegen protestierten die Wharfies und verlangten von der britischen Reederei eine verbindliche Zusage, daß sie künftig nur noch mit weißer Mannschaft nach Australien führe. Ob das nun gerecht war, darüber kann man streiten.

Der Coiffeur von Melbourne

›freuen uns schon auf ihren besuch und erwarten sie im hafen

judith und rené henri‹

Der Fernspruch war gerade aufgenommen, und wir erhielten ihn bei Tisch. Jedoch kannten wir die Absender nicht. Wir kannten überhaupt niemanden in Melbourne, hatten nur Empfehlungen an eine Familie Aubrey, deren Tochter in München verheiratet war.

»Vielleicht für jemand anders bestimmt«, meinte Marianne, obwohl das Telegramm deutlich an uns beide adressiert war. Aber keiner der letzten vier Passagiere an Bord hatte jemals von einem Ehepaar namens Henri gehört. Vorname und Familienname klangen französisch, während ›Judith‹ zu vielen Sprachen paßte.

Nun, es würde sich herausstellen, wenn wir anlegten. Vermutlich waren Inhalt und Adresse verwechselt worden. Irgend jemand auf einem anderen Schiff hatte die Mitteilung für uns erhalten, wir dafür die seine. Hoffentlich kam das wieder in Ordnung.

Als sich nun die ›Nürnberg‹ an die Kaimauer heranschraubte, stand dort ein bemerkenswert elegantes Paar, flankiert von einem großen, knallroten Sportwagen. Der Mann war groß und schlank, mit gewelltem, schon leicht ergrautem Haar. Neben ihm eine zierliche, junge Frau in dunkelblauem Kostüm, auffallend hübsch und mit äußerster Sorgfalt frisiert. Beide winkten lebhaft hinauf, riefen unsere Namen und schwenkten einen mächtigen Blumenstrauß. Wir zerbrachen uns den Kopf, welchen Umständen wir diese Begrüßung verdankten. Aber nichts fiel uns ein.

Kaum hatte die Gangway den Boden berührt, sprang der Herr mit den grauen Schläfen auf die Sprossen und eilte im Sturmschritt hinauf. Im unteren Deck kam uns der Fremde entgegen.

»Oh, Madame, Ihre Haare«, rief er schon von weitem, »pardonnez-moi milles fois, aber so geht das nicht . . . ich sehe schon, Madame needs me badly!«

Er drückte Marianne den Blumenstrauße in die Arme und schüttelte meine Hand mit solcher Kraft, als hätten wir gemeinsam die Eiger-Nordwand durchstiegen. Unsere Verblüffung wuchs.

»Wie reizend, daß Sie endlich hier sind«, fuhr er fort, »we made the most beautiful program . . . Sie werden staunen über unsere Stadt . . . oh, quel plaisir nous aurions!«

Inzwischen näherte sich auch seine Frau, eine überaus charmante Erscheinung, die so reizend zu lächeln verstand. Sie bat Marianne um ihren Vornamen und wollte selber nur Judith genannt werden.

Wir komplimentierten die Herrschaften in den Rauchsalon und bestellten ein paar Drinks. Doch im Hafen mußte die Bar geschlossen bleiben, also begnügten wir uns mit Tee und Gebäck.

»Und was macht der liebe Franzl . . . wie geht's ihm denn?« wollte Mr. Henri wissen, aber wir hatten keine Ahnung, wen er meinte.

»Mais je le sais déjà . . . großartig geht's ihm«, beantwortete er selbst seine Frage, »kein Wunder bei so einem tüchtigen Menschen . . . he's got the real knack for hairdressing. Aber sicher würde er in Ohnmacht fallen . . . je vous demande pardon, Madame . . . wenn er sehen könnte, wie sehr Ihre Haare der Pflege bedürfen!«

Ein Aufleuchten im Gesicht meiner Frau zeigte an, daß sie nun wußte, wer »Franzl« war, und ahnte, wer unser Besuch sein mußte.

»Ach, der gute Kollmeier«, rief sie aus, »sein Salon wird immer größer, schon seit zwölf Jahren gehe ich nur noch zu ihm.«

Das waren Stichworte für mich. Denn wer von uns Männern weiß schon, ob der Coiffeur seiner Frau Hansl oder Franzl heißt. Aber Kollmeier, das war mir ein Begriff. Denn bei ihm saß Marianne unter der Haube, wenn ich sie für die Steuererklärung am dringendsten brauchte. Und weil Mr. Henri schon zweimal bemerkt hatte, daß ihre Frisur nicht mehr stimmte, mußte er wohl zur gleichen Branche gehören.

»Sie haben denselben Beuf wie Franzl Kollmeier, nehme ich an?«

Nicht nur das, die beiden Herren hatten gemeinsam ihre Lehrlingszeit verbracht, erst in Paris und dann in Berlin. Sie waren eng befreundet, hatten sich aber seit dreißig Jahren nicht mehr gesehen. Ein reger Briefwechsel hielt die Verbindung aufrecht, in dessen Verlauf uns der Münchener Coiffeur liebenswürdigerweise bei seinem fernen Freund angekündigt hatte. Jetzt war die Sache hinreichend klar.

»Wir wollen keine Zeit versäumen«, meinte René Henri, der ausgezeichnet deutsch sprach und sich nun ganz darauf einstellte, »wir haben sehr viel mit Ihnen vor. Aber zuerst darf ich ... muß ich darauf bestehen, daß sich Madame meinen Händen anvertraut. So kann ich Madame nicht bei unseren Freunden vorzeigen. Mein guter Ruf verpflichtet ... Sie werden's gewiß verstehen.«

Sogleich brachen wir auf, jagten in Henris rotem Wagen nach Melbourne hinein, sahen von der Stadt aber nicht viel mehr als ihren dichten, jedoch ruhigen Verkehr.

Schließlich hielten wir an einer Ecke der Collins Street, unmittelbar vor einem kleinen Friseurladen, der für Damen wie Herren bestimmt war.

»Eine hübsche Auslage haben Sie«, meinte Marianne aus Höflichkeit und wies auf drei blonde Perücken im Schaufenster. René Henri lachte ebenso amüsiert wie seine Frau.

»Aber wo denken Sie hin, Madame, wofür halten Sie uns?«

Sein Geschäft lag nämlich auf der anderen Seite, über drei Stockwerke dieses Gebäudes verteilt. Ein livrierter Junge riß die Türe auf. Drinnen sah es aus wie im Film, nur sehr viel echter. Das Entrée marmorverkleidet, die Gardinen aus Taft und Tüll. Himmelblau gekleidete Mädchen mit Spitzenkrägelchen huschten geschäftig hin und her, Duft erlesener Parfüms wogte. Die Sessel waren mit Seide überspannt, die Vitrinen aus Kristall. Gedämpftes Licht aus verborgenen Quellen. In der Halle ein reges Kommen und Gehen. Dies schien der Sammelpunkt der Hautevolée und Jeunesse dorée von Melbourne zu sein. Flinke Lehrlinge beiderlei Geschlechts reichten Tee und Zigaretten. Es klirrten Armbänder, und leise Stimmen von Kabine zu Kabine verrieten, daß sich die Kundinnen kannten. Einen so piekfeinen Damensalon hatte ich noch nie gesehen. Unsereines läßt sich die Haare in schlichteren Lokalen schneiden.

Meine Frau wurde mir entrissen, ich bekam ein Paket neuester Zeitungen und wurde in einen Salon im Stile Louis XVI abgeschoben. Dort war ich unter vier bis fünf auf Hochglanz getrimmten Damen der einzige Mann. Oberflächlich betrachtet, denn mehr wagte ich nicht, sahen sie nach Mitte Dreißig aus, doch hatte wohl in dieser Hinsicht kosmetische Kunst der Natur ein schönes Schnippchen geschlagen. Ihre Stimmen klangen sehr spitz, und ihre Gespräche bezogen sich lediglich auf andere Frauen, die sie nicht mochten.

Schon war ich bis zum sportlichen Teil der ›Melbourne Times‹ gelangt, als eine weitere Dame eintrat, die sogleich auf mich zuschritt. Nein, es konnte nicht wahr sein! Aber ich mußte mich daran gewöhnen, wie meine Frau nun aussah. Die Kunst des Coiffeurs hatte sie völlig verändert, sogar ihr Gang hatte einen schwebenden Schwung.

»Wie findest du mich?« fragte sie etwas zögernd.

»Als ob ich *gnädige Frau* sagen müßte, so fremd kommst du mir vor!«

Inzwischen hatte sie über die beiden Henris alles geklärt, Frauen haben ja dafür eine besondere Begabung. René war natürlich Franzose von Geburt, hatte aber seine Jugend in Wien und Berlin verbracht, um dann nach Australien zu gehen und Australier zu werden. Judith war nicht nur seine Frau, sondern auch sein Werk, wie sie Marianne selbst gesagt hatte. Unter Renés behutsamen Händen war aus dem hübschen, doch damals schlichten Lehrmädchen eine Lebensgefährtin geworden, wie er sich keine bessere wünschen konnte. Sie sprach nun Französisch wie im besten Quartier von Paris, mit Charme und Esprit, wie es dazu gehört. Sie verstand auch deutsch und hatte sich mit Renés Hilfe eine Bildung angeeignet, um die man sie beneiden konnte, vor allem in Australien. Im Geschäft war sie die rechte Hand des Chefs und erledigte in erster Linie jene Sachen, die ein Mann gerne seiner Gattin überläßt. Die tägliche Post, kleinlichen Ärger, die Gänge zum Finanzamt und andere üble Obliegenheiten. Unverkennbar, daß nicht nur René Henri mit dem Seufzer gemeint war, der die Worte meiner Frau begleitete.

Henri hatte es durch seine Kunst und geschäftliches Geschick zum führenden Damenfriseur Australiens gebracht, mit Filialen in drei anderen Städten, auf zwei Passagierschiffen und sogar auf Tahiti. Nur in Ausnahmefällen bediente der Meister noch selber die ersten Damen seiner Clientèle, beschränkte sich sonst auf die Verwaltung oder ging völlig anderen Interessen nach, die nichts mit seinem Beruf zu tun hatten. Judith teilte beides, die Hobbies ihres Gatten und die Führung der Geschäfte.

»Ich durfte nichts bezahlen«, sagte Marianne, »glücklicherweise, denn hier scheint's furchtbar teuer zu sein.«

Wie sich im weiteren Verlauf der Reise herausstellte, durfte sie in ganz Australien und Neuseeland nichts mehr bezahlen. Alle Coiffeurs beider Länder machten sich eine Ehre daraus, meine Frau gratis zu verschönern. Es war auch gar nicht möglich, ihrer Zunft zu entgehen, denn überall, wohin wir kamen, in Sydney und Brisbane, in Hobart, Wellington und Auckland, selbst auf der Rückreise in Adelaide und Perth, ja sogar auf Tahiti wurden wir bereits erwartet. Der Informationsdienst unseres fabelhaften Freundes arbeitete mit militärischer Präzision. Stets wußte er, wo wir waren oder hinreisten, obwohl wir ihm kein Programm bekanntgaben, auch gar nicht geben konnten, weil wir die Pläne oft von einem Tag zum anderen umstießen. Trotzdem wurden wir aufgespürt, herzlich begrüßt, reizend bewirtet und weithin herumgefahren.

Seitdem weiß sogar ich, daß es keine netteren Leute gibt als Damenfriseure, jedenfalls im fünften Erdteil und der anschließenden Südsee. Ihre Gastfreundschaft war ohne Grenzen. Sie zeigten uns das Land und machten uns bekannt mit vielen interessanten Menschen, denen wir sonst nie begegnet wären. Man glaubt gar nicht, welch vielseitigen Interessen die Coiffeure außerberuflich nachgehen. Einer sammelt Käfer, ein zweiter war großer Jäger. Wir trafen Liebhaber der Kammermusik und Kenner der Keramik. Unser Coiffeur in Brisbane erforschte begeistert die Flora seiner Umgebung, aber nur sofern sich diese unter Wasser befand. Sein Kollege in Sydney konnte als Experte der australischen Kakteen gelten. René selber hatte gleich drei Passionen, denen er mit Leidenschaft nachging, das Studium der Eingeborenen, die Vogelwelt Australiens und die köstliche Kunst der Küche. Daneben leitete der Meister noch einen internationalen Klub von Damenfriseuren und gab für dessen Mitglieder, wie auch für seine Freunde, eine private Monatsschrift heraus. Auf geradezu geniale Weise hatte er das Personalproblem seines Unternehmens gelöst. Alle zwei Jahre wurde jede Kraft, die sich bewährt hatte, für drei bis sechs Monate auf die Trauminsel Tahiti versetzt oder einem Salon auf den Schiffen zugeteilt. Solche Vorteile und Vergünstigungen wußte kein anderer Coiffeur seinen Angestellten zu bieten. Mit dem Slogan ›Arbeite für Henri und Du siehst die Welt!‹ bekam er die besten Kräfte.

Wir waren beschämt und bestürzt zugleich von seiner Gastfreundschaft, hatten wir doch nichts getan, sie zu verdienen. Sieben Tage lag unser Schiff im Hafen von Melbourne, und für sieben Tage machte sich das reizende Ehepaar frei von seinen Geschäften. Wir aßen uns durch alle besseren Restaurants der Millionenstadt, doch nirgendwo speiste man so gut wie bei ihm selber. Wenn René kochte, mußte seine Frau die Küche verlassen. Er schloß sich ein und war für zwei Stunden nicht mehr zu sprechen. Man hörte von drinnen nur das Gerassel von Pfannen und sog verlockende Düfte ein, die aus dem Küchenfenster über die Terrasse drangen.

»Nicht mal einkaufen darf ich«, gestand die Hausfrau, »er geht selber auf den Markt und bleibt den ganzen Vormittag weg. Aber Sie werden zugeben, es lohnt sich.«

Und wie es sich lohnte! Wäre René Henri nicht Australiens großer Coiffeur gewesen, dann bestimmt der erste Küchenchef des Landes.

»Sie haben keinen Grund, sich zu bedanken«, winkte er unsere Lobsprüche beiseite. »Wir sind Ihnen zu Dank verpflichtet, denn was nützt die ganze Kocherei, wenn man den Gästen nicht ansieht, wie gut es ihnen schmeckt.«

Uns konnte man es ansehen, wir machten keinen Hehl daraus. Wider alle Rücksicht auf gutes Benehmen (worüber ich zwei Bücher verfaßt habe) wischte ich den letzten Rest der leckeren Soße vom Teller. Meine Frau sandte mir erstaunte Blicke zu, aber René sah es mit Vergnügen.

»Unsere australischen Freunde wissen mit feiner Küche gar nichts anzufangen«, bedauerte er, »es wird ihnen ganz unheimlich zumute, wenn sie einen appetitlichen Geschmack im Mund verspüren. Und sie machen ein Gesicht, als wollten wir sie zu einem schlimmen Laster verführen. Bei sich zu Hause kochen sie immer dasselbe und nur mit Wasser . . . und sie kochen es so lange, bis jede Spur von Geschmack verkocht ist.«

An die volle Wahrheit seiner traurigen Worte haben wir noch oft gedacht. Die fade, farblose Küche der Australier zu unterbieten, dürfte unmöglich sein. Was auch zubereitet wird, der allbeliebte Hammel, Rindfleisch oder Schweinernes, auf dem Herd der echt australischen Hausfrau verliert es seinen Charakter. Gewürze werden so gut wie nie benutzt, außer einer Prise Salz vielleicht. Alles schmeckt nach nichts. Man ißt und kaut nur, um den Hunger zu beschwichtigen. Vermutlich haben die Aussies noch nicht entdeckt, daß Essen auch ein Vergnügen sein kann. Sie ernähren sich nur.

Das komme davon, meinte unser Gastgeber, weil es seinerzeit durchweg sehr arme Leute gewesen waren, die Australien besiedelt hatten. Aus bitterer Not war es ihren Frauen daheim in England gar nicht möglich gewesen, Abwechslung auf den Tisch zu bringen. Nun aber, da es in Australien fast jeder Familie materiell möglich ist, sich geschmackvoll und abwechslungsreich zu ernähren, fehlt es am guten Beispiel und entsprechender Anleitung. Die Tochter kocht so weiter wie die Mutter, und die hat dasselbe noch von ihrer Großmutter gelernt. Nur in den Großstädten gibt es einige Lokale für den feinen Geschmack. Allerdings erst seit wenigen Jahren, meist unter französischer oder italienischer Leitung.

Auch als Fremdenführer war unser neugewonnener Freund nicht zu übertreffen. Er kannte die Museen wie seine Tasche, samt allen Erklärungen, die nicht im Katalog stehen. René wußte alles, was man sich in Melbourne und Umgebung eigentlich ansehen muß, aber dafür reichte eine Woche bei weitem nicht aus. Ihm war es auch möglich, uns in private Häuser zu führen wie etwa in das einstige Landhaus der Mrs. Helen Porter Mitchell. Sicher wird vielen der Name nur wenig bedeuten, denn draußen in der Welt hat sich die Dame ›Melba‹ genannt, unter Bezug auf ihre Heimatstadt. Die meisten Menschen, nur die Opernfreunde ausgenommen, haben Helen Melba längst vergessen, sie kennen nur eine Eisspeise mit Früchten, die zu ihren Ehren ›Pfirsich-Melba‹ benannt wurde. Denn seinerzeit, in der Epoche von 1890 bis etwa 1910, galt die *große Melba* als beste Sopranistin auf Erden und riß ihr Publikum zu Stürmen der Begeisterung hin. Sie gastierte an jeder berühmten Oper und hatte keine Konkurrenz zu fürchten. Von König Georg V. mit dem seltenen Titel ›Dame of the British Empire‹ ausgezeichnet und damit in den Adelsstand erhoben, kehrte Mrs. Mitchell schließlich nach Melbourne zurück und ist 1931 dort auf ihrem Landsitz gestorben.

»Sie ließ sich die Haare färben«, flüsterte René, als wir die Räume ihrer Villa durchschritten, »und in der Farbe waren irgendwelche giftigen Stoffe, die man damals nicht erkannte. Das hat zu ihrem Tode geführt ... ein unverdient trauriges Ende, wenn man's bedenkt.«

Es war dem großen Coiffeur deutlich anzusehen, wie lebhaft er bedauerte, einige Jahre zu spät nach Melbourne gekommen zu sein. Im Salon Henri hätte sich die berühmteste Frau Australiens gewiß nicht in Gefahr begeben.

Wir gingen zu Pferderennen und erlebten, mit welcher Leidenschaft das Publikum daran Anteil nahm. Denn jeder wettet auf seinen Favoriten, oft sehr hohe Summen. Wird gar der ›Melbourne-Cup‹ ausgetragen, befindet sich das ganze Land im Wettfieber, an diesem Tag ruht nach Möglichkeit jede Arbeit. Wir besuchten den Golfclub und auch einen Country-Club, wo jene Gesellschaft, die sich für die beste hält, ganz unter sich ist.

»Es gibt nur wenige Melbourner, die wissen, wer hier zur Society gehört«, erklärt uns Henri, »denn die wirklich feinen Leute haben eine krankhafte Scheu vor Publicity.«

Das hing mit jener Eigenart der Australier zusammen, die niemanden leiden können, der sich zu deutlich aus ihrer Mitte hervorhebt. Alles, was nach Luxus riecht, alles, was einen hochgezüchteten Lebensstil verrät, wird nicht etwa neidvoll bewundert, sondern gilt als unsozial, ja erregt den Verdacht von Arroganz. Man will weder sogenannte Spitzen der Gesellschaft noch überhaupt eine besondere Gesellschaft. Obwohl nirgendwo krasse Not herrscht, vielmehr fast jeder über ein gutes Auskommen verfügt, wird von allen Bürgern schlichtes Auftreten erwartet. Die Umgangsformen sind im geselligen Verkehr zwar offen und freundlich, aber auf ein Mindestmaß reduziert. Manche der australischen Gebräuche sind auch nicht mit den internationalen Formen vereinbar, wie etwa die Trennung der Geschlechter auf zwei verschiedene Räume oder Ecken. Die Männer trinken oft zuviel, die Frauen fast gar nicht. Beim Essen sitzen die Ehepaare nebeneinander, wenn es überhaupt ein Essen gibt. Meist begnügt man sich mit deftig belegten Sandwiches, die jeder dort verzehrt, wo er sich gerade befindet. Wer das stilvoller haben möchte, darf sich dabei von der Allgemeinheit nicht erwischen lassen. Es würde unangenehm auffallen. Weshalb sich das gesellschaftliche Leben der feinen Leute nur hinter verschlossenen Türen abspielen kann oder in den entsprechenden Klubs. Nach außen hin geben sich auch jene Familien, die dort den Ton bestimmen, so einfach und bürgerlich wie der Rest ihrer Mitmenschen. Niemand, der im Verdacht steht, er würde über solch private Empfänge in der Presse berichten, wird zugelassen.

»Reich zu sein ist keine Schande in Australien«, sagte uns René, »aber vornehm zu wirken, diesen Ehrgeiz sollte man besser unterdrücken. Judith und mir verzeiht man so einiges, aber nur weil ich als eine Art Original gelte und mal Franzose war.«

Wenn man schon in Australien lebe, könne man sich als gewesener Europäer nur in Melbourne wohl fühlen, war seine feste Überzeugung. Und tatsächlich hat diese Stadt den anderen australischen Städten gegenüber ein gewisses Etwas, einen Stil, der mitunter an London erinnert und Melbourne stellenweise einen Hauch von Eleganz gibt. Vor allem in der Collins-Street, der besten Geschäftsstraße, sieht man viele gutgekleidete Frauen und Läden mit recht geschmackvollen Sachen. Die Bedienung ist um eine Nuance zuvorkommender als sonst in Australien. Gerade während der letzten Jahre sind dank der neuen Einwanderer eine Reihe von Restaurants und Konditoreien, auch Modeateliers und kosmetische Salons entstanden, die zusammen mit englischen Tearooms und deutschen Weinstuben dieser Gegend ein internationales Flair verleihen. Auch Delikatessenläden haben letzthin ihre Pforten geöffnet, die bisher unbekannte Genüsse aus der weiten Welt anbieten und hoffentlich beitragen, allmählich die Einseitigkeit der australischen Küche zu verbessern.

An den Wein ihres eigenen Landes haben sich noch längst nicht alle Australier gewöhnt, obwohl besonders die Rotweine auch für unseren Geschmack recht trinkbar sind. Aber sie gelten noch als Luxus, trotz ihrer zivilen Preise, und vielfach hält man Weintrinker nicht für richtige Männer. Was ein rechter Australier ist, der begibt sich sogleich nach getaner Arbeit in seinen Pub. Dort muß er sich daranhalten, um das übliche Quantum Bier zu schlucken, denn nur für kurze Zeit ist der Ausschank geöffnet. Wie lange man trinken darf, ist von Staat zu Staat, ja sogar von Ort zu Ort verschieden. Mitunter steht das Lokal seinen Gästen nur für eine Stunde zur Verfügung, an Sonntagen bleibt es selbstverständlich geschlossen. Eine weibliche Person darf nicht in die Stehbierhalle hinein. Für Frauen und Männer mit Frauen ist in den besseren Pubs nebenan eine Lounge vorgesehen, wo es sogar Tische und Stühle gibt.

In keiner studentischen Verbindung hat jemals ein so strenger Brauch geherrscht wie unter den Biertrinkern von Australien. Wer eintritt, und sei es ein Fremder, wird von den Umstehenden sofort zu einem ›shot‹ geladen, an dem sich eine ganze Runde beteiligt. Unmittelbar darauf muß der Geladene die gleiche Gruppe seinerseits zu einem ›Schuß‹ bitten. Und so geht das in flotter Folge weiter, bis jeder aus dem Kreis zumindest einmal Gastgeber war. Das ist leicht zu begreifen, doch gibt es noch eine Reihe anderer Trinksitten, welche die Kraft ungeschriebener Gesetze haben. Wer sie verletzt, erregt nicht nur Unwillen, sondern fällt allgemeiner Verachtung anheim. Weshalb mich René dringend warnte, einen Pub ohne sachkundigen Begleiter zu betreten. Aber es ließ sich während der weiteren Reise nicht immer vermeiden. Schon um ein paar kühle Flaschen aufs Zimmer zu holen, muß man in den Pub des Hotels gehen, und dort kam ich so bald nicht wieder heraus. Am nächsten Tag wunderte sich dann meine Frau, wie viele Jims, Jacks und Johnnys ich kannte, die mich auch ihrerseits mit Vornamen riefen. Immerhin ein Beweis, daß ich mich einigermaßen konventionell benommen hatte.

Die australischen Biergläser sind viel kleiner als die unseren, dafür steckt mehr Alkohol darin und die Preise sind höher. Ein beträchtlicher Teil des Einkommens wird von jedem Mann dafür verbraucht, denn von der Stunde im Pub kann sich kein vernünftiges Mannsbild ausschließen. Das Stehlokal ist geselliger Mittelpunkt seines Viertels, hier trifft sich an jedem Nachmittag der ungefähr gleiche Kreis. Alles, was von Interesse ist, persönlich, geschäftlich und allgemein, wird hier besprochen. Wer in der Nähe wohnt oder arbeitet, aber nicht mehr oder weniger regelmäßig im entsprechenden Pub erscheint, hat nur wenige Freunde und das ist schlecht für sein Fortkommen. Doch zieht den größten Nutzen aus diesem strengen Brauch ohne Zweifel die alleweil durstige Staatskasse. Denn vom Preis für jeden Schuß Bier holt sich das Finanzamt über die Hälfte.

»Der Teufel soll die Brüder holen«, schimpfte unser Taxifahrer, »wenn man sieht, was sie mit unseren Steuern treiben!«

Er wies auf eine weitgespannte Brücke hin, die Königin Elizabeth erst vor wenigen Wochen höchstpersönlich eingeweiht hatte. Aber man durfte nicht mehr darüberfahren, ja, man konnte es auch nicht. Sie war nämlich in der Mitte durchgesackt, wegen falscher Berechnung der Statik vermutlich. Dies und ähnliches käme doch überall vor, suchte ich den ergrimmten Mann zu trösten. Auch die besten Experten könnten sich gelegentlich irren.

»Aber nicht für mein Geld«, schimpfte der Steuerzahler und dachte wohl an jene Summe, die im Laufe der Zeit durch seinen Pub in den Staatssäckel geflossen war. »Dagegen läßt mich völlig kalt, was mit dem verdammten Hochhaus da drüben passiert ist. Das war sozusagen privater Unfug.«

In dem glatten, schlanken Gebäude von etwa zwanzig Stockwerken waren auf der Südseite sämtliche Fensterscheiben geplatzt. Ein heftiger Windstoß hatte sie allesamt auf einen Schlag zerschmettert. Dem Anschein nach hatte der Architekt die Möglichkeit stürmischen Wetters außer acht gelassen.

»Da kann ich Ihnen was Besseres zeigen, das Jahrhunderte überdauert hat«, erklärte René und fuhr mit uns in den Fitzroy-Park von Melbourne, weil sich mitten darin das älteste Haus der Stadt befand.

Ein winziges Gebäude war es nur, aus handgeformten Ziegelsteinen gebaut, mit dicken Balken dazwischen. Ein Gerank von Efeu hatte sogar das dunkle Dach übersponnen.

»In diesem bescheidenen Haus wurde James Cook geboren«, erläuterte unser Freund, »bekanntlich hat er in der Südsee mehr Entdeckungen gemacht, als jeder andere Seefahrer vor und nach ihm.«

Daran bestand kein Zweifel, aber unmöglich war, daß der große Kapitän in diesem Häuslein das Licht der Welt erblickt hatte. Gerade über Captain Cook wußte ich ziemlich gut Bescheid, die Reisen kühner Entdecker hatten mich schon immer interessiert.

»Aber ich bitte Sie, René, der großartige Cook wurde schon 1728 geboren, und zwar in Yorkshire, also im tiefsten England. Erst mit vierzig Jahren kam er nach Australien, wo zu dieser Zeit noch gar keine Weißen lebten. Also kann das hiesige Gemäuer bestenfalls eine Kopie seines Geburtshauses sein!«

Es war wohl der übliche Scherz, den man hier mit jedem Besucher trieb, der weniger schlau war, als ich es zu sein vermeinte.

»Nein, cher ami, das kleine Gebäude ist vollkommen echt, Jimmy Cook wurde wirklich darin geboren und hat es bis zu seinem fünfzehnten Lebensjahr bewohnt.«

So war es in der Tat. Ein ebenso reicher wie patriotischer Mann, Russel Grimwade mit Namen, hatte das Haus in Yorkshire gekauft, Stück für Stück abtragen lassen und in Melbourne aufs neue errichtet, haargenau so wie es daheim gewesen war. Sogar das Efeu an seinen Flanken und ein Stück der Gartenmauer hatte man im Original von England nach Australien gebracht. Aus Anlaß der Jahrhundertfeier von Melbourne war das geschehen, 1934.

Von dem Geschenk des Cookschen Hauses zeigten sich die Melbourner Handwerker so begeistert, daß sie alle Arbeiten für seine Wiederaufstellung umsonst verrichteten. Sogar die Wharfies, man glaubt es kaum, entluden gratis das Schiff und streikten erst wieder, als sie damit fertig waren. Weil nun die Leute in Yorkshire so traurig über die Auswanderung des historischen Hauses nach einem fernen Erdteil waren, machte ihnen Mr. Grimwade ein recht ansehnliches Geschenk. Er ließ die Spitze jenes Felsen abtragen, den James Cook nahe bei Melbourne als ersten Punkt der australischen Südküste gesichtet hatte, und schickte das Gestein nach England. Dort steht es nun, zu einem Denkmal verbaut und mit entsprechender Inschrift versehen, am gleichen Platz, wo sich zuvor das Geburtshaus des großen Entdeckers befand – ein nobler Austausch von geschichtlich bedeutsamen Materialien.

James Cook hatte unter anderem die Gegend von Melbourne als erster Europäer betreten und auch schon darauf hingewiesen, daß sie zur Besiedlung geeignet sei. Weshalb ihn die Melbourner, in etwas weitem Sinne, für den Begründer ihrer Stadt halten.

Im Hause seines Ursprungs war alles so eng wie auf einem alten Segelschiff. Die Familie schlief in zwei Betten übereinander. Das Fenster im Zimmerchen des kleinen James war nicht größer als ein Bullauge. Kein Wunder, daß sich später der große Seefahrer in seiner Schiffskabine ganz wie zu Hause fühlte.

Der Sextant und andere nautische Geräte, die Cook auf seinen Reisen benutzte, sind im Haus aufgestellt. Desgleichen sieht man hier jenes ehrwürdige, abgenutzte Schreibpult aus massivem, vom vielen Gebrauch geglättetem Eichenholz, an dem er seine wunderbaren Entdeckungen zu Papier brachte. Am meisten Interesse erregt jedoch bei allen Bewunderern des kühnen Kapitäns jener scharfgezahnte Korallenblock, der seinerzeit versucht hat, James Cook, sein Schiff und seine Mannschaft zu vernichten. Dieser Stein war nämlich die Spitze des tückischen Riffs, auf das in einer stürmischen Nacht des Jahres 1771 die ›Endeavour‹ auflief. Inmitten der schrecklichen Wasserwildnis um die Barrier-Reefs hätte das Schiff unweigerlich mit Mann und Maus sein Ende gefunden, wäre eben dieser Stein nicht von seiner Klippe abgebrochen und im durchbohrten Rumpf des Seglers steckengeblieben. Er wirkte somit wie ein Pfropfen und ließ nur wenig Wasser hinein. Während die Zimmerleute im schwanken Bauch der ›Endeavour‹ fieberhaft schafften, um das Leck vollends zu dichten, segelte der kühne Entdecker durch brausende Stürme neuen Ruhmestaten entgegen. Den Korrallenblock aber, später hervorgeholt, nahm er auf allen weiteren Reisen überall mit und vererbte ihn als Talisman seinen Nachkommen. Diese wiederum überließen ihren Erbstein dem kleinen Haus des großen Kapitäns, wohin er ja auch gehört.

Wir wären gerne noch länger in den engen Räumen geblieben, weil unsere Phantasie von der Vorstellung bewegt wurde, daß von hier ein Fünfzehnjähriger ausgezogen war, der Sohn eines armen Landarbeiters, um später die Seekarte von Alaska bis zur Antarktis, von Australien bis zur amerikanischen Küste mit vielen hundert großen und kleinen Inseln zu füllen, die vordem kein weißer Mann gekannt hatte. Aber wir mußten uns beeilen, nach East-Malvern zu kommen, wo uns die Familie Aubrey erwartete.

Wir fuhren zur Flinders-Station, weil wir zur Fahrt hinaus die Vorortbahn benutzen wollten. Großer Andrang herrschte vor Schalter und Sperre, denn wir gerieten in die Stoßzeit nach dem üblichen Arbeitsschluß. Nirgendwo ein Hinweis zu entdecken, welcher Zug und Bahnsteig der richtige war. Die Beamten gaben keine Auskunft, es sei denn ein unwilliges Gebrumm, aus dem kein praktischer Hinweis zu entnehmen war. Weshalb fuhren wir denn in der Gegend herum, wenn wir nicht Bescheid wußten! Auch widerspricht es den guten Sitten, die Herren Beamten bei ihren dienstlichen Obliegenheiten zu stören. Man wendet sich statt dessen an Leute, die ihre Arbeit schon getan haben, an den nächsten besten Bahnbenutzer also. Und der sagte nicht nur, was wir erfahren wollten, er kam gleich mit und vergewisserte sich persönlich, daß wir den richtigen Zug bestiegen.

In Malvern-Ost eingetroffen, stand schon die gesamte Familie Aubrey bereit, uns mit offenen Armen zu empfangen. Sie kannten uns aus Beschreibungen, denn persönlich hatten wir einander noch nie gesehen. Nur ihre Tochter Janet hatten wir öfter getroffen, die mit einem Kameramann des deutschen Fernsehens verheiratet war. Er hatte sie während der Olympiade in Melbourne kennengelernt, bald darauf bei ihren Eltern gefreit und auf die andere Seite der Welt gebracht. Wir waren die ersten Augenzeugen, die berichten konnten, wie gut sich das junge Paar in München eingelebt hat, weshalb wir schon gleich zur Familie gerechnet wurden. Wem Australier ihr Herz erschließen, dem bleiben sie Freunde fürs Leben lang. Diese Erfahrung durften wir nun machen. Sie hat sich auch später noch öfters wiederholt.

East-Malvern gehört zu den äußeren Wohnbezirken von Melbourne und sieht allen anderen täuschend ähnlich. Die breiten Straßen haben viel Sonne, aber wenig Verkehr, außer jenem der Anlieger. Alle Häuser sind flach und liegen ebenerdig, von einem ziemlich großen Garten umgeben. Wir würden sie Bungalows nennen, eine Bezeichnung, die man in Australien nicht kennt. Um die Gärten fehlen Zäune, es gibt nur niedere Hecken. Man hat keinen Anlaß, sich gegen Nachbarn abzuschließen, ein Zaun würde auch einen schlechten Eindruck machen. Zwar sind die Häuser nicht gerade eines wie das andere gebaut, doch sie verraten ungefähr denselben Standard und etwa die gleiche Zahl von Zimmern. So ziehen sich diese Wohnstraßen meilenweit hin, mit kaum einer Abwechslung dazwischen. Die Geschäfte, das Postamt und was die Vorortbewohner sonst noch brauchen, liegen irgendwo beisammen. Einkäufe werden mit dem Wagen besorgt, den natürlich jeder besitzt. Ist nur einer vorhanden und dient er dem Familienvater zur Fahrt an den Arbeitsplatz, werden die Besorgungen eine Woche im voraus erledigt. Weshalb die Hausfrau Heim und Garten selten verläßt.

Es gibt viel Platz in den Häusern, mehr als unter gleichen wirtschaftlichen Verhältnissen bei uns. Das Wohnzimmer der Aubreys war sehr groß, bequem, aber sparsam möbliert. Im offenen Kamin brannte ein loderndes Feuer. Nötig war das gewiß nicht, bei der Wärme draußen, jedenfalls nicht für uns. Aber wir befanden uns im Monat Mai, dem Beginn des hiesigen Winters, und so mochte eine australische Familie die heutige Witterung als kühl empfinden. Erst bei dreißig Grad Celsius und darüber spricht man von sommerlichen Temperaturen.

Im Eßzimmer nebenan war ein großer Tisch gedeckt, an den wir sogleich gebeten wurden. Unsere Befürchtungen, daß wir nun den Unsegen der landesüblichen Küche erleiden sollten, erfüllten sich glücklicherweise nicht. Mrs. Aubrey hatte Fernunterricht von ihrer Münchener Tochter erhalten, und ihre Küche fiel daher in höchst angenehmer Weise aus jenem Rahmen, der in allen Küchen von Ost-Malvern die tägliche Kost bestimmte. Was beweist, daß auch Frauen des fünften Erdteils durchaus in der Lage sind, eine gute Mahlzeit zu bereiten. Nur muß eben kundige Anleitung vorhanden sein.

Vater Aubrey, etwa Mitte vierzig, war ein grundgütiger Mann, das sah man ihm an. Seiner schlanken, noch immer hübschen Frau konnte man nicht so recht glauben, daß sie zwei erwachsene Töchter besaß und dazu noch einen halberwachsenen Sohn. Es mußte an der offensichtlichen Zufriedenheit im Hause liegen, daß ständig eine so positive Strahlung von ihr ausging. Voll und ganz war sie mit ihrem Leben, ihrem Mann und ihren Kindern einverstanden. Ihre ältere Tochter war glücklich verheiratet, während die zwanzigjährige Lynn brav darauf studierte, Lehrerin zu werden. Ein bildhübsches Mädchen, das gewiß keine Sorgen machte und der Mutter lächelnd zur Hand ging. David stand noch im Entwicklungsalter, hochgeschossen und schlaksig, aber voll Begeisterung mit Dingen beschäftigt, die seinem Alter entsprachen. Er fragte mich aus nach unseren

Reisen und meinen Jagden mit einer Lebhaftigkeit, daß ich kaum mit den Antworten nachkam.

Als wir später im Wohnzimmer saßen, auf Sofa und Sessel verteilt, die Biergläser neben uns auf dem Boden, sprachen wir schon so vertraut miteinander, als wohnten wir seit Jahren nebenan und seien nur lange fort gewesen.

»Sagen Sie bitte, was ist ein Kütschchen«, fragte uns Lynn, »ich finde es in keinem Wörterbuch.«

Sie mußte für ihre Studienarbeit das erste Kapitel eines deutschen Klassikers ins Englische übersetzen, und darin kamen so seltsame Wörter vor.

»Hab' ich noch nie gehört, wollen Sie das bitte buchstabieren.«

Lynn buchstabierte nicht nur, sie schrieb es uns auf, tatsächlich: *Kütschchen.* Weder Marianne noch ich hatten die geringste Ahnung, was das sein sollte.

»Aber Sie müssen es doch wissen«, meinte Lynn nun ganz verzweifelt, »es steht doch bei Goethe in ›Hermann und Dorothea‹.«

Aus dem Zusammenhang ließ sich nun entnehmen, daß ein Kütschchen die Verkleinerungsform von Kutsche ist, also ein Wägelchen vom Wagen. Ein Wort aus zehn Buchstaben mit acht Konsonanten! Doch hatte sich das arme Mädchen von solchen und anderen heute ungebräuchlichen Worten noch zwei bis drei Dutzend notiert. Wir konnten sie nur zum Teil enträtseln. Um deren Sinn zu begreifen, mußte man wohl erst eine spezielle Philologie betreiben. Was man in Melbourne den bedauernswerten Studenten unserer Sprache als deutsche Literatur vorsetzt, geht nicht nur mit Simplicius Simplicissimus auf den Dreißigjährigen Krieg zurück, sondern reicht bis zu Karl dem Großen. Ohne Übertreibung, denn zu Lynn Aubreys Studienobjekten gehörte auch das Nibelungenlied im Original. Alles gut und schön für junge Leute, die den Ehrgeiz haben, Professoren der Germanistik zu werden, aber für den Unterricht in der gegenwärtigen deutschen Sprache wohl gar zu gründlich.

Das Schmettern einer Trompete ließ uns fast aus dem Sessel gleiten, David kam wieder herein und bewies sein musikalisches Können und die Kraft seiner Lungen. Er war Pfadfinderführer und Trompeter seiner Einheit. Die Eltern lauschten ihm ergriffen, auch wir konnten nicht umhin zu staunen, welches Repertoire der Junge beherrschte. Sicher war sein Solokonzert weit und breit in der Nachbarschaft zu vernehmen. Aber Australier sind gute Nachbarn, sie gönnen der heranwachsenden Jugend ihr Vergnügen.

Allerdings nur, soweit es mit den guten Sitten vereinbar ist. Was Flirt und weiteres betrifft, waren noch um das Jahr 1970 die Ansichten im puritanischen Zeitalter befangen. Ein junges Mädchen aus bürgerlichem Haus darf nur von einem jungen Mann abgeholt werden, der hierfür die Erlaubnis ihrer Eltern einholte und bekam. Die beiden Leute müssen sagen, wohin sie gehen und wer noch dabei ist. Spätestens um Mitternacht, besser noch um elf wird das Mädchen heimgebracht. Möglichst ohne längeres Verweilen in der Haustür. Hat sich das mehrmals mit dem gleichen Kavalier ereignet, erwarten Eltern und Nachbarschaft die baldige Verlobung. Flatterhafte Wesen, die man des öfteren mit verschiedenen Herren sieht, haben wenig Aussicht, in ihrem gewohnten Kreis noch einen ernsthaften Bewerber zu finden. Was zur Folge hat, daß die meisten Mädchen sehr zurückhaltend sind und die Auswahl ihrer Freunde mit den Eltern beraten. Man kann sich so etwas bei uns gar nicht mehr vorstellen.

»Natürlich gibt's auch in Australien junge Leute, die sich alles erlauben«, meinte Mrs. Aubrey mißbilligend, »sie mögen in der Öffentlichkeit auffallen, sind aber doch nur Ausnahmen. Und wenn später nichts aus ihnen wird, ist das ihre eigene Schuld.«

Am Samstag fuhren wir mit den Aubreys hinaus in die Wälder und hinauf in die Berge. Halb Melbourne schien unterwegs zu sein, als wir die Stadt verließen, denn ihre freie Zeit verbringen die meisten Australier im Freien. Langsam wurde die Kolonne der Fahrzeuge dünner, und nach etwa einer Stunde war kein anderer Wagen mehr zu sehen. Das Land ist so gut wie leer, auch hunderttausend Ausflügler verschwinden sehr schnell darin. Jeder kennt sein stilles Plätzchen, und die Aubreys kannten das ihre auch. In einer romantischen Schlucht, nur auf sandigem Feldweg zu erreichen, hielten wir Picknick. Aber ohne Lagerfeuer, denn die ›Branduhr‹ zeigte auf Rot.

Die australische Branduhr ist ein großes Schild, das am Rand der Wälder steht und in fünf farbige Felder eingeteilt ist. Dazu gehört ein beweglicher Zeiger, der von Forstbeamten auf Weiß, Rosa, Hellrot, Dunkelrot und Feuerrot eingestellt wird. Das entspricht der jeweils herrschenden Trockenheit, jeder Ausflügler kann auf der Uhr lesen, ob er sich ein Lagerfeuer leisten darf oder nicht. Bei Weiß besteht keine, bei Rosa nur geringe Gefahr. Die dazwischenliegenden Farben gestatten ein Feuer, wenn Sicherheitsvorkehrungen getroffen werden, die seine Ausbreitung verhindern. Die Strafen bei Zuwiderhandlungen sind sehr hoch.

»Es macht auch keiner«, sagte Vater Aubrey, »bei uns wissen die Leute, was ein Waldbrand anrichten kann.«

Bezaubernd schön war der Lichterglanz, als wir über die Paßhöhe zurückrollten. Darunter lag Melbourne, ein flimmernder Teppich, vom dunklen Meer begrenzt und weit gespannt nach allen Seiten.

Am Sonntag luden wir die Aubreys zum Mittagessen auf unsere ›Nürnberg‹. Sie waren noch nie an Bord eines deutschen Schiffes gewesen und überrascht vom Komfort, den ein Frachter für so wenige Passagiere bietet. Unser Käpten hatte für die Besatzung und deren Freunde ein schlichtes Bordfest gestattet. Das hübsche Mädchen in unserer Gesellschaft wurde natürlich bemerkt und gebeten, daran teilzunehmen. Obwohl Lynn schon zwanzig war, besprach sie erst mit den Eltern, ob das wohl möglich sei, und sie Eltern sparten nicht mit guten Ratschlägen, bevor sie die wohlerzogene Tochter entließen.

Drunten in der Messe hatte sie sogleich den größten Erfolg. Sie konnte sich ja auf deutsch verständigen und war zudem von einer natürlichen Ungezwungenheit, die jeden unserer Seemänner erfreute. Das brave Geschöpf kam hin und wieder zurück, um sich nach dem Wohlbefinden ihrer Eltern zu erkundigen. Sie hielt das für selbstverständlich, wir aber konnten nur staunen, was es doch in Australien für vorbildliche Töchter gibt!

»Das ist mir klar«, schwärmte sie hernach mit geröteten Wangen, »diese ›Nürnberg‹ ist ein deutsches Propagandaschiff, fabelhaft ausgestattet bis zum letzten Winkel. Jeder von der Besatzung ist extra ausgesucht ... sogar die Schiffsjungen haben die feinsten Manieren. Wie schön von Deutschland, so ein Schiff nach Melbourne zu schicken!«

Es war ihr nicht auszureden. Sie wollte nicht glauben, daß unser Schiff ein moderner Frachter war wie viele andere auch, mit der üblichen Mannschaft. Lynn blieb dabei, daß es nirgendwo so viele tadellose Leute geben könne, um damit noch andere Schiffe zu besetzen. Seit jenem Tag wird sie stets an Bord geladen, wenn sich die ›Nürnberg‹ in Melbourne aufhält.

Unglaubliche Tiere

Die Dandanong-Berge steigen schon gleich hinter Melbourne auf und sind von den schönsten Wäldern bedeckt. Bald ist die Millionenstadt vergessen, wenn der Wagen durch diese stille, hügelige Landschaft rollt. Sie steht unter Naturschutz und darf nicht kultiviert werden. So ist noch alles tiefe, schattige Wildnis, nur auf Straßen und ausgehauenen Steigen kann man sich bewegen. Eukalyptusbäume von unwahrscheinlicher Höhe streben zum Himmel, Farnkraut von tropischer Üppigkeit und dunkles Gestrüpp verhindern jeden Einblick ins Dickicht. In hundert Kurven und Schleifen windet sich der asphaltierte Fahrweg durch die exotische Landschaft.

Nach einer knappen Stunde halten wir vor einem Gitter und müssen den Wagen abstellen. Hier beginnt ein Paradies der Tiere, wie es von gleicher Art keines in unserem Erdteil gibt. *Healesville* heißt die Anlage und schließt mehrere Quadratmeilen der Landschaft durch einen soliden, drei Meter hohen Zaun von ihrer Umgebung ab. Im Schutze dieser Einfriedung lebt alles Getier vollkommen sicher vor den Gefahren der Freiheit und hat sich so gut an seine vielen Besucher gewöhnt, daß es die Menschen nicht mehr fürchtete. Man kann sich neben den Känguruhs niederlassen und ihnen mit der Hand übers weiche Fell streichen, ohne daß sie mit der Wimper zucken. Der Emu, ein Verwandter des Vogels

Strauß und fast ebenso groß, stelzt unbekümmert herbei und schnappt sich ein belegtes Brötchen von unserem Picknick. Quokkas, Possums und andere Beuteltiere streifen sorglos über die Wege. Schwarze Wildschwäne segeln über den Teich, Sumpfhühner und Broglas stehen im Schilf. Baum-Enten nisten über uns in den Ästen. Wohin man schaut, überall zufriedene Tiere, ohne jede Scheu und Ängstlichkeit. Sie haben die Menschen nur von ihrer besten Seite kennengelernt und sind, wie ihr Verhalten zeigt, ganz damit einverstanden, daß auch sie zu ihrer ständigen Umgebung gehören.

Innerhalb der großen Einfriedung gibt es speziell umhegte Flächen, wo bestimmte Arten des Wildes ganz unter sich leben. Aber auch diese Areale sind groß genug, um den Tieren die Illusion der Bewegungsfreiheit zu geben. Die Besucher dürfen zu ihnen hinein, kein Gatter in diesen Zäunen ist verschlossen. Da gibt es die rotbraunen Riesenkänguruhs von zwei Meter Größe und Kletterkänguruhs, die auf Bäumen leben. Andere Arten werden nicht größer als Kaninchen. Manche sind völlig schwarz, andere hellgrau und einige dunkelbraun. Die Familie der Känguruhs hat etwa siebzig verschiedene Variationen hervorgebracht. Für jede Art von australischer Landschaft wurde von Mutter Natur ein besonderer Typus entwickelt. Im Tiergarten von Healesville sagen Klima und Nahrung nicht allen Unterarten zu, aber was im Gelände herumhüpft, zeigt schon, zu welcher Verschiedenheit in Form und Farbe die Känguruhs fähig sind.

Die Köpfe der Kleinen schauen aus den Beuteln der Mütter. Manche sind schon groß genug, um gelegentlich hinauszuspringen. Marianne will ein Junges auf den Schoß nehmen, aber kopfüber kehrt es in die Bauchtasche seiner Mama zurück. Nur noch die Hinterläufe schauen heraus. Die Alte mag das nicht, mit ihren Pfoten dreht sie das Kleine im Beutel herum. Es sieht nun aus wie ein Kind, das vorwitzig vom Balkon des Elternhauses auf die Straße blickt.

Bei ihrer Geburt sind die Babies nicht größer als eine Maus und noch lange nicht fertig entwickelt. Dennoch kriechen sie gleich in den warmen, weichen Beutel und saugen sich dort an einer Milchwarze fest. Monate vergehen noch, bis aus dem hilflosen Säugling ein kleines Känguruh wird. Bei manchen, die schon draußen herumhüpfen, glaubt man nicht, daß sie noch Platz im mütterlichen Beutel finden. Aber sie können ihre Glieder zusammenklappen wie ein Taschenmesser und kehren noch oft in die lebendige Höhle zurück, um dort wohlgeschützt zu schlafen.

Hinter einer massiven Mauer leben die Wombats. Sie haben die Gestalt kleiner, korpulenter Bären, sind aber ausschließlich Pflanzenfresser und leben in selbstgegrabenen Höhlen. Wie alle australischen Säugetiere, vom Dingo-Hund abgesehen, tragen auch sie ihre Jungen in einem Bauchbeutel. Nur hier im Tiergarten, wo sie nichts zu befürchten haben, kommen sie auch bei Tageslicht zum Vorschein. Andernorts beschränken sie ihre Ausflüge auf die Nacht. Obwohl sie weit verbreitet sind, haben daher nur wenige Australier ein Wombat in freier Wildbahn gesehen.

Mit ihnen zusammen lebt der Ameisenigel im gleichen Gehege. Seine Stacheln sind so lang wie Bleistifte, ebenso lang ist seine spitze Schnauze. *Echidna* heißt er bei den Australiern und ist wegen seiner nächtlichen Lebensweise den meisten Menschen ebensowenig bekannt wie der Wombat. Auch im Tiergarten drückt sich der Beuteligel in die schattigsten Winkel, denn seine Haut kann die Sonne nicht vertragen.

Ein Napf mit kleingeriebenem, frischem Fleisch wird ihm hingestellt. Er trippelt heran, und wie der Blitz schießt ellenlang seine dünne, gelbrote Zunge aus dem Spitzmaul, huscht über die Fleischbrösel und wird im gleichen Augenblick wieder eingezogen. Es war wie der Schlag einer Peitschenschnur, und doch hat der Echidna dabei das Maul recht voll genommen. Seine flinke, feuchte Zunge ist mit Klebstoff bedekt, der alles festhält, was sie berührt. Wie eine schnurdünne Schlange kann des Igels Zunge in die Bauten der Ameisen eindringen und holt bei jedem Vorstoß Dutzende von Opfern aus ihrem Versteck.

Doch dies allein hat den Echidna noch nicht zu einem der seltsamsten Wesen der Tierwelt gemacht. Je mehr sich nach seiner Entdeckung die Wissenschaft mit ihm beschäftigte, desto größer wurde das Staunen. Die Igelin legt nämlich Eier und brütet sie ebenso aus wie ein Vogel. Dann jedoch verschwinden die Geschlüpften im Beutel der Mutter und ernähren sich von ihrer Milch. Aber es gibt keine Zitzen an der Mutterbrust, die Kleinen saugen durch die Poren der Haut. Im Gegensatz zu allen übrigen Beuteltieren bildet sich die Bauchtasche erst, wenn die Nachkommenschaft bereits unterwegs ist. Die Jungfrauen der Echidna haben noch keinen Beutel. Noch weiß niemand eine Erklärung dafür, weshalb die australischen Ameisenigel in einem Land, das keine kalte Jahreszeit kennt, monatelang in eine Art von Winterschlaf verfallen. Es muß wohl so sein, daß der Echidna als letzter Rest aus einem Zeitalter übriggeblieben ist, da sogar Australien klirrenden Frost gekannt hat. Jene Jahrmillionen, die seitdem vergangen sind, haben offenbar das Rätseltier nicht von seiner alten Gewohnheit abzubringen vermocht.

Es war an einem Wochentag, als wir zum ersten Male den Tiergarten von Healesville durchstreiften, weshalb wir nicht sehr viele Besucher antrafen. Aber an den Wochenenden wimmelt es dort von Menschen. Die eingezäunte Landschaft mit ihrem zahmen Getier ist bei den Großstädtern von Melbourne ungemein beliebt. Mit Kind und Kegel verbringt man dort den ganzen Tag. Die großzügige Verwaltung hat für alles gesorgt, was sich ein wohlerzogenes Publikum nur wünschen kann. Es gibt Tische und Bänke, Spielplätze für die Kinder und Schutzhütten gegen Regen. Man kann in einfachen Restaurants essen oder sich seine Mahlzeiten selber bereiten, was die meisten Australier vorziehen. Zu diesem Zweck hat man schattige Picknickplätze angelegt und mit offenen Feuerstellen versehen. Damit ja kein Funkenflug den trockenen Wald in Brand setzt, eine immerwährende Befürchtung in Australien, sind die Herdplätze auf drei Seiten von einer Mauer umgeben. Geschnittenes Brennholz liegt daneben aufgeschichtet, jeder Besucher kann sich kostenlos davon bedienen. Er muß nur dafür sorgen, daß kein Hölzchen mehr glimmt, daß kein Parkwächter daran zu erinnern braucht. Wir bestaunten auch die Vernunft der Kinder beim Umgang mit den greifbaren Tieren. Keines wird gegen seinen Willen gestreichelt, keines auf irgendeine Art belästigt. Nie haben wir gesehen, daß Eltern eingreifen mußten. Healesville ist wirklich ein Paradies, in dem sich auch kleine Menschen wie Engel benehmen.

Nur einmal erhob sich großes Geschrei. Hundert helle Stimmen waren es, die voller Ungeduld nach Erdnüssen verlangten. Es war aber keine kribbelige Kinderschar, die so ungestüm ihre Wünsche bekanntgab, vielmehr ein Schwarm schneeweißer Kakadus. Sie flatterten aus ihren Büschen hervor, schlugen mit den Flügeln und stellten ihre gelben Kämme auf.

»Kucki will Erdnuß«, krächzte ein jeder, »Kucki will Erdnuß«, scholl es von allen Seiten. Nur ein Vogel äußerte Sonderwünsche, mit schriller Stimme kreischte er nach einer Tasse Tee. Welch humoriger Mensch ihm das beigebracht hatte, ist wohl nicht mehr zu ergründen. Aber den Wunsch nach Erdnüssen hatte man den Vögeln mit voller Absicht eingetrichtert. Die Verwaltung erspart sich damit die Fütterung ihrer Kakadus. Nur wenige Besucher können den kindlichen Stimmen widerstehen, aus vollen Händen werden ihnen die knusprigen Gaben hingestreut.

Dann wurde es Zeit für den *Platypus.* Wir mußten uns beeilen, seine Vorstellung nicht zu versäumen. Nur einmal täglich findet sie statt und dauert nicht länger als etwa zehn Minuten. Schon das ist ein großes Entgegenkommen der Schnabeltiere, die von Natur aus ungemein scheu sind und für gewöhnlich die Nacht zum Tage machen. Obwohl in den Gewässern von Australien und Tasmanien wieder weit verbreitet, bekommt man sie in Freiheit nur selten zu Gesicht. Noch viel seltener ist es gelungen, sie in einem Tiergarten zu halten. Meist haben diese hochempfindlichen Tiere ihre Gefangennahme nur um wenige Wochen überlebt. Nach vielen Versuchen und Fehlschlägen wurde erst in der letzten Zeit eine wohldurchdachte Einrichtung entwickelt, worin sich der Platypus wohl fühlt und sogar Junge auf die Welt bringt.

Zu einem solchen *Platypussorium* strebten wir hin, auch andere Besucher nahmen den gleichen Weg. Denn ein lebendiges Schnabeltier ganz nahe zu sehen, ist selbst für Australier ein besonders Erlebnis. Nur an drei oder vier Stellen ist das überhaupt möglich und hat die australischen Tiergärtner große Mühe gekostet.

Das Wasserbecken hatte die Größe eines Swimmingpools und stand über der Erde. Darüber spannte sich ein breites Dach, um jeden Sonnenstrahl aus dem Bassin fernzuhalten. Ein hochummauertes Gehege schloß sich an, das keinen Einblick erlaubte. Dahinter lag ein Auslauf zu Lande, worin sich bei Nacht die Schnabeltiere tummeln. Eine Erklärung an der Mauer besagte, daß sich hinter ihr auch die Wohnhöhle der Tiere befand, aus altem Holz und Gestein einer selbstgebauten Höhle der Platypusse täuschend ähnlich nachgebildet. Von ihr führten zwei hölzerne Röhren in das Becken. Deren geschickte Konstruktion ist für das Wohlbefinden der anspruchsvollen Geschöpfe entscheidend. Haargenau, im buchstäblichen Sinne, muß deren Durchmesser dem Umfang eines ausgewachsenen Schnabeltieres entsprechen. Sonst lehnen es die Platypusse ab, hindurchzuschlüpfen. Sie brauchen aber den häufigen Wechsel zwischen Bekken und Höhle, weil sie nur im Wasser fressen und nur auf festem Boden schlafen. Eines allein führt zu ihrem sicheren Tode.

Hier hatte man nun alles richtig gemacht. Die beiden Schnabeltiere fühlten sich wohl im Platypussorium von Healesville, im Laufe der Zeit hatten sie sogar ihre Scheu vor Menschen und Tageslicht überwunden. Es war ihrem Betreuer gelungen, sie zu bestimmter Stunde durch ein besonders delikates Krabbenfutter aus ihrer Verborgenheit zu locken. Sie kannten den Zeitpunkt genau, gaben sich jedoch nur für eine knapp bemessene Frist zur Besichtigung her. So viel hatten wir schon von dem Wundertier Australiens gehört, daß wir mit größter Spannung auf sein Erscheinen warteten.

Pünktlich um sechzehn Uhr schossen zwei schlanke, dunkle, dackelgroße Körper aus der Röhre. Sie jagten pfeilgeschwind durchs trübe Wasser, umspielten einander und schnappten schnell nach dem Futter. Jede Bewegung war ebenso elegant wie schwungvoll. Hinauf und hinunter ging es mit graziöser Gewandtheit, diesmal auf dem Rücken, dann auf dem schlanken Bauch und das nächste Mal auf der Seite. Flink und leicht war jede Wendung. Den staunenden Menschen ihre Künste zu zeigen, machte ihnen offenbar das größte Vernügen. Es war sehr liebenswürdig von ihnen, anders kann ich unseren Eindruck nicht schildern.

Ihre Gestalt zu beschreiben ist kaum möglich. Denn sie waren Ente, Otter und Reptil in einem. Ein dichter, weicher Pelz bedeckte ihren ganzen Körper. Aber sie haben kein Maul mit spitzen Zähnen, sondern einen breiten, braunen Entenschnabel mit hornigem Kiefer. Die Pfoten sind mit Schwimmhäuten versehen, was gar nicht zu den scharfen Krallen an ihren Zehen paßt. Schwung und Richtung im Wasser bestimmt ein dicht behaarter Biberschwanz. Ihre Augen halten sie geschlossen, ebenso ihre Ohren, wie man uns gesagt hat. So jagen sie auch im freien Gewässer ihre Opfer. Dabei können sie weder sehen noch hören. Wie der Platypus dennoch seine lebende und oft sehr schnelle Beute erjagt, hat bisher noch keiner einem Menschen verraten.

So überraschend wie die beiden erschienen waren, verschwanden sie auch wieder. Die kurze Audienz war vorüber, und wir konnten gehen. Doch ist damit noch längst nicht alles über Schnabeltiere gesagt. Ihre wunderbarsten Eigenarten zeigen sie keineswegs bei so flüchtiger Begegnung, erst das Studium der Naturforscher hat sie enthüllt.

Als im Jahre 1795 die ersten, nur schlecht präparierten Exemplare nach Europa gelangten, hielt man sie für eine plumpe Fälschung. Denn nach allem, was bis dahin der zoologischen Wissenschaft bekannt war, konnte es ein solches Geschöpf unmöglich geben. Ein Schwindler oder Spaßvogel war hier am Werk gewesen und hatte das Pelztier auf raffinierte Weise mit Schnabel und Schwimmhäuten versehen! Ein Zwitterwesen, das halb Vogel und halb Säugetier war, ließ sich damals für die Gelehrten nicht einmal denken. Es paßte ganz und gar nicht ins bestehende System der Tierwelt. Aber die Gerüchte wurden zu Berichten, daß man solche Geschöpfe sogar lebend gefangen hatte. Der Gouverneur persönlich verbürgte sich dafür. So machte sich denn Sir Joseph Banks, einer der größten Naturforscher seiner Zeit, selber auf den weiten Seeweg nach Australien, um an Ort und Stelle den Irrtum leichtsinniger Laien aufzuklären.

Als im Jahr darauf das Ergebnis seiner Untersuchungen in London eintraf, war es die seit langem größte wissenschaftliche Sensation. Denn Sir Joseph hatte nicht nur festgestellt, daß dieses Pelztier mit Entenschnabel und Schwimmhäuten wirklich existierte, das Fabeltier legte auch Eier wie ein Vogel und brütete sie aus. Danach aber krochen die winzigen Kleinen in den Bauchbeutel ihrer Mutter und wurden dort gesäugt. Man wußte zu dieser Zeit noch nicht, daß sich der Echidna auf die gleiche Weise fortpflanzt, und gab daher dem Platypus allein die Schuld, ein ganzes Lehrgebäude der Zoologie über den Haufen zu werfen.

Aber damit nicht genug, fand man später noch so manches andere beim Schnabeltier, was bisher niemand für möglich hielt. Auch sein Inneres besteht aus zahllosen anatomischen Widersprüchen. So hat der Platypus unter anderem ein ganz normales Säugetierherz, während alle Organe der Fortpflanzung denen eines Reptils entsprechen. Sein Körper besitzt die Fähigkeit, sich immer der jeweiligen Temperatur anzupassen. Obwohl das Tier seine Nahrung lediglich aus dem Wasser bezieht, sind seine Organe nur für eine Tauchfahrt von wenigen Minuten eingerichtet. Andererseits ist der Platypus auch für den Landgang nicht richtig ausgerüstet. Seine Schwimmhäute sind nämlich so lang, daß er außerhalb des Wassers die Zehen einziehen und auf den Knöcheln laufen muß. Sonst würden die Schwimmhäute von den scharfen Krallen verletzt. Als Waffe dient dem männlichen Schnabeltier ein Dorn mit Giftdrüse an den Hinterpfoten. Ein Strahl daraus blendet oder betäubt den Verfolger. Weil das Weibchen kein solches Instrument zur Abwehr von Feinden besitzt, vermauert die brütende Mutter den Eingang zu ihrer Höhle und bleibt ohne Nahrung so lange darinnen, bis die Jungen geschlüpft sind und sich wohlgeborgen im Beutel befinden.

Noch vieles mehr hat die Erforscher der Platypusse verblüfft, dickleibige Werke wurden darüber verfaßt. Dennoch hat sich der geldgierige Mensch nicht nehmen lassen, auch dieses Wunderwesen an den Rand der Ausrottung zu bringen. Es ging um den seidenweichen, vielbegehrten Pelz, der seines schönen Glanzes wegen in aller Welt hochbegehrt und noch höher bezahlt wurde. Tausende und Zehntausende von Schnabeltieren gerieten in die Netze der Fänger oder wurden aus ihren Höhlen gegraben und totgeschlagen. Erst in letzter Stunde kam die Rettung, und zwar mit drastischen Verordnungen. Der Platypus wird in ganz Australien geschützt. Wer ihn fängt oder erschlägt, zahlt viele tausend Mark Strafe und geht bei wiederholtem Frevel für Jahre ins Gefängnis. Auch der Handel mit seinem Pelz, ja sogar der private Besitz eines Felles ist streng verboten. Einige Jahrzehnte sind seit dem Erlaß dieser Gesetze vergangen. Unter ihrem Schutz hat sich das seltsamste Geschöpf auf Erden wieder gut vermehrt und kehrt allmählich in alle Gewässer zurück, worin es früher seit undenklichen Zeiten gejagt hat.

Zu seinen vielen Wunderlichkeiten, das muß noch gesagt werden, gehört auch eine, die ihm nicht die Natur, sondern die gelehrten Herren selber vermittelt haben. Und das betrifft die Schreibweise seines Namens. Es ist nämlich so, daß nach einer wissenschaftlichen Konvention keine Bezeichnung für zwei Tiere gleichzeitig gelten darf. Stellt sich nach der offiziellen Taufe eines neu entdeckten Geschöpfes heraus, daß schon vorher irgendein anderes Tier denselben Namen erhielt, muß das später benannte Lebewesen umgetauft werden. Eigentlich war das bei dem Platypus der Fall, denn es gab bereits einen Käfer gleichen Namens. Bis das jedoch festgestellt wurde, hatte der Platypus schon so viel Aufsehen erregt, daß man seinen Namen unmöglich wieder ändern konnte, und schon gar nicht zugunsten eines unscheinbaren, den meisten Menschen unbekannten Käfers. Dem Käfer konnte man seine Bezeichnung aber ebensowenig nehmen, denn als Platypus stand ja das Kerbtier seit vielen Jahren in allen einschlägigen Lehrbüchern vermerkt. So kamen die Wissenschaftler zu jenem merkwürdigen Entschluß, den zuerst entdeckten Käfer mit großem P zu schreiben und das hernach ebenso getaufte Tier mit einem kleinen p. Im Deutschen fällt das nicht weiter auf, denn wir haben ja mit ›Schnabeltier‹ eine klare Bezeichnung, die anderen Sprachen aber nicht. Vor allem werden im wissenschaftlichen Latein die Namen der Tiere für gewöhnlich groß geschrieben. Da macht nun unser *platypus* die einzige Ausnahme. Wenn ich trotzdem wider besseres Wissen vom Platypus statt vom platypus schrieb, geschah das mit Rücksicht auf den Setzer, der sich bestimmt geweigert hätte, ein Hauptwort klein zu drucken. Aber hier wäre das allen Ernstes richtig.

Die erstaunlichen Eigenschaften des Schnabeltiers hatten wir schon vorher gekannt, natürlich nur aus Büchern. Von dem Wombat und Echidna wußten wir immerhin, daß sie existierten. Aber durch gar nichts waren wir auf das Glockenspiel vorbereitet, das wir am nächsten Tag in einem anderen Winkel des Tierparks vernahmen.

»Höre nur die Glöckchen, wie sie klingen . . .«

Wir blieben stehen in dem schattigen Wald und wußte nicht, wo das herkam.

»Kling . . . klungklong . . . klang . . . klingeling . . .«

Es tönte zu hell für Kirchenglocken, zu rein für Radio und zu schlicht für ein Xylophon. Kein Haus lag in der Nähe, und auch kein Mensch ließ sich sehen.

»Klingklinglung . . . klingling . . . klanglong . . .«

Wenn der Abendwind die kleinen Silberglocken bewegt, die von den glasierten Tempeldächern im fernen Thailand hängen, hört man ein ähnliches Geläute. Aber wir sind in Australien und wandeln unter Eukalyptusbäumen, eine Autostunde von der Stadt Melbourne entfernt. Niemand hat hier Glöckchen aufgehängt, niemand amüsiert sich mit einem Glockenspiel.

»Klingklangklung . . . klongklingklang . . . klingelingling . . .«, klirrt es melodisch aus den Zweigen.

»Schau nur, es sind Vögel, die solche Töne machen.«

Sie saßen auf vielen Ästen, nicht größer als Drosseln und nicht schöner als Spatzen. Doch aus ihren Kehlen kamen die glockenreinsten Silbertöne. Vier Variationen gab es, die läuteten, als seien sie mit Bedacht aufeinander abgestimmt. Wir standen und staunten, daß ein Tier, ein so unscheinbarer Vogel, diesen eindeutig metallenen Glockenton hervorbrachte. Es war so hübsch, so klar und musikalisch, daß wir vermeinten, in einem Zauberwald zu sein. Ein Geklingel und Gebimmel, als schwebten hundert Engelchen vom Himmel herab, ein jedes mit Glöckchen läutend.

Wer es nicht selber gehört hat, kann sich das zauberhafte Konzert der Glokkenvögel unmöglich vorstellen. Wir erzählten René und Judith davon, mit denen wir am späten Nachmittag beisammen waren. Deren Haus und Garten lagen mitten in der Großstadt. Drunten am Hang brauste der Verkehr, drüben ragten die Kräne des Hafens in den Himmel.

Unsere Freunde fanden aber nicht, daß die Glockenvögel etwas so Besonderes seien. Man konnte sie draußen alle Tage hören. Nicht nur im Tiergarten von Healesville, sondern bei fast jedem Spaziergang in den Wäldern.

»Da haben wir Vögel, die hübscher aussehen«, versicherte Judith, »ich finde auch, die Bellbirds läuten recht eintönig, mehr als vier Töne haben die armen Kerlchen ja nicht. Da sollten Sie erst mal hören, was andere Vögel können . . .«

Da lachte jemand hinter ihrem Rücken, ganz laut und frech. Die Hausfrau ließ sich nicht stören, an diese Flegeleien war sie gewöhnt.

»Sei still, Kukka, du bist nicht gemeint!«

Kukka, der unverschämte Bursche, saß auf der Mauer und amüsierte sich königlich. Seine lustigen Augen blitzten vor Übermut und guter Laune.

»Hahaha . . . hahaha«, lachte er uns aus, »hohoho . . . hihi!«

Wer den Vogel nicht sieht, muß glauben, daß ein dreister Mensch so unverschämt lacht.

»Da kann man nichts machen«, entschuldigte ihn der Hausherr, »es ist nicht bös gemeint.«

Der fröhliche Vogel war ein Kukkaburro, und seiner Meinung nach gehörte ihm dieser Garten. An Größe wie Gestalt gleicht er einer Saatkrähe, besitzt jedoch ein viel hübscheres Gefieder. Seine braunen Flügel sind weiß betupft, die Brust hellgelb. Er hat so buschige Augenbrauen wie der alte Bismarck. Was er an uns so komisch fand, war wohl nur aus der Vogelperspektive zu begreifen. Er trippelte hin, und er trippelte her, schaute uns kopfschüttelnd an und lachte sich halbtot vor Vergnügen. Angst vor den vier Menschen, die auf Armeslänge in seiner Nähe saßen, hatte er nicht. Mit einer Frechheit sondergleichen spottete er jedem von uns ins Gesicht. Von keinem Menschen hätte man das hingenommen, aber so ein Kukkaburro darf sich alles erlauben.

»Man könnte fast sagen, er gehört zur Familie . . .«, versuchte René zu erklären. Aber der Vogel unterbrach mit höhnischem Gelächter.

»Haha . . . das könnte euch so passen . . . hoho«, lachte er schallend, »zu eurer Familie gehör' ich bestimmt nicht . . . hihihi . . . hab' ja nur meinen Spaß an euch . . . hahaha . . . und mir gefällt dieser Garten . . . hoho!«

Dies oder etwas Ähnliches war gewiß gemeint, man konnte es ihm deutlich anmerken.

Um den Garten hatte er sich Verdienste erworben. Denn wo solch ein Vogel für Ordnung sorgt, ist von Mäusen, Ratten und Schlangen nicht mehr viel übrig. Der Kukkaburro, ebenso dreist wie tapfer, fürchtet weder Rattenzahn noch Schlangenbiß. Und einen Menschen erst recht nicht.

»Hahahahahaha . . . ja da staunt ihr komischen Fremden, was für ein toller Kerl ich bin . . . hohoho . . . so was habt ihr zu Hause nicht . . . hihi!«

Zum Beweis seiner Tüchtigkeit holte er eine halbverfaulte Wühlmaus aus dem Efeu und schwenkte sie am Schwanz durch die Luft.

Die gepflegte Hausfrau fand das eklig, aber ihr Gatte sehr verdienstvoll. Die üppige Pracht der Blumenbeete war ohne sein Wirken gar nicht denkbar. In einem Garten ohne Kukka sieht es nicht so schön aus, dort nagen Maus und Maulwurf an den Wurzeln.

Der bunte Spötter hält sich gern bei den Menschen auf und weiß, daß sie ihm nichts Böses tun. An seine Rüpelei hat man sich gewöhnt und verzeiht sie ihm, weil er andererseits hilft, den Garten zu pflegen. Hat sich jemand ein neues Haus gebaut, ringsherum Bäume und Büsche gepflanzt, vielleicht auch seine Beete schon angelegt, so wartet die Familie voller Spannung auf den Einzug ihres Kukkaburro. Kommt der Vogel geflogen, ist die Freude groß. Denn meist bleibt er lebenslänglich in der Nähe, leistet freiwillig seine Arbeit und bringt die Leute zum Lachen. Alle Menschen, die zum Haus gehören, kennt er genau, und sicher weiß er mehr von ihnen, als so manchem lieb ist. Denn mit seinen klugen, scharfen Augen sieht er alles und hat seinen Spaß daran.

Die Australier lieben den Kukkaburro, schon seit langem hat er sich in ihr Herz gelacht. Im ›Weit-Draußen‹ leistet er den einsamen Leuten frohe Gesellschaft, er sitzt beim Lagerfeuer der Viehtreiber und heitert sie auf. Er amüsiert die Kinder auf dem Schulhof und wirkt als Stimmungskanone im Biergarten. Der Kukka fühlt sich bei den Ureinwohnern im heißen Binnenland ebenso wohl wie in den Anlagen einer Großstadt. Wer den immer lustigen Vogel nicht leiden kann, dem ist nicht zu helfen.

Selbst die Herren vom Parlament sind dem Charme des Kukka erlegen und haben zu seinen Gunsten eine besondere Verfügung erlassen. Sie schützt nicht nur Leib und Leben des Vogels, sondern auch seine Freiheit. Es ist streng verboten, einen Kukkaburro im Käfig zu halten. Und weil ihn die Australier ganz allein für sich beanspruchen, ist seine Ausfuhr in andere Länder untersagt. Zu diesem Zweck hängt auf jedem Flugplatz und in jedem Schiff, das Australien anläuft, eine Tafel, die darauf hinweist. Der Vogel ist dort farbig abgebildet, damit sich niemand auf einen Irrtum berufen kann, der mit einem Kukka im Gepäck erwischt wird. Nur in seiner Heimat soll sich der Kukkaburro amüsieren, im Ausland hätte er ja doch nichts zu lachen.

Als die Zeit zur Abfahrt von Melbourne nahte, hielten wir mit beiden Familien, den Henrys und den Aubreys, noch einen Umtrunk in unserer Kabine. Sie hatte Platz genug für acht Personen. Da wir auf der Rundreise durch Australien und schließlich auf der Rückreise wieder nach Melbourne kamen, war es nur ein vorläufiger Abschied. Aber er fiel uns schwer, denn nie zuvor hatten wir mit neuen Freunden in so kurzer Zeit solch herzlichen Kontakt gefunden. Erst sehr viel später, als wir zum letzten Mal von Melbourne fortfuhren, fiel uns ein, daß wir ja gar nicht wußten, was eigentlich der Beruf von Charley Aubrey war. Er konnte ebenso gut gelernter Arbeiter sein wie Ingenieur, ebenso kleiner Angestellter wie höherer Beamter. Wen konnte das interessieren außer ihn selber? Auch wenn man aus einem anderen Erdteil kommt, wo der Beruf von Freunden und Bekannten noch sehr interessiert, gewöhnt man sich in Australien schnell daran, wie wenig das im persönlichen Verkehr zu bedeuten hat.

Die Henris wie die Aubreys waren mit aller Bestimmtheit einer Meinung, nämlich der, daß wir von Sydney enttäuscht würden. Die größte Stadt des Kontinents reichte in keiner Weise an Melbourne heran, daran war überhaupt nicht zu zweifeln. Sie bedauerten sehr, daß wir um diese Erfahrung nicht herumkämen. Wir wagten keinen Widerspruch, obwohl uns andere Leute, die nicht gerade in Melbourne wohnten, nichts Schlechtes über Sydney gesagt hatten.

»Aber Sie kommen ja wieder«, tröstete René, und Vater Aubrey fügte hinzu, ». . . um sich bei uns von dem trostlosen Sydney zu erholen!«

Als die ›Nürnberg‹ ablegte, zog David seine frisch polierte Trompete hervor und schmetterte dem langsam abziehenden Schiff lautstarke Grüße nach.

Koala mit Kind, das Vorbild des Teddybären. Es wird bis 60 Zentimeter groß und frißt nur Eukalyptusblätter. Sein Name bedeutet: Ich trinke nicht, und wirklich, so ist es.

Das Känguruh hat Vorfahrt, besser gesagt: Vorsprung.

Feueruhr in einem vielbesuchten Wald nahe einer Stadt. Sie zeigt an, wie gefährlich es heute ist, zu rauchen oder ein Picknickfeuer zu entfachen. Bei hellrot bis dunkelrot ist beides verboten.

Känguruh, das Wappentier Australiens. Erstaunlich ist, wie lange Kinder in den Beutel der Mutter passen. Dabei klappt das Kleine blitzschnell Pfoten und Schwanz zusammen. Schon ist es verschwunden, und die Mutter springt mit ihm davon.

oben: Der Leierschwanz, Australiens schönster und seltenster Vogel, ist auch ein hochbegabter Sänger und Tänzer. *unten:* Als das Schnabeltier entdeckt wurde, wollte man nicht glauben, daß es so ein Tier geben könnte. Es hat einen Entenschnabel, ist mit haarigem Pelz bedeckt, hat Schwimmhäute, legt Eier, trägt und säugt die Jungen im Beutel.

In Sydney lebt man schneller

Bevor man uns von Bord entließ, mußten wir ein Verhör bestehen. Die Form war recht verbindlich, aber die Fragen sehr genau. Denn von Europa kamen damals nur wenige Leute nach Australien, die gar nichts weiter wollten, als kreuz und quer durchs Land fahren. Wir hatten hier keine Verwandten, die es zu besuchen galt. Weder wollten wir Geschäfte machen, noch einen Beruf ergreifen. Noch weniger hatten wir im Sinn, für immer einzuwandern, um neue Australier zu werden. Irgendwie schien das merkwürdig zu sein und wollte den Herren von der Polizei gar nicht gefallen. Mehrmals wiesen sie darauf hin, wie günstig doch die Verhältnisse für Immigranten seien (damals!) und daß wir auf Grund unserer Einreisepapiere durchaus berechtigt wären, den Antrag auf ständigen Verbleib zu stellen. Nach Ablauf der Vierjahresfrist bekämen wir sogar die Staatsbürgerschaft. Wir würden es bestimmt nicht bereuen.

Die Einwanderung aus Nordeuropa hatte während der letzten Jahre erheblich nachgelassen, aber das große Land brauchte Menschen. Deutsche waren willkommen, sie hatten sich im allgemeinen gut bewährt. Weshalb ich den Verdacht nicht loswerde, daß seinerzeit die Beschaffung unserer Visen durch die Australische Botschaft in Bonn nur deshalb so lange gedauert hatte, weil sie auch die Möglichkeit enthalten sollte, für immer dort zu bleiben. Hatte man doch die Erfahrung gemacht, daß Besucher von Verwandten und Vertreter von Firmen, ja selbst vereinzelte Touristen, wenn sie im Land warm geworden waren, mitunter den Entschluß faßten, in Australien seßhaft zu werden. Wer schon gleich zu erkennen gab, daß er nicht im Traum daran dachte, machte keinen allzu guten Eindruck.

»Nun, wir werden sehen«, sagte der Beamte zum Schluß, »es hat schon mancher seine Absicht geändert!«

Damit waren wir freigegeben, schüttelten nochmals viele Hände an Bord und verließen das gute Schiff. Nicht ohne Abschiedsschmerz, denn es war uns für sechs Wochen ein wirklich trautes Heim gewesen.

Es dauerte eine Stunde und kostete sechzig Mark für Taxi und Träger, bis wir endlich im Hotel Soundso installiert waren. Dort lag schon ein äußerst liebenswürdiger Brief von Jen-Jacques Gautier, dem hiesigen Leiter von Renés Frisiersalon. Um acht Uhr wollte er uns zum Essen abholen.

»Man schämt sich fast«, meinte Marianne, »wenn man ganz ohne Grund so verwöhnt wird.«

Dabei hatten wir allen Grund, möglichst wenig Zeit im Hotel zu verbringen. Es war ein großer, ungemütlicher Kasten, weder alt noch modern, im Zentrum der City. An sich gehörte es zu den besten Häusern der Stadt, wie der Prospekt besagte, aber Menschen unserer Art konnten sich kaum darin wohl fühlen. Hätten wir nicht schon von Melbourne aus telegrafisch bestellt, wir hätten kein

Zimmer bekommen, so besucht war dieses Hotel. Seine riesige Halle glich einem Bahnhof mit all dem Gedränge und Stimmengewirr. Wir mußten unsere zwölf Gepäckstücke selber in den Aufzug schleppen und wurden vom Portier noch gerügt, daß wir so viele Umstände machten, obwohl wir sie nur uns machten! Das teure Doppelzimmer war peinlich eng und schaute in eine schmale Straße, durch die pausenloser Verkehr drängte. Die Auspuffgase von draußen krochen durch alle Ritzen, die Scheiben erzitterten vom Verkehrslärm. Im winzigen Bad hingen noch die gebrauchten Handtücher unserer Vorgänger. Keine Bedienung ließ sich sehen, um neue zu bringen. Entsprechende Anrufe durchs Telefon blieben ohne Erfolg. Wie gut hatten wir es doch auf der ›Nürnberg‹ gehabt!

Aber so war es eigentlich immer gewesen, wenn wir nach langer Seereise endgültig von Bord gingen. Während der ersten Tage fühlt man sich recht unglücklich in der Fremde, wie ausgestoßen und verlassen. Nur eine Sache der Stimmung natürlich. Gerade hier hatten wir keine triftigen Gründe dafür, denn abermals wollte sich ein Damenfriseur unser annehmen.

Jean-Jacques, wie er unverzüglich bat, ihn zu nennen, war noch jung für seinen verantwortlichen Posten, sehr schlank und gewandt in den Umgangsformen.

»Wir fahren gut dreiviertel Stunden nach Rosebay«, sagte er, als wir in seinen Wagen stiegen, »Sydney ist nun mal eine ziemlich große Stadt.«

Wie riesig ihre Ausmaße sind, ließ sich schon bei dieser ersten Fahrt vermuten. Selbst die City, von geschäftigem Treiben überquellend, nahm so bald kein Ende. Hoch ragen allseits die Gebäude, unverhältnismäßig eng sind die Straßen, und gleißend grell strahlen Lichtreklamen von sämtlichen Fassaden. Alle Leute haben es in Sydney sehr eilig. Ein solches Laufen und Rennen hatte es in Perth und Adelaide nicht gegeben. Auch in Melbourne bewegte man sich gelassener.

»Das kommt von den vielen Neubürgern, die sich in Sydney zusammenballen«, erklärte Jean-Jacques, »seit man die Italiener und Spanier mitsamt den Griechen und Serben hereinläßt, hat sich die Stadt gewandelt. Diese Leute drängen sich mit Vorliebe hier zusammen, statt hinaus aufs Land zu gehen, wo man sie dringend braucht.«

Ein neues Problem für Australien, womit die Regierung nicht gerechnet hat. Die südländischen Immigranten wollen sich nicht verteilen und in der übrigen Bevölkerung aufgehen. Sie wohnen beisammen, heiraten untereinander, bilden und bleiben Fremdkörper im Lande, während im Unterschied dazu alle Engländer und Iren, auch die meisten Skandinavier, Holländer und Deutschen schon in der zweiten Generation richtige Aussies werden. Nur am Namen kann man die Herkunft der Leute erkennen. Anders die Südländer. Ganze Straßenzüge halten die Italiener besetzt, die Griechen haben den Obsthandel an sich gerissen. Auch die Spanier, Serben und Südfranzosen sind zu dicht geschlossenen Gruppen formiert. In so manchem Stadtviertel tragen alle Geschäfte Inschriften fremder

Sprache, dort verstehen viele Neubürger noch gar kein Englisch. Die älteren Leute verzichten darauf, es zu lernen, nur ihre Kinder werden durch die Schule dazu gezwungen. In der Gegend am Kings Cross glaubt man sich ans Mittelmeer versetzt. Alle Läden sind weit offen, Verkaufsstände auf der Straße, ein winziges Restaurant neben dem anderen und Espressobars an jeder Ecke. Musikautomaten kreischen, Frauen schimpfen gellend durch die Gänge, Kinder spielen auf der Straße bis spät in die Nacht hinein.

»Über drei Millionen Menschen leben nun in Sydney«, beklagte sich unser neuer Freund, »dabei ist draußen noch so viel Platz und sicher auch ein besseres Fortkommen für die Leute. Hier aber macht jeder dem anderen Konkurrenz.«

Er nannte uns die Löhne, die man beim Bahnbau und Bergbau zahlt, auf den Zuckerrohrplantagen im nördlichen Queensland und beim gewaltigen Bauprojekt in den Snowy Mountains. Viel Geld im Monat zu verdienen, ist auch für ungelernte Arbeit nicht schwer. Tüchtige Leute mit spezieller Ausbildung kommen dort auf den doppelten Betrag. Wer ein paar Jahre durchhält und nicht den größten Teil seines Lohns vertrinkt, kann sich ein hübsches Startkapital ersparen, um damit in einer kleinen Stadt sein eigenes Geschäft aufzumachen. Wenn er das mit Umsicht betreibt, muß es gut gehen, weil mit dem Aufblühen neuer Siedlungen auch die allgemeinen Bedürfnisse wachsen. Aber die Initiative dafür bringt jene Schicht der südeuropäischen Immigranten nicht auf, nur wenig ändert sich an ihrem Lebensstil. Sie bleiben auch im neuen Erdteil, was sie daheim gewesen sind: kleine Krämer, untere Schicht der Bevölkerung. Ausnahmen bestätigen nur die Regel.

Wir rollten an einem Platz vorbei mit Hecken und Büschen ringsherum, in seiner Mitte erhob sich eine haushohe, kugelige Blume aus sprühendem Wasser. In hundert Röhren, jede wie ein Blütenstengel gebildet. Insgesamt war das wässerige Gebilde von verblüffender Wirkung, zumal noch Lampen und Lichtreklamen ihren Schimmer hindurchwarfen.

»Der Brunnen von El Alamein, wie man ihn nennt«, belehrte uns Jean-Jacques, »zur Erinnerung an die Gefallenen in Nordafrika.«

Man kann sich kein Ehrenmal für Tote denken, das lebendiger ist als dieses. Steine sind stumm, Figuren aus Erz oder Bronze stehen still. Aber dieses Wasser sprüht und rauscht, kühlt die Luft und benetzt die Umgebung. Es fließt bei Tag und Nacht, jahraus und jahrein, ein bewegtes Denkmal bis in ferne Zukunft.

Die Australier sind überhaupt recht erfinderisch, zumindest sehr praktisch, was ihre Gedenkstätten betrifft. Da gibt es Sportplätze und Museen, Schulen, Hospitäler und Parkanlagen zu Ehren der Gefallenen. Sich ihrer auf lebendige Art zu erinnern, ist ein Gedanke, der erst nach dem letzten Krieg auftauchte. Früher hat man auch hier wie bei uns Monumente aus Erz und Stein für sie errichtet. Aber nun hält man es für sinnvoller, die Opfer der Vergangenheit durch Anlagen zu ehren, die sowohl den Gegenwärtigen wie den Kommenden nützlich sind.

Die Straßen wurden leerer, und die Häuser hielten Abstand voneinander. Wir rollten durch eine ausgedehnte Gartenstadt. Über Kurven ging es durch hügeliges Gelände mit zahlreichen weißen Villen, die in dunklen Gärten lagen. Dann wieder hinab zu einer Bucht. Auf schön geschwungener Kurve fuhren wir an ihrem Ufer entlang.

»Die Rose-Bay«, wies Jean-Jacques auf die glitzernde Wasserfläsche, »wir können hier fischen und segeln und baden, die Haie kommen nicht hinein.«

Er bog in einen Garten und hielt vor seinem Haus. Es lag am Hang, mit der Rückfront darin eingegraben und vorne auf Pfähle gestützt. Drunten lag der Privatstrand, mit Boot und Bootssteg. Kein besonderer Luxus für Sydney, es gibt viele Buchten und Meeresarme, die weit ins Land reichen, so daß den Bewohnern der Großstadt wohl über hundert, wenn nicht gar zweihundert Kilometer Uferstreifen zur Verfügung stehen. Ein Haus am Wasser ist keine Seltenheit, viele tausend Familien können sich dieser Annehmlichkeit erfreuen.

Im Hause Jean-Jacques' und seiner lebhaften Frau schwirrte es von Stimmen. Eine große Party war im Gange, ob unseretwegen, aus sonstigem oder gar keinem Anlaß, war nicht zu erkennen. Wir wurden begrüßt, als seien wir alte Freunde. Formlos in der Art, doch sicher im Umgangston, das scheint typisch für gesellige Veranstaltungen in Australien. Der Fremde bleibt keine Minute lang fremd. Man stellt ihm ohne Scheu persönliche Fragen. Nicht aus lästiger Neugier, sondern nur als Auftakt zu freundlichen, oberflächlichen Gesprächen. Auch die Frauen sind gleich viel netter zueinander, als man bei uns gewohnt ist, wenn neue Gesichter auftauchen und Kleider, die man noch nicht kennt. Ich verlor Marianne bald aus den Augen, denn selbst hier im großen, modernen Sydney verzogen sich die Damen in ein anderes Zimmer, zumindest während der ersten Stunden.

Soviel ich ausmachen konnte, waren wir ausschließlich von Leuten umgeben, die alle im Dienst der schönen Künste standen. Haarkünstler waren es, Meister der Kosmetik und Hersteller all jener Geräte, Cremes und Essenzen, die zur Verschönerung des weiblichen Geschlechts unerläßlich sind. Auch der Vertreter einer deutschen Weltfirma dieser Branche war zugegen, sowie zwei Damenschneider, die ihre Modelle aus Paris und Bielefeld bezogen.

»Wenn Sie genau hinsehen oder, besser, hinhören«, sagte mir der Hausherr, »werden Sie kaum jemanden bemerken, der im Lande geboren ist. Aber inzwischen sind wir längst Australier und wollen bestimmt nicht mehr fort. Vor dreißig Jahren war hier noch richtiges Neuland für uns, hatten die australischen Frauen von Kosmetik und moderner Haarpflege kaum einen Begriff. Die alteingesessenen Kollegen zeigten keine Initiative, sich damit zu befassen, vor allem fehlte es ihnen . . .«, er sprach etwas leiser, ». . . am rechten Geschmack für die Feinheiten.«

Er sagte noch, daß Helena Rubinstein, die kürzlich als Chefin des größten kosmetischen Konzerns der Welt mit fünfundneunzig Jahren gestorben war, ihre Karriere in Australien begonnen hatte. Aber ihre Kundschaft blieb auf einen so kleinen Kreis beschränkt, daß sie bald nach Amerika ging. Erst dort fanden ihre Cremes und Wässerchen reißenden Absatz.

Nach zwei oder drei Cocktailrunden gingen wir hinab in den Garten, wo über offenem Holzkohlenfeuer ein Barbecue vorgesehen war. Die Gastgeber übernahmen selbst die Zubereitung, denn Hauspersonal ist in Australien so kostspielig, daß selbst wohlhabende Leute nicht einmal davon träumen. Wir saßen auf dem Rasen, Pappteller in der Hand, und genossen neben der Unterhaltung das reizende Bild der Bucht. Zahllose Lichter spiegelten sich im Wasser, denn ringsum stiegen hellerleuchtete Villen den Hügel hinauf. Viele Motorboote und Segelschiffchen schaukelten an ihren Bojen. Salziger Nachtwind wehte vom Meer her, von den Strandlokalen her huschte Tanzmusik über die Bucht. Der erste Abend in Sydney machte nicht den Eindruck einer bitteren Enttäuschung gegenüber Melbourne. Die Henrys und Aubreys mußten sich irren oder waren zu einseitig in ihrem Urteil.

»Eigentlich wollte ich hier nur ein bestimmtes Geschäft abwickeln«, erzählte uns der deutsche Vertreter, »aber dann hat's mir so gut gefallen, daß ich meiner Firma eine ständige Agentur vorschlug. Und die hat sich ganz gut eingespielt. Wenn's nach mir geht, bleib' ich für immer. Wer in Sydney die Augen offenhält, findet sein Auskommen und hat Zeit genug für nette Zerstreuungen.«

Die Leute vom Einwanderungsamt hätten ihre Freude an ihm gehabt!

Die City war völlig ausgestorben, als wir zurückfuhren. Kein Mensch auf der Straße, alle Lokale dicht geschlossen. Sogar im Hotel herrschte nun vollkommene Ruhe. Es gehörte sich nicht, so lange aufzubleiben. Weshalb der Nachtportier keine gute Meinung von uns hatte. Wir merkten es an dem bedeutsamen Blick, den er zur Uhr hinaufwarf.

Um sieben Uhr früh begann der Lärm aufs neue. Es rasselte in der Straße, als würden zehntausend Nägel in einem Blechfaß geschüttelt. Preßlufthämmer waren am Werk, dazu krächzte ein halbes Dutzend Zementmischer. Im Zimmer war es nicht mehr auszuhalten, wir flüchteten hinunter in den Speisesaal. Ein vornehmes Hotel fürwahr, sogar zum Frühstück wird man von einer Empfangsdame an den Tisch geführt. Immerhin an einen Tisch für uns alleine. Die Auswahl an morgendlichen Genüssen, die auf der Karte stand, war ellenlang. Da gab es schon Steaks und Hammelkeule, Pilzomeletten, Puddings und Pflaumenkuchen. Die Masse der Gäste nahm daran großen Anteil. Sie waren, wie man uns später sagte, überwiegend Schafzüchter aus dem Inneren des Landes, die zur jetzigen Jahreszeit wegen der wichtigen Wollauktion in Sydney weilten. Bei ihnen daheim wurde schon am Morgen tüchtig gefuttert, aber danach folgte erst wieder am Abend eine Mahlzeit. Zwischendurch wurde so gut wie gar nichts verzehrt. So hielten es die Herren der großen Herden mit ihren Damen auch hier und sahen dabei recht zufrieden aus. Wir waren jedoch weniger zufrieden, denn es fehlte den Gerichten sowohl an Würze wie Geschmack. Nur die Preise waren gepfeffert. Ein verflucht teures Pflaster, dieses Sydney!

»Und ob es das ist«, versicherte auch der Generalkonsul, »aber gerade dieser Tage hat uns Bonn die Teuerungszulage fühlbar beschnitten.« Aber sonst, meinte er, könne man recht zufrieden sein. Mit den Behörden sei gut auszukommen, und vorläufig knisterten die politischen Spannungen noch in weiter Ferne von Australien.

»Aber der Mann vor Ihrer Tür, der auf einer Matratze kampiert und gar nicht weichen will, was ist mit ihm passiert?«

Ich kannte den Generalkonsul aus meinem früheren Beruf, die Unterhaltung war fast kollegial zu nennen.

»Nun, Sie wissen doch, solche Leute gibt es immer. Mit den größten Rosinen im Kopf nach Australien eingewandert und nun bitter enttäuscht vom Land. Auch hier wird eben nur mit Wasser gekocht, gerade im Anfang muß man hart zupacken und sehen, daß man Freunde gewinnt. Bei ihm hat's nicht geklappt ... zu große Erwartungen vermutlich. Man darf eben nicht versuchen, die Australier zu ändern. Man muß sich selber ändern, sonst geht's nicht. Hat einer versagt, sollen wir ihn heimschaffen, auf Staatskosten natürlich. Und damit die Mühle schneller mahlt, kampiert der Versager jetzt Tag und Nacht vor unserer Tür!«

Das sah nicht gut aus, räumte der Generalkonsul ein, war aber kaum zu verhindern. Der Mann wollte nach Hause fliegen, aber von Amts wegen kam nur die billigste Seepassage in Frage. Bis zur Abfahrt des nächsten deutschen Schiffes sollte er warten. Anderweitige Unterkunft hatte man ihm angeboten, aber er bestand darauf, zu protestieren.

Solchen Leuten begegnet man häufig, nicht nur in Australien. Jedes Konsulat hat mit ihnen zu tun, ich kannte sie aus eigener Erfahrung. Wenn dieser Auswanderertyp Schiffbruch erleidet, selbstverschuldet oder nicht, muß die verlassene Heimat wieder einspringen, sofort und ohne Rücksicht auf die Kosten.

»Sie haben hoffentlich eine bessere Unterkunft gefunden?«

Wir sagten, wie es damit stand. Ein Anruf genügte, und schon hatten wir ein Appartment in der ›Pension Stern‹. Sie gehörte einer jüdischen Familie, die in der schlimmen Zeit gerade noch rechtzeitig entkommen war, und lag im schönsten Villenviertel der Double-Bay. Solche Adressen muß man kennen, um sich in Sydney wohl zu fühlen. Ein riesengroßes Zimmer hatten wir dort, mit Bad und schöner Aussicht. Sogar eine hypermoderne Küche stand den Gästen gratis zur Verfügung. Dazu freundliche Atmosphäre und beste Versorgung durch die Besitzer selber. Personal gab es nicht, die Familie machte alles alleine.

Das ist die Formel, um in Australien ein Geschäft aufzubauen, ganz gleich, um was es sich handelt. Wenn eine tüchtige Familie zusammenhält, mit erwachsenen Kindern, vielleicht noch mit Schwiegersohn und Schwiegertochter, gelangt das kleine Unternehmen schnell zur Blüte. Weil jeder Mitarbeiter persönlich am Erfolg interessiert ist, die Kundschaft zu gewinnen sucht und vor Überstunden nicht zurückschreckt. Erst wenn man erweitern will und fremde Hilfe braucht, beginnen die Schwierigkeiten.

»Wir haben's geschafft«, meinte der Chef, »wir verbessern, aber vergrößern werden wir uns nicht. Klein, aber allein ist unsere Devise!«

Sydney lebt sehr viel schneller als Melbourne und alle anderen Städte des Kontinents. Die City dröhnt und stöhnt im Trubel des Betriebs, alle Menschen hasten und schieben sich ungeduldig durchs Gedränge. Smarte Geschäftsleute, kühle Rechner, emsige Verdiener sollen die Bürger von Sydney sein. Auch die Frauen haben es eilig und keine Zeit für Tee und Tratsch, außer während der Bürostunden natürlich. Aber im Wagen und beim Kampf ums Taxi kann es nicht rasch genug gehen. Die große Stadt ist ungemütlich, nervenzerschleißend, ohne Atmosphäre. In dieser Beziehung hatten unsere Melbourner Freunde recht. In Sydney war vom New Yorker Erwerbsbetrieb mehr zu spüren als von der gelassenen Atmosphäre des alten London.

Über drei Millionen Menschen, mehr als ein Fünftel der gesamten australischen Bevölkerung, haben sich unterdessen in dieser Metropole zusammengezogen. Aber typische Australier kann man die Leute von Sydney nicht mehr nennen, dazu fehlt ihnen beim täglichen Leben die Weite und Breite der anderen Städte. In Perth und Adelaide, Brisbane und Melbourne fühlt man noch das menschenleere Land ringsum. Dort gibt es nur ein Dutzend hochgetürmte Geschäftsstraßen, anschließend beginnt schon die platzverschwenderische Ausdehnung der sonnigen Wohnviertel und grünen Gärten. In Sydney bleibt man eingeschlossen von Zement und Stahl, wird mitgerissen vom Tempo der Stadt und ist nur ein Fünkchen in der Masse. Die Einsamkeit der Singles muß erdrükkend sein.

Aber neben den vierkantigen Büropalästen mit dreißig oder vierzig Stockwerken, die dutzendweise pro Jahr emporschießen, verstecken sich noch enge Gassen, mit staubvergrauten Ziegelhäusern aus der Jahrhundertwende und früher. Man saust auf Hochstraßen über die Innenstadt, aber unter ihren Pfeilern dukken sich noch die langen Zeilen alter Warenschuppen, vor denen einst die Segelschiffe ihre Güter entluden. Lautlos summen die Lifte, ganz von selbst öffnen sich die Glastüren, aber heimlich bei Nacht rollen noch große Kübelwagen durch die Stadt, um aus verborgenen Gruben die Fäkalien zu pumpen. Denn so unglaublich es klingt, selbst im Zentrum von Sydney hatten viele Häuser noch keine Kanalisation.

Eine überfüllte Stadt im Kontinent ohne Menschen, fortschreitende Vermassung in Sydney, gähnende Leere im Hinterland. Tägliche Hetze ohne ersichtlichen Grund, stürmische Entwicklung auf eng begrenztem Raum.

Zur Erholung wird jeder Blick auf Bucht und blankes Wasser, sobald man aus den Straßenschluchten an die Kante der City gelangt. Gewaltig ist der Blick auf die berühmte Sydney-Brücke, lange Zeit das kühnste Bauwerk seiner Art auf der

Welt. Alle Schiffe können darunter hindurchgleiten, obwohl es scheint, als müßten ihre Mastspitzen das Gitterwerk streifen. Auf sechs Fahrbahnen gleiten pausenlos viele hundert Wagen darüber. Man muß ein paar Shilling für die Benutzung bezahlen, ein Vorgang, der sich erstaunlich schnell vollzieht. Schon seit Jahrzehnten ist man daran gewöhnt, weil dem Vernehmen nach die enormen Baukosten bis heute nicht beglichen sind. Andererseits wird erzählt, die Brücke hätte sich schon doppelt und dreifach bezahlt gemacht, aber die Einnahmen seien viel zu schön, als daß die Stadt darauf verzichten könnte.

Eine Oase von Luft und Licht ist die sogenannte *Domäne* zwischen Brücke und Hafen, eine sanft abfallende Rasenfläche mit altem Baumbestand. Das Gelände hat vom ersten Tage Sydneys der Krone gehört und darf nicht bebaut werden. Nur die altmodische Residenz des Generalgouverneurs liegt mitten darin. Viel Einfluß hat der hohe Herr nicht mehr, obwohl er die Königin im Fünften Erdteil vertritt. Sache der Tradition ist sein Amt, das kaum praktische Befugnisse mehr hat. Wie die Queen in London muß auch ihr Repräsentant in Australien alles unterschreiben, was die Regierung beschließt. Und diese Regierung residiert gar nicht in Sydney, sondern in Canberra, der offiziellen Hauptstadt des Kontinents. Schon wird hier in Sydney der vielbegangene Park von Büropalästen überschattet, die sich an seinem Rande auftürmen. Ruhe vom lärmenden Verkehr ist auch hier nicht zu finden.

Um so schöner ist es draußen, um so mehr genießt man das lange Wochenende. Die Hügel rings um Sydney sind mit dichten Wäldern bedeckt, was jeden Fremden erstaunt, der ganz Australien für eine mehr oder weniger trostlose Wüste hielt. Dunkelblaue Fjorde dringen mit zahllosen Armen und Nebenarmen tief in die Vorberge hinein. Norwegens Küste ist nicht romatischer, denn hier kommt noch ein Klima hinzu, das alle Tage im Jahr sommerliche Ausflüge gestattet. Bis ins Wasser hängen Äste von Felsen und Klippen, traumhaft schöne Buchten laden zum Verweilen, rauschende Bäche locken die Angler. Ein Schwarm von Segelbooten gleitet über die Gewässer, von den kleinsten Jollen bis zu den größten Jachten. Motorboote mit starken Maschinen tuckern hinaus zum Großfischfang auf offenem Meer.

Kehren die Boote abends heim, um ihre Fänge zu landen, sammeln sich sogleich Gruppen von Neugierigen. Denn da gibt es Haie und Schwertfische zu bestaunen, einige hundert Kilo schwer und bis drei Meter lang. Sie werden an einem Gestell neben der Landungsbrücke hochgezogen, um sie zu wiegen. Danach vermerkt man die vielen Pfunde mit Kreide auf dem Leib des Riesenfisches. Halbtonnenschwere Fische sind keine Seltenheit, doch für Menschen genießbar ist die Beute nicht. Nur als Sport wird dieser Fischfang betrieben, ein aufregender Hochseesport und nichts für zarte Nerven. Mitunter kämpfen die Fische stundenlang an der langen Leine um ihr Leben. Niemand könnte sie aus eigenen Leibeskräften an der Angel halten. Deren biegsamer, faustdicker Schaft ist festgeschaubt im Heck des Boots, und der Angler schnallt sich auch selber noch in seinem Decksessel fest. Das Schiff schleift den kämpfenden Riesenfisch hinter sich her, bis allmählich seine Kräfte erlahmen. Dann erst beginnt der Mann im Schemel an seiner Kurbel zu drehen und holt den Fisch heran. Mitunter lebt er noch, wenn schließlich der Hafen erreicht ist. Ein grausamer Sport!

An einer schmalen Bucht, etwa anderthalb Stunden von Sydney entfernt, liegt solch ein Hafen für Sportfischer, nur auf Nebenstraßen zu erreichen. Ein junges Ehepaar vom Konsulat nahm uns mit, selber hätten wir den Platz nicht gefunden und ohne eigenen Wagen auch gar nicht den Versuch unternommen. Es gab dort ein sehr hübsches Restaurant, im südlichen Stil mit offener Veranda unmittelbar am Wasser. Die Landschaft und der kleine Ort, wo nur Fischer leben, machte einen durchaus mittlmeerischen Eindruck, man fühlte sich an die Küste von Korsika oder Kalabrien versetzt. Es standen nur Fischgerichte auf der Speisekarte, so frisch von der See, daß man zusehen konnte, wie sie geliefert wurden. Nicht von den Sportfischern allerdings, die nacheinander mit ihrer ungenießbaren Riesenbeute anlegten. Es waren Berufsfischer, die hier wohnten und bei ihrer Heimkehr von draußen ihren Fang zunächst dem spanischen Restaurant anboten. Der Koch und die Fischer gingen mit großen Körben von Tisch zu Tisch, um die Gäste zu befragen, welchen Fisch sie wollten. Der kam dann gleich in die Küche, wurde im Handumdrehen zubereitet und dem Gast serviert.

Aber Wein oder Bier waren im Lokal nicht zu bekommen, es hatte keine Schankerlaubnis. Auch in dieser Hinsicht herrschen überall in Australien unerbittliche Vorschriften. Man konnte sich jedoch behelfen, denn es gab in dem bescheidenen Ort noch eine kleine Bar. Zwar durfte man nach sieben Uhr auch dort nichts mehr trinken, aber immerhin geschlossene Flaschen kaufen und mitnehmen. Sie einfach über die Straße ins Fischrestaurant zu tragen, war allerdings nicht erlaubt. Es ist in Australien verboten, alkoholische Getränke unverhüllt zu transportieren. Das schlechte Beispiel könnte ja auch andere, sonst ordentliche Leute zur Trunksucht verführen. Also wird die Flasche gut verhüllt, damit nicht jedermann sehen kann, was sich schamhaft darin verbirgt. Das muß so sein, auch für einen kurzen Weg von zwanzig oder dreißig Schritt. Erst am eigenen Tisch durften wir die Flasche wieder auspacken, öffnen und ihren Inhalt genießen. So streng sind dort die Bräuche.

Jeder Gast hielt sich daran, auch unsere Freunde, obwohl sie durch ihre diplomatische Immunität hinreichend geschützt waren. Denn kein Australier sieht es gern, wenn jemand etwas tut, was andere nicht dürfen.

Während wir dort saßen und aßen, kam etwa ein Dutzend großer Motorboote vom Meer zurück. Jedes hatte zumindest einen mächtigen Fisch gefangen, und die Erregung stieg, welcher von allen nun der schwerste war, denn hierüber hatte man zuvor schon Wetten abgeschlossen. Die Höchstgewichte werden einer Zentrale gemeldet, die am Schluß des Fangjahres ihren Nationalsieger bekanntgibt. Wie nun spätabends das letzte Boot eingelaufen und seine Beute geborgen war, stellte sich heraus, daß einer zartgebauten Frau die Ehre des Tages zukam. Nicht weniger als 1150 Pfund wog ihr Schwertfisch, schätzungsweise zehnmal mehr als die Anglerin selbst. Marianne beteiligte sich nicht an der allgemeinen Gratulationskur. Sie fand, solch überdimensionaler Fischfang gehöre sich nicht fürs weibliche Geschlecht.

An den Badestränden von Sydney boten sich Anblicke, die in jeder Weise anregend waren. Bondy-Beach und Manly-Beach heißen die schönsten Strandpartien unweit der großen Stadt. Viele Meilen weit begleitet ein hundert Meter breiter Sandstreifen die Küste. Fast immer scheint die Sonne, fast zu jeder Jahreszeit hat das Wasser angenehme Temperatur. Gleich hinter dem Strand haben sich während der letzten Jahrzehnte Gartenstädte ausgebreitet, wie sie schöner und üppiger blühend sonst kaum zu finden sind. Davor liegt die Strandpromenade mit allem Rummel und Klimbim, der überall zu einem volkstümlichen Strandleben gehört. Tausende von Menschen liegen im heißen Sand und haben doch Platz genug, um sich mit ihren Siebensachen behaglich breitzumachen. Viel gibt es hier zu sehen, vor allem die ›Surfriders‹, die weltweit berühmten Reiter auf dem Wellenbrett.

Über die Sicherheit aller Schwimmer wachen die ›Lifesavers‹, eine Elite junger Leute, die ihren Dienst freiwillig versehen. Ganz mit Recht sind die Australier stolz auf diese stattlichen Helden ihrer Seebäder. Sie stehen auf Türmen und spähen nach Stürmen. Noch emsiger aber schauen sie nach Haifischen aus. Sind diese Untiere des Meeres auch in unmittelbarer Nähe von Sydney nicht so zahlreich, wie oft geschildert, sie nähern sich mitunter doch dem Strand und haben schon manchen Menschen hinabgerissen. Glücklicherweise schwimmen sie meist so hoch, daß man ihre sichelförmige Rückenflosse bereits von weitem sieht. Auch sind die Gewässer, worin sich die Badegäste tummeln, auf bestimmten Strecken mit Stahlnetzen abgesperrt. Ein Hai muß schon recht intelligent oder dumm sein, um in das schwimmende Gehege einzudringen. Erscheint ein Hai, wird Alarm geblasen, und alles flüchtet an den Strand. Wem das nicht schnell genug gelingt, dem eilen die Lebensretter zu Hilfe. Boote können sie wegen der mächtigen Brandung nicht benutzen. Sie müssen sich selber durch die Brecher kämpfen. Die Ehre erlaubt keine Rücksicht auf eigene Gefahr. Gerät ein Schwimmer in Not oder versagen jemandem die Kräfte, so stürzen sich die tapferen Helfer sogleich in die Flut. Man spricht von Tausenden von Menschen, die sie im Laufe der Zeit unter Einsatz des eigenen Lebens glücklich herausholten. Wer jemals die gewaltige Brandung an dieser Küste gesehen hat, eine Brandung, wie man sie an unserer Nordsee nur während der schlimmsten Stürme sieht, wird so leicht das Staunen über diese Leistung nicht verlernen. Und das geschieht, wie gesagt, ohne jedes Entgelt, abwechselnd opfern diese braven Jungen ihre Freizeit.

Wenn Lifesavers ihre Paraden und Sportspiele abhalten, strömen die Großstädter in Massen herbei, vor allem Frauen und junge Mädchen. Denn so prachtvoll gebaute und sportlich durchtrainierte Mannesgestalten kann man anderswo nur selten bewundern. Ein Lifesaver von Sydney zu sein, das ist schon was!

Die kulturellen Veranstaltungen werden in der größten Stadt Australiens bedeutend kleiner geschrieben. Gewiß, es ist auch damit besser geworden während der letzten zehn bis fünfzehn Jahre, und wer sucht, der findet einige Befriedigung für seine Bildungsbedürfnisse. Die große Oper von Sydney war bei unserem letzten Besuch noch nicht fertig, obwohl die bisher verbauten Gelder den seinerzeit vorgesehenen Endbetrag ums Dreifache überschritten hatten. Was von Freunden dieser Kunst um so mehr bedauert wurde, weil es bisher auf dem fünften Kontinent noch kein Opernhaus gab. Schon seit Jahrzehnten war die australische Nationaloper geplant und seit Jahren im Bau. Das ganze Opernunternehmen wurde durch eine Lotterie finanziert. Nach deren Einkünften baute man weiter oder nicht. So ist letzten Endes, nach gut zwölf Jahren Bauzeit, eines der erstaunlichsten Opernhäuser auf Erden fertig geworden. In der Nähe des Hafengeländes von Wolloomoloo hat man eine künstliche Halbinsel in die Bucht geschoben, auf der das Riesengebilde langsam emporwuchs. Wie das Ganze zum Schluß aussehen sollte, konnten wir schon beim ersten Besuch an einem Modell bestaunen, das uns dort in einem Schuppen gezeigt wurde. In seinem Äußeren gleicht es fünf bis sechs kolossalen Eiern, die man mit aufgesprungenen Schalen auf den Boden gestellt hat. In seinem Inneren wirkt es ganz wunderbar, ist technisch vollkommen und hat die denkbar beste Akustik. Von sämtlichen Plätzen des riesigen Raumes genießt man freien Blick auf die weite Bühne. Den größten Sangeskünstlern aller Kontinente gereicht es zur Ehre, in Sydney zu gastieren. Bei späteren Besuchen bin ich mehrmals dort gewesen.

Wir mußten uns diesmal noch mit einem älteren Theater begnügen, woselbst ein Londoner Ensemble mit ›Fair Lady‹ gastierte. An sich hatten wir das Musical schon dreimal gesehen, Marianne in London, wir gemeinsam in München und ich alleine in New York. Nun wollten wir gerne erfahren, wie es in Australien über die Bühne geht. Da gab es einige Überraschungen.

Zunächst sah es so aus, als seien wir in eine Kindervorstellung geraten, obwohl es doch Abend war. Sogar Babies waren mitgekommen und krähten munter vom Schoß ihrer Mütter. Was sich jedoch, wie man uns später aufklärte, nicht vermeiden läßt, weil es gesetzlich verboten ist, Kinder unvernünftigen Alters ohne Aufsicht daheim zu lassen. Wegen der Feuergefahr vor allem. Früher waren ja sämtliche und heute sind noch die meisten Wohnhäuser aus Holz gebaut und infolge des Klimas so ausgedörrt wie Zunder. Ein Spielchen mit dem Streichholz, ein falsches Gefummel an Steckdosen, und gleich brennt das ganze Haus lichterloh. Seinerzeit, als selbst die innere Stadt nur aus Holz bestand, waren die Folgen schlimmer. Dann brannten ganze Stadtviertel nieder. Solche Katastrophen sind heute nicht mehr zu befürchten. Aber die strenge Verordnung blieb in Kraft und schließt eine andere, sicher sehr nützliche Bestimmung aus, welche die Mitnahme von kleinen Kindern ins Theater verbieten könnte. Man hat sich schon lange an ihre Zwischenrufe zur Handlung auf der Bühne gewöhnt und überhört guten Mutes das Geplärr der Säuglinge.

Ebenso überhörte das Publikum auch die umwerfende Komik des Londoner Dialekts in ›My Fair Lady‹. An jenen Stellen, die sonst immer eine Lachsalve nach der anderen hervorrufen, blieben hier die meisten Zuhörer unbewegt. Dabei gibt es kaum ein anderes Idiom, das solch gesunden Humor ausstrahlt wie das unverfälschte Cockney, die gequetschte Redeweise des schlichten Volkes von London. In Sydney aber machte das gar keinen Eindruck auf das Publikum. Man hörte nur einen Jungen rufen, daß er jetzt mal müßte.

Aber dann, als Professor Higgins mit Oberst Pickering im besten Oxford-Englisch miteinander diskutierten, begann man sich zu amüsieren und schließlich von Herzen zu lachen. Erst allmählich kam uns die Erkenntnis, daß ja der australische Dialekt, das sogenannte ›Aussie‹, dem alten Cockney eng verwandt ist, wahrscheinlich aus ihm hervorging. Wenn man sich erinnert, aus welchen Kreisen viele der frühen Siedler und Sträflinge kamen, ist das leicht zu verstehen. Für sie waren zuvor die Slums von London ihre Heimat gewesen. Sie haben das Cockney mitgebracht und ihren Nachkommen vererbt. Es mag Unterschiede geben, aber gewiß keine großen. Weshalb das hiesige Publikum nicht etwa über die komischen Redensarten des kleinen Volkes in London lachte, sondern über die feinen Leute mit der gewählten Sprechweise der oberen Zehntausend. Es kommt eben darauf an, was man gewohnt ist.

Als wir aus dem Theater kamen, gingen wir eine Weile hinter zwei jungen Mädchen her, die mit dem größten Vergnügen probierten, einen Satz im richtigem Englisch zu wiederholen. Der Versuch allein brachte sie zum Lachen. Und ist nicht letzten Endes die Schriftsprache nur ein Kunstprodukt, das man von oben her über die natürlich gewachsene Mundart gelegt hat? Das alte Cockney muß schon sehr vital sein, daß es selbst die Auswanderung nach Australien gut überstanden hat.

Kapitän Bligh von der ›Bounty‹

»Hier war es«, sagte Jean-Jacques und zeigte auf einen schattigen Garten, »hier hat Mrs. Putland die Offiziere mit ihrem Sonnenschirm verdroschen.«

Er hatte seinen Wagen vor der Residenz des britischen Generalgouverneurs gestoppt und zeigte auf eine Allee, die zum Gebäude führte.

»Das hat damals noch nicht gestanden. Sydney war erst fünfzehn Jahre jung, als die Sache passierte, und der Gouverneur wohnte in einem schlichten Holzhaus.«

Wir wußten nicht, welche Sache er meinte.

»Wer war Mrs. Putland und was hat sie so erbost?«

»Nun, Sie wissen doch, man hatte ihren Vater verhaftet ...« Jean-Jacques konnte seine Enttäuschung über den Stand unserer Allgemeinbildung nicht verbergen.

»Es war während der Rum-Revolte«, machte er deutlich, »eine Meuterei der Garnison gegen den Gouverneur. Darüber schütteln die Engländer noch heute den Kopf. Bedenken Sie nur, britische Offiziere holen den britischen Gouverneur aus seiner Amtswohnung, setzen den Mann ab und sperren ihn ein. Ist schon eine tolle Sache gewesen, finden Sie nicht?«

Wir fanden es auch, sahen aber keinen Grund, darüber noch heute den Kopf zu schütteln.

»Aber der Gouverneur war doch Bligh ...«, beharrte unser Freund, »Captain Bligh von der ›Bounty‹!«

Dann allerdings war das noch immer von Interesse. Auch bei uns haben sehr viele Menschen über Kapitän Bligh gelesen und ihn auf der Leinwand erlebt.

»Jetzt weiß ich Bescheid«, rief Marianne, »der Bligh war doch dies widerliche Scheusal, das seine armen Matrosen so furchtbar gequält hat. Bis sie ihn endlich davonjagten ... auf hoher See wurde er ausgesetzt in einem kleinen Boot.«

Jean-Jacques fuhr wieder an. Eine Weile sagte er nichts mehr zum Thema, schnitt aber ziemlich schnell durch den dichten Verkehr. Erst vor einem großen Kino bremste er das Tempo.

»Da läuft er, der Lügenfilm ... seit drei Monaten vor ausverkauftem Haus. Eine Affenschande, wie man auf der Leinwand die Geschichte verfälscht ... und einen braven Mann zur Sau macht!«

Über die ganze Front des Hauses spannte sich die Reklame. Eine Dreimastbark des achtzehnten Jahrhunderts im Mittelpunkt, rechts und links flankiert von Trevor Howard und Marlon Brando, beide mit Dreispitz auf dem Kopf und in der blauen Uniform britischer Flottenoffiziere jener Zeit. Dazu ein paar Südseemädchen und die abgehärmten Gestalten der Besatzung. Der Film hieß ›Meuterei auf der Bounty‹.

Wir hatten ihn schon längst gesehen, daheim in München. Auch an seinen Vorläufern, mit Charles Laughton in der Hauptrolle, konnte ich mich noch dunkel entsinnen. Der Film war Ende der dreißiger Jahre ein Welterfolg.

»Es stimmt schon«, erklärte unser Freund, »gegen den armen Bligh wurde gemeutert, erst auf der ›Bounty‹, und dann noch ein zweites Mal hier in Sydney. Aber sonst stimmt gar nichts an dem widerwärtigen Film.«

Da mußten wir ihm beide widersprechen. Der Bounty-Film war ganz großartig aus unserer Sicht, mit den besten Schauspielern und einem gewaltigen Aufwand an Mühe, Menschen und Mitteln gedreht. Herrliche Aufnahmen in superbreitem Format und mit vielen süßen Mädchen von Tahiti. Die Handlung war ungefähr die gleiche wie im ersten Bounty-Film vor dem Kriege. Einen wilderen Wüterich als den Kapitän Bligh hatte es in der ganzen christlichen Seefahrt nicht gegeben!

»Dem ist ganz recht geschehen«, sagte auch Marianne, »wenn ihn seine armen Opfer gleich zweimal davonjagten.«

Sie hatte nicht nur den Film mit mir gesehen und ihr Haupt bei den schlimmsten Folterszenen abgewandt, sondern noch während der letzten Woche zwei aufregende Bücher über das Schicksal der ›Bounty‹ gelesen. Wir nehmen für lange Seereisen immer einen Stapel Literatur über die Länder und Meere mit, zu denen wir aufbrechen. Vor allem interessieren uns vergangene Zeiten, die ja so viel romantischer als die heutigen sind. In diesen Beschreibungen verraten die Verfasser stets die gleiche Meinung, nämlich daß Kapitän William Bligh ein ›seefahrendes Ungeheuer‹ war, ein Sadist und Menschenschinder, wie die Südsee keinen schlimmeren kannte. Wegen der geringsten Verfehlung ließ er seine Matrosen auspeitschen. Er trieb sie bei stärkstem Sturm die Wanten hinauf. Vor Hunger brachen die Leute zusammen, vor Durst wurden sie wahnsinnig. Einmal ließ das Scheusal einen Matrosen unter dem Kiel hindurchziehen, wobei der Delinquent von den Haifischen aufgefressen wurde. Andere Opfer schmachteten in Ketten, tief drunten bei den Ratten im Bauch des Schiffes. Die ›Bounty‹ war eine schwimmende Hölle und Kapitän Bligh ihr teuflischer Meister.

Jean-Jacques wurde böse, als wir darauf hinwiesen.

»Kein Wort ist wahr davon«, rief er, »alles Schwindel und Verleumdung, nur um das Publikum zu erregen. Ein übles Geschäft mit der Lust nach Sensation ... einen großen Seehelden schänden, warum denn nicht? Ist doch egal, nur immer drauflos! Ein vorbildlicher Mann war William Bligh in Wirklichkeit, jawohl, das war er ... ein grundgütiger Schiffsvater für seine Besatzung, ein erstklassiger Kapitän, der nur seine Pflicht tat.«

Er machte eine Pause, und wir blieben vor Erstaunen still.

»Ich interessiere mich nämlich für die australische Geschichte und habe die echten Akten über Bligh gelesen. Statt ihn mit Schimpf und Schande zu verdammen, sollte man ihm ein Denkmal setzen ...«

Mit diesen und ähnlichen Behauptungen führte er die Debatte fort, bis wir in seinem Hause anlangten, wo der Teetisch gerichtet war.

»Es kann aber doch nicht alles Lug und Trug sein, was in Bild, Ton und Schrift über die berühmteste aller Meutereien verbreitet ist«, versuchten wir zu widersprechen.

Da ereiferte sich Jean-Jacques von neuem. Alles würde schamlos ins Gegenteil verkehrt, wenn man damit nur die Leute ins Kino brächte und in die Buchläden.

»Ich bestehe darauf, lieber Freund, daß Sie mich morgen in die Mitchell-Bibliothek begleiten. Dort liegt eine Abschrift vom Logbuch der ›Bounty‹, und dort finden Sie alle Berichte der Augenzeugen. Daraus werden Sie ersehen, wie die Sache wirklich war. Und ich geb' Ihnen auch das Aktenzeichen, unter dem Sie in London das komplette Protokoll über die Verhandlung vor dem Seegericht finden. Ist alles noch da, was den Captain Bligh und die Bounty betrifft. Lesen Sie das ... studieren Sie das. Sie werden sich überzeugen, daß die einfache Wahrheit hundertmal interessanter ist als Phantasie und Fälschung!«

So war es tatsächlich, wenn ich auch nicht die Verbitterung unseres Freundes teilen kann, der dem Gestalter geschichtlicher Stoffe jene »dichterische Freiheit« abspricht, welche die Dramatik so oft gebietet und die seit altersher zum Gewohnheitsrecht der Schriftsteller gehört.

Ich folgte Jean-Jacques' Wunsch, und es stellte sich heraus, daß neben der weitverbreiteten Literatur volkstümlicher Art zwar längst vergessene, aber doch erreichbare Schriften über die ›Meuterei auf der Bounty‹ vorhanden sind, die sich auf Unterlagen der britischen Admiralität stützen und von Augenzeugen stammen. Das Ereignis war ja einmalig in der Seegeschichte Englands und hat zu seiner Zeit die Menschen sehr erregt. Nie zuvor und niemals nachher hat die Besatzung eines englischen Kriegsschiffes ihren Kapitän verhaftet und seinem scheinbar sicheren Verderben ausgesetzt, um dann mit dem Schiff Seiner Majestät zu verschwinden. Wie es dazu kam, wurde gleich hinterher in allen Details geklärt. Die umfangreichen Akten sind vollzählig erhalten und befinden sich im Londoner Staatsarchiv unter der Nummer: Admiralität I 5330. Über den Lebenslauf des Kapitäns William Bligh ist 1931 eine sechshundertseitige Biographie des australischen Historikers George MacKanness erschienen. Sir John Barrow, der hundert Jahre früher die Meuterei sehr eingehend beschrieb, hat noch selber mit Leuten gesprochen, die aktiv daran beteiligt waren. In jüngerer Zeit bemühte sich der bekannte Südsee-Autor Bengt Danielsson, die ›Meuterei auf der Bounty‹ wahrheitsgemäß zu schildern. Nach diesen Quellen, deren Beweiskraft eindeutig ist, hat sich alles ganz anders abgespielt, als es die beiden Filme und populäre Bounty-Bücher berichten.

Wir überspringen jedoch hier die so oft geschilderte Geschichte der Meuterei und erzählen das unbekannte Schicksal des Kapitän Bligh, nachdem ihn die Meuterer in einer Launch ausgesetzt haben. Nachdem 1807 endlich geklärt war, wohin die Meuterer von der ›Bounty‹ entkommen waren, segelte man in Windeseile nach Sydney, um dort den britischen Gouverneur zu verständigen. Und dieser war ... William Bligh!

Ein berühmter Mann inzwischen, den König und Regierung in Ehren hielten. Jedes Kind in England kannte seinen Namen, denn Vizeadmiral Bligh hatte eine Leistung vollbracht, die niemals vorher gelungen war und seitdem auch von niemandem wiederholt wurde. Im offenen Boot war ihm eine Fahrt von fast viertausend Seemeilen geglückt, über Gewässer, von denen es damals noch keine

Karten gab. Diese Fahrt hatte an jenem 28. April 1789 begonnen, als die Meuterer der ›Bounty‹ ihn und seine achtzehn Gefährten aussetzten. Die Launch war auf gefährlichste Art überladen, und man konnte schon zufrieden sein, wenn sie nur die nächste Insel erreichte. Seine Getreuen waren des festen Glaubens, daß Bligh lediglich versuchen wollte, sich bei mildem Wetter von einem Atoll zum anderen vorzutasten, bis man zu einer größeren Insel gelangte, wo man hoffen durfte, eines schönen Tages oder, besser gesagt, eines Jahres gefunden zu werden. Kapitän Bligh jedoch war fest entschlossen, so schnell wie möglich nach England zu kommen, um die Jagd nach der ›Bounty‹ in die Wege zu leiten. Also mußte er danach trachten, in der Sundasee einen Stützpunkt der Holländer oder Portugiesen zu erreichen. Von dort konnte man weiterkommen. Bligh konnte nicht wissen, daß sehr viel näher bereits eine britische Kolonie bestand, nämlich Botany-Bay, das spätere Sydney, im Jahr zuvor durch Kapitän Arthur Phillips angelegt.

Zunächst ruderten die Männer nach Tofua, einer bergigen Insel, deren Umrisse man schon von Bord der ›Bounty‹ gesehen hatte. Vor allem um Wasser aufzunehmen, denn für neunzehn Menschen reichten die geringen Vorräte nicht, die ihnen die Meuterer gegeben hatten. Aber kaum war man angelangt, erschien schon ein halbes Hundert wilder Insulaner, die keine Landung erlaubten. Alle Bemühungen, sich gütlich zu einigen, waren umsonst. Die Launch legte wieder ab und versuchte am späten Nachmittag, an einer anderen Stelle Süßwasser zu finden. Zunächst war niemand zu sehen, aber dann wurden Bligh und seine Leute aus dem Hinterhalt überfallen. Es kam zu erbittertem Kampf gegen zwanzigfache Übermacht. Die Weißen hatten ja keine Feuerwaffen, sondern nur vier Säbel. Sie mußten Schritt für Schritt zurückweichen. Der Quartiermeister John Norton wurde erschlagen. Allen übrigen gelang im Boot die Flucht aufs offene Meer.

Von nun an wagten es die Männer nicht mehr, an einer bewohnten Insel zu landen. Sie setzten ihr Segel und fuhren hinaus in die unbekannte Weite, stets in westlicher Richtung. Während der ersten Wochen war der Himmel gnädig, es gab keinen Sturm. Der Wind führte das Boot zu einem Atoll, wo man zwischen den Klippen ein paar Löcher voller Regenwasser fand. Aber wie lange es reichen mußte, konnte niemand ermessen. Nur ein Becher pro Mann durfte täglich getrunken werden. Auch die Lebensmittel teilte Bligh in so kleine Rationen ein, daß sie kaum genügten, seine Männer am Leben zu erhalten. Die Sonne brannte erbarmungslos, es gab keine Möglichkeit, sich vor ihren Strahlen zu schützen. Der Raum an Bord war so eng, daß sich auch bei Nacht niemand ausstrecken konnte. Dann kam Windstille, und man mußte rudern, mit durchgeschürften, blutigen Händen. Die Zunge klebte am Gaumen, jeder Muskel schmerzte, und die entzündeten Augen brannten wie Feuer. Aber Bligh mit seiner Energie riß die Leute immer wieder aus ihrer Verzweiflung.

Langsam ging es weiter nach Westen, unter tausend Qualen. Von den schönen, großen Inseln, die in erreichbarer Nähe lagen, wurde keine gesichtet. Sie waren damals noch unbekannt, kein weißer Mann wußte von ihnen. Außerdem gab es keine Seekarten an Bord. Kapitän Bligh steuerte nach seinem Kompaß und berechnete ihren jeweiligen Standort nach den Sternen und seinem Sextanten. Wie sich später zeigte, stimmten diese Ortungen haargenau.

Man entdeckte eine Gruppe von flachen, steinigen Inseln. Es gab wieder Wasser, aber kein eßbares Gewächs. Die Männer verzehrten das rohe Fleisch von Krabben und Muscheln, Fische wurden gefangen und in rohem Zustand verschlungen. Weiter ging es, immer weiter nach Westen, teilweise unter Segel, aber viele Tage lang nur mit den Rudern, obwohl die Männer kaum noch Kraft hatten, sie zu bewegen. Bligh versäumte an keinem Tag die Eintragung in sein Logbuch, alles, was sie sahen und erlebten, wurde ausführlich beschrieben. Wie durch ein Wunder blieben diese Aufzeichnungen bis auf den heutigen Tag erhalten.

Immer knapper wurde das Wasser, drei Löffel pro Mann war jetzt die tägliche Ration. Glühende Scheiben tanzten vor den Augen der Männer, sie begannen zu delirieren.

Dann brachen die Stürme los. Tag und Nacht mußten sie alle fieberhaft schöpfen, um nicht zu versinken. Achtzehn Mann in einem Boot, das für zehn bestimmt war. Im Orkan, zwischen Klippen und Riffen trieb das Schifflein in einer unbekannten See, die noch kein Entdecker befahren hatte. Sie wurden vom Winde verweht, stoben im Ungewitter an dunklen Inseln vorbei, die sie nicht erreichen konnten. Niemand glaubte mehr, die nächsten Stunden zu überleben.

Aber trotzdem kamen sie durch. Sie fingen das Regenwasser auf und tranken sich satt. Aber der Magen war das nicht mehr gewohnt, die Männer krümmten sich vor Schmerzen. Als die schlimmste Nacht überstanden war, konnte sich keiner mehr rühren. Alle waren krank, zu Tode erschöpft und fast verhungert. Aber Bligh gab nicht auf, mit seiner verbissenen Standhaftigkeit bewahrte er die letzten Lebensfunken vor dem Verglimmen. Und so gelang das große Wunder, nach zweiundvierzig Tagen in dem überladenen, gebrechlichen Boot tauchte die Küste von Timor auf. Genau nach den Berechnungen des Kapitäns. Am 15. Juni 1789, um zwei Uhr nachmittags, wurde Kupang erreicht, ein kleiner Hafen an der Nordspitze von Timor. Über dem Haus des Inselgouverneurs wehte die holländische Flagge.

Man mußte die Geretteten aus dem Boot heben, selber waren sie nicht mehr fähig zu gehen. Nur einen Mann, den Quartiermeister John Norton, hatte Bligh auf dieser Fahrt verloren, die noch heute als eine der größten menschlichen und nautischen Leistung gilt, die man in der Seefahrtsgeschichte kennt. Vier Leute starben hinterher an Erschöpfung und am gelben Fieber.

Am 14. März 1790, elf Monate nach der Meuterei, war Captain Bligh in London und erstattete seinen Bericht. Daß ein Kriegsschiff durch die eigene Besatzung gekapert wurde, war ein so unerhörtes Ereignis, daß die Kunde hiervon in wenigen Tagen bis zum letzten Dorf in England drang. Nie zuvor war dergleichen geschehen, und niemals wieder hat es sich ereignet.

Die Admiralität rief sofort ein Seegericht zusammen. Denn ein Kapitän, der ein Schiff Seiner Majestät verloren hatte, mußte sich verantworten. Jeder seiner Gefährten wurde eingehend verhört. Alles kam zur Sprache, was an Bord der ›Bounty‹ geschehen war, vom Tage ihrer Ausreise an bis zur Meuterei, und auch jedes Vorkommnis auf der Reise im offenen Boot. Nach langer Beratung wurde das Urteil verkündet: »Oberleutnant William Bligh und alle Mitglieder der Besatzung, die mit ihm zurückkehrten, sind frei von Schuld und Vorwurf.«

Kapitän William Bligh führte bald darauf seine zweite Reise nach Tahiti und die Verpflanzung der Brotfruchtbäume erfolgreich durch. Diesmal mit zwei Schiffen und ohne nennenswerte Zwischenfälle. Später hat er im Krieg gegen Napoleon noch so manches Seegefecht erlebt, wegen seiner Umsicht und Tapferkeit wurde er von Lord Nelson mehrfach lobend erwähnt. Zum Vizeadmiral befördert, stieg Bligh 1806 zum Gouverneur von Neusüdwales, dem damaligen Australien, auf, zu einer Zeit, als Sydney noch in den Kinderschuhen steckte. Ein Mann wie Bligh brauchte nicht lange, um zu erkennen, welche unmöglichen Zustände in der Kolonie herrschten! Sie bestand fast nur aus Sträflingen und Wachmannschaften. Erst ein knappes Tausend freier Siedler hatte sich in der weiteren Umgebung Sydneys niedergelassen. Ebenso wie die Masse der Sträflinge waren sie der Ausbeutung durch Offiziere des Neusüdwales-Regiments preisgegeben. Diese zum Schutze der Kolonie aufgestellte Truppe hatte allein das Heft in der Hand. Der Gouverneur war nur nominell ein verlängerter Arm der Londoner Regierung, irgendwelche Machtmittel standen ihm nicht zur Verfügung. Die Offiziere hatten das beste Land unter sich verteilt. Sträflinge mußten es bearbeiten, für ihren Unterhalt zahlte die Staatskasse. Das größte Übel aber war der Rumhandel. Das Neusüdwales-Regiment hatte hierfür das Monopol an sich gerissen, führte den begehrten Alkohol in gewaltigen Mengen ein, um das Vier- bis Fünffache daran zu verdienen. Die allgemeine Trunksucht war unbeschreiblich, zumal es keine anderen Zerstreuungen gab. Allein vom Wohlwollen der Offiziere hing es ab, wie teuer man den Rum bezahlte und wer damit bedacht wurde. Mit Rum ließ sich alles erreichen, natürlich auch bei den Behörden.

Man kann diese unglaublichen Zustände, vor allem die Gewinnsucht der Offiziere, nur verstehen, wenn man weiß, wie sie zu ihren Epauletten gekommen waren: durch Bezahlung einer Geldsumme. Militärische Erfahrung wurde nicht verlangt. England stand zu dieser Zeit mitten in den napoleonischen Kriegen, und jeder halbwegs taugliche Mann wurde dringend in Europa gebraucht. Deshalb mußte man bei der Aufstellung einer Truppe für das ferne Australien jeden willkommen heißen, der sich dazu bereit fand. Ein gewisser Major Gore hatte die Organisation übernommen und bekam für jeden Offizier, den er gewann, eine Kopfprämie von drei Pfund Sterling. Was Gore über diese Summe hinaus

aus den einzelnen Kandidaten herausschlug, durfte er behalten. Damals eine durchaus übliche Methode der Anwerbung. Gore versprach den Leuten ungeahnte Möglichkeiten des Nebenverdienstes in Australien, in erster Linie kostenlosen Landerwerb. Es gab daher Interessenten, die bis zu zweihundert Pfund Sterling für eine Majorsstelle bezahlten, nach heutigem Geldwert rund zwanzigtausend Mark. Die Stellenkäufer sahen darin eine Investierung von Kapital, das später denkbar reichen Gewinn abwerfen sollte. In den Erinnerungen Joseph Holts, die 1838 in England erschienen, wird im einzelnen beschrieben, woher die Offiziere des Regiments stammten und welche Berufe sie zuvor ausgeübt hatten. Einer war Koch des Earls von Ossory gewesen, ein anderer Portier in einem Londoner Hotel. Es gab unter den Kompanieführern ehemalige Geldverleiher, Ladenverkäufer und Schnapshändler, auch Zuhälter, Spieler und vorbestrafte Hehler. Der Schwiegervater des Hauptmanns Athony Kemp, der während der Revolte in Sydney eine führende Rolle spielte, war wegen Herstellung von Falschgeld gehängt worden. Diese Elemente waren es, welche die junge Kolonie beherrschten und bis aufs Blut aussaugten, um möglichst schnell reiche Leute zu werden.

Auch die Soldaten gehörten zu ihren Opfern. Sie bekamen ihre Löhne nicht in bar, sondern in Waren, die sie zum Teil gar nicht wollten und nicht brauchen konnten. Die Offiziere kauften alle Importe auf, sobald sie eintrafen, und berechneten ihren Kunden, die keine andere Wahl hatten, dafür die doppelten und dreifachen Preise. Die freien Siedler mußten ihre Ernten zu billigsten Sätzen im Depot der Offiziere abliefern, die daraufhin bestimmten, welche Preise die Bevölkerung dafür zu entrichten hatte. Eine »monströse Anormalität« nennt Joseph Holt die wirtschaftlichen Verhältnisse jener Jahre. Er mußte es wissen, da er sie miterlebte.

Hauptmann John MacArthur, ein ehemaliger Korsettmacher, war in Sydney nicht nur bei weitem der reichste, sondern auch der einflußreichste Mann. Obwohl er aus dem aktiven Dienst ausgeschieden war, stand hinter ihm das ganze Regiment. Ohne Zweifel hatte MacArthur auch Dinge in Angriff genommen, die letzten Endes ganz Australien zugute kamen, wie zum Beispiel die Einfuhr der Wollschafe. Aber seine Geldgier und Herrschsucht ließen niemanden neben ihm hochkommen. Bitter beklagten sich die freien Siedler über seine grenzenlose Anmaßung.

Ihm und dem Regiment gegenüber war Gouverneur Bligh mit vollem Recht der Meinung, daß niemand anders im Lande zu regieren habe als er selbst. Seine Absicht war es vom ersten Monat an, das Rum-Monopol zu brechen und MacArthur in seine Schranken zu weisen. Damit stand er bald auf verlorenem Posten. Die Siedler sahen zwar in Bligh ihren Retter, waren aber völlig machtlos, ihm und sich zu helfen. Die Beamten der Kolonie steckten größtenteils mit dem Regiment unter einer Decke, fürchteten wohl auch die Enthüllung ihrer Korruption, was einen Mann vom Schlage William Blighs nur noch mehr ergrimmte.

Seine Frau und sechs der sieben Töchter hatte er in London gelassen. Die Reise war zu umständlich für eine so große Familie, und geeignete Gatten für die heranwachsenden Mädchen standen im damaligen Australien gewiß nicht zur Auswahl. Nur seine älteste Tochter, Mrs. Putland mit Namen und bereits Witwe, hatte ihn nach Sydney begleitet. Sie führte ihm den Haushalt und war nach dem Protokoll die First Lady der Kolonie.

Jedes Schiff nahm Berichte nach London mit, einerseits von Bligh und andererseits von MacArthur, dem Kommandant wie Offiziere des Regiments alles bestätigten, was er wollte. Als sich der ferne Kolonialminister nicht entscheiden konnte, wessen Klagen nun berechtigt waren, ging der Gouverneur zum offenen Angriff über und erließ eine Reihe von Verordnungen, die das Monopol und die Macht der Offiziere brechen sollten. Aber leider hatte Bligh keine praktische Möglichkeit, um deren Durchführung zu erzwingen. Seine Gegner beriefen sich auf ihre verbrieften Rechte zum Nebenverdienst.

Der Gouverneur ließ MacArthur wegen verschiedener Übergriffe verhaften und vor Gericht stellen. Aber es bestand in der Mehrzahl aus Offizieren, und so wurde der große Intrigant zweimal freigesprochen.

Als Bligh die Einfuhr von Rum drastisch kürzen wollte, war es um ihn geschehen. Eine Revolte brach aus, der Kommandant des Regiments verhängte das Kriegsrecht und erklärte Bligh wegen Überschreitung seiner Befugnisse für abgesetzt. Man schritt zu seiner Verhaftung.

Die Residenz des Gouverneurs wurde von Truppen umstellt, er selber zur Übergabe aufgefordert. Bligh dachte nicht daran, obwohl er zu seinem persönlichen Schutz keinen einzigen Mann besaß. Nur seine tapfere Tochter, Mrs. Putland, stand im Hauptportal und verwehrte dem Hauptmann Kemp mit seinen Leuten den Zutritt. Aber eine Villa in den Tropen hat viele Türen und Fenster. Schnell gelangte die Soldateska durch andere Eingänge hinein und durchsuchte alle Räume des Hauses. Der Gouverneur war nicht zu finden. Erst als man das Holzpalais zum zweiten Male und gründlicher durchforschte, wurde Vizeadmiral Bligh entdeckt. Er lag in voller Montur, mit all seinen Orden bedeckt, unter einem Bett im Dachgeschoß.

Nichts hat seinem Ansehen mehr geschadet als diese klägliche Szene. Sie paßte so gar nicht zu dem energischen Mann, wird aber von drei Augenzeuen bestätigt. Später erklärte Bligh, er habe nur wichtige Papiere unter dem Bett verstecken wollen.

Als man ihn hervorzog und er sich wehrte, platzte im Getümmel das Kopfkissen, und eine Wolke von Bettfedern ergoß sich über den Gouverneur. In diesem Zustand wollte man ihn abführen, vor allem Volk, das sich gaffend vor der Residenz versammelt hatte. Da trat Blighs Tochter in Erscheinung, um einen Mut zu beweisen, den ihr Vater leider vermissen ließ. Nur mit ihrem Sonnenschirm bewaffnet, ging die erboste Dame zum Angriff über. Unter heftigen Flüchen, die sie gewiß von ihrem Vater gelernt hatte, schlug Mrs. Putland auf Offiziere und

Mannschaften ein. Aber es half ihr nichts, Bligh selber schien völlig apathisch geworden. Die schlagkräftige Frau wurde entwaffnet, der Admiral in eine Kutsche gerissen und zur Kaserne gebracht, wo man ihm zwei Kammern anwies und ihn streng bewachte. Seine Tochter eilte hinterher, erzwang sich Eingang und blieb bei ihrem Vater.

Das Offizierskorps feierte seinen Sieg mit großem Jubel. Eine Strohpuppe, die den abgesetzten Gouverneur darstellte, wurde öffentlich verbrannt. Eine Kommission der Aufständischen beschlagnahmte alle Papiere und auch die Privatkorrespondenz des verhafteten Bligh, um Material gegen ihn zu finden. Was zu seinen Gunsten sprach, wurde vernichtet. Danach machten sich John MacArthur, der Regimentskommandeur und drei seiner Anhänger bereit, nach London zu segeln. Dort stellten sie ihren Aufstand als Notwehr gegen die Übergriffe des Gouverneurs dar.

Indessen gelang es Bligh, mehr durch Überredung als durch Drohung, seine Entlassung aus der Kaserne zu erreichen. Die beiden Hauptfiguren, Oberst Johnston und MacArthur, waren abgereist, und Major Patterson, der vorläufige Statthalter, fühlte sich seiner Sache nicht allzu sicher. So ließ er zu, daß sich der abgesetzte Gouverneur mit seiner Tochter an Bord des eben eingetroffenen Kriegsschiffes ›Purpoise‹ begab, um, wie er sagte, in England gegen seine Feinde aufzutreten.

Kaum aber war Bligh an Bord, übernahm er selber das Kommando der ›Purpoise‹. Das war ohne weiteres möglich, weil er als Vizeadmiral weit und breit der ranghöchste Seeoffizier war. Nichts anderes hatte er dabei im Sinn, als die Garnison aus Tasmanien heranzuholen und mit ihrer Hilfe die Rebellion niederzuwerfen. Aber Gouverneur Collins in Hobart zögerte, ihm zu gehorchen. Erst wollte er die Entscheidung aus London abwarten. So lag denn die ›Purpoise‹ sechs Monate vor der Küste Tasmaniens. Dennoch blieb der Gouverneur ohne Land guten Mutes. Auf verschiedenen Wegen hatte er ausführliche Berichte an die Regierung gesandt und erwartete, daß London ihm zuverlässige Truppen schickte. Anfang Januar 1810 erreichte ihn die Nachricht, daß soeben eine britische Flotte vor Sydney eingetroffen war, mit ihr ein ganzes Regiment unter General Macquarie.

Sofort eilte Bligh zurück in seine Hauptstadt, am 17. Januar 1810 traf er ein und wurde mit allen militärischen Ehren empfangen, mußte jedoch erfahren, daß General Macquarie sein Nachfolger war. Die britische Regierung hatte sich, man muß schon sagen, zu einer weisen Maßnahme entschlossen. In der Sache gab sie dem Vizeadmiral Bligh völlig recht, hielt aber sein Verbleiben nicht vor opportun, weil er die gesamte Oberschicht der Kolonie gegen sich und alle freien Siedler für sich hatte. Unter seiner Regierung war diese ungesunde, ja gefährliche Spaltung nicht zu beseitigen. Zu Blighs bitterer Enttäuschung kam noch hinzu, daß sich die Rädelsführer der Revolte wieder auf freiem Fuß befanden. Zwar hatte man sie erst zu langen Freiheitsstrafen und teilweiser Einziehung des Vermögens verurteilt, aber dann im Gnadenweg entlassen. Das Knäuel der gegenseitigen Beschuldigungen und widersprechenden Aussagen war nicht zu entwirren. Außerdem hatte MacArthur in London einflußreiche Freunde, heimliche Teilhaber an seinen Geschäften vermutlich. Aber das Rum-Monopol wurde aufgehoben und das Neusüdwales-Regiment heimberufen. General Macquaries Truppen sollten es ersetzen. Neue Verordnungen sorgten dafür, daß die alten Mißstände verschwanden. Auch wenn Bligh dabei auf der Strecke blieb, er hatte im Grunde erreicht, was er wollte. Eine gesündere Entwicklung der Kolonie war gesichert – immerhin ein beachtlicher Trost für den pflichtbewußten Mann.

Im übrigen wurde die Form gewahrt. London hatte bestimmt, daß Vizeadmiral Bligh für einen Tag wieder in seine Funktionen eingesetzt wurde, um dann offiziell die Geschäfte an den General zu übergeben. Nachdem er noch acht Wochen als Gast seines Nachfolgers in der Residenz gewohnt hatte, kehrte Vizeadmiral Bligh in die Heimat zurück. Ohne seine Tochter allerdings. Denn die verwitwete Mrs. Putland reichte ihre Hand dem Oberstleutnant O'Collins zum Ehebund, dem aus England mitgebrachten Adjutanten des neuen Gouverneurs. Er wurde später geadelt und seine Frau damit eine Lady O'Collins.

Am 25. Oktober ging Bligh in Spithead an Land, um nach vielen Jahren seine so oft verlassene Gattin in die Arme zu schließen. Seine aktive Dienstzeit war zu Ende, in Ehren wurde er pensioniert. Durch eine Erbschaft seiner Frau zum wohlhabenden Mann geworden, konnte er bei Farnham einen Gutsbesitz mit schönem Herrenhaus erwerben. Auch dort hat man ihn nicht vergessen. Stets suchte die Admiralität seinen Rat, wenn es um die Ausrüstung von Schiffen ging, die in der Südsee operieren sollten. William Bligh starb am 7. Dezember 1817, während eines Besuches in London, im Alter von fünfundsechzig Jahren. Er wurde im Grab der Familie auf dem Friedhof der St.-Mary-Kirche bei Lambeth beigesetzt. Über der Ruhestätte des weitgereisten Mannes erhebt sich der gewaltige Grabstein in Form eines antiken Sarkophags. Seine Taten sind darauf verzeichnet, begreiflicherweise aber kein Wort über die Meuterei auf der »Bounty«.

Noch heute kann es geschehen, daß in Sydney eine heftige Diskussion entbrennt, wenn man auf Bligh und seinen Gegner MacArthur zu sprechen kommt. Wir hatten den Nachmittag in der Mitchel-Library verbracht, um in William Blighs Aufzeichnungen zu lesen, die dort bewahrt werden. Abends waren wir bei Freunden unseres Freundes Jean-Jacques eingeladen, und, noch ganz erfüllt von meinem Studienobjekt, fand ich im Gastgeber einen geschichtlich interessierten Mann, der gut über Bligh Bescheid wußte. Ein angeregtes Gespräch kam schnell in Gang.

»Es steht wohl fest«, sagte ich unter anderem, »daß sich MacArthur in schamloser Weise bereichert hat, Bligh hatte allen Grund, gegen ihn vorzugehen . . .«

»Was sagen Sie da . . .« ereiferte sich eine Dame, die bisher nicht an der Unterhaltung beteiligt war, »MacArthur war ein großartiger Pionier, ein Wohltäter für Australien, ihm verdanken wir die Einfuhr der Merino-Schafe, ein Segen für das Land. Ihm hat unser Land mehr zu verdanken als jedem Gouverneur ... dieser Bligh dagegen war ein Schurke und Scheusal, das weiß doch jeder!«

Bitterböse funkelte sie mich an, als hätte ich sie persönlich beleidigt.

Der Hausherr zog mich fort.

»Meine Schuld, ich hab' nicht aufgepaßt«, sagte er peinlich berührt, »sie stammt nämlich von MacArthur ab und sitzt auf ein paar Millionen, die sie letzten Endes dem alten Rebellen verdankt.«

Er warf einen Blick auf die übrigen Gäste, lächelte zufrieden und zeigte auf einen Herrn mittleren Alters.

»Gehen wir zu ihm hinüber, in seiner Gegenwart können Sie auf MacArthur schimpfen, soviel Sie wollen. Seine Urgroßmutter war die Tochter von Bligh.«

»Die mit dem Sonnenschirm ...?«

»Genau dieselbe, er hält ihr Andenken in großen Ehren.«

Der Urenkel saß tief im Sessel und hielt sein linkes Bein weit vorgestreckt, denn es lag in Gips gebettet. Er kam nicht vom Wintersport, sondern aus Tahiti.

»Das ist schon 'ne verdammte Insel für jeden, der noch ein paar Blutstropfen vom alten Bligh in sich hat«, sagte er grimmig, »hab' mir dort den Fuß gebrochen, ausgerechnet in der Matavi-Bucht.«

Koala, lebendiger Teddybär

Koala heißt jenes Tier, das kein zoologischer Garten in Europa seinen Besuchern zu bieten hat. Dabei ist Koala ein Geschöpf, an dem sich keiner satt sehen kann. Auf den ersten Blick würde niemand glauben, daß es wirklich lebt. Denn es sieht aus wie ein Stofftier, wie ein hellbrauner Teddybär mit Knopfaugen, Ledernase und zerfransten Wuschelohren. Nicht nur alle Kinder, auch die Ewachsenen möchten das pummelige Wollknäuel gleich in den Arm nehmen und liebevoll an sich drücken. Die Frauen vor allem wollen nicht länger dulden, daß ein scheinbar so babyhaftes Wesen ohne mütterliche Fürsorge bleibt. Das putzige Mondgesicht mit traurigem Blick macht ganz den Eindruck, als würde es nach einem guten Menschen verlangen, um sich zärtlich anzuschmiegen. Viel zu harmlos scheint das süße Wesen für die böse Welt, ganz unglücklich sitzt es auf seinem Baum und rührt sich kaum vom Fleck. Man glaubt, der kleine Kerl hoffe mit klopfendem Herzen, daß man ihm hilft und ihn mit nach Hause nimmt.

Aber gerade damit wäre ihm nicht geholfen. Auch mit dem besten Willen kann weder ein Laie noch ein gelernter Tierpfleger den possierlichen Liebling ernähren. Man braucht dazu einen Wald von Eukalyptusbäumen, groß und zahlreich genug, um täglich ein paar Arme voll frischer Zweige abzuschneiden. Denn so viel braucht der Teddybär, damit er nicht Hunger leidet. Man sollte außerdem wissen, daß es gut und gerne fünfhundert verschiedene Arten von Eukalyptus gibt, dem Koala aber schmecken davon nur knapp ein Dutzend. Das Angebot aller übrigen lehnt er beharrlich ab und geht eher zugrunde, als davon zu naschen. So wäre es denn, um einen Koala als Schoßtier zu halten, zuerst einmal notwendig, daß man bei der Anpflanzung eines Eukalyptuswaldes genau die richtigen Bäumchen wählt. Nur ein Fachmann, der sich mit diesem speziellen Studium befaßt hat, kann zuverlässig beraten. Doch steht zu befürchten, daß schon unser Klima alle Hoffnungen auf geeignete Futterbäume im Keime erstickt. Sollte es wunderbarerweise dennoch gelingen, nach zwanzig Jahren einen Wald der richtigen Eukalypti heranzuziehen, so läßt sich auch dann der Traum vom eigenen Koala nicht erfüllen, denn man bekommt keinen. Ein besonderes Gesetz der australischen Regierung verbietet den Export von Koalas. Kein Privatmann darf ein solches Tier besitzen, alle gehören der ganzen Nation. Von dieser strengen Bestimmung wurde bisher nur eine Ausnahme gemacht, auf Antrag des Präsidenten der Vereinigten Staaten. Eigens zu diesem Zweck hatte die amerikanische Regierung mit Hilfe australischer Fachleute im sonnigen Kalifornien einen Koala-Spezialwald angepflanzt und lange Jahre hindurch gut gepflegt. Da konnte man nicht anders, einigen Baumbären mußte die Ausreise gestattet werden. Sie ist ihnen gut bekommen, der kleine Stamm gedeiht bei San Diego und hat sich für all die Umstände durch freiwillige Vermehrung großzügig bedankt.

Bei uns werden wir wohl nie einen lebendigen Koala sehen. Auch Marianne muß sich mit einem Stofftier begnügen. Erst wollte sie nicht glauben, daß ein solch entzückendes Wesen im lebenden Original vorhanden sei, so vollkommen entsprach die industrielle Kopie einem Spielzeug, das sogar noch Erwachsene gerne an ihr Herz drücken. Was der Frau Käthe Kruse seinerzeit mit ihren pummeligen Puppengesichtern gelang, scheint einem begabten Kollegen auch mit diesem Stofftier geglückt zu sein.

»Aber nein«, mußte ich mehrfach versichern, »es ist keine Wunderpuppe, sondern wirklich das Ebenbild eines echten Tieres.«

Nicht einmal farbige Fotos, erst ein Kulturfilm konnte meine Frau restlos überzeugen. Von diesem Augenblick an hing die Reise nach Australien im Raum.

»Das will ich selber sehen ... für mein Leben gern möchte ich so einen süßen Kerl im Arm halten.«

Aber man kann ja nicht zur anderen Seite der Welt reisen, nur um ein Tier zu streicheln, auch wenn es noch so niedlich ist . . .

Gesehen hatten wir einige Koala schon im Park von Healesville bei Melbourne. Aber sie saßen hoch droben in den Bäumen und hielten einen tiefen Schlaf. Nur runde Pelzkugeln waren zu erblicken, ein genaueres Bild von den Tieren ließ sich nicht gewinnen. Außerdem saß noch eine Gruppe von Koala im Melbourner Stadtzoo. Aber René wollte uns nicht zu ihnen führen, weil er meinte, sie machten dort zu sehr den Eindruck von Gefangenen. Der Zoo war nämlich recht altmodisch. Die Koala saßen dort hinter engem Maschengitter in einer weißgekalkten Zelle, hatten zwar einen Kletterbaum und fühlten sich scheinbar wohl darauf, doch die Illusion natürlicher Umgebung fehlte völlig. Ganz ideal dagegen sollten die Verhältnisse im Taronga-Zoo von Sydney sein. Erst dort, hatte uns René mit aller Bestimmtheit geraten, sollten wir den Wundertieren gegenübertreten. Seiner Ansicht nach waren sie überhaupt die einzige Sehenswürdigkeit, für die es sich lohnte, in Sydney Station zu machen.

Bei Jean-Jacques htten wir einen Mr. Amery kennengelernt. Er war Mitglied der Zoologischen Gesellschaft, wußte alles, was man über die Koala nur wissen konnte, und schlug vor, daß wir unter seiner sachkundigen Führung die Beutelbären besuchen sollten.

»Also dann am Montag«, lächelte Mr. Amery, »ich werde Sie im Hotel abholen.«

Meine Frau war bitter enttäuscht, denn heute war erst Freitag. Am Sonntag, meinte Herr Amery, seien zu viele Leute dort.

»Dann gehen wir morgen«, beharrte meine Frau, »ich finde keine Ruhe mehr, bevor ich nicht so einen kleinen Kerl im Arm habe.«

Der Kenner der Koala schien überrascht, Mariannes Wunsch ging wohl zu weit.

»Das Anschauen genügt also nicht . . .«, meinte er gedehnt, »nun, wir werden sehen, was sich machen läßt. Aber dann schon morgen. Um halb eins, wenn ich bitten darf. Nicht im Hotel, lieber am Pier, wo die Wassertaxis abgehen.«

Schon um zwölf waren wir dort, weil meine Frau darauf bestand. Es konnte ja sein, daß Amerys Uhr erheblich vorging. Jahrelang hatte sie auf die Koala gewartet, jetzt wurde ihr die letzte Stunde zu lang.

Unser Freund kam etwas zu spät, was ihre Ungeduld noch mehr strapazierte.

»Nun wird's aber Zeit«, sagte er, »um eins wird der Zoo geschlossen.«

»Wird geschlossen?« wiederholte Marianne, während wir schon ins schwimmende Taxi stiegen.

So war es, denn die Angestellten mußten sich am Nachmittag ausruhen, um morgen dem Andrang vieler tausend Besucher gewachsen zu sein. Irgendeine besondere Veranstaltung war vorgesehen, daher heute die Ausnahme.

»Wir kommen schon hinein«, hoffte Roy Amery, »wir müssen nur rechtzeitig an der Sperre sein.«

Er bat den Wasserchauffeur, sich zu beeilen. Der gab noch mehr Gas, und geschwind wie der Wind glitten wir über die Bucht. Es gibt keinen schöneren Anblick von Sydney. Wir waren mit der ›Nürnberg‹ noch vor Morgengrauen eingelaufen, jetzt erst sahen wir das weltberühmte Panorama der Drei-Millionen-Stadt im vollen Glanz der Sonne.

Sydney hat, von der Einfahrt seines Hafens betrachtet, eine unvergleichlich schöne Lage. Im Hintergrund steigen bewaldete Hügel zu einer Kette blauer Berge empor. Davon in weitem Bogen eingefaßt, dehnt sich die größte Stadt Australiens zwischen zahlreichen Buchten aus. Der glitzernde Ozean reicht mit so vielen nassen Fingern in die Metropole hinein, daß jedes Viertel sich in der Nähe salzigen Wassers befindet. Die Folge davon ist eine unabsehbare Menge von Booten, die flott und flink durch die Buchten huschen. Der Segler sind so viele wie auf dem Wannsee bei Berlin. Motorboote knattern kreuz und quer, Wassertaxis durchschneiden vielverzweigte Gewässer. Mit verhaltener Fahrt schieben sich die mächtigen Schiffe aus Übersee durchs lebhafte Gewimmel.

Der ebenso große wie berühmte Zoologische Garten von Sydney breitete sich über eine hügelige Halbinsel aus. Er verfügt über mehrere Anlegestellen am Wasser, der nächsten davon strebten wir zu. Von Roy Amery geführt, sprangen wir auf den Bootssteg und eilten zum Portal des Tiergartens hinauf.

Man wollte es gerade schließen. Der Mann an der Schranke schüttelte abweisend den Kopf.

»Schluß für heute, meine Herrschaften!«

»Nichts da . . .«, grollte Roy Amery, »die Lady muß noch hinein. Eben von Germany gekommen, nur wegen der Koala . . . morgen früh fliegt sie weiter!«

Kaum anzunehmen, daß ihm der Hüter des Portals ein Wort davon glaubte. Aber er grinste immerhin, schien auch unseren Freund zu kennen. Mit einer herrischen Geste winkte er uns hinein, er vergaß sogar nach den Eintrittskarten zu fragen.

»Immer geradeaus, dem breiten Weg nach!« wies er uns noch die Richtung.

Amery wußte Bescheid und eilte voraus. Wir mußten die ganze Anlage durchqueren, bis endlich das richtige Gehege in Sicht kam. Meine Frau verhielt ihre Schritte, um die so lang ersehnten Geschöpfe ja nicht durch ihr Ungestüm zu erschrecken.

Hinter einer brusthohen Mauer lag die Wohnung der Beutelbären. Es sah so aus, als wäre sie ganz mit graugrünen Eukalyptusbüschen angefüllt. Doch hatte man die frischen Zweige von anderswo geholt und nur lose ins Geäst der Kletterbäume gebunden. Was bis zum nächsten Morgen nicht aufgefressen war, mußte durch neues Grün ersetzt werden.

In diesem Gezweig hingen und saßen nun die Koala so reglos, als wären sie Stofftiere im schön dekorierten Schaufenster eines Spielwarengeschäftes. Nicht alle konnte man sogleich erkennen, manche hielten sich im Hintergrund ihres Grünzeugs verborgen.

Marianne war hingerissen.

»Ein Märchen . . .«, flüsterte sie leise, »so lieb sehen sie aus . . . so unglaublich lieb!«

Aber mehr taten die putzigen Geschöpfe nicht, sie sahen nur aus.

»Noch zu früh«, meinte Amery, »tagsüber schlafen sie meist, erst wenn's dunkel wird, kommt ein bißchen Leben in die Bande.«

Einer der Koala öffnete sein rosa Mäulchen und gähnte mit Genuß. Meine Frau fand das reizend.

»Oh, sieh mal . . ., dort hat eine Mutter ihr Kind auf dem Rücken!«

Auch das Kleine schlief ganz fest, seine Pfoten in den Pelz der Mama gekrallt. Der Anblick war so rührend und komisch zugleich, daß auch unserem Freund ganz weich ums Herz wurde.

»Ich werde mal sehen, daß ich den Wärter finde. Der zeigt Ihnen vielleicht noch ein Junges im Beutel.«

Ein großer Zweig geriet in Bewegung, zwei Händchen kamen zum Vorschein und griffen in die Blätter. Ein runder Pelzkopf folgte und begann mit der Mahlzeit. Aber kaum war das Büschel im Maul, schlief das Tier schon wieder ein. Fürs Kauen und Schlucken mußte erst wieder frische Kraft geschöpft werden. Bis es soweit war, hingen ihm die Blätter aus dem Maul.

»Ist das nicht entzückend . . . diese verschlafene Gemütlichkeit?«

Ein Koala auf dem obersten Ast hatte ihre Bemerkung gehört, öffnete seine müden Augen und schaute zu uns hinab. Meine Frau schien ihm ganz gut zu gefallen. Den Blick unverwandt auf sie gerichtet, stieg er sachte etwas tiefer.

»Er fühlt, wie gern ich so ein Kerlchen habe!«

Doch schon auf dem nächsten Ast ließ er sich nieder, legte seine Pfoten vor der Brust zusammen, senkte den Wuschelkopf darüber und entschlummerte aufs neue.

»Die Anstrengung war zu groß«, entschuldigte Marianne sein Verhalten.

Amery kam zurück und brachte den Wärter mit, einen älteren Mann mit jungen Augen und freundlichem Grinsen. Zwar hatte er schon Feierabend, wohnte aber im Zoo und wollte es sich nicht nehmen lassen, die fremde Frau zu sehen, die angeblich nur wegen der Koalas von Germany gekommen war.

»Der gefällt mir am besten«, zeigte Marianne auf den soeben heruntergestiegenen Schläfer, »er hat mich ganz furchtbar nett angeschaut.«

Der Wärter kannte jedes seiner Tiere mit Namen.

»Das ist Tommy, hier bei uns geboren. Man muß schon Geduld haben mit den Koala. Auch wenn sie wach sind, geht bei ihnen alles nur langsam.«

Ein häßliches Gegrunze ließ sich vernehmen, ein Tier auf dem letzten Baum ganz rechts war dafür verantwortlich. Es sei der Liebesruf eines Weibchens, erklärte uns der Tiergärtner etwas zögernd.

Verschiedene Männchen öffneten hierauf die Augen, aber nur eines antwortete mit knappem Krächzen. Dann fielen auch ihm die Äuglein wieder zu.

»Das Liebesspiel beginnt«, meinte der Betreuer des Geheges. Und tatsächlich vergingen keine fünf Minuten, da rief das Weibchen erneut. Sein Playboy rutschte eine Handbreit tiefer am Stamm hinab und ließ einen kurzen Grunzer vernehmen. Dann streckte er sich wieder zur Ruhe.

»So wird's aber nichts«, tadelte ihn Mr. Amery, »bei Frauen muß man schon dreister 'rangehen.«

Der Wärter wußte es besser.

»Für einen Koala-Mann ist das gerade richtig. Die Frau weiß nun Bescheid, wer sie begehrt, und erwartet geduldig ihren Liebhaber ... so etwa gegen Mitternacht werden die beiden sich finden.«

Etwas reger wurden nun auch die anderen Tiere im Gezweig. Das eine begann in Zeitlupe zu äsen, das andere bohrte bedächtig in der Nase. Ein zweites und bald danach auch eine dritte Mutter mit Kind auf dem Rücken tauchte auf.

»Sehen Sie, dort schaut ein Junges aus dem Beutel ... man kann's nur selten erblicken. Meist stecken die Kleinen tief in der Tasche. Bestimmt wird's in den nächsten Tagen den Beutel für immer verlassen ... betrachtet schon jetzt seine neue Welt.«

Es war kaum zu glauben, daß so etwas Niedliches lebte. Der winzige Wuschelkopf schaute mit den Wunderaugen eines Spielzeugpüppchens aus der Tasche. Dazu machte seine wollige Mama ein Gesicht, als wüßte sie genau, welch einmalig süßen Schatz sie besaß.

»Ist das nicht ein wonniges Bild«, freute sich Marianne, »mein Leben lang werd' ich es nicht vergessen!«

Inzwischen hatte sich der geruhsame Tommy so weit erholt, daß er ohne Zwischenschlaf über zwei Äste hintereinander nach unten kam. Damit war er auf gleicher Höhe mit unseren Gesichtern. Unverwandt schaute er nur auf Marianne, plinkerte freundlich mit seinen Augen und schob sich auf seinem Zweig noch näher zu uns heran.

Meine Frau war gerührt und hingerissen. Wie er nun gar seine Ärmchen ausstreckte, war es um Marianne geschehen.

»Er will zu mir ..., Sie sehen doch, er will zu mir!«

Aber niemand durfte einen Koala anfassen, es war streng verboten. Mit großen, roten Buchstaben stand es auf einem Schild an der Mauer geschrieben.

»Tut mir leid«, sagte der Wärter, »ich kann's nicht zulassen ...«

Freund Amery machte ihm sein hartes Herz zum Vorwurf.

»Hab dich doch nicht so, Freddy, gib ihn schon der Lady.«

»Jahrelang habe ich mich danach gesehnt, einen Koala im Arm zu haben«, plagte ihn Marianne.

Unser Gönner ließ nicht locker. Was ein echter Aussie sei, für den wäre doch Hilfsbereitschaft immer das erste Gebot, drängte er den Wärter.

»Aber wo's doch streng verboten ist«, widersprach der und schaute sich um, ob wirklich niemand in der Nähe war. Zuckte dann mit den Schultern und holte seine Schlüssel hervor. Marianne zitterte vor Aufregung wie ein Kind vor der weihnachtlichen Bescherung.

»Ganz langsam, schnelle Bewegungen ist er nicht gewöhnt.«

So behutsam wie geheißen, trat sie an die lebendige Wollkugel heran. Das Tier kam noch weiter auf sie zu, wackelte mit den buschigen Ohre und legte ihr gleich die Arme um den Hals.

Nun war es geschafft, Marianne hielt einen zutraulichen Koala umschlungen. Dem Beutelbärchen schien das zu gefallen. Es schmiegte seinen Rundkopf an ihre Schulter und hielt sich ganz fest.

»Ist er nicht lieb ... ist es nicht wunderbar lieb?«

Wie lange die beiden miteinander geschmust haben, ist schwer zu sagen. Unser Freund und der Wärter schauten geduldig zu, und ich machte ein paar Aufnahmen zur bleibenden Erinnerung.

»Wir müssen aufhören«, bat schließlich der Zoomann, »unser Chef macht seinen Rundgang um diese Zeit.«

Meine Frau ergab sich in das unvermeidliche Schicksal. Es ging ja nicht anders, ihren kugeligen Liebling konnte sie nicht für immer behalten. Mit gebührendem Zartgefühl nahm der Wärter die schmerzliche Trennung vor.

»Kommen Sie morgen wieder, Tommy wird sich freuen«, suchte er zu trösten. »Aber hinein können Sie dann nicht mehr ... wegen der Leute.«

Auf dem gleichen Weg fuhren wir zurück in die Stadt.

»Hat Sie der Tommy nicht gekratzt«, fragte unser Begleiter, »die Koala haben doch ganz hübsche Krallen?«

Nein, das hatte er nicht. Aber er war ziemlich schwer gewesen, ein kompaktes Kerlchen, dem man sein Gewicht nicht ansah.

»Das ganze Fell riecht nach Eukalyptus«, sagte Marianne, »so als wär's durch und durch mit Öl eingerieben.«

Roy Amery meinte, das käme aus den Poren. Für die Koalas war das eine feine Sache. Deshalb nämlich wurden sie von allem Ungeziefer verschont. Was Flöhe, Läuse, Milben und Zecken für andere Tiere an schlimmer Plage bedeuten, haben die Beutelbären nie erfahren. Sie leben in makelloser Reinheit.

»Ob es Leute gibt, die es fertigbringen, einem Koala etwas zu tun?« wollte meine Frau wissen.

Amery war so vernünftig, das zu bestreiten.

»Nein, von so einem Scheusal habe ich nie gehört!«

In Wahrheit jedoch hat es genug dieser Scheusale gegeben, um die Koala fast vollkommen zu vernichten. Allein während der Jahre von 1900 bis 1925 wurden zehn Millionen (!) Koala-Pelze von Australien nach Europa und Nordamerika exportiert. Vordem sollen es sogar zwei Millionen Felle jährlich gewesen sein. Nichts war einfacher als der Massenmord an diesen harmlosen Tieren. Sie wehren sich nicht und sind für eine rettende Flucht viel zu langsam. Ein Knüppel genügt, um sie mühelos zu erschlagen. Ihre schönen Pelze wurden gut bezahlt, die Koala-Jagd war über hundert Jahre lang ein gewinnbringender Zeitvertreib für rohe Kerle. Auch so mancher Viehzüchter hat sein Teil zur Vernichtung der hilflosen Tiere beigetragen. Um noch mehr Weideland für die Herden zu gewinnen, wurden die Wälder angezündet und meilenweit niedergebrannt. Gewohnt, bei Gefahr in die Wipfel der Bäume zu steigen, sind dabei sämtliche Koalas des Waldes in den Flammen umgekommen.

So zahlreich waren ursprünglich die Beutelbären gewesen, daß lange Zeit niemand glaubte, ihr Bestand könne jemals erlöschen. Es war aber nahe daran, als sich endlich die Behörden aufrafften, dem grausamen Treiben ein Ende zu machen. Von einst vielen Millionen waren noch knapp tausend Tiere übriggeblieben.

Sie wurden nun geschützt und sogar durch die Polizei bewacht. Heute gibt es für die Koala mehrere Reservate, die für jede Siedlung und wirtschaftliche Nutzung gesperrt sind. Ihr bester Schutz dürfte aber die Wandlung sein, die bei den Menschen selber vor sich ging. Man freut sich heute über jeden Koala, der noch existiert. Was ihm seinerzeit widerfuhr, löst nun tiefste Beschämung aus. Man möchte wiedergutmachen, was früher geschehen ist, und scheut weder Mühe noch Kosten, um den niedlichen Tieren alles zu bewilligen, was ihre Vermehrung begünstigen kann. So ist der Bestand wieder auf etwa fünfzigtausend Tiere angewachsen und wird Jahr für Jahr größer.

Nur im Osten von Australien gedeihen die Koala, weil sie nur dort das Klima und die rechten Bäume finden, die sie brauchen. Sie gehören zu den Urtieren des Landes, ihr zoologisches Alter reicht Jahrmillionen zurück. Nur wenige Tiere gibt es auf Erden, deren ursprüngliche Art so lange erhalten blieb. Nicht ihre Gestalt, aber ihre Größe hat sich dabei verändert. Der prähistorische Koala, dessen versteinerte Knochen bei Grabungen ans Tageslicht kamen, war ein Riese von drei bis vier Meter Höhe und hatte ein Gewicht von etwa sechshundert Kilo. Der heutige Koala wird nur selten ein Meter hoch. Das ist schon sehr viel, wenn man bedenkt, daß die Neugeborenen nicht größer als eine Erdnuß sind. Kein Wunder also, wenn sie danach noch so lange im Beutel ihrer Mutter verbleiben.

In seinem Äußeren sieht der erwachsene Koala einem Bärenbaby verblüffend ähnlich, doch hat der sogenannte Beutelbär nichts mit dem Stamm der Bären zu tun. Er ist eine Art ganz für sich selbst, mit keinem anderen Tier vergleichbar. Zu seinen anatomischen Besonderheiten gehört unter anderem ein Blinddarm von zweiundeinhalb Meter Länge. Er braucht diesen erstaunlichen Appendix, um die große Menge seines täglichen Futters gut zu verdauen.

Die Ureinwohner Australiens haben sich nur in äußerster Not an den Koala vergriffen, da sie glaubten, daß ihre toten Kinder in diesem kindlich anmutenden Tier wieder auferstehen. Und weil dieses seltsame Wesen keinen Tropfen Wasser braucht, nannten sie es *Koala.* Das heißt auf deutsch ganz einfach: ›Ich trinke nicht‹.

Wir haben später noch viele Koala gesehen, in Brisbane und im Naturschutzgebiet von Queensland. Ja selbst in freier Wildbahn konnten wir die Pelzkugeln droben auf ihren Ästen entdecken. Aber keiner vermochte die Erinnerung an Tommy von Taronga aus Mariannes Herzen verdrängen. Er war und blieb der einzige, der sie umarmt hat.

Canberra, Traum einer Hauptstadt

Fragt man hundert Leute, wie die australische Hauptstadt heißt, wird man neunundneunzigmal eine falsche oder keine Antwort bekommen. Nicht von den Australiern natürlich, die wissen Bescheid. Aber in der übrigen Welt ist Canberra so gut wie unbekannt. Auch bei den Touristen, die das riesengroße Land bereisen, gehört die offizielle Hauptstadt nicht zum üblichen Programm. Wen keine besonderen Gründe dazu veranlassen, wird sich kaum entschließen, dorthin zu fahren. Was ein Versäumnis ist, denn in Canberra kann man sehen, wie langsam, aber sicher eine Metropole entsteht, die vor über achtzig Jahren geplant wurde und in einigen Jahren eine Hauptstadt sein wird, um die alle Welt das australische Volk beneidet. Schon bei unserem ersten Besuch, im teilfertigen Zustand, war Canberra eine höchst bemerkenswerte Stadt, deren Eigenarten sich mit keiner anderen vergleichen lassen. Denn alles, was hier entstand und noch entstehen wird, folgt einem großen Entwurf, der in konsequenter Ausführung 2400 Quadratkilometer Wildnis in die Kapitale des Fünften Kontinents verwandelt.

Am ersten Tag des Jahres 1901 unterzeichnete die greise Königin Victoria jenes Dekret, das die sechs Kolonialprovinzen des Erdteils in einen Bundesstaat zusammenschloß, der sich weitgehend selbst regieren sollte. Es erhob sich die Frage, wo die gemeinsame Regierung des Commonwealth of Australia ihre Zelte aufschlagen sollte. Zelte von Dauer natürlich, solide und stattliche Gebäude für das Parlament und die Ministerien, für sämtliche Zentralbehörden und die Höchsten Gerichte. Dazu die Behausung und Versorgung für ein Heer von Beamten samt ihrem Anhang, für Angestellte und Arbeiter, für Lehrer, Ärzte und alles, was sonst noch zu einer Metropole gehört.

Zehn Jahre lang währte der Kampf um den Regierungssitz, von vielen Seiten mit größter Erbitterung geführt, bis endlich die Einigung zustande kam. Die Eifersucht zwischen Sydney und Melbourne machte es unmöglich, eine der schon bestehenden Großstädte zu wählen. Es mußte ein Platz gefunden werden, der mindestens hundert Meilen von den beiden stärksten Rivalen entfernt war und wo bisher noch keine Ortschaft von Bedeutung stand. Weil jeder Bundesstaat den Regierungssitz des Commonwealth auf seinem Gebiet haben wollte, durfte ihn keiner bekommen, sonst wäre das ein Ärgernis ohne Ende geworden. Weshalb man beschloß, die künftige Hauptstadt nach dem Vorbild Washingtons mitsamt ihrer Umgebung selbständig zu machen, also der Verwaltung jenes Bundesstaates zu entziehen, in dessen Gebiet man sie legte.

Nach langem Tauziehen in vielfacher Richtung wurde schließlich das passende Gelände gefunden und von allen Instanzen gebilligt, die zu entscheiden hatten. Die Wahl fiel auf Kenberry, Canburry oder Canbury, auf jeder Karte war das Wort anders geschrieben. Der Name stammte noch von den Eingeborenen. Da sie keine Schrift besaßen, konnten sie ihn niemals aufzeichnen. Um Klarheit zu schaffen, wurde *Canberra* als richtige Schreibweise bestimmt. Ein guter Name, ganz durch Zufall, einen besseren konnte man für die Zentrale von sechs Bundesstaaten nicht finden. Denn Canberra bedeutet ›Treffpunkt‹. Die Betonung liegt auf der ersten Silbe, während das ›e‹ in der zweiten nicht gesprochen wird. Wie ›Kannbra‹ hört es sich an.

Für australische Begriffe ist jene Gegend reizvoll. Sie liegt siebenhundert Meter hoch und kann sich daher eines verhältnismäßig kühlen Klimas erfreuen. Der Molonglo-Fluß rieselt hindurch, der stattliche Murrumbidgee-River ist nicht weit entfernt. Auf beiden Seiten wird Canberra von mäßig hohen Bergen eingefaßt. Die Kette der südlichen Alpen, deren Gipfel drei bis vier Monate im Jahr mit Schnee bedeckt sind, schließen nach Osten hin das Blickfeld ab. Im Tal der beiden Flüsse stehen dunkle Waldstreifen, das hügelige Steppenland der weiteren Umgebung ist immerhin von Busch- und Weidegras bedeckt.

Weshalb sich schon im Jahre 1825 einige Schafzüchter dort niederließen, sogar eine große Rinderherde konnte existieren. Alle Bewohner eingerechnet, die ständigen und die Gäste, lebten um das Jahr 1910 etwa fünfzig Personen auf jenen zweitausendvierhundert Quadratkilometern, die heute das Territorium der australischen Hauptstadt ausmachen. Darunter als größte Grundbesitzer die Familie Campbell. Die steinreichen, dennoch recht frommen Campbells hatten mitten in der menschenleeren Gegend bereits 1845 eine solide Kirche erbaut, die heute noch steht und einen guten Eindruck macht. Außerdem besaßen die Campbells auf ihrer Ranch ein geräumiges Herrenhaus, das man nunmehr gründlich ausgebaut und dem Vertreter Großbritanniens zur Verfügung gestellt hat. Sonst standen auf dem weiten Gebiet nur ein paar bescheidene Farmhäuser.

All dieses Land wurde von der Regierung aufgekauft, sodann ein internationaler Wettbewerb ausgeschrieben, um einen Mann zu finden, der die Hauptstadt entwerfen sollte. Daraus ging Walter Burley Griffin als Sieger hervor, ein Amerikaner aus Chicago. Daß er kein Erbauer von Wolkenkratzern war, vielmehr in erster Linie ein Landschaftsarchitekt, zeigte sich schon in seinen ersten

Entwürfen. Daher gefielen sie den Australiern am besten. Unter anderem war darin vorgesehen, den Molonglo-Fluß aufzustauen, um seinen Verlauf in eine Folge schöner Seen zu verwandeln, und zwar inmitten der künftigen Stadt.

Über die Dauer der Bauarbeiten machte man sich keine Illusionen, mit zwei bis drei Generationen wurde gerechnet. Im Jahre 1911 tat man den ersten Spatenstich zu dem gewaltigen Unternehmen. Während des Ersten Weltkrieges ruhte die Arbeit, wurde danach wieder aufgenommen und war 1927 so weit gediehen, daß im Parlament die erste Sitzung stattfinden konnte. Der Herzog von York, später König Georg VI., hat sie feierlich eröffnet. Bis dahin war Melbourne provisorische Hauptstadt gewesen. Einige Zentralbehörden residieren bis zum heutigen Tag noch dort, während andere in Sydney ihres Amtes walten. Denn Canberra ist noch nicht ganz fertig. Die Wirtschaftskrise zu Anfang der dreißiger Jahre und der Zweite Weltkrieg hatten die Arbeiten wiederum lahmgelegt. Aber seitdem wurde das Tempo beschleunigt, größere Geldmittel stehen zur Verfügung und alle Errungenschaften der modernen Technik. Schon 1960 zählte Canberra rund fünfzigtausend Einwohner, heute sind es beinahe schon zweihundertfünfzigtausend.

Für uns wäre es am einfachsten gewesen, nach Canberra zu fliegen, wie es die meisten Leute tun. Aber wir wollten möglichst viel von Australien sehen. Wer immer nur über fremde Länder und Kontinente fliegt, kann unseres Erachtens den gleichen Eindruck billiger haben, indem er daheim auf die Landkarte schaut. Darauf steht sogar verzeichnet, wie alle die Orte, Flüsse und Berge heißen. Vom Flugzeug herab muß man sie erst erraten. Jagt man gar über den Wolken dahin oder bei Nacht und Nebel, ist überhaupt nichts zu sehen. Wer von Flugplatz zu Flugplatz hüpft, kann hinterher viel erzählen, aber erlebt hat er das fremde Land nur an einigen Punkten.

Also reisten wir mit der Bahn nach Canberra. Die Fahrkarte zu besorgen war nicht so einfach, weil im Hauptbahnhof der größten Stadt Australiens von zwölf Schaltern nur einer dienstbereit war, und davor wartete eine Schlange von annähernd hundert Köpfen. Fast hätten wir den Zug verpaßt. Doch öffnete sich Minuten vor der Abfahrt noch ein zweiter Schalter, den wir mit einem schnellen Sprung als erste erreichten.

Bei unserem Botschafter in Canberra, dem ich schon früher begegnet war, hatten wir uns angemeldet. Er meinte sogleich, wir sollten bei ihm wohnen. Aber so eng waren unsere Beziehungen eigentlich nicht, auch wollten wir den Eindruck vermeiden, wir könnten nicht selber für uns sorgen. Ein Besuch recht gern, aber weiter keine Umstände. So hatten wir uns das gedacht, aber es kam ganz anders. Im amtlichen Reisebüro von Neusüdwales hatte man uns versichert, gleich gegenüber dem Bahnhof befinde sich in Canberra ein Touristen-Office, das Fremde willkommen heiße und Hotelzimmer vermittle. Im übrigen sei das Parlament in Ferien und demgemäß Unterkunft leicht zu finden. Eine Vorbestellung könne man sich sparen.

Der Eisenbahnzug war schon sechzig Jahre in Betrieb, so altmodisch und verbraucht sahen die Wagen aus. Nur wenige Passagiere stiegen ein, wir waren allein in unserem Abteil. Langsam zuckelte die Bahn davon, eine halbe Stunde lang durch die Vorstädte, danach eine weitere Stunde durch grünes Farmland. Aber dann war es aus mit der bewohnten Gegend. Staubige Steppe, bucklige Bergrücken, graues Gestein. Hin und wieder eine winzige Station mit wenigen Holzhäusern. Vermutlich die Versorgungszentren für Rancher und Schafzüchter der weiteren Umgebung. Kaum regte sich Leben, alles wirkte recht verschlafen. Nur schleppend ging die Abfertigung des Zuges vonstatten. Es wurde sehr warm in unserem Wagen, obwohl nun im Mai jene Jahreszeit begann, die in Australien der Winter ist. Die Fenster klirrten, die Achsen ratterten, es wackelte der ganze Zug. Feiner Staub rieselte durch alle Ritzen. Es gab keinen Speisewagen, obwohl die Fahrt auf sechs Stunden berechnet war. Nur zwei- oder dreimal kam ein junger Mann mit weißer Schürze durch den Gang, um Erfrischungen zu verkaufen. Die Stationen wurden seltener, dafür blieben wir in jeder eine halbe Stunde stehen. Schon lange stimmte das Tempo unserer Fortbewegung nicht mehr mit dem Fahrplan überein.

»Wann werden wir ankommen?« fragte ich den Zugschaffner.

»Wie soll ich das wissen«, gab er muffig zurück, »von mir hängt's nicht ab?«

Der Flug von Sydney nach Canberra dauert keine vierzig Minuten, er kostet kaum mehr als die Bahnfahrt. Ganz so leichtfertig sollte man die Vorteile des Luftweges doch nicht von der Hand weisen!

Die Landschaft blieb mehr oder weniger gleich. Sie trostlos zu nennen, wäre unrichtig. Es gab hin und wieder lockere Eukalyptuswälder, die Blauen Berge machten aus der Ferne einen wildromantischen Eindruck. Wir rollten über schmale Schluchten, auf deren Grund rieselndes Wasser zu sehen war. In der Steppe weideten vereinzelt Rinder, zupfend am harten Gras.

Endlos lange hielten wir in Goulburn, einer recht hübschen Landstadt mit etwas lebhafterem Getriebe. Jetzt war es nicht mehr warm im Zuge, sondern glühend heiß, weil der Fahrtwind fehlte. Als wir zu guter Letzt abrollten, war es eigentlich schon Zeit, in Canberra zu sein. Aber bei diesem Bummelbetrieb konnten darüber noch Stunden vergehen. Uns war das gleich, wir hatten keine Eile.

Wieder hielt der Zug auf einer kleinen Station mit einer Holzbaracke. Tiefe Stille draußen und kein Mensch zu sehen.

»Wollen Sie hier übernachten?« erkundigte sich der Zugschaffner, als er mit seinem Handkoffer durch den Wagen kam.

»Bestimmt nicht, wir wollen nach Canberra.«

»Das ist Canberra, liebe Leute, an Ihrer Stelle würde ich aussteigen!«

So war es tatsächlich. Canberras provisorischer Bahnhof lag damals noch fünfzehn Kilometer außerhalb der Stadt. Erst später wollte man die Strecke ins Zentrum hineinführen und dort für ein würdigeres Empfangsgebäude sorgen, wenn es sich bei der geringen Zahl von Passagieren überhaupt lohnt.

Wir holten unsere Koffer aus dem Netz, schritten durch die Baracke und suchten das Tourist-Office wegen eines Hotelzimmers. Jedoch war nichts dergleichen zu sehen. Bemerkenswert schien vor dem Bahnhof nur eine kleine Lokomotive, die man aus Ehrfurcht vor ihrem Alter auf ein Podest gestellt hatte. Eine Inschrift daran besagte, daß sie von 1878 bis 1962 bei der australischen Eisenbahn im Dienst gestanden hatte, also vierundachtzig Jahre lang. Zuletzt nur noch auf einem Rangierbahnhof. Eine respektable Leistung, ihre Anschaffungskosten dürften sich amortisiert haben. Solange wird man die neuen Elektroloks bestimmt nicht benutzen können.

Schließlich kam ein Autobus, der uns binnen zwanzig Minuten in die Stadt brachte, wobei sich das Bild der Umgebung völlig veränderte. Canberra begann seine Reize zu enthüllen. Sehr breite, glatte Straßen, alle von Alleebäumen eingefaßt. Kein himmelstürmendes Bauwerk war zu erblicken, beiderseits nur weiße Villen in wohlgepflegten Gärten. Die Regierungsbäude breit angelegt, aber nicht hoch hinaus. Der Verkehr nur gering und auffallend ruhig. Das Geschäftsviertel im Zentrum hätte einem Kurort zur Ehre gereicht, so großzügig war es mit Grünanlagen verschönt. Unter schattigen Kolonnaden bummelten die Leute an den Läden vorbei. Unser Bus hielt gleich gegenüber dem Tourist-Office. Vielleicht hatten die Leute in Sydney den Bahnhof mit dieser Haltestelle verwechselt. Dann nämlich stimmte die Lage des Büros.

»Ein Hotelzimmer in Canberra wollen Sie?« rief der Mann vom Dienst und machte ein Gesicht, als hätten wir voreilig Flugkarten zum Mond oder Mars verlangt. In keinem Hotel war auch nur die kleinste Kammer zu haben. Das Parlament tagte, zahlreiche Konferenzen fanden statt. Schon seit Wochen war alles ausgebucht. Wir redeten sehr lebhaft auf den Touristenbetreuer ein, doch ohne jeden Erfolg.

»Ich kann Ihnen nur den Rat geben«, sagte er schließlich, »unter einem Baum im Stadtpark zu übernachten. Sie wären nicht die ersten . . .!«

Wer sich in Australien auf amtliche Reisebüros verläßt, ist wirklich verlassen. So rief ich also den Botschafter an und sagte, wie es mit uns stand.

»Hab' ich's doch gewußt«, kam seine Stimme jovial zurück, »Ihr Zimmer ist schon fertig und der Teetisch gedeckt.«

Mit einem Taxi fuhren wir hin und wurden weit herzlicher begrüßt, als es der bisher nur flüchtigen Bekanntschaft entsprach.

»Nur muß ich gestehen«, warnte die Botschafterin, »daß wir praktisch ohne Personal für das große Haus sind. Unsere Köchin aus Deutschland und eine Zugehfrau von hier, das ist alles. Den Rest mache ich selbst.«

Die Wohnung für den Butler stand leer, weil es keinen gab. Auch die Zimmer für das übrige Personal hatten ihren Zweck verfehlt. In Canberra sind Hausangestellte unauffindbar, es sei denn zu sagenhaften Bedingungen. Es ist wohl besser, wenn ich gar nicht berichte, was sie verlangen und tatsächlich auch von manchen Herrschaften bekommen. Die Stütze unseres Münchener Haushalts würde vor Neid erblassen, ja vielleicht schon morgen nach Canberra abfliegen. Sie bekäme dort ein doppeltes, wenn nicht gar ein dreifaches Gehalt. Dazu ihr eigenes Bad und Wohnzimmer, einen Wagen zur freien Verfügung, Feierabend um 18 Uhr, vier Wochen bezahlten Urlaub und natürlich ihr verlängertes Wochenende. Unter solchen Umständen eine große Botschaft mit all ihren gesellschaftlichen Pflichten zu führen, ist im gewohnten Rahmen gar nicht möglich. Weil aber im ganzen Diplomatischen Corps die häuslichen Angestellten dünn gesät sind, werden aus den gesellschaftlichen Veranstaltungen gesellige.

Die Residenz des Botschafters, vor einigen Jahren nach Bonner Plänen fertiggestellt, ist riesengroß, aber nur sparsam möbliert. Der Staat besorgt die Einrichtung unserer Botschaften, nicht etwa der jeweils amtierende Hausherr. Das würde die Umzüge zu sehr verteuern. Ein Beispiel gediegener Wohnkultur war von Staats wegen nicht gegeben, eher ein Beispiel neudeutschen Unvermögens, wirkungsvoll zu repräsentieren. Die Sessel so mager und dünn, daß man kaum wagte, sich hineinzuetzen, Wandteppiche mit abstrakten Mustern und Vorhänge in schreienden Farben. Über dem Kamin prunkte eine riesige Bronzeplatte, von einem Surrealisten mit Gestalten versehen, über deren Bedeutung die Ansichten weit auseinandergehen. Eine wohnliche Atmosphäre konnte deshalb nicht entstehen, gar zu viel freier Raum war übriggeblieben. Sicher im Hinblick auf sehr zahlreiche Gäste, für deren Bewirtung alles vorhanden war, auch eine riesige Küche mit Anrichte, nur nicht genügend Personal, um das große Haus in Betrieb zu setzen.

Für das Privatleben einer zweiköpfigen Familie war es viel zu weitläufig, ohne jede Spur von Behaglichkeit in irgendeiner Ecke. Früher wurden die deutschen Botschaften zwar mit antiken Möbeln, Teppichen und Bildern vollgestopft, aber ihre Bewohner konnten sich darin einleben. Solide Kultur war vorhanden, auch ein gewisses Maß von Tradition. Zumindest wurde früher den Gästen die Illusion geboten, in einem Privathaus zu sein, nicht in den Empfangsräumen einer Behörde.

Zum Abendessen saßen wir an der riesigen Tafel im Speisesaal, wo man noch zu viert das Gefühl hatte, allein auf weiter Flur zu sein. Man hätte vierundzwanzig Personen benötigt, um alle Stühle zu besetzen. Später aßen wir immer in einem kleinen Privatraum der ersten Etage. Hier hatte die Hausfrau ihren eigenen Geschmack walten lassen, und dementsprechend konnte man sich wohl fühlen.

Alle Botschaften liegen in Yarralumla, einem nördlichen Vorort Canberras. Die Regierung hat ihnen große Grundstücke zur Verfügung gestellt, weitläufige Gärten umgeben das Wohnhaus und die Bürogebäude. Weil sich seitdem die Anpflanzung üppig entwickelt hat, ist Yarralumla nun eine Diplomatenstadt im Grünen, wie es keine schönere gibt. Vom Planungsamt der Regierung angeregt, haben die fremden Staaten einen lobenswerten Wetteifer bewiesen, ihre Botschaften so reizvoll und sehenswert zu gestalten wie nur möglich. Die Amerikaner bauten ein Landhaus im frühen Virginia-Stil, das allgemein bewundert wird.

Den Japanern gelang es, mit modernen Baustoffen eine fürstliche Residenz Altjapans nachzubilden. Selbst kleine Staaten haben in Canberra eine architektonische Visitenkarte ihres Landes abgegeben, die ihnen alle Ehre macht. Wir jedoch haben nichts hingestellt, das sonderliche Beachtung verdient.

Einmal in der Woche finden öffentliche Führungen durch alle Botschaften statt. Es gehört zum üblichen Programm einer Stadtbesichtigung, hieran teilzunehmen, wenn sich gerade Gelegenheit bietet. Auch viele Canberraner, sogar geschlossene Schulklassen traben an diesen Tagen durch die Räume. Mitunter steigen die Besucher auch in die Privaträume hinauf und öffnen die Schlafzimmer. Es ist nicht bös gemeint, man will eben nur sehen, wie diese Ausländer leben. Die Haustüren bleiben immer geöffnet, in Canberra schließt man sich nicht ein. Soviel Mißtrauen würde keinen guten Eindruck machen. Mitunter kommen Interessenten auch ohne Führung, streifen harmlos durch ein paar Zimmer und überraschen das Botschafterpaar am Kaffeetisch.

»Man kann sie doch nicht hinauswerfen«, lächelte die Hausfrau nachsichtig, »ich führe sie herum und bedanke mich für den Besuch.«

»Neulich erschienen zwei kleine Jungen in unserem Schlafzimmer«, ergänzte der Botschafter, »sie baten nur um ein paar deutsche Briefmarken.«

Er war aufgesprungen, hinüber ins Büro gegangen und hatte sie besorgt. Ein Diplomat muß eben diplomatisch sein.

Es lebt sich gut in Canberra, das hört man allgemein. Jeder wohnt im Grünen, kaum eine Familie muß ihr Haus mit einem anderen teilen. Besonders wird das Klima gelobt, denn hier sind die Kontraste der Jahreszeiten viel stärker spürbar als in den Küstenstädten. Man genießt mehr Abwechslung an Temperatur und Witterung. Im Winter, also von Ende Mai bis in den August hinein, kann in Canberra sogar Schnee fallen. Lange bleibt er nicht liegen, bestätigt aber, wie kühl mitunter die Nächte sind. Die australischen Alpen bieten Gelegenheit zum Wintersport, Skihänge sind in etwa einer Stunde zu erreichen. Die Umgebung der Stadt ist ein ideales Revier für Ausflüge am Wochenende, vor allem die grünen Ufer des Murrumbidgee-River und jene weiten Kiefernwälder, die seit vierzig Jahren durch immer neue Anpflanzungen vergrößert werden. Auch Mount Ainslie und der Black-Mountain, die im Osten und Westen Canberras emporsteigen, wurden mit Waldungen versehen. Ein Paradies für Reiter breitet sich um Canberra aus. Nichts begrenzt ihre Exkursionen, weithin dehnt sich die freie Steppe. Der gesamte Bundesdistrikt, fast 2400 Quadratkilometer, steht unter Naturschutz. Alle Jagd ist verboten, man darf kein Geschöpf belästigen. Hier gibt es noch Schnabeltiere, Wombats und Ameisenigel in freier Wildbahn, sogar Koalas. Dazu eine Menge von Papageien verschiedener Arten, Kuckaburras, Kurrawongs, Ibisse und Kuckucks. Sogar Leierschwänze wurden gesichtet. Zahlreiche Zeltplätze hat die Regierung angelegt, ebenso Feuerstellen für Picknicks im Freien. Ihre Benutzung kostet nichts. Sportanlagen, Schwimmbecken, Golf- und Tennisplätze umgeben die einzigartige Hauptstadt. Hübsch klingen die Namen der Flüsse und Berge, sie gehen noch auf die Eingeborenen zurück. Die höchsten Gipfel im Territorium heißen Ginini, Gingera, Bimberi, eine Hügelkette nennt sich die Brindabella-Ranges. Das Dorf Thauwa liegt am Tidbinbilla-Fluß. Walter Burley Griffin, auf den alle Planungen zurückgehen, war wie gesagt Landschaftsarchitekt. Daher jene Sorgfalt, die er den Parkanlagen Canberras gewidmet hat. Die ganze Stadt liegt in einem botanischen Garten, in dem Bäume und Sträucher aus aller Welt wachsen, sofern sie nur im hiesigen Klima gedeihen. Jahrzehntelang hat man experimentiert, um das herauszufinden. Nun sind Australiens Eukalypti, Kurrajongs und Mimosen vereint mit englischen Eichen und Ulmen, mit den Zypressen Italiens, mit den Fichten und Buchen Nordamerikas. Noch fehlt es an Schatten und Dichte, aber schon die nächste Generation wird unter einem grünen Gewölbe wandeln.

Nach langer Vorbereitung hat man Ende 1963 auch den Molonglo-River in das System der künstlichen Seen geleitet. Ihre Kette führt tatsächlich mitten durch die Stadt. Breite Anlagen, vorerst noch wenig entwickelt, begleiten das Gewässer zu beiden Seiten. Auf dem großen Reliefplan, der im Civic Center das künftige und endgültige Aussehen Canberras wiedergibt, erscheinen die sechs Seen leuchtend blau.

»Zehntausend Tonnen Farbe werden dazu noch gebraucht«, erklärte humorvoll ein Beamter, »vorläufig ist das Wasser noch dunkelbraun.«

Daran wird sich nichts ändern, die Flüsse Australiens führen zu viel Sand und Schlamm. Aber ihr Wasser ist in dem trockenen Land kostbar. Man kann sich in Canberra schon glücklich preisen, davon soviel zu sehen. Auf die Farbe kommt es weniger an.

Alle städtischen Gebäude liegen auf der einen, alle staatlichen auf der anderen Seite jener Seenfolge, die nach Burley Griffin genannt ist. Um das sogenannte Civic Center breitet sich ein Geschäftviertel aus, das auf begrenztem Raum alle praktischen Bedürfnisse in sich vereint. Die Hausfrau kann hier sämtliche Besorgungen erledigen, ohne eine Fahrbahn zu überschreiten. In der City ist kein Gebäude zu hoch, keine Straße zu eng. Der Verkehr gleitet fließend dahin, niemand hat Mühe, einen Parkplatz zu finden. Kein Canberraner fährt länger als zwanzig Minuten von seinem Haus zur Arbeit.

Die Universität hat ihren Aufbau noch nicht abgeschlossen, wird aber, wenn es geschehen ist, die bestausgestattete Hochschule des ganzen Landes sein. Schon jetzt sind ihr eine Reihe von Forschungsinstituten angeschlossen, deren perfekte Ausstattung von allen Fachleuten bewundert wird. Auch in dieser Hinsicht hat die neue Hauptstadt den Ehrgeiz, ein Beispiel zu geben. Canberra verfügt über ausgezeichnete Hospitäler, es besitzt die neueste Sternwarte Australiens, eine Kunstakademie, mehrere Theater und sogar Nachtlokale. Die Museen sind noch nicht fertig, die Staatsbibliothek beginnt mit einer halben Million Bücher. Das mächtige Monument für die Gefallenen aller Kriege, an denen Australien teilnahm, enthält eine erstaunliche Sammlung militärischer Souvenirs, darunter auch die Waffen, Uniformen, Fahnen und Helme der Besiegten.

Ohne Zweifel ist der interessanteste Bau die Akademie der Wissenschaften, eine geschlossene Halbkugel, die mit ihren zwanzig Füßen in einem runden Wasserbecken steht. Es sieht nicht so übel aus, wie diese Beschreibung klingt. Die Canberraner nennen das seltsame Gebilde die ›Eskimo-Botschaft‹, weil es tatsächlich gewisse Ähnlichkeit mit einem gigantischen Iglu hat.

Noch gibt es Behörden und Botschaften, die von Sydney und Melbourne aus amtieren. Seit Jahrzehnten ist die Umsiedlung des Behördenapparates im Gange. Man legt keine sonderliche Eile an den Tag, denn sie führt nur zu Überstürzungen und ist einer soliden Entwicklung abträglich. Die Planung reicht schon heute über das Jahr 2000 hinaus. Der Raum ist eingeteilt, um die vierfache Zahl der gegenwärtigen Bevölkerung aufzunehmen. Den ursprünglichen Entwurf von Burley Griffin ändert man elastisch ab, wo neue Erkenntnisse eine Abweichung empfehlen. Das mußte schon deshalb sein, weil die Einwohnerzahl mit etwa zwölf Prozent im Jahr weit schneller wächst, als man erwartet hat. Die Ansprüche sind größer geworden, als Griffin, der 1937 starb, vor mehr als einem halben Jahrhundert annehmen konnte. Industrieviertel sind nicht vorgesehen, Canberra soll eine Stadt der Beamten und Verwaltungen bleiben. An Geschäften und Gewerben will man dort nicht mehr haben, als zur Versorgung der Bevölkerung notwendig sind. Der Regierungssitz darf schon aus Gründen der inneren Politik keiner anderen Stadt wirtschaftliche Konkurrenz machen. So ist denn direkt oder indirekt fast jeder Canberraner vom Apparat der Behörden abhängig, sei es auch nur, weil die Beamtenfrauen bei ihm einkaufen. Das wird sich in Zukunft ändern, da auch viele Rentner und Pensionäre entdeckt haben, wie angenehm es sich in Canberra leben läßt.

Weil wir vom ›Staatssekretär für die Territorien‹ eine Erlaubnis brauchten, um später im Herzen des Kontinents die Reservate der Ureinwohner zu besuchen, sprachen wir in seinem Ministerium vor. Es machte keine Schwierigkeiten, den hohen Herrn selbst zu fragen. Er nahm sich Zeit, hörte sich geduldig meine Wünsche an, zögerte auch nicht mit Informationen. Eine Reihe von Filmen wurde uns vorgeführt, die zeigen sollten, wie sehr sich die Regierung bemüht, um die Eingeborenen aus ihrer Steinzeit in die Neuzeit zu führen. Danach wurden wir einem Fachmann überwiesen, der sich uns zur Verfügung stellte. Er und seine Frau hatten jahrelang mit den Eingeborenen gelebt, mochten sie gern und hatten zwei Bücher über sie verfaßt. Sie luden uns zum Essen in ihr Haus, bis nach Mitternacht zog sich die Unterhaltung hin. Am nächsten Morgen durfte ich mir aus dem Archiv des Ministeriums die hundert besten Aufnahmen der Steinzeitmenschen aussuchen. Ich wollte sie zur Bebilderung dieses Buches verwenden. Der so überaus hilfsbereite Beamte versprach, davon Kopien anzufertigen und sie gleich nach München zu schicken, denn es lag ihm daran, zu zeigen, was sein Amt für die Ureinwohner tut. Oft habe ich dann, als die Kopien ausblieben, daran erinnert, aber nie haben wir sie bekommen. Unser Kontakt war offenbar am gleichen Tage abgerissen, da wir aus dem Blickfeld des freundlichen Paares verschwanden. Die Entfernung zwischen Deutschland und Australien ist nicht nur räumlich sehr weit, sie trennt auch Beziehungen, wenn diese keine Zeit hatten, sich zu festigen.

Wenn ausländische Besucher mit verwöhnten Ansprüchen von Canberra nicht so begeistert sind, lassen sich ihre Gründe verstehen, auch wenn wir sie nicht teilen. Bei aller Großzügigkeit der Anlage und obwohl soviel ausländische Diplomaten dort leben, ist Canberra eine provinzielle Stadt. Vom Hauch der großen Welt wird sie bislang kaum berührt. Für den offiziellen Mittelpunkt eines Kontinents haben Restaurants und Hotels einen relativ bescheidenen Zuschnitt. Es fehlt ihnen das pulsierende Leben der großen Häuser in einer echten Metropole. Die Schaufenster der Geschäfte zeigen fast nur Dinge, wie sie ein durchschnittlicher Haushalt benötigt. Modische Neuheiten sind spärlich vertreten, auf gefällige Dekorationen wird wenig Mühe verschwendet. Im gesellschaftlichen Betrieb vermißt der Ausländer jene Atmosphäre, wie sie eigentlich am Regierungssitz eines Fünfzehn-Millionen-Volkes zu erwarten ist. Der Premier und seine Minister, die Staatssekretäre und Generale treten bescheiden auf. Anders würde es dem australischen Steuerzahler nicht gefallen. Selbst in höchsten Kreisen ist der Umgangston freundschaftlich, bei wiederholter Begegnung sogar familiär. Die Gegensätze der Parteien werden in ruhiger Form ausgetragen. Es kennt jeder Abgeordnete den anderen persönlich, was in einer relativ kleinen Stadt gar nicht anders möglich ist. Politische Haßgefühle scheint es in Canberra nicht zu geben, jedenfalls treten sie nach außen nicht in Erscheinung. So ist die Landeshauptstadt etwas zu brav und gesittet für europäische Verhältnisse. Eher glaubt man in einem behaglichen, wohlgepflegten Kurort zu sein, wie das schon unser erster Eindruck war.

Das mag unter anderem daran liegen, daß Australien vorerst noch nicht so stark vom Kampf der großen Weltmächte erfaßt wird. Was weit draußen zwischen Ost und West aufeinanderprallt, findet in Canberra nur gedämpften Widerhall. Zu Unrecht meines Erachtens, denn inzwischen sind die Spannungen schon bedenklich nahe herangerückt. Seitdem die Holländer ihre westliche Hälfte der riesigen Insel Neu-Guinea an Indonesien abtraten, besteht dort eine sehr delikate Grenze zu dem neuen, von Australien beschützten Staat *Niugini.* Der Grenzverlauf ist nur ein gerader Strich auf der Landkarte, seinerzeit ohne Rücksicht auf Berge und Flüsse gezogen, auch ohne Kenntnis, wie sich dort die eingeborenen Völkerschaften verteilen. Deshalb läßt sich darüber streiten, ob diese Grenze auch für die Zukunft sinnvoll ist. Die Indonesier, zeitweise stark von Rotchina beeinflußt, haben bereits kleine Grenzkonflikte angezettelt. Ihre untergründige Wühlarbeit in Niugini wird allmählich spürbar. Aber noch nimmt man das in Canberra nicht besonders ernst, denn bisher fehlen die Erfahrungen mit solchen Intrigen.

Nur zögernd scheint man zu begreifen, was es auf lange Sicht bedeuten kann, daß in Ostasien tausend Millionen landhungrige Menschen gut fünfzehn Millionen Australiern gegenüberliegen, die ihrerseits über einen Kontinent verfügen, der nach Ansicht vieler Asiaten hundert Millionen Einwohner ernähren könnte. Der Pazifische Ozean allein bedeutet gewiß keinen ausreichenden Schutz, zumal sich darin tausend Inseln als Brückenpfeiler zur Invasion anbieten. Man verläßt sich darauf, daß die USA und Großbritannien im Notfall Australien hinreichend schützen. So ergab es sich aus fast allen Gesprächen. Daß aber die verbündeten Nationen gezwungen sein könnten, sich erst einmal selber zu schützen, wollen die meisten Aussies nicht einsehen. Die australische Rüstung ist bescheiden, nicht einmal drei Prozent des Nationaleinkommens hat man bisher dafür aufgewandt. Erst die Vorgänge in Vietnam gaben Veranlassung, die Wehrpflicht wieder einzuführen. Aber die Bewaffnung der viel zu kleinen Armee ist großenteils veraltet. Der Luftwaffe fehlt es an modernen Maschinen, die Marine reicht kaum für den Küstenschutz. Das soll sich ändern, seit etlichen Jahren ist die Modernisierung und Verstärkung der Streitkräfte im Gange. Größere Mittel stehen zur Verfügung, neue Flugplätze, besonders im Norden, werden ausgebaut, und die Marine soll schnellere Flugzeuge erhalten. Einige Kontingente der australischen Armee wurden seinerzeit nach Vietnam entstandt, um den Verpflichtungen aus dem SEATO-Pakt zu entsprechen. Doch finden alle diese Maßnahmen bei der Bevölkerung vorerst nur wenig Interesse, weil die breite Masse für weltweite Zusammenhänge kaum Verständnis hat und die hohen Ausgaben fürchtet, die sich zwangsläufig aus einer Modernisierung der Streitkräfte ergeben.

Dabei haben sich die Australier in beiden Weltkriegen als harte und sehr kämpferische Leute bewiesen, besonders gegen das deutsche Afrika-Korps. Die Australier betonen das mit großem Stolz, sparen auch nicht mit Anerkennung für ihre einstigen Gegner. Aber es gehört schon der Geschichte an. Im Grunde wollen sie ihre Ruhe haben, und man kann nur hoffen, daß sie hierbei nicht von bösen Menschen gestört werden.

»An jedem Morgen sag' ich zu meiner Frau, daß wir hier leben wie im Paradies«, versicherte uns der Fahrer des Botschafters, »immer gibt's schönes Wetter, die Leute sind freundlich, und wir haben ein hübsches Haus allein für uns. Die Arbeit ist leicht zu schaffen, ich verdiene gut, und bei Tisch fehlt's an nichts. Was will der Mensch mehr?«

Beide hatten lange in der DDR gelebt. Vielleicht braucht man einen solchen oder ähnlichen Vergleich, um das glückliche Canberra so recht zu genießen. Auf den Wirbel der weiten Welt kommt es gewiß nicht an. Wer darauf verzichten kann, für den ist Canberra wirklich jener Traum von einer Hauptstadt, der in Erfüllung geht.

Will man über Land von Canberra bis ins heiße Herz des Kontinents vorstoßen, führt der einfachste Weg über Melbourne und Adelaide. Dort besteigt man die zentralaustralische Eisenbahn und fährt mit ihr durch grenzenlose Einsamkeit bis ans Ende des Schienenstrangs. Genau in der Mitte Australiens hört er auf. Alice Springs liegt an dieser Stelle, für uns der Ausgangspunkt zum Besuch der Steinzeitmenschen.

Abends um 19 Uhr 30 bestiegen wir den Autobus nach Melbourne. Es war ein Bus nicht anders als bei uns, abgesehen von einem winzigen WC am Ende. Er war nur zur Hälfte besetzt, meist von älteren Leuten mit sehr viel Gepäck. Die Straßen waren gut, und demgemäß fuhren wir ziemlich schnell. Hatten wir bisher gemeint, Australien sei durchweg trocken und Regen eine große Seltenheit, wurden wir auf dieser Fahrt eines anderen belehrt. Kaum hatten wir Canberra verlassen, platterten schon die ersten Tropfen auf unser Blechdach. Bald goß es aus vollen Kannen. In munteren Bächen rieselte das Wasser an den Scheiben hinab, die Räder rauschten durch breite Pfützen. Darüber freuten sich die Fahrgäste sehr. So war es recht, gar nicht genug Wasser konnte vom Himmel strömen. Was der Boden trinkt, kommt später als gute Ernte wieder zum Vorschein, als eine Ernte, die vorwiegend aus Rindfleisch und Schafwolle besteht. Wenn nicht unmittelbar als Farmer oder Rancher ist doch mittelbar jeder Australier daran interessiert. Denn neben den Schätzen des Bergbaus gehören landwirtschaftliche Produkte nach wie vor zu den wichtigsten Exportgütern des Landes.

»Fein ist das, finden Sie nicht auch?« lachte unser Nachbar zur Linken. »Wenn's noch ein paar Tage so weitermacht«, hoffte der Passagier vor uns, »komme ich von meiner Hypothek 'runter!«

Wir wagten keine andere Meinung zu äußern, obwohl der dauerhafte Regen jeden Schimmer von Mondlicht auslöschte. Von der Gegend konnten wir nichts mehr sehen.

Mitten in der Nacht wurde angehalten. Wer schlief, wurde geweckt. Es gibt auch Staatsgrenzen in Australien, hier war die Grenze zwischen Neusüdwales und Victoria. Nach Pässen wurde zwar nicht gefragt, auch kein Zoll erhoben, vielmehr kam es darauf an, daß sich kein Obst im Wagen befand. Die Victorianer trauen es nämlich den Neusüdwalisern zu, daß sie mit ihrem Obst auch irgendwelche Schädlinge über die Grenze schmuggeln. Das soll nicht sein, es könnte die Gesundheit der victorianischen Obstplantagen gefährden. Unsere Mitfahrer lachten über solche Bedenken, während sich der Kontrollbeamte auf die Frage beschränkte: »Obst hat wohl niemand dabei?«

Weil sich keine Widerrede erhob, knallte er die Türe wieder zu, und wir entschwanden aufs neue in der nassen Nacht.

Um halb neun in der Frühe waren wir zum zweitenmal in Melbourne. Vor dem Busbahnhof stand René mit seinem roten Wagen. Mit Händeschütteln war es nicht getan, wir wurden dazu noch herzlich umarmt. Daheim hatte Judith einen üppigen Frühstückstisch gedeckt. Die Vorzüge Melbournes waren unbestreitbar.

Doch von Ausschlafen war keine Rede. Schon wieder hatten die beiden Henris für den ganzen Tag ein lückenloses Programm entworfen. Damit wir keine Stunde ihrem festen Griff entgingen, kamen die vier Aubreys zum Tee.

Ob wir in dem trostlosen Sydney sehr gelitten hätten, gehörte zu den ersten Fragen. Auch ihnen zuliebe konnten wir das nicht behaupten, sagten aber, es sei wohl in der Hauptsache Jean-Jacques zu verdanken, daß wir von Sydney auch positive Eindrücke mitbrächten. Wir kamen dann sogleich auf Canberra zu sprechen, das uns ehrlich begeistert hatte. Wobei sich herausstellte, daß von den Aubreys noch niemand die australische Hauptstadt besucht hatte. Selbst René war nur für wenige Stunden dort gewesen. Wie er betonte, lediglich aus geschäftlichen Gründen.

»Eine Glasglocke«, war seine Meinung über die Hauptstadt, »abgeschnitten sind die Leute dort vom wirklichen Leben.«

Vater Aubrey pflichtete ihm bei: »Und wir müssen alles bezahlen, was dort verbuttert wird!«

Beide Familien waren der Ansicht, daß die Regierung eigentlich nach Melbourne gehöre. Weil man in Sydney meinte, dort wäre die Regierung weit besser aufgehoben, zeigt sich dem objektiven Betrachter noch heute, daß es keinen besseren Ausweg gab als jenen in die Wildnis. Die Patentante von Canberra war die Eifersucht der anderen Städte. Ihr sollte man im Zentrum der Hauptstadt ein weithin sichtbares Denkmal errichten.

Den guten Beziehungen Renés war es gelungen, zwei Schlafwagenplätze für uns nach Adelaide zu reservieren. Im besten Wagen sogar, wo es nur Einzelabteile gab. An sich des Guten zuviel, mit seiner eigenen Frau, so meine ich, kann man sich auch im Zweiercoupé ganz wohl fühlen.

Als wir dann kurz vor der Abfahrt den Wagen der Luxusklasse betraten, boten sich Überraschungen. Die Abteile waren in der Längsrichtung angeordnet, mit einem schmalen Gang dazwischen. Im Coupé selber gab es zunächst nur einen Sessel mit dem Rücken zur Fahrtrichtung. Diesem gegenüber hing an der Wand, genau in der Richtung des Blickes, eine große Rolle Klopapier. Der Schlafwagenschaffner wunderte sich, als wir um Erklärung baten. Er meinte erst, wir kämen wohl aus einem rückständigen Land, wo der Gebrauch solcher Rollen noch nicht bekannt sei. Uns ging es darum zu erfahren, weshalb das Ding so griffbereit im Abteil hing, statt dort, wo man es für gewöhnlich zu finden hofft.

Lächelnd zog der Mann an einem Hebel der Seitenwand. Hervor kam ein weißer Sitz mit Wasserspülung. Dem Gast des Abteiles stand demnach ein privates WC zur alleinigen Verfügung. Über diesem befand sich, ebenfalls am Griff herausziehbar, das Waschbecken mit Spiegel und Ablage für die Toilettenartikel. Der Schaffner wiederholte die Vorführung mehrere Male, damit wir später bei Bedienung der Hebel auch keine Fehler machten.

Soweit schien alles in Ordnung. Aber wie war es nun mit dem Bett, das ja die Hauptsache im Schlafwagen ist? Nichts einfacher als das, sofern man die Handhabung des Möbels beherrscht. Der Passagier tritt hinaus in den Gang und greift von dort in eine Schlaufe über dem Rücken des Sessels. Zieht er daran mit kräftigem Ruck, dehnt sich der Sitz so weit nach vorn, bis er völlig flach wird und sein Fußende die gegenüberliegende Seite erreicht. Ein breites und gewiß auch bequemes Bett ist auf diese Weise entstanden, aber es hat den Nachteil, mit seiner Breite und Länge das Abteil restlos auszufüllen. Wo aber und wie soll sich der Fahrgast entkleiden? Wenn man zuerst das Bett richtet, um sich hinterher auszuziehen, müßte das mit mancherlei Verrenkung auf der Liegestatt selber geschehen. Wohl kaum das richtige Verfahren in einem Luxuszug des australischen Bahnwesens. Entkleidet man sich vor dem Bettenbau, um erst danach den Sessel in die Länge zu ziehen, so wird man dabei unter dem Bett verschwinden, was gewiß nicht im Sinne des Erfinders ist. Umgekehrt geht es aber auch nicht.

Tatsächlich hatte es sich der Erfinder auch nicht so primitiv gedacht. Der Vorgang ist viel einfacher. Wer zu Bett gehen will, läßt zunächst die Schlafstelle, wo sie ist. Im geschlossenen Abteil legt er seine Kleider ab und zieht den Pyjama an. Danach öffnet er die Tür zum Gang. An ihrer Außenseite befindet sich ein dunkler Vorhang mit Reißverschluß. Der wird nun zugezogen, ist aber so weit gebauscht, daß man in seiner Hülle auf den Gang hinaustreten kann. Nur undeutlich sind für etwaige Zuschauer die Umrisse des Passagiers im Vorhang zu erkennen. Dieser beugt sich nun ins Abteil hinein, ergreift die Schlaufe und bringt mit starkem Zug das Bett in die gewünschte Stellung. Alsdann steigt er hinein und schließt die Tür von innen. Alles ganz einfach, wenn man es richtig macht.

Nur kann es natürlich vorkommen, daß der Fahrgast vom gegenüberliegenden Coupé zur gleichen Zeit, in seinen Vorhang gehüllt, den Gang betritt, um seinerseits das Bett zu bauen. Weil man ihn hierbei nicht sieht, prallen die Gesäße zusammen. Ein Gemurmel der Entschuldigung durch die beiderseitigen Vorhänge ist zu vernehmen. Bei unhöflichen Leuten können es auch derbe Flüche sein. Will bei dieser Verkehrslage ein Dritter den schmalen Gang durchqueren, vielleicht auf dem Weg zum Speisewagen, so ist das nicht gut möglich. Es sei denn, er verhielte sich wie ein Schneepflug. Zur gegebenen Zeit des Schlafengehens tummeln sich, unter ihren Vorhängen verborgen, fast alle Passagiere des Wagens im Durchgang. Es ist recht unterhaltsam, dies Bild zu beobachten.

Aber lange hält es nicht an, bald liegt jeder friedlich und bequem in seinem Bett. Doch was zu geschehen hat, wenn sich im Verlauf der Nacht natürliche Wünsche spürbar machen, erfordert taktische Überlegung. Übertriebene Eile wäre in diesem Falle des Teufels. Zunächst muß der Notdürftige die Tür wieder öffnen, in seinen Vorhang gehüllt auf den Gang treten und mit Aufbietung gewisser Kräfte das Bett in einen Sessel zurückverwandeln. Dann tritt er wieder ein und schließt die Tür. Nunmehr ist Platz genug, um das WC aus der Seitenwand zu ziehen. Hat der Fahrgast auf diesem Erleichterung gefunden, schiebt er das Ding zurück und holt statt dessen das Waschbecken aus der Wand. Hat auch das wieder seinen Platz gefunden und sind die entsprechenden Scharniere eingeschnappt, öffnet der Fahrgast aufs neue seine Tür, tritt im Vorhang abermals hinaus, gibt dem Sessel wieder die Gestalt des Bettes, kehrt befriedigt in seine Schlafstelle zurück, schließt die Tür und hat sein Unternehmen erfolgreich abgeschlossen.

Aber nicht immer geht das reibungslos vonstatten. Kann es doch vorkommen, daß einer der vielen Hebel und Scharniere sich verklemmt oder aus sonstigen Gründen seine Funktion verweigert. Bei meiner Frau war es der Fall. Das Waschbecken ließ sich nicht wieder hineindrücken, weshalb das Fußende ihres Bettes steil nach oben zeigte. Außerdem klemmte sich der Vorhang in die Tür, und so war diese nicht mehr zu öffnen. Beim Versuch nun, das Bett mit kräftigen Sprüngen in seine horizontale Lage zu zwingen, wurde der Hahn des Waschbeckens in Mitleidenschaft gezogen. Er sprühte munter darauflos, bespritzte meine Frau und näßte das Bett gründlich ein. Weder konnte sie mich noch den Schaffner zu Hilfe rufen. Zwar befand sich eine Klingel im Abteil, aber sie war außer Betrieb. So hat denn meine bedauernswerte Gefährtin den Rest dieser Nacht schlaflos und angefeuchtet in Kauerstellung auf ihrem Kopfkissen verbracht.

Erst um acht Uhr früh, als jedem Passagier eine Tasse Morgentee gereicht wurde (denn wie gesagt, wir reisten in der Luxusklasse), öffnete man von draußen die verklemmte Tür.

»So was kommt öfters vor«, nickte der Schaffner, als er die Bescherung sah, »hier gehört schon längst allerhand gerichtet.«

Im ›Nullarbor Express‹, einige Jahre später, ging alles sehr viel besser. Da verbrachte ich auf angenehmste Weise drei Nächte im Schlafabteil, dieselbe Zahl von Tagen im Speisewagen oder im gleichfalls mitrollenden Salonwagen. Dabei ging es von Sydney an der Ostküste mehr als viertausend Kilometer weit bis Perth an der Westküste. Mit anderen Worten vom Gestade des Pazifischen an den Rand des Indischen Ozeans, weshalb der rasch dahinbrausende Zug amtlicherseits Indian-Pacific-Express genannt wird. Weil er dabei, auf größtenteils schnurgerader Strecke, die größte Wüste Australiens durchquert, wo man aus dem klimagekühlten Zug während eines ganzen Tages nirgendwo einen Baum erblickt, wird in der Umgangssprache der tolle Zug von den meisten Leuten ›Nullarbor‹ genannt. Vom Lateinischen kommt das und bedeutet ›kein Baum‹. Noch eine zweite Schienenreise habe ich seinerzeit in Australien gemacht, die heute nicht mehr möglich ist, nämlich die Fahrt im schmalspurigen ›Ghantrain‹ von Alice Springs nach Adelaide. Dabei hatten Marianne und ich das seltene Erlebnis von neunzig Stunden Verspätung.*

* Siehe Hans-Otto Meissner, *Eisenbahn-Safari,* C. Bertelsmann Verlag 1980.

Die Quellen der Alice

Im März des Jahres 1871 begegneten sich zwei Männer im Herzen von Australien. Der eine war John Ross und der andere William Mills. Sie kamen aus entgegengesetzter Richtung, jeder hatte einen weiten Weg hinter sich, schätzungsweise 2500 Kilometer. Ross kam von der Südküste, Mills von der Nordküste. Sechs Monate und noch länger hatte keiner von ihnen einen weißen Menschen gesehen. Sie marschierten im Auftrag der Regierung und sollten den kürzesten Weg quer durch Australien erkunden. Wunderbarerweise trafen sie fast genau in der Mitte des Kontinents zusammen. Als noch größeres Wunder kann man es betrachten, daß ausgerechnet an diesem historischen Treffpunkt der beiden Forscher eine Quelle dem heißen Fels entsprang und mit ihrem Gesprudel den einzigen Teich füllte, der sich im knochentrockenen Herzen von Australien finden läßt.

Der Mode ihrer Zeit entsprechend, benannten die beiden Staatsdiener die kostbare Entdeckung nach der Gattin ihres beiderseitigen Chefs im fernen Sydney. ›Quellen der Alice‹ schrieben sie auf ihre Landkarten, die vorläufig nur ihre eigenen Marschrouten enthielten, ›Alice Springs‹ in englischer Sprache.

Schon im nächsten Jahr war die Polizei zur Stelle und errichtete neben der Quelle ihren Stützpunkt aus gehauenem Stein. Er war in seiner Art eine kleine Festung, wegen der wilden Eingeborenen, die feindlichen Sinnes durch die Gegend streiften. Stallungen kamen hinzu und Wagenschuppen, schon bald danach eine Telegrafenstation mit soliden Wohnhäusern für die beiden Postbeamten und deren Familien.

Aber zehn Jahre dauerte es noch, bis die ersten Siedler mit ihrem Vieh so weit ins Hinterland vorstießen. Obwohl schon seit 1888 von einer Bahnlinie die Rede war, die man bis in das Zentrum Australiens vortreiben wollte, machte die Bevölkerungszunahme von ›Alice‹ nur langsam Fortschritte. So vergingen, um nur ein praktisches Beispiel zu nennen, vierundvierzig Jahre seit Gründung dieses Außenpostens, bis dort eine Krankenschwester eintraf. Erst vierzig weiße Bewohner zählte die einsame Siedlung im Jahre 1926. Doch als am 4. August 1929 tatsächlich die ersten Passagiere mit der Bahn bei den Quellen der Alice eintrafen, fühlte man sich als aufstrebender Ort.

Heute zählt Alice Springs an die zehntausend Einwohner und ist Verwaltungszentrum des Distrikts von Zentral-Australien und Sitz eines Distriktchefs. Er verwaltet ein Reich, worin man die Bundesrepublik mehrfach unterbringen könnte. Aber nur fünfzehntausend Menschen leben auf dieser riesigen Fläche, etwa die Hälfte von ihnen sind Ureinwohner des Landes. Also auch hier wieder die gleiche Erscheinung wie im übrigen Kontinent, die Mehrheit der zentralaustralischen Bevölkerung wohnt in der Hauptstadt ihres Distrikts. Der Rest des riesengroßen Territoriums ist so gut wie menschenleer. Demgemäß haben die

Ländereien der weit auseinander lebenden Viehzüchter die Ausdehnung europäischer Provinzen. Was nicht anders sein kann, weil im groben Durchschnitt jedes Stück Vieh dreißig Hektar Weideland braucht, um sich notdürftig zu ernähren. Aber große Flächen »Centralias« sind nicht einmal dazu imstande. Dort wächst nur Dornengestrüpp und messerscharfes Steppengras, das selbst die kummergewohnten Rinder Inneraustraliens verschmähen, und es gibt schroffe, zerklüftete Berge, an deren Hängen überhaupt nichts gedeiht.

Dennoch hat für den Fremden, der einer ganz anderen Welt entstammt, das karge Herz des fünften Kontinents manches zu bieten, was die Augen entzückt und die Sinne tief beeindruckt. Das wollten wir uns nicht entgehen lassen.

Es gab damals drei Möglichkeiten, um Alice zu erreichen, auf der Straße, mit der Bahn und durch die Luft. Weil aber die Straße nur aus einem Sandweg bestand und die Unterkünfte an dieser weiten Strecke äußerst selten waren, kam diese Möglichkeit nicht in Frage. Eher schon die Einspurbahn auf schmalem Gleis, weil sie über Schlafwagen und Speisewagen verfügte. Doch verkehrten die Züge nur zweimal in der Woche und waren lange im vorhinein ausgebucht. (Inzwischen ist eine moderne Bahnlinie in Betrieb.) So mußten wir uns für den Luftweg entscheiden.

Auch zur Flugmaschine war der Andrang groß, nur mit Mühe errangen wir die beiden letzten Plätze. Denn mit dem Juni hatte der Winter ernsthaft begonnen, die einzige Jahreszeit, da Inneraustralien für die Küstenbewohner erträglich ist. Das Land um die Quellen der Alice war seit kurzem in Mode gekommen, die Reize der wunderbaren Welt im Mittelpunkt des Erdteils hatten sich herumgesprochen. Zwar liegt Alice so weit von Sydney entfernt wie Marokko von München, aber die Australier sind es gewöhnt, derart weite Fernreisen in der eigenen Heimat zu unternehmen.

So war denn unsere zweimotorige Maschine voll besetzt und zudem noch mit Fracht so schwer beladen, daß sie gerade noch am Ende der Startbahn vom Boden abhob. Sie stieg auf etwa dreitausend Meter und nahm sogleich direkten Kurs nach Norden. Hatten wir erwartet, vier Stunden lang eine trostlose Wüste zu überqueren, so wurden wir angenehm enttäuscht. Der Boden tief drunten war von graugrünen Grasbüscheln betupft, es wuchs Buschwerk und Gestrüpp, und bisweilen zeigten sich lockere Wälder. Rostrote Gebirge kamen in Sicht, ausgetrocknete Flußbetten durchzogen die Steppe, und schimmernde Salzseen dehnten sich aus. Wenn ein blitzendes Blechdach auftauchte, war das für die meisten Passagiere eine sensationelle Entdeckung. Wer selber im Binnenland daheim war, wußte die Namen aller Leute zu nennen, die dort in beispielloser Einsamkeit hausten. Für ihre Sprachbegriffe waren sie Viehzüchter und besaßen Rinderfarmen, aber in Australien nennt man sie ›Graser‹, und ihre Farmen sind ›Stationen‹. Jede andere Bezeichnung wird entschieden abgelehnt. Man darf auch keinen Viehhirten Cowboy nennen, er ist stolz darauf, ein ›Stockman‹ zu sein.

Wir überflogen keine Straße, auch nicht die kleinste Ortschaft. Die Menschenleere dieses immensen Landes liegt jenseits aller europäischen Vorstellung. Dafür fehlt in unserem Erdteil jeder Vergleich. Selbst an die Sahara darf man nicht denken, weil sie zum größten Teil keine Vegetation besitzt. Hier jedoch wuchs immerhin ein Schleier von Pflanzen, der Tier und Mensch ein karges Leben ermöglicht. Wenn die Australier nicht stärker davon Gebrauch machen, liegt das wohl im Zuge unserer Zeit. Pioniere der Wildnis sind selten geworden, man lebt lieber in Massen auf einem Fleck beisammen, wo der Verdienst leichter und die tägliche Abwechslung reicher ist.

Nach vier Stunden flotten Fluges senkte sich unser Vogel tiefer. Wir rauschten über kahle Felsenkämme hinweg, blickten in tiefe, bewaldete Täler und waren dann auch gleich über Alice Springs. Eine richtige Stadt konnte man so etwas nicht nennen, eher einen großen, sandigen Garten mit einzelnen Häusern. Nur eine Hauptstraße ließ sich erkennen, alle übrigen Wege durchschnitten weitläufig angelegte Villenviertel.

Als die Schiebetür zurückglitt, schlug uns warme, sehr trockene Luft entgegen. Sie schmeckte nach Sand und dürrem Gras. Etwa hundert Zuschauer lehnten über den Zaun, ungefähr die Hälfte von ihnen waren Eingeborene. Die Männer beschatteten ihre Gesichter mit breiten grauen Hüten, die Frauen trugen bunte Kopftücher. Die Zuschauer der Landung betrachteten die ankommenden Passagiere, als kämen sie aus einer Menagerie. Sonst wurde in der Hauptstadt von Zentralaustralien nicht viel Zerstreuung geboten. Die einstigen Landesherren waren so schwarz wie Koks. *Abos* nennt man sie hier, eine Verkürzung von *Aborigines,* was Ureinwohner bedeutet. Alle waren sauber gekleidet und machten einen durchaus zivilisierten Eindruck. Erst später sollten wir begreifen, daß dies eine optische Täuschung war. Denn tatsächlich gab es kein anderes Volk auf Erden, das sich so hartnäckig den Lebensformen der Weißen widersetzt wie gerade die Uraustralier.

Ein Mann heller Hautfarbe, an die zwei Meter groß und von breiter Bauart, kam uns entgegen. Sein Gesicht strahlte freudig, und sein Händedruck war kräftig. Wir hatten ihn noch nie gesehen, wußten auch nicht, wer das sein konnte.

»All das Ihr Gepäck?« fragte er und hatte es schon ergriffen. Jeder Widerstand war zwecklos, wir mußten ihm folgen. Mit weitem Schwung warf er unsere Koffer und Taschen in seinen Wagen.

»Erst mal 'ne Rundfahrt durch die Stadt«, befahl der Mensch, »Ihr kommt noch früh genug ins Hotel.« Zwar machte mir meine Frau fragende Augen, aber schlechte Absichten schien der Riese nicht zu hegen. Offenbar gehörte er zur gutmütigen Sorte.

Wir fuhren los, und er begann mit Erklärungen.

»Zentralaustralien hat siebenhunderttausend Quadratkilometer, da drin siebentausend Weiße und genauso viele Schwarze . . . immer nur ungefähr, meine ich. Von den Abos hausen nur ein paar hundert in der Stadt. Wenn's mit dem

Der Dingo kann maximal so groß werden wie ein Wolf. Als einziges der in Australien heimischen Säugetiere ist der Dingo kein Beuteltier. Vermutlich haben ihn die allerersten Menschen mitgebracht. Er hat irgendwann die Freiheit gewählt und ist zum Wildtier geworden.

Der Emu, nach dem Strauß zweitgrößter Vogel auf Erden, kann nicht fliegen, aber schnell laufen wie der Wind. Der Vater allein brütet die Eier aus, Mutter darf nur legen und wird dann verjagt.

Ayers Rock, ein Naturwunder im heißen Herzen Australiens. Der gewaltige, von Regen und Wind polierte Felsblock besteht aus einem Stück. Viele seiner Bewunderer halten ihn für den »größten Stein der Welt«. Bei Sonnenuntergang, besonders nach einem der seltenen Regenfälle, verändert sich seine Farbe in alle nur möglichen Schattierungen.

oben: Im Stile des berühmten Albert Namatjira hat auch sein bester Schüler Otto Pereruitja gemalt. Das hier gezeigte Bild hängt bei Hans-Otto Meissner. *unten links:* Die Kinder des erst 1951 entdeckten Pintubi-Stammes haben oft hellblonde Haare. *unten rechts:* Manche der Ureinwohner beherrschen noch die Kunst, ein Feuer durch Reibung zu entfachen.

Zustrom der Weißen in Alice so fortgeht, dann hocken bald alle hier, und draußen das Land bleibt wieder den Schwarzen überlassen.«

Um zu wissen, mit wem wir es zu tun hatten, fragte ich, ob er vom Reisebüro sei.

»Nein, so 'nen feinen Job hab' ich leider nicht«, lachte er vor Vergnügen, »im Schweiße meines Angesichts muß ich diese Bratpfanne des Teufels regieren ... Distriktchef von Zentralaustralien wird mein saures Amt genannt!«

Wie konnte er da seine kostbare Zeit an zwei wildfremde Besucher verschwenden?

»Von Verschwendung ist keine Rede, hab' schon in jungen Jahren viel mit Deutschen zu tun gehabt ... Rommel hieß der Mann auf der anderen Seite!«

Die alten Soldaten sind überall gleich. Wo sie auf ihre einstigen Gegner treffen, ist bald die beste Kameradschaft im Gange. Unser Freund bedauerte nur, daß ich im Osten gewesen war und ihm nicht persönlich unter Rommels Kommando gegenüberstand.

»Hier sehen wir nun den Todd-River«, leitete er in die Gegenwart zurück und zeigte uns eine breite Rinne voller Sand, »nur alle Jubeljahre fließt mal Wasser durch, ist aber nach ein paar Stunden schon wieder weg.«

Das war wirklich zu bedauern, etwas mehr Feuchtigkeit hätten wir dem Ort gegönnt.

»Trotzdem hatten wir vor acht Tagen ein Bootsrennen in dem Fluß und viel Spaß dabei. Die Burschen von Tennant Creek gingen als erste durchs Ziel.«

»Dann hat's also kurz vorher tüchtig geregnet?«

»Seit zwei Jahren fiel kein Tropfen vom Himmel ... der Fluß war genauso trocken wie jetzt. Hier muß der Sportsmann eben lernen, auch ohne Wasser seine Bootsrennen zu machen.«

Wo und auf was denn die Boote geschwommen seien, wollte Marianne wissen.

»Die sind nicht geschwommen, sondern gelaufen!«

Die Erklärung war ebenso einfach wie verblüffend. Die Rennboote hatten keinen Kiel, sondern ein großes Loch im Boden. Darin stand die Besatzung auf dem trockenen Flußbett. Anstelle der Ruder wurden beim Startschuß Halterungen ergriffen, und die Leute liefen auf ihren eigenen Füßen davon. Mit dem Boot natürlich, das man schleppen mußte. Es gab Zweier- und Sechser-Rennen. Das Gewicht jeder Bootsklasse wurde vorher geprüft und überhaupt sehr auf sportliche Fairneß geachtet.

»Ja, so ein Bootsrennen ohne Wasser, das gibt's eben nur bei uns«, freute sich der Landesvater, »Alice Springs hat der Welt einen neuen Sport geschenkt.«

Wir rollten die Hauptstraße hinunter, es gab nur wenige Häuser mit zwei Stockwerken, sonst war alles in die Breite gezogen, und jedes Heim hatte sehr viel Platz um sich herum.

»Das kommt daher, weil die Grundstücke nichts kosten«, erklärte unser Führer, »man pachtet sie auf neunundneunzig Jahre und zahlt nur einen Pappenstiel dafür. Wer bauen will, bekommt dazu noch fast alles Geld vom Staat gepumpt. Kein Wunder, daß sich Alice so schnell entwickelt.«

Um dies zu beweisen, wurden wir auf einen Hügel gefahren, der weitreichende Aussicht bot. Der Ort war im Schachbrettmuster angelegt und so ausgedehnt wie bei uns eine Stadt mit hunderttausend Einwohnern. Ringsum war Alice Springs von rosaroten, zerklüfteten Bergen umgeben. Darin lag die Stadt wie in einer Schale.

»Zum Glück haben wir die Quellen der Alice und Grundwasser im Boden, sonst wär's gar nicht möglich, hier zu leben. Wenn erst die neuen Bäume hoch genug sind, gibt's den schönsten Schatten in allen Straßen.«

Diesen frischgepflanzten Akazien und Platanen galt seine besondere Liebe. Wir fuhren alle Wege ab, wo sie standen, und Mr. Conway schaute sich an, wie sie gediehen. Jeden Morgen und Abend mußten sie gegossen werden.

»Der Boden ist gar nicht so schlecht. Wenn nur genug Feuchtigkeit hineinkommt, wachsen die Bäume schnell. In zehn Jahren werden sie alle Dächer überragen.«

Er fuhr mit uns zum Bahnhof der Fernlaster, weil auch dort eine Besonderheit von Alice zu sehen war. Wo nämlich die Schienen der Eisenbahn aufhören, müssen gewaltige Lastwagen den weiteren Transport nach Norden übernehmen. Deshalb beginnt in Alice eine geteerte Straße, die nach rund tausendsiebenhundert Kilometern in Port Darwin die Nordküste Australiens erreicht. Sie ist die Lebensader des Landes und wird von Fahrzeugen benutzt, dergleichen wir noch nie gesehen hatten. Drei, vier und sogar fünf lange Anhänger werden an die mächtigen Zugmaschinen gekoppelt. Das Gespann legt die weite Strecke fast ohne Aufenthalt in dreißig Stunden zurück.

»Bis zu hundert Stück Vieh und noch mehr kann ein solcher Riesenlaster befördern«, berichtete Conway, »in Port Darwin wird das Vieh geschlachtet und schwimmt als Gefrierfleisch nach Europa.«

Früher wurden die Rinder zu Fuß an die Küste getrieben, was vier bis fünf Monate in Anspruch nahm. Sie verloren dabei nicht nur erheblich an Gewicht, ein Teil ging unterwegs auch zugrunde. Wenn es das Unglück wollte, waren alle Wasserlöcher auf dem langen Weg versiegt, so daß überhaupt kein Tier bis zum Schlachthof kam.

»Heute können die Graser ohne moderne Hilfsmittel gar nicht mehr existieren. Der neuen Generation graust's beim Gedanken, so zu leben, wie ihre Vorfahren gelebt haben. Dazu wäre die Jugend von heute gar nicht mehr fähig, na ja, sie braucht's auch nicht mehr!«

Er schaute auf die Uhr und meinte, es sei gerade die rechte Zeit, um beim ›Flying Doctor Service‹ hineinzuschauen. Das wäre auch so ein modernes Hilfsmittel, um den Menschen draußen ihr einsames Leben zu erleichtern. Wir hielten vor einem weißgestrichenen Gebäude, das zwei gekreuzte Flugzeugpropeller und ein rotes Kreuz am Giebel trug. Davor erhob sich ein hoher Funkmast. Drinnen roch es nach Krankenhaus, aber die Wände waren mit Landkarten bedeckt, und ein Sprechfunkgerät stand auf dem Tisch des leitenden Arztes.

»Bitte nehmen Sie Platz, es geht gleich los«, forderte uns Conway auf, »aber reden Sie dem Doktor nicht dazwischen. Sie werden selber sehen und hören, was hier gemacht wird.«

Der Arzt nickte nur kurz, sein Gesicht war gesammelt, und seine Gedanken weilten anderswo. Ihm gegenüber saß eine Krankenschwester älteren Jahrgangs.

Punkt siebzehn Uhr war es nun, Dr. Emerson schaltete das Sprechgerät ein und griff zum Mikrophon. Der Lautsprecher krächzte eine Weile, dann meldete sich die Stimme einer Frau.

»Guten Morgen, Doktor, sind Sie da ...?«

»Ja, und Schwester Conelly sitzt neben mir. Wo stecken Sie?«

»Hier Clovelly Station ... Ellen Hatfield spricht ... Doktor, mein Junge hat schrecklichen Schüttelfrost und muß sich dauernd erbrechen ...«

Der Arzt verlangte Namen und Alter des Kranken, bevor er weitere Fragen stellte. Inzwischen hatte Schwester Conelly mit einer Geschwindigkeit, wie sie nur durch lange Übung erworben wird, ein Karteiblatt aus dem Schubladenschrank ergriffen, der auf Armeslänge neben ihr stand. Während der Doktor noch nähere Angaben aus Mrs. Hatfield herausholte, reichte sie ihm das Blatt. Der Chef überflog es und kam durch das Funkgespräch und die Unterlagen schnell zur Diagnose.

»Nehmen Sie Nummer zwo-fünneff-sieben und geben Sie ihm davon einen Teelöffel morgens, mittags und abends ... bitte wiederholen ... danke ... Ende!«

Mr. Conway zeigte uns auf der Karte, wo sich der Patient zur Zeit befand, nämlich 350 Kilometer südwestlich von Alice Springs.

Gleich kam der nächste Anruf, diesmal von der Mission Haasts Bluff. Eine sehr resolute Stimme machte präzise Angaben über Temperatur, Blutdruck und Stuhlgang der kranken Person. Dr. Emerson kannte diesen Fall bereits. Die Patientin befand sich in einem Buschhospital, das von einer Krankenschwester geleitet wurde. Seine Fernbehandlung war relativ einfach, über sechshundert Kilometer hinweg konnte ihm die Schwester genau sagen, was er wissen mußte, um zweckdienliche Ratschläge zu geben. Anschließend brachte die tüchtige Schwester noch ihren zweiten Fall zu Gehör.

»Der Lunutjuri hat schon wieder seine Frau mißhandelt ... klaffende Platzwunde am Kopf und Prellungen an der linken Schulter. Schon das dritte Mal, Doktor, daß ich diese arme Frau behandeln muß ...«

Doktor Emerson ging über die rein medizinische Betreuung hinaus und verordnete der Mißhandelten einen längeren Erholungsurlaub im Eingeborenenheim von Alice Springs.

Schlag auf Schlag kamen Meldungen und Anfragen aus allen Gegenden des weiten Landes. Der Arzt und die Schwester bewiesen große Fertigkeit darin, aus den oft sehr naiven Darstellungen des Falles die wesentlichen Elemente zu erkennen. Stets wurden dabei die Karteiblätter Schwester Conellys herangezogen, falls die Patienten vorbehandelt waren. Die meisten Anrufer kannte der Arzt persönlich, und jedes Gespräch schloß mit einer freundschaftlichen Wendung.

In Angyll Downs war ein Mann vom Pferd gestürzt und hatte anscheinend innere Verletzungen davongetragen. Hier vermochte Dr. Emerson keine Ferndiagnose zu stellen, sondern versprach, sogleich hinzufliegen. Aus Lutfield Hills ließ ein besorgter Gatte verlauten, daß soeben bei seiner Frau die Wehen eingesetzt hatten.

»In zwei Stunden sind wir bei Ihnen«, versprach der Arzt.

Weitere Fälle meldeten sich nicht. Punkt sechs Uhr wurde das Gerät abgeschaltet.

»Sie haben gehört . . .«, entschuldigte sich der Flying Doctor, »wir werden draußen gebraucht. Schauen Sie wieder 'rein, wenn Sie Lust haben.«

Es war nicht nötig, den Piloten auf dem Flugplatz zu verständigen. Er saß vor seinem Gerät und hatte die gesamte Konsultation mitgehört. Also wußte er schon, daß zwei Patientenflüge fällig waren und wohin es ging. Als Dr. Emerson und Schwester Conelly auf dem Rollfeld eintrafen, war die Maschine startklar.

Der ›Flying Doctor Service‹ hat unzähligen Menschen das Leben gerettet, er hat die einsamsten Wohnstätten Zentralaustraliens von ihrer größten Sorge befreit. Früher konnte schon eine normale Blinddarmentzündung zum Tode führen, und so manche Frau, die durch einen Arzt hätte gerettet werden können, starb im Kindbett. Selbst einfache Verletzungen, die man nicht antiseptisch zu behandeln wußte, führten zur Blutvergiftung und damit oft zu einem qualvollen Ende. Von zu vielen solcher Fälle hatte Dr. Flynn gehört und bei sich beschlossen, Abhilfe zu schaffen. Aus seinen eigenen Ersparnissen, durch Stiftungen der Viehzüchter bereichert, beschaffte er das erste Flugzeug und ließ sich zum Piloten ausbilden. Das alles war vor etwa fünfzig Jahren und geschah aus persönlicher Initiative. Aber die Erfolge des ›Fliegenden Arztes‹ waren so überzeugend, daß sie Schule machten und sogar die Regierung veranlaßten, den neuen Dienst kräftig zu unterstützen. Was Dr. Flynn in Alice Springs begonnen hatte, breitete sich über ganz Australien aus. Heute gibt es mindestens zwanzig solcher Flying Doctors, die praktisch jeden Außenposten des Kontinents betreuen. Im Jahr zuvor hatten allein Dr. Emerson und Schwester Conelly 270 Krankenflüge durchgeführt und dabei 170 000 Kilometer zurückgelegt. 932 schwarze und 474 weiße Patienten wurden behandelt. Die Hilfe des ›Fliegenden Doktors‹ ist völlig kostenfrei. Von der staatlichen Beihilfe abgesehen, werden alle Unkosten dieses echten Samariterdienstes durch freiwillige Spenden gedeckt.

Jede Station und jede Mission, die draußen in der Einsamkeit liegt, verfügt über ihr eigenes Funksprechgerät. Es wurde für diese Zwecke von einem deutschen Techniker namens Alfred Traeger entwickelt und kann, falls kein Strom vorhanden ist, auch mit einem Fußpedal betrieben werden. Zu bestimmten Stunden, am Morgen wie am Nachmittag, hält Dr. Emerson mit seiner Assistentin Sprechstunde am Mikrophon. In besonders dringenden Fällen ist er auch über die Funkstation der Post zu erreichen.

Draußen in der Wildnis verfügt jedes Heim über eine große Blechkiste mit Medikamenten. Um schnell und ganz einfach zu verstehen, was der Arzt verordnet, sind diese Medikamente numeriert und dementsprechend leicht zu finden. Auch ein primitiver Mensch kommt damit zurecht.

Kann der Arzt nicht aus dem Funkgespräch erkennen, um was für eine Erkrankung es sich handelt, so fliegt er selber hin oder schickt Schwester Conelly. Muß der Patient ins Hospital, wird er gleich mitgenommen. Das ist vor allem bei Geburten der Fall, wobei es schon öfters vorkam, daß die Maschine mit drei Personen draußen abflog und mit vieren in Alice Springs eintraf. Was wird wohl in die Urkunde als Geburtsort eingetragen?

Spätestens zwei Stunden, nachdem ein dringender Fall gemeldet wurde, kann ärztliche Hilfe zur Stelle sein. Früher mußte man die Kranken in einem ratternden Wagen oder auf Pferderücken zum nächsten Hospital bringen, was oft mehrere Wochen dauerte. Diese rauhe Transportart und den langen, beschwerlichen Weg hat so mancher Patient nicht überstanden.

Wie Mr. Conway nun verlauten ließ, wurden wir von seiner Gattin zum Tee erwartet. Ein paar andere Leute sollten auch noch kommen, wir würden uns gewiß nicht langweilen.

Das Haus des Gouverneurs lag in einem großen, schon von Bäumen beschatteten Garten und war sehr solide aus behauenem Stein gebaut. Seine Errichtung ging bis auf die Gründung von Alice Springs zurück. Es bestand nur aus dem Erdgeschoß, war jedoch mit erlesener Eleganz eingerichtet. Nie hätten wir es für möglich gehalten, daß sich ein Staatsbeamter im hintersten Australien so luxuriös einrichten konnte. Auch das Gästebuch, das uns sogleich zur Eintragung gereicht wurde, machte den prächtigsten Eindruck. Feinster Maroquin mit gesticktem Staatswappen auf dem Einband.

»Wir haben's noch nicht lange«, bemerkte Mrs. Conway, »vorläufig stehen nur zwei Namen darin.«

Das Ehepaar sah mit Spannung zu, als wir das schöne Buch aufschlugen. Jene beiden Eintragungen, die sich auf der ersten Seite befanden, waren wirklich nicht in jedem Gästebuch zu finden. Man wußte gleich, um wen es sich handelte, obwohl sich die Herrschaften mit ihren Vornamen begnügt hatten: *Elizabeth* und *Philip.*

Die Königin und der Herzog hatten im Verlauf ihres letzten australischen Staatsbesuches auch den Wunsch verspürt, den innersten Punkt des fünften Kontinents zu besuchen, und sich zwei Tage in Alice Springs aufgehalten. Da kein Hotel von allererster Klasse im Ort vorhanden war, hatten es die Königin und ihr Gemahl vorgezogen, im Hause des Distriktchefs abzusteigen. Zu diesem Zweck war dessen Dienstwohnung rechtzeitig renoviert und ohne Rücksicht auf die Kosten neu möbliert worden.

»Die Queen hat es nur kurz genossen«, lächelte Mrs. Conway, »wir aber werden hoffentlich noch viele Jahre lang darin leben.«

Ihre Majestät sei auch im persönlichen Umgang eine ganz reizende Frau, versicherte der Hausherr, im kleinen Kreis wäre die Unterhaltung verlaufen wie mit einer Nachbarin.

»Aber man streut ihr natürlich Sand in die Augen«, meinte seine Gattin, »nun wird die Königin glauben, daß alle Distriktchefs so fabelhaft wohnen. Dabei hat es vorher bei uns sehr viel einfacher ausgesehen.«

Anderswo hatte man kurz zuvor abgesägte Pappelbäume in den Boden gesteckt, um auf dem Weg zu einem Bungalow, den die Queen nur zum Teetrinken besuchte, eine kleine Allee vorzutäuschen. Zwei Krokodile jedoch, die in den Blauen Bergen einen sumpfigen Tümpel dekorierten, wurden von Prinz Philip, der sich auf wilde Tiere versteht, sogleich als Attrappen erkannt.

Die übrigen Gäste des Hauses Conway, denen wir nun vorgestellt wurden, waren fast alle über siebzig. Sie gehörten durchweg zu den Bahnbrechern von Zentralaustralien und waren gewissermaßen die Aristokratie des Landes. Einen Herrn mittleren Alters hatte man nur deswegen hinzugeladen, weil sein Vater im Jahre 1912 zum ersten Mal den Kontinent mit einem Automobil durchquert hatte. Nicht nur war dieses historische Fahrzeug noch vorhanden, zum fünfzigsten Jahrestag der Pioniertat hatte sein Sohn damit die epochemachende Fahrt wiederholt. Er hatte mehrere Mechaniker in einem zweiten Wagen mitgenommen und zwanzig Tage gebraucht.

Eine zarte, kleine Frau, der man ihr biblisches Alter gewiß nicht ansah, lebte schon seit der Jahrhundertwende bei den Quellen der Alice. Damals zählte man im Ort nur 24 weiße Bewohner, deren Briefe drei Monate und mehr benötigten, um an die Küste zu gelangen. Wenn die Mutter der Mrs. Nelson dieses oder jenes, das man nicht selber anfertigen konnte, für ihren Haushalt brauchte, mußte sie es ein Jahr im voraus bestellen. Die Sachen wurden dann, langsam, aber sicher, mit einer Kamelkarawane herangeführt. Weil Kerzen während der heißen Jahreszeit schnell dahinschmolzen, bediente man sich der Petroleumlampen. War der Brennstoff ausgegangen, beleuchtete man sein Heim mit zerlassenem Hammelfett. Alle Möbel waren aus Kistenbrettern gefertigt, Schaffelle bedeckten den Boden der guten Stube. Man hatte nur Blechgeschirr im Haus, weil man zerbrechliche Sachen nicht so bald ersetzen konnte. Weiße Frauen und junge Mädchen waren derart selten im ›Weit-Draußen‹, daß sich die einsamen Männer vor ihnen fürchteten. Hatten sie doch längst vergessen oder auch nie gelernt, wie man sich in deren Gegenwart benimmt. Als Mrs. Nelson heiratete und auf die Station ihres Mannes zog, ergriffen seine Angestellten zunächst einmal die Flucht. Sie kamen erst wieder, als die junge Frau Männerhosen anzog und mit derben Worten um sich warf.

Neun Kinder hatte sie zur Welt gebracht. Da es zu jener Zeit weit und breit keine andere weiße Frau gab, die ihr dabei helfen konnte, war sie vor jeder Geburt drei Wochen weit nach Oodnadatta gefahren. Ihr Mann konnte sie dabei nicht begleiten, er hatte mit seinem Vieh zu tun. Nur ein schwarzer Boy machte die Reise mit.

»Jede Nacht haben wir im Freien geschlafen und alle Mahlzeiten am offenen Feuer gekocht«, berichtete lächelnd die alte Dame. »Acht Tage, nachdem das Kind geboren war, ging es auf dem gleichen Weg zurück. Nicht immer konnte ich mir die Jahreszeit aussuchen, manchmal mußte ich auch mitten im Sommer zum Hospital. Dann herrschte eine Hitze bis zu 50 Grad im Schatten, doch war dieser Schatten nur selten zu finden. Aber wie Sie sehen, habe ich alles gut überstanden. Auch von den Kindern ist mir keines gestorben, alle wurden tüchtige Menschen.«

Demnach kann das Klima nicht so schlecht sein, wie es bei solchen Hitzegraden naheliegt. Jedenfalls hatte es seine Menschen recht gut konserviert, wie auch die Rüstigkeit des Mr. Petrie verriet, eines gebürtigen Deutschen. Seiner Behauptung nach hatte er das Ende der Siebzig erreicht, wirkte jedoch immer noch wie ein strammer Dragoner. Ihm gehörten sechstausend Quadratkilometer Land und schätzungsweise dreitausend Stück Vieh. Nur zu Pferde konnte er seine Herden einigermaßen unter Kontrolle halten. Zwei bis drei Tage mußte er tüchtig reiten, um seinen Besitz zu durchqueren. Eigentlich hatte er das nicht mehr nötig, denn es standen vier Söhne, drei Schwiegersöhne und elf Enkel unter seinem Kommando. Hinzu kamen ein paar Dutzend eingeborene Stockmen.

»Bis kurz vor ihrem Tode hat meine Mutter noch die Küche für unsere ganze Sippschaft versorgt. Sie starb erst vor drei Jahren, sechsundneunzig Jahre alt. Ich selber hoffe, mein Säkulum zu schaffen.«

So frisch wie er aussah, könnte es möglich sein.

»Besuchen Sie uns draußen, da sehen Sie mal was vom Leben auf einer großen Station. Aber zwei bis drei Wochen müßten Sie schon bleiben, sonst lohnt sich's gar nicht!«

Wir sagten zwar, die Einladung freue uns sehr, wußten aber, daß wir so viel Zeit nicht hatten.

»Sie kommen natürlich auch zu uns«, verlangte Mrs. Nelson, und die übrigen Gäste folgten ihrem Beispiel.

Das waren durchaus keine höflichen Redensarten, sondern ernstgemeinte Absichten. Denn im ›Outback‹ von Australien kennt die Gastfreundschaft keine Grenzen. Wer allen Einladungen nachkommen will, kann den Rest seines Lebens bei den Grasern verbringen. Einem fremden Konsul ist es geschehen, daß man ihm die Zündung aus dem Wagen nahm, damit er nicht am gleichen Tag wieder abfuhr. Aus dreihundert Meilen im Umkreis fuhren und flogen die benachbarten Viehzüchter herbei. Für den gefangenen Gast wurde ein trinkfreudiges Fest veranstaltet, das überhaupt nicht enden wollte. Wer bei Reisen durch das ›Weit-Draußen‹ an einer entlegenen Station vorbeikommt, muß dort einkehren. So verlangt es der Brauch des Landes. Die Hausfrau wird sogleich eine Mahlzeit auftischen und dem Gast ein Zimmer richten. Platz genug ist ja vorhanden. Nie wird der Fremde nach seinem Woher und Wohin gefragt. Wäre es doch der Gipfel unfeiner Gesinnung, sich in die Belange anderer Leute zu mischen. Der Fremde kann bleiben, solange er will, niemand wird mit verblümten Worten an seine Weiterreise erinnern. Mehrfach hörten wir die Geschichte von einem alten Mann, der schon so lange als Gast auf einer Station gelebt hatte, daß sich die Kinder gar nicht mehr seiner Ankunft entsannen. So fragte der inzwischen herangewachsene Sohn seinen Vater, wie man denn eigentlich zu diesem Mitglied der Hausgemeinschaft gekommen sei.

»Eines Tages tauchte er auf und ist seitdem hier. Mehr weiß ich nicht von ihm und will's auch nicht wissen.«

Dann folgte eine schallende Ohrfeige, damit der Sohn endlich lernte, nie mehr unpassende Fragen zu stellen.

Schon möglich, daß die Geschichte erfunden ist, ebensogut könnte sie aber wahr sein. Wir selber machten keinen Gebrauch von so weitgehender Gastfreundschaft, sondern wohnten im XY-Hotel. Es lag sehr hübsch in einem weiten, vernachlässigten Garten am Rande von Alice Springs und bestand in der Hauptsache aus einem riesengroßen Schwimmbassin. Darum herum gruppierten sich ein halbes hundert Fremdenzimmer, alle zu ebener Erde. Man lebte darin wie in einem Schaufenster, denn die Front zum Swimmingpool bestand fast nur aus Glas. Von draußen konnte jeder sehen, was drinnen vorging. Legte man auf Besichtigung seines Privatlebens keinen Wert, mußten die Vorhänge geschlossen werden. Die aber waren so dicht und dunkel, daß man im Zimmer nichts mehr sah. Um das Licht einzuschalten, war es nötig, auf das Bett zu steigen. Anders ließ sich der Knipser nicht erreichen. Die Handtücher hingen nicht etwa neben dem Waschbecken, statt dessen hatte man sie in einer Ecke hinter dem Schrank verborgen. Dieser wiederum ließ sich nur öffnen, falls man dazu auch einen Schlüssel besaß. Unserer fehlte schon seit längerer Zeit. Wie der Verwalter des Hauses versicherte, war da leider nichts zu machen. Dafür machten wir unsere Betten selbst, wie man das von den Gästen erwartete.

Abgesehen von zwei bis drei friedlichen Ehepaaren war das Hotel nur von jungen Mädchen belebt. Es handelte sich um ein Pensionat auf froher Ferienfahrt, und demgemäß waren die jungen Dinger bei bester Stimmung. Kaum kehrten sie von ihren Ausflügen zurück, stürzte sich der ganze Schwarm jauchzend in das Schwimmbassin. Das war ein Geplansche und Gejubel, wie man es sich nicht lustiger denken kann. So hoch schlugen dabei die Wogen der Begeisterung, daß sie bis in unsere Betten spritzten. Die derbsten Spiele wurden getrieben, und die schrillsten Schreie ausgestoßen. Sie klangen besonders schrill, wenn es gelang, einer Gefährtin habhaft zu werden, die noch bekleidet war. Mit vereinten Kräften wurde sie sogleich ins Wasser geworfen. So ging das Abend für Abend und dauerte bis nach Mitternacht, wenn nicht länger. Als schließlich schlaflose Gäste nach einer Lehrkraft verlangten, um für Ordnung zu sorgen, kam aus dem Bassin die gutgelaunte Antwort, eine Aufsichtsperson gebe es schon. Doch würde sie zur Zeit am Grunde des Schwimmbeckens festgehalten.

»Wie lange bleiben denn diese Schreigänse noch?« erkundigten wir uns bei der Leitung des Hotels.

»Schon heute abend wird keine mehr hier sein.«

Alle friedlichen Gäste atmeten auf.

»Kein Grund, sich zu freuen«, warnte der Gemütsmensch, »dafür kommen gleich hundert junge Krankenschwestern, und die sind noch schlimmer!«

Der größte Stein auf Erden

Kein größerer Stein sollte auf der ganzen Welt zu finden sein, hatte man uns glaubwürdig versichert und hinzugefügt, wir würden dort ein Wunder erleben. Denn wunderbar sollte es sein, wenn der Felsklotz bei sinkender Sonne zu strahlen beginnt.

Ayers Rock heißt das beispiellose Gebilde und liegt, etwa 450 Kilometer westlich von Alice Springs, im menschenleeren Herzen von Australien. Ohne den geringsten Einschnitt in seinem Gefüge steigt der massive Block einen halben Kilometer hoch aus der völlig flachen Steppe. Während sich die Gelehrten noch darüber streiten, wie er einst dorthin kam, haben es die Ureinwohner Australiens stets gewußt. Sie halten den großen Stein, seiner gebuckelten Form wegen, für den Rücken eines vorsintflutlichen Känguruhs, das vor Zeiten die Umgebung erschaffen hat und sie trotz seiner Erstarrung noch heute beherrscht.

Allein die Fahrt zu diesem Wunderwerk der Natur ist ein großes Erlebnis, hin und zurück fast tausend Kilometer durch absolut einsame Gegend. Einen gebahnten Weg dorthin gibt es nicht, man folgt nur Spuren im Sande. (Heute führt eine asphaltierte schmucke Straße zum Ayers Rock.) Gerät der Fahrer nicht von ihnen ab, so gelangt er schließlich am Fuße des Steinklotzes zu einer sogenannten Lodge, in der die weitgereisten Touristen betreut werden. Ein sachkundiger Mann sollte am Ziel bereitstehen, um die Gäste drei Tage lang in alle Geheimnisse des Rocks einzuweihen. Die geländegängigen Busse, so hieß es in dem bunten Prospekt, waren mit reichem Proviant versehen und verfügten über ein Sprechfunkgerät, um im Notfall Hilfe herbeizuholen. Es konnte wirklich nichts passieren!

Schon um sechs Uhr früh rollte das Gefährt in den geräumigen Hof unseres Hotels in Alice Springs. Wir sollten an diesem Tag die ganze Strecke schaffen, konnten jedoch wegen des schlechten Geländes nicht schneller als etwa vierzig Kilometer in der Stunde sein. Es war vorgesehen, daß wir zum Abendessen in der Lodge von Ayers Rock eintrafen. Zwölf abenteuerlustige Passagiere standen für das Unternehmen bereit, jeder einzelne mit hohen Erwartungen. Mr. Radcliffe, Chef der Busgesellschaft, hatte es sich trotz der zeitigen Stunde nicht nehmen lassen, uns persönlich zu begrüßen. Denn erst seit wenigen Jahren und nur während der kühlen Saison werden diese Fahrten unternommen. Wer daran teilnimmt, genießt daher besondere Vergünstigungen, zum Beispiel einen Händedruck von Mr. Radcliffe persönlich.

»Freddy ist mein bester Mann«, stellte er den jugendlichen Fahrer vor, »er kennt das Gelände wie seine Hosentaschen und wird Sie in allen Lebenslagen bestens betreuen. Bei uns heißt er nur der *Wüstenfuchs* . . . so gut weiß er über die sandige Wildnis Bescheid, die Sie nun durchmessen. Nehmen Sie also Platz, Ladies und Gentlemen, wir dürfen keine Zeit verlieren!«

Frohgemut stiegen wir ein, und der große Kasten rollte davon.

»Nur fünf Meilen weit haben wir 'ne richtige Straße«, gab der Wüstenfuchs bekannt, »genießen Sie dieses Stück, verehrte Fahrgäste, denn gleich danach wird's ziemlich schlecht.«

Aber schon die kurze Strecke auf der Hauptstraße nach Adelaide war miserabel. Aus gutem Grund, wie ich vermute, denn auch die Eisenbahn will ja leben, und da man sie einmal gebaut hat, soll sie nicht der motorisierten Konkurrenz erliegen.

Schnell waren die fünf Meilen bezwungen. Schon bogen wir nach Westen ab und befanden uns sogleich in der herrlichsten Wildnis. Graugrünes Dorngestrüpp, so weit das Auge reichte, knorrige Akazien dazwischen und hellrote Steinhügel auf allen Seiten. Scharenweise umflogen uns graue Kakadus mit leuchtendroten Schwanzfedern. Wo immer sich eine Wasserader tief unter dem Boden verbarg, standen schlanke Eukalyptusbäume. Mitunter waren ihre Stämme schneeweiß und glänzend wie Seide. Da sie bei Nacht wie bleiche Skelette durch die Dunkelheit schimmern, werden sie von den Eingeborenen als Geisterbäume verehrt. Gern lassen sich die Seelen der Abgeschiedenen auf ihren Ästen nieder.

Australien ist ein schönes Land, was man bei uns leider nicht weiß. Seinem fremdartigen Reiz ist kaum zu widerstehen. Das Innere des Kontinents überwältigt nicht durch prächtige Bilder, gewinnt aber, je länger man bleibt und je weiter man reist, durch seine sanften Farben und den herben Duft seiner Sträucher. Man fühlt sich wohl in der grenzenlosen Weite und genießt Rundblicke ohne

Ende. Überall erquickende Stille und absolute Freiheit. Die Luft ist von makelloser Reinheit, der Sand so fein wie am Meeresstrand. Er leuchtet im schönsten Rosenrot, wenn ihn am Morgen der Tau benetzt, wird zu Mittag ganz weiß und schimmert blau gegen Abend. So ist das auch mit den Bergen, deren Schattierung sich ständig verändert, je nach der Himmelsrichtung, aus welcher sie die Sonne bestahlt. Sattes und üppiges Grün gibt es nirgendwo. Laub und Gras sind hell gefärbt, von zartem Grau bis zu mattem Gelb.

So gut wie nichts haben der Mensch und seine Emsigkeit hier verändert, alle Natur lebt noch ganz sich selber. Im Hinterland von Australien hat sie ihre eigene Form und Atmosphäre, nirgendwo sonst gibt es eine ähnliche Landschaft. Auch ist kein vierfüßiges Tier in diesem Erdteil mit den Geschöpfen der übrigen Welt näher verwandt. In weiten, hohen Sätzen springt ein Rudel Känguruhs vor dem Gedröhn unseres Wagens davon. Auf und nieder hüpfend verschwinden sie im Geflimmer der Sonne.

Die Stunden verrinnen, die Räder mahlen durch den Sand. Alle Fenster sind weit geöffnet, die Unterhaltung ist verstummt. Wir achten nicht auf die Stöße von unten, an das ständige Geschüttel haben wir uns schnell gewöhnt. Der ›Wüstenfuchs‹ starrt stur geradeaus, seine Hände umklammern das rüttelnde Rad.

»Da glüht schon die ganze Zeit ein rotes Birnchen an seinem Armaturenbrett«, fragt Marianne, »hat das nichts zu bedeuten?«

Im eigenen Wagen würde es mich alarmieren, aber mit einem australischen Geländebus habe ich noch keine Erfahrung. Mir scheint zwar, daß der Motor jetzt ziemlich laut rasselt, aber das mag am Geröll liegen, über das wir fahren. Beim Schalten hat es unser Fahrer ziemlich schwer, er muß beim zweiten Gang mit einem kräftigen Fußtritt nachhelfen.

Stunden vergehen, und der Mittag ist schon vorüber, da sehen wir eine hagere Kuh im Gelände. Sie blickt voller Angst auf das rumpelnde Fahrzeug und ergreift die Flucht.

»Gehört nach Angus Downs«, ruft der Mann am Steuer, »in 'ner halben Stunde sind wir dort.«

Nicht alle Geschöpfe der australischen Wildnis sind harmlos, vor giftigen Schlangen wird gewarnt. Am schlimmsten sollen die Bisse der Todesnatter sein, worauf schon ihr düsterer Name hinweist. Die *Pseudechis,* eine völlig schwarze Giftschlange, wird bis zu zwei Meter lang. Sie ist zum Glück nur selten, auch kann man sie ihrer Farbe und Größe wegen rechtzeitig erkennen. Weit besser ist die Tigerschlange getarnt, deren Zeichnung sich kaum von der Umgebung abhebt. Ein halbes Dutzend Arten der Korallenschlange gibt es auch noch, äußerst giftige Reptilien alle zusammen. Wenn ihnen dennoch relativ wenige Menschen zum Opfer fallen, mag es daran liegen, daß die Schlangen gar nicht danach trachten, jemanden zu beißen. Das tun sie nur im Fall echter oder vermeintlicher Notwehr. Man muß schon versehentlich auf das Kriechtier oder dicht daneben treten, um einen Angriff auszulösen. Sonst wird auch die Giftschlange, wie jedes andere Tier der Wildnis, sich die größte Mühe geben, aus der unheimlichen Nähe des Menschen zu entfliehen.

Aber es gibt tragische Zufälle. In Alice Springs hörten wir von einem jungen deutschen Journalisten, der nach Australien gekommen war, um echte Abenteuer zu erleben. Bitter beklagte er sich, unter anderem beim Distriktchef, daß ihm noch nichts begegnet sei, um seine Berichte dramatisch zu gestalten. Er meinte, Australien sei doch recht langweilig. Im Arnhem-Land, wohin er sich anschließend begab, wurde ihm die Begegnung mit einer Korallenschlange zuteil. Aber darüber konnte er nicht mehr schreiben. Ärztliche Hilfe kam zu spät, im Hospital von Darwin erlag der arme Mensch den Folgen des giftigen Bisses.

Jetzt trabt ein tapferer Bulle neben uns her. Wie es scheint, möchte er den Bus auf die Hörner nehmen. Aber wir sind schneller, in Staubwolken gehüllt bleibt er zurück. Hier und dort erscheint noch anderes Vieh, schreckhaft und verwildert. Es kennt keinen Stall, die Kühe werden nie gemolken. Nur einmal im Jahr treibt man die Herde zusammen und sucht aus, was davon in den Schlachthof soll. Kein Graser weiß die genaue Zahl seiner Tiere, er kann sie nur ungefähr schätzen. Allein das Brandzeichen verrät, was ihm gehört, und ständig muß er sich bemühen, daß sein weitverstreutes Vieh nicht ganz aus seiner Reichweite verschwindet. Dabei helfen ihm seine schwarzen Stockmen und ein Dutzend schnellfüßiger Hunde. Dennoch machen sich alle Jahre wieder einige Tiere selbständig und verschwinden in menschenferner Einsamkeit. Sie vermehren sich in der Freiheit und haben Australien um eine neue Wildart bereichert. Die gleiche Verwandlung ist auch entlaufenen Ziegen, Schafen, Eseln und Pferden gelungen sowie den eingeführten Kamelen. Alle, die kein Besitzzeichen tragen, gelten als jagdbares Wild.

Ein schlanker Gitterturm ragt über die Steppe, auf seiner Spitze dreht sich ein Windrad. Von ihm angetrieben, holt eine tiefreichende Pumpe das Grundwasser aus dem Boden, von dem Mensch und Vieh hier leben. Wir haben die Station von Angus Downs erreicht, soviel ich weiß, der einzige Wohnplatz auf unserer langen Strecke. Drei Buden aus Wellblech, der Schuppen für das Lastauto und ein Viehkral, das ist alles. Wir halten an und werden sofort zum Tee gebeten. Es wimmelt von Kindern und von Fliegen, drückende Hitze herrscht in dem engen Raum. Die Frau ist ganz allein, ihr Mann und seine schwarzen Gehilfen sind schon seit Tagen nicht mehr heimgekommen. Irgendwo an der Grenze des riesigen Besitzes kampieren sie im Freien. In ganz Europa gibt es wohl kaum einen Grundherren, der über so viel Land verfügt wie der Besitzer von Angus Downs. Dennoch hat er für inneraustralische Maßstäbe nur eine relativ kleine Station, viel kann er damit gewiß nicht verdienen. Man sieht es am Zustand der rostigen Dächer und an der dürftigen Einrichtung. Der Herr über einige hundert Quadratkilometer ist ein armer Teufel. Der nächste Schlachthof liegt weit weg, und das Vieh ist mager.

»Aber einen kennen wir«, erzählt seine Frau, »der hat's verstanden, aus zähem

Rindfleisch das beste Schweinefleisch zu machen. Aber für seine Methode haben wir nicht genug Kapital.«

Die Sache war an sich ganz einfach, wie die meisten Erfindungen eines praktischen Genies. Der Mann treibt sein minderwertiges Vieh gar nicht erst zum weit entfernten Abnehmer, sondern nimmt die Schlachtung selber vor. Danach werden die Kadaver durch eine riesige Maschine zerkleinert und restlos an Mastschweine verfüttert. Denen bekommt die Fleischkost so gut, daß sie prächtig gedeihen und dementsprechend hoch bezahlt werden. Es lohnt sich daher, sie auf dem Luftweg zu verfrachten.

Neben der Station haust eine Gruppe dunkelhäutiger Abos, Weiber, Kinder und alte Leute der eingeborenen Viehtreiber. Häuser oder Hütten haben sie keine, nur luftige Lauben aus Gestrüpp, Dachpappe und Kistenbrettern. Die meisten von ihnen sind nur mit Lappen, bestenfalls mit zerschlissenen Kniehosen bekleidet. Aber ihr Wesen ist freundlich, sie scheinen recht zufrieden mit ihrem armseligen Leben. Einige Greise, die noch nie ihr graues Haar und Bart gekämmt haben, bieten Heimarbeiten zum Verkauf. Es sind nur rohgeschnitzte Holzteller und Brettchen, in der allereinfachsten Form mit punktierten Brandmustern versehen.

»Zwei Bob, Mister ... zwei Bob, Missi ...!«

Jedes Stück hat den gleichen Preis von zwei Schillingen, weil das vermutlich die einzigen Worte englischer Sprache sind, die ihnen jemand beigebracht hat. Als Marianne gutherzig einen Zehn-Schilling-Schein dem würdigsten Greis für sein Näpfchen in die Hand drückt, lehnt der Alte mit Entrüstung ab. Scheinbar weiß er nicht, was dieses Papier zu bedeuten hat, nur hartes Geld ist ihm bekannt.

»Zwei Bob, Missi ... zwei Bob!«

Weil die Passagiere so eifrig kaufen, greifen die Kinder Steine und Holzreste vom Boden, um sie anzubieten.

»Zwei Bob, Mister ... zwei Bob, Missi.«

Unser Wüstenfuchs nimmt einen Kieselstein und gibt zwei Kupfermünzen dafür. Weil die größer sind als Schillinge, zeigt sich die kleine Verkäuferin sehr zufrieden.

Bei der Weiterfahrt fällt es unserem Fahrer immer schwerer, die Gänge hineinzubringen. Die Schaltung hört sich an wie das Gerassel einer Brechmaschine. Mitunter muß der geplagte Wüstenfuchs während der Fahrt von seinem Sitz herunter, einen Anlauf nehmen und sich mit aller Kraft gegen den Schalthebel werfen. Die gutmütigen Australier lachen und feuern ihn mit Zurufen an.

Unverdrossen glüht das rote Lämpchen weiter. Im Getriebe knirschen die Zähne, und der Motor scheppert dazu ein garstig Lied. Wir kommen dennoch gut vorwärts auf der Spur, zwei bis drei Stunden lang durch vollkommene Einsamkeit, immer nach Südwesten. Zwei Dingos huschen vorüber, die Wildhunde

Australiens. Marianne sieht wieder Känguruhs, und ich glaube, drei wilde Esel zu entdecken.

Da ertönt aus Richtung der Motorhaube ein schreckliches Geröchel, unser Bus schüttelt sich vor Empörung und bleibt stehen.

Der Fahrer meint allen Ernstes, es sei mit dem Anlasser etwas nicht in Ordnung und bittet die Fahrgäste, sich mit dem Anschieben zu beeilen. Im Schweiße unserer Körper folgen wir der Aufforderung, und tatsächlich kommt wieder Leben in das Fahrzeug. Aber nur für wenige Kilometer, dann erschlafft sein guter Wille von neuem.

Mit vereinten Kräften bringen wir den großen Karren abermals in Bewegung. Bald darauf noch einmal, sehr bald schon wieder und so weiter, bis sich endlich einer der geduldigen Passagiere ermannt und das Wort ergreift.

»Da wir für die letzten zehn Meilen eine gute Stunde gebraucht haben«, lautet seine Überlegung, »läßt sich errechnen, daß wir auf diese Weise erst nach zehn bis zwölf Tagen bei der Lodge sind.«

Doch nicht einmal diese Hoffnung können wir hegen, weil sich nunmehr herausstellt, daß sich im Getriebe kein Tropfen Öl mehr befindet. Es war nach und nach durch einen Riß im Motorblock verlorengegangen. Genaugenommen hat das rote Lämpchen schon längst darauf hingewiesen. Den Fahrer trifft jedoch keine Schuld, denn niemand hat ihm je erklärt, was das Erglühen zu bedeuten hat.

»Jetzt kann ich's ja ruhig sagen«, meint offenherzig der sogenannte Wüstenfuchs, »Busfahren ist nie mein Job gewesen. Für gewöhnlich bin ich Kellner im Great-Star-Hotel von Brisbane . . . hab' jetzt Urlaub und wollte mir mal den Ayers Rock ansehen. Da haben sie in Alice gerade einen Fahrer für den Bus gebraucht, weil der richtige Mann dafür die Nase voll hatte. Na ja, warum auch nicht . . .? So wird's mich nichts kosten, hab' ich mir gedacht, sondern ich bekomme noch was dafür . . .«

So war es nun ein herber Schlag für ihn, daß der Bus versagte. Von dessen Eingeweiden hatte Freddy nur geringe Ahnung. Freimütig gestand er seinen völligen Mangel an technischer Begabung. Sie hätte uns auch bei einer kleineren Panne nicht geholfen, weil kein Werkzeug an Bord war.

»Versteh' überhaupt nicht, liebe Leute, wie einer diese Schrottkiste noch so weit in die Wüste schickt!« klagte er bitter. Hinter dem Rücken seines Chefs hatte man ihm zugeflüstert, daß der Bus schon zwölf Jahre und eine halbe Million Meilen alt war.

Auch wenn wir im Wagen einen Reservekanister mit Öl gefunden hätten, war es dafür zu spät. Das Getriebe und sicher noch einiges mehr hatten endgültig ausgelitten. So blieb nichts anderes zu tun, als über Sprechfunk einen besseren Bus herbeizurufen.

Unter alten Reifen im Heck des Wagens wurde das Gerät auch bald entdeckt. Unser Wüstenfuchs hatte es zuvor weder gesehen, noch verstand er sich auf seine Bedienung, aber es fand sich eine Gebrauchsanweisung, und vier fähige Männer traten zusammen, um das Heft zu studieren.

»Erst mal die Antenne ausspannen, steht hier . . . wo ist die Antenne?«

Sie war nicht da.

»Wir können den ganzen Wagen als Antenne benutzen«, schlug ein Fachmann vor, »zur Not geht das auch.«

»Aber die Batterie ist leer!« stellte ein anderer fest.

»Dann nehmen wir die Batterie vom Bus.«

Was ein richtiger Australier ist, der findet immer einen Ausweg. Es blieb nur noch zu klären, wie der Apparat zu behandeln war, was für eine Wellenlänge in Frage kam und woran man zu drehen hatte. Aus den folgenden Seiten unserer Anleitung war das gewiß zu entnehmen. Aber leider waren sie ganz und gar mit fettem, schwarzem Öl verschmiert. Man konnte nichts mehr darauf entziffern.

»Hat sowieso keinen Zweck«, lachte ein Mann namens Bill, »hört nur mal, wie alles in dem Ding klappert!«

Er hob das Gerät in die Luft und schüttelte es kräftig. Dabei ergab sich etwa das gleiche Geräusch, als würde man eine Blechbüchse voller Glasscherben vor sich hertreiben.

»Na schön«, erklärte eine resolute Dame, »machen wir uns erst mal einen Topf voll Tee.«

Nicht nur für eine Woche, sogar für Monate hätten die Vorräte an Tee gereicht, die wir ans Licht zogen. Auch Zucker, Tassen und Löffel waren in ausreichender Menge vorhanden. Ebenso ein großer Kessel, selbst an Wasser hatte man gedacht. In dieser Hinsicht war alles in Ordnung.

»Wann kommt der nächste Bus?« erkundigte sich Marianne bei dem Wüstenfuchs.

»In einer Woche, soviel ich weiß . . . aber nur, wenn sich genügend Leute dafür melden.«

»Wie sieht's mit der Verpflegung aus?« war meine besorgte Frage, denn nach beiden Seiten hin waren wir schätzungsweise hundert Kilometer vom nächsten Außenposten entfernt.

»Ein paar Büchsen mit Zwieback haben wir, sonst nichts!«

Wir konnten unsere Gefährten nur bewundern. Niemand regte sich auf, niemand schien an die Not der nächsten Tage zu denken. Der Zusammenbruch in weiter Wildnis vermochte nicht im geringsten die gute Stimmung zu stören. Unter mancherlei Scherzen wurde erst mal Tee gekocht.

Dafür gab es trockenes Brennholz in Hülle und Fülle. Jedes zweite Bäumchen war im Stehen gestorben und ließ sich mit Leichtigkeit umbrechen. Ein gemütliches Flackerfeuer war schnell im Gange, und der Kessel wurde darüber gehängt. Dazu bekam jeder einen Zwieback und verlangte nicht mehr.

»Sie machen sich wirklich gar keine Sorgen?« fragte Marianne ein Ehepaar, das uns einrahmte.

»Warum denn? So was regelt sich ganz von selbst.«

Von Natur aus sind die Australier ein anschlußfreudiges Volk. Hier saßen wir um ein schönes Lagerfeuer und waren im Begriff, ein gemeinsames Abenteuer zu bestehen. So wurden wir denn schnell zu einer Gemeinschaft guter Kameraden. Woher man kam und was jeder war, interessierte keinen. Es wurde nur so geplaudert, von einer Belanglosigkeit zur anderen. Mit jenem trockenen Humor, wie man ihn von den englischen Vorfahren übernommen hatte. Ein Mann von beachtlicher Korpulenz machte den Spaßvogel. Eine alte Wurzel in der Hand, umschritt er die Runde.

»Zwei Bob, Mister . . . zwei Bob, Missi . . .!«

Ein junges Mädchen wollte sie ihm abkaufen. Er nahm das Geld und rief nach einem Taxi.

»Zwei Bob, Mister . . . wer fährt uns für zwei Bob zum Rock von Ayers?«

Marianne wollte spazierengehen, und ich wollte es auch. Nur so konnten wir ungestört über die Lage sprechen.

»Mit dem Fahrer sind wir dreizehn Leute . . .«, sagte sie.

»Aber daran kann's nicht liegen. Wir haben uns an einem Dreizehnten kennengelernt.«

»Jetzt fängst du auch noch an . . . dabei können wir demnächst glatt verhungern!«

Allen Ernstes standen uns schlimme Tage bevor. Die beiden Wasserkanister und Büchsen mit Zwieback würden auch bei drastischer Rationierung nur bis morgen reichen. Selbst ein guter Fußgänger konnte fremde Hilfe kaum mehr rechtzeitig herbeiholen. Beide verstanden wir nicht, warum unsere Gefährten so gleichgültig waren.

»Es fehlt ihnen der Blick für unsere Lage.«

»Bitte, erklär's ihnen nicht«, beschwor mich meine Frau, »sonst bricht allgemeine Verzweiflung aus.«

Mit erzwungenem Lächeln kehrten wir ans Feuer zurück.

»Ihr beide seid wohl noch nicht lange verheiratet?« rief ein Mann namens Bill, »ihr sucht noch die Einsamkeit, wie mir scheint.«

Ein anderer hoffte, daß wir zumindest ernsthaft verlobt seien, sonst müsse man heute nacht für getrennte Zimmer sorgen.

Wie lustig sie waren, diese ahnungslosen Menschen!

Schon morgen, spätestens übermorgen begannen die Qualen von Hunger und Durst.

»Jetzt, mitten im tiefsten Winter, kann's über Nacht recht kühl werden«, erklärte uns eine mütterlich besorgte Frau, »da muß man sich seine Schlafgrube dicht neben dem Feuer scharren. Auf keinen Fall darf es ausgehen.«

Die Betreuung der Flamme war Aufgabe der Männer, freiwillige Meldungen wurden sogleich entgegengenommen. Da wir unser acht waren, betrug für jeden die Feuerwache nur eine Stunde.

»Freddy, was gibt's morgen zum Frühstück?« erkundigte sich der alte Spaßmacher.

»Sand und Steine, Sir, mit Dornröschen garniert.«

Darob allgemeines Gelächter.

Schon umhüllte uns die Nacht, und die Sterne blitzten. Von tiefer Sorge bedrückt, lagen wir beide dicht nebeneinander. Es half eigentlich nichts mehr, daß wir uns die wunderbarsten Hoffnungen ins Ohr flüsterten. Als Menschen von klarer Vernunft wußten wir, wie es um uns stand. An Schlaf war nicht zu denken, aber an so vieles andere.

Zu guter Letzt gewann unsere Müdigkeit die Oberhand, wir entschlummerten trotz aller Sorgen.

Doch schon vor Mitternacht weckte uns lautes Geschimpfe.

»Nicht mal hier hat man seine Ruhe ... dieser Verkehr ist wirklich eine Plage!«

Wir fuhren in die Höhe. Zwei Lichter blitzten am Horizont, und man hörte schon das Gebrumm eines starken Motors.

»Sollen wir da schon einsteigen oder erst in den nächsten?« rief eine gutgelaunte Stimme.

Der fremde Fahrer hatte unser Feuer längst gesehen. Er hielt von selber, öffnete lässig die Tür und fragte, ob wir einen Wunsch hätten.

Den hatten wir ganz bestimmt, machten es aber nicht gar so dringlich.

»Wenn euer Bus nicht mehr will, darf ich niemand hier lassen. Das ist Vorschrift ... also steigt gefälligst ein, Leute, so bald kommt keiner mehr vorbei!«

Sein nagelneuer Autobus war vollständig leer. Er fuhr nach Ayers Rock, um für die nächste Zeit dort zu bleiben. Es sollten nun Tag für Tag durch die Luft Touristen eintreffen, und da brauchte man den Bus, der sie zur Besichtigung der bemalten Höhlen um den großen Stein herumfuhr. Er diente einem anderen Unternehmen, stand aber für Notfälle selbstverständlich auch den Kunden seiner schärfsten Konkurrenz zur Verfügung.

Hinten in dem feinen Bus lag eine große Kiste mit Bierbüchsen.

»Davon kann sich jeder nehmen, was er will«, rief der Fahrer in Spendierlaune, »soll keiner sagen, er wäre bei meiner Gesellschaft schlecht aufgehoben.«

Unser alter Rappelbus wurde der Wildnis überlassen. Er hatte für immer ausgedient. Statt um acht Uhr abends, wie vorgesehen war, erreichten wir die Lodge von Ayers Rock erst um vier Uhr früh. Daß wir unser Ziel überhaupt erreichten, weder an Leib noch Seele geschwächt, war schon ein Glück sondergleichen.

Den ›größten Stein der Erde‹ sahen wir erst am folgenden Morgen. Sein Anblick ist schwer zu beschreiben, weil es nichts gibt, das sich zum Vergleich heranziehen läßt. Der Klotz von Ayers liegt inmitten einer tischflachen Ebene, die ohne Ende scheint. Heller Sand, Gestrüpp und trockenes Gras, niedere Dornensträuche und zerzauste Zwergbäume bedecken die grenzenlose Fläche, aus der sich ohne ersichtlichen Grund der gewaltige Block erhebt. Seine Länge beträgt etwa fünf Kilometer und die Breite ungefähr drei. Fast fünfhundert Meter hoch ist das Gebilde und soll noch viel tiefer in den Boden reichen. Am erstaunlichsten ist aber, daß dieses Massiv aus einem soliden Block besteht. Keine Schlucht klafft darin, kein einziger Riß durchzieht das fugenlose Gestein. Wände und Kuppel des Felsens sind so glatt wie Zement, weder Gebüsch noch Grashalm kann darin Fuß fassen. Also dürfte es wahr sein, daß man hier einen Steinblock vor sich hat, wie es auf der ganzen Welt keinen größeren gibt.

Über seine Entstehung sind sich, wie so oft, die Gelehrten nicht einig. Vielleicht ist er vor Jahrmillionen plötzlich vom Himmel gefallen. Es war ein Landvermesser namens W. C. Gosse, der im Jahr 1873 dieses Wunder der Natur entdeckte. Wenn jemand durch diese Gegend zog, konnte er den gewaltigen Klotz kaum übersehen. Gosse wußte keinen besseren Namen dafür als jenen des damals amtierenden Premierministers Sir Henry Ayer. Dabei war der Fels bei den Eingeborenen schon längst unter dem viel klangvolleren Namen U-Luru bekannt.

Bis etwa 1960 gab es nur wenige weiße Australier und gewiß keine Fremden, die das eindrucksvolle Gebilde mit eigenen Augen gesehen hatten. Man mußte früher eine regelrechte Expedition ausrüsten, um hinzugelangen. Dann jedoch suchte und fand man eine Strecke, die sich von kräftigen Autobussen befahren ließ. Außerdem wurde ein Flugplatz angelegt, der leichten Maschinen Start und Landung ermöglicht. Aber nur im tiefsten Winter, genauer gesagt von Anfang Juni bis Ende August kann der Rock besucht werden. Sonst ist die Hitze in der ausgedörrten Gegend nicht zu ertragen.

Der Zuschnitt unserer ›Lodge‹ war denkbar einfach. Sie bestand aus Wellblech und Sperrholz, hatte nur dünne Wände und war äußerst sparsam möbliert. Unser Zimmer, wenn man es so hochtrabend nennen will, enthielt nur zwei harte Betten, Stuhl und Tisch, sonst nichts. Der große Stein schaute durchs Fenster hinein, gleich vor der Tür lag die sandige Steppe. Der Weg zu den Waschräumen für Damen und Herren war ziemlich weit und bei Dunkelheit leicht zu verfehlen. Man erzeugte das heiße Wasser für Brausen und Becken auf recht primitive Weise. Offene Holzfeuer brannten unter einem großen Eisenbehälter, von dem einige Rohre in die Waschräume führten. Ebenso schlicht wie die Schlafzimmer war auch der Speisesaal. Tisch und Stühle bestanden aus Blech, man aß gemeinsam an der gleichen Tafel, ohne Tischtuch natürlich. Wie es dem australischen Busch entspricht, wurde mit den Mahlzeiten nur bezweckt, die Gäste vor dem schlimmsten Hunger zu bewahren. Alles schmeckte nach nichts, die Hammelkoteletts waren so zäh wie abgefahrene Autoreifen und die Biskuits hart wie Kieselsteine.

Unsere Lodge hatte keine Schankerlaubnis, die von unserem zweiten Bus mitgebrachten Getränke herzhaften Inhalts waren allein für den Verwalter und seine Familie bestimmt. Nichts gab der Mann davon her, so streng hielt er die Vorschriften ein. Wir mußten uns, was die Getränke betraf, mit Tee, Kondensmilch und labbriger Limonade begnügen. Und das ausgerechnet an meinem Geburtstag.

Dreiviertel des Jahres bleibt die Lodge geschlossen und liegt völlig verlassen in der Sonnenglut. Jetzt aber war sie eine Insel der Betriebsamkeit in der Einöde. Außer dem Verwalter, seiner Frau und zwei zehnjährigen Buben lebten noch vier Angestellte in den Baracken. Dazu gab es einen Wetterwart, eine Tankstelle und eine Funkstation mit Funker. (Heute gibt es bessere Unterkünfte, aber keine wilde Romantik mehr.)

An sich war von unserem Reisebüro für den dreitägigen Aufenthalt ein reichhaltiges Programm vorgesehen. Dazu gehörte eine Busfahrt rund um den Felsen, ein Hundert-Kilometer-Ausflug zu den Olga-Bergen und Picknicks im Freien. Ein sachkundiger Führer sollte zur Verfügung stehen, uns alle Besonderheiten der Gegend eingehend zu erklären.

Doch war dieser Mann nicht vorhanden, und wir hatten unser Fahrzeug verloren. Den neuen Bus, der uns gestern so freundlich errettet hatte, konnten wir nicht mehr benutzen. Sein Vorrat an Brennstoff war für die Kundschaft bestimmt, die morgen mit einer Sondermaschine eintreffen sollte. In der Tankstelle herrschte gähnende Leere, seit Wochen schon wurde ein Fernlaster mit Benzin vergeblich erwartet.

»Sie müssen schon zu Fuß gehen«, meinte der Verwalter unserer Lodge, »ich selber habe nur für Kost und Logis zu sorgen.«

Es war aber nicht jedermanns Sache, den Riesenblock im flotten Fußmarsch zu umrunden. Da gab es keinen Spazierweg, nur Fahrspuren im tiefen Sand, viel scharfe Steine und dorniges Gestrüpp. Weil man schon eine gute Stunde braucht, um überhaupt an den Fels heranzukommen, war alles in allem für den Rundmarsch ein voller Tag notwendig.

Der Mann namens Billy und seine Frau namens Nelly wollten mit uns das Wagnis bestehen. Schon früh um sieben brachen wir auf und haben es nie bereut. Gerade weil wir keinen Führer hatten, würde es eine richtige Entdeckungsreise.

Zu unserem Erstaunen war das kolossale Gebilde ringsum von Wald umgeben, wir fanden sogar einige Tümpel mit glasklarem Wasser und stapften mehrfach durch sumpfigen Boden. Billy, der eine Schrift über die Wunderwelt von Ayers Rock gelesen hatte, wußte das zu erklären. Der Fels besaß die Fähigkeit, das seltene Regenwasser jahrelang aufzuspeichern. An seinem Fuß kam es wieder zum Vorschein. Der belesene Mann ergriff einen Knüppel und schlug damit heftig auf die Steinwand. Sogleich löste sich davon eine Schicht, und perlende Wassertropfen rannen am warmen Felsen hinab.

»So hat's auch Moses gemacht«, meinte Billy, »Gott der Herr allein verriet ihm das Geheimnis.«

Über uns stiegen die glatten Wände senkrecht in den Himmel, wie Glaspapier schimmerten sie in der hellen Sonne. Keine Maus hätte vermocht, sich daran festzukrallen. Der Eindruck ihrer abweisenden Steilheit war furchterregend. Wir zogen uns zurück, suchten lichteres Gelände und kamen dort besser voran.

Beide Frauen schrien gleichzeitig, sie hatten das Getrappel von Schritten gehört und vermuteteten Menschenfresser auf dem Kriegspfad. Doch waren es, wie sich bei ruhiger Betrachtung zeigte, nur harmlose Känguruhs, die vor uns davonsprangen. Euros nennt man diese Sorte, sie tragen einen dunklen Pelz und werden nicht größer als etwa einen Meter. Ihre Heimat sind die Berge Australiens, ihr Fleisch gilt bei den schwarzen Nomaden als besonderer Leckerbissen.

Als Mr. Gosse den Ayers Rock entdeckte, traf er dort mit Ureinwohnern zusammen. Von alters her war für sie der Felsen ein Zentrum steinzeitlichen Lebens und galt als Sitz freundlicher Geister. Alljährlich, zu bestimmten Zeiten, versammelten sich die Männer vom Stamme der Aranda im Schatten des Steines, um hier an den jungen Leuten die peinvolle Zeremonie der Beschneidung zu vollziehen. Zum Beweis ihrer Tapferkeit brachten sich auch die anderen Männer tiefe Schnittwunden bei. Mit dem Blut als Bindemittel klebte sich ein jeder Vogelfeder und Blütenblätter auf die nackte Haut, bis ein phantasievolles Muster den ganzen Körper bedeckte. In dieser Gestalt wurde nachts das ›Corroboree‹ getanzt, eine pantomimische Darstellung von Kämpfen der guten Geister gegen die bösen. In früherer Zeit durfte keine Frau und erst recht kein Fremder bei diesem geheimnisvollen Treiben zuschauen. Inzwischen sind einige Stämme so weit degeneriert, daß sie für Geld und gute Worte ihre Tänze darbieten.

Zu Beginn unseres Jahrhunderts kam eine lange und alles vernichtende Dürre über das Land um den Ayers Rock. Selbst der Felsen trocknete aus. So verschwanden auch sämtliche Tiere, von denen die Abos lebten. Die Gegend wurde von den Eingeborenen verlassen. Weil aber nach ihrem Glauben die Gruppenseele eines jeden Stammes in der ursprünglichen Heimat weiterlebt und von dort ihre mythische Kraft bezieht, kehren auch heute noch hin und wieder einige scheue Männer zu den Kultplätzen ihrer Vorfahren zurück, damit die so wichtige Verbindung zwischen Gegenwart und Vergangenheit erhalten bleibt. Nur konnte uns niemand sagen, wann diese heimlichen Besuche stattfinden und was dabei vor sich geht. Aber sicher geschieht nichts, während sich Fremde in der Nähe aufhalten.

Je weiter wir nach Westen vordrangen, desto mehr senkte sich der große Stein. An ein oder zwei Stellen war es nun möglich, den Monolith zu besteigen. Wir hätten es gerne getan, doch fehlte hierfür die Zeit, die Ausrüstung und ein kundiger Führer. Droben auf der Höhe soll sich ein tiefes Loch befinden, das zu allen Zeiten Wasser enthält. Wie das kaum anders sein kann, war dieser natürliche Brunnen, und ist es vermutlich noch heute, für den Geisterglauben der Urbewohner von besonderer Bedeutung.

Wir stiegen nur so weit hinauf, wie das ohne erfahrene Begleitung möglich war. Aber es genügte, um ein Panorama ohnegleichen zu genießen. Die Grenzen der scheinbar endlosen Steppe waren nun abzusehen, ein Kranz wildromantischer Bergzüge umfaßte sie von allen Seiten. Nirgendwo sonst haben wir den Begriff von der ›blauen Ferne‹ so deutlich empfunden wie von diesem Standort an der Flanke des Ayers Rock. Denn jene Berge waren blau, ihr Blau um so dunkler, je entfernter sie lagen. Ganz am Rande des Horizonts schimmerten ihre Konturen gar nachtblau. Die Macdonells und die Musgraves heißen sie, ihre Täler sind noch nicht erforscht, die meisten Gipfel hat noch niemand bestiegen. In dieser unbekannten Welt leben die letzten, von keinem Hauch der Zivilisation berührten Steinzeitmenschen Australiens. Immer wieder glaubt der Eingeborenendienst, nun endlich alle Stämme zu kennen, muß aber erleben, daß noch eine unbekannte Gruppe der ewigen Wanderer zum Vorschein kommt. So wird es auch jetzt vielleicht noch Splitter des seltsamen Volkes geben, von denen kein weißer Australier etwas ahnt.

Bald nach dem Abstieg fanden wir die ersten Höhlen, von der Natur geschaffen, aber von Menschen bemalt. Geometrische Figuren waren es, mitunter Darstellungen von Menschen und Tieren. Die Fährten freien Wildes waren an die Wände gemalt, Männer, die Pfeil und Bogen in den Händen hielten, und andere, die Speere warfen. Die Zeichen hatten gewiß mit Jagdzauber zu tun, der Wunsch nach reicher Beute kam in ihnen zum Ausdruck. Die Verwandtschaft mit den steinzeitlichen Höhlenmalern unseres eigenen Erdteils wie etwa in Altamira und Font du Gaume war unverkennbar. Hier aber reichten die Bilder nicht viele tausend Jahre in nebelhafte Vergangenheit zurück, sondern sind in unserem Jahrhundert entstanden. Aber gewiß nach uralten Vorstellungen, denn die gleiche Art von Bemalung hat man auch in Höhlen gefunden, die seit undenklichen Zeiten verschüttet waren.

Woher die Uraustralier ihre Farben bezogen, wußte auch der sachkundige Billy nicht zu sagen. Jedenfalls leuchteten sie im Halbdunkel der Höhlen recht eindrucksvoll. Rot und Gelb waren vorherrschend, besonders schön wirkte ein starkes Violett. Wegen des hellen Sonnenscheins am Morgen hatten wir kein Blitzlicht mitgenommen. So versuchten wir denn unsere Aufnahmen mit sehr langer Belichtung zu machen, was mitunter auch gelang. Wie sich beim Vergleich mit den Aufnahmen des Eingebogenendienstes herausstellte, waren wir durch Zufall auf einige Höhlen gestoßen, die man dort nicht kannte.

Wir gerieten mehr und mehr in Begeisterung, krochen in so manches Loch hinein und entdeckten ein wahres Labyrinth von Hallen und Gelassen. Ursprünglich wohl durch die Gewässer einer anderen Weltzeit ausgewaschen, hatten später Menschen mit ihren primitiven Mitteln nachgeholfen. Meist war der Boden mit Sand bedeckt, und frische Brandreste verrieten, daß auch jetzt noch gelegentlich jemand herkam und hier kampierte.

Unser Freund Billy war entzückt, als wir in Räume gelangten, von denen er Beschreibungen kannte. Dazu gehörte auch ein sogenanntes Entbindungsheim. Ein seltsam geformter, von langem Gebrauch blankgewetzter Felsblock in der Mitte sollte der Gebärstuhl sein. Der nächste Raum galt als Hospital der Steinzeitmenschen, ohne daß hierfür ein Grund ersichtlich war. Dann folgte der sogenannte Beratungsraum der Häuptlinge und schließlich das ›Theater‹. Es war nach vorne geöffnet und sah wirklich aus wie eine Bühne. Davor lag ein freier, sandiger Platz für die Zuschauer. Vielleicht tanzte man in dieser dramatisch geschwungenen Muschel das ›Corroboree‹. Vor einem Hintergrund wie diesem konnte es seine Wirkung auf das Publikum kaum verfehlen.

Ein mannshoher Block mit tiefem, kreisrundem Loch an der Oberfläche konnte als Opferstein gelten. Zwar glaubt man nicht, daß die Ureinwohner des Landes Menschenopfer darbrachten, es könnten ja auch Tieropfer gewesen sein. Hoch in der Wand öffneten sich nebeneinander mehrere kleine, glattwandige Höhlen, ideale Plätze, um von dort Wache und Ausschau zu halten. Auch zur Verteidigung waren sie bestens geeignet, falls man genügend Wasser und Proviant bei sich hatte. Nur mit Hilfe einer Strickleiter kam man hinauf.

Eigentlich war es ganz gut so, daß wir weder Fahrzeug noch Führer hatten. Denn im vorgesehenen Programm zeigt man den Touristen nur drei Höhlen, und das sind jene, bis zu denen der Bus fahren kann. Auf eigene Faust und tüchtig zu Fuß hatten wir viel mehr erlebt und genossen dazu noch den stolzen Wahn, erste Entdeckungen zu machen.

Dabei wurde es so spät, daß wir den Rest des Rundmarsches im Wettlauf mit der sinkenden Sonne zurücklegten. Aber die Nacht holte uns ein, der Hunger trieb uns an. Die Meinungen gingen auseinander, in welcher Richtung wir die Lodge suchen sollten. Doch machte das unserem Freund Billy und seiner Nelly nicht die geringste Sorge. Womit sie wiederum recht hatten. Denn kaum waren wir um die nächste Kurve des nachtdunklen Steins gebogen, sahen wir in der Ferne eine Reihe punktierter Lichter. Sie konnten nur von unserer Blechbaracke stammen, und schnell erholt marschierten wir darauf zu.

Uns von hungrigen Gedanken abzulenken, erzählte Freund Billy aus seinem Leben. Bis vor kurzem noch war es ohne besondere Vorkommnisse gewesen. Seit ihrer Geburt waren sowohl bei Billy wie bei Nelly fünfundvierzig Jahre vergangen, ohne daß sie weit über die Stadt Sydney hinausgekommen wären. Des schlichten Mannes Arbeit vollzog sich in einer Großgarage, wo er die Wagen wusch und kleine Reparaturen machte.

»Aber im vorigen Jahr hatten wir ein bißchen Glück«, meinte er mit betonter Untertreibung, »in der Lotterie für die neue Oper fiel das Große Los auf unsere Nummer!«

Es hatte einen Wert von hunderttausend Pfund, aus dem Wagenwäscher war über Nacht ein Millionär geworden. (Inzwischen wurde die Währung auf australische Dollars umgestellt.) Und ein Millionär wollte Billy auch bleiben. Mit kühlem Kopf hatte das kinderlose Paar jeder eigenen wie fremden Versuchung widerstanden, in den Taumel wilder Ausgaben zu verfallen. Sogar seinen Beruf übte Billy weiter aus.

»Im nächsten Sommer habe ich fünfundzwanzig Jahre lang bei derselben

Firma geschafft. Dafür bekommt man bei uns drei Monate lang vollbezahlten Urlaub. Den will ich noch mitnehmen, bevor das faule Leben beginnt.«

So faul, wie er sagte, sollte es aber nicht sein. Billy und Nelly wollten fremde Sprachen lernen, um danach eine jahrelange Weltreise zu machen.

»Bei diesen Ausländern muß man vorsichtig sein«, sagte er uns, »wenn man die Halunken nicht einigermaßen versteht, hauen sie einen gleich übers Ohr!«

Der Tisch war schon abgeräumt, als wir mit schleppenden Schritten endlich zur Lodge gelangten. Seit dem frühen Morgen hatten wir nichts gegessen und sollten auch jetzt nichts mehr bekommen. Der Verwalter schien unerbittlich, wer die Tischzeit nicht einhält, ist selber daran schuld. In Australien gilt dieser strenge Brauch ebenso für die teuren Hotels in den großen Städten wie für die einfachsten Unterkünfte der Wildnis. Es galt aber nicht für eine mitleidige Hilfskraft in der Küche. Heimlich holte sie uns Keks und Käse aus der Speisekammer. Heimlich winkte Bill uns beide in sein Zimmer. Dort hielt er noch eine Flasche Whisky verborgen, die den gemütlichen Abend nicht überlebte. Wie schon erwähnt, regelt sich in Australien alles von selbst.

Todmüde fielen wir in tiefen Schlaf, wurden jedoch bald durch lauten Lärm wieder geweckt. Es hörte sich an, als würden Millionen kleiner Steine gegen unsere Blechwände geworfen. Gleichzeitig trappten zehntausend Teufelchen mit benagelten Schuhen über unser Dach. Der Lichtschalter antwortete nicht, stockdunkel war und blieb es. Ich mußte wissen, was hier geschah. Ich sprang daher aus dem Bett und hinein in kühles Wasser. Es reichte mir bis über die Knöchel und drang, nach der Strömung zu schließen, durch die Tür herein.

Von draußen drückte jemand dagegen, nur mit heftigem Gegendruck bekam ich sie auf. Da aber wurde ich sogleich von Kopf bis Fuß durchnäßt und von dikken Tropfen fast gesteinigt.

»Soll das etwa Regen sein . . .?« erkundigte sich Marianne.

»Ein Wasserfall sucht, diese miserable Hütte zu verschlingen . . .«, knurrte ich und schlug die Tür wieder zu.

Eine gute Stunde lang blieben sämtliche Schleusen des Himmels weit geöffnet, dann war mit einem Schlage alles vorbei. Als der Morgen graute, bot sich draußen ein phantastischer Anblick.

Aus der knisterdürren Steppe war ein Land der tausend Teiche geworden. Was nicht von Wasser bedeckt wurde, hatte sich in tiefen Sumpf verwandelt. Für den Weg zum Speiseraum mußten wir auf Schuhe und Strümpfe verzichten.

»Schau nur den Felsen an«, rief meine Frau, »er ist ganz blau!« Er war wirklich so blau wie ein immenser Veilchenstrauß und glänzte so kräftig, daß man glauben konnte, er sei völlig vereist. Es waren aber nur Wasserschleier, die an seinen Flanken hinabliefen.

Über Nacht waren alle Halme grün und jeder Sandhügel rot geworden. Gelbe und weiße Blüten hatten sich geöffnet. Die Luft war so kühl wie im Frühling bei uns.

»Was haben wir für ein seltenes Glück«, freute sich unsere Nachbarin, die mit bloßen Füßen vom Waschraum zurückplanschte, »bedenken Sie nur, es ist der erste richtige Regen seit drei Jahren!«

Harry, der stets so griesgrämige Verwalter unserer Lodge, hatte ihr das erklärt.

»Hat er Ihnen auch erklärt«, rief ein nur dürftig bekleideter Reisegefährte aus seiner offenen Tür, »wie unsereins von hier wieder wegkommt?«

Nein, darüber war nichts bekannt und auch nichts zu erfahren. Vorerst konnte kein Fahrzeug die wäßrige Wüste befahren. Ebenso würde kein Pilot es wagen, auf dem ganz und gar durchweichten Flugplatz zu landen.

»Ich kann nicht mehr für Sie tun«, versicherte der ewig schlechtgelaunte Herbergsvater auf unsere besorgten Fragen, »als die Mahlzeiten einfacher zu gestalten.«

Darunter verstand er eine drastische Kürzung der Rationen. Ohnehin waren seine Vorräte knapp geworden, und da wir ihm nun auf unbestimmte Zeit zur Last fielen, mußte der strenge Mann so weit wie möglich strecken. So fehlte schon gleich die Butter zum Brot, und die Milch wurde noch löffelweise ausgeschenkt.

Es waren in der Lodge weder Bücher zum Lesen noch Papier zum Schreiben vorhanden. Es gab auch keine Postkarten, um der Freunde, Verwandten und Bekannten daheim zu gedenken. An Spaziergänge in der amphibischen Landschaft war erst recht nicht zu denken, spitze Steine und scharfes Steppengras hätten uns schnell die bloßen Füße zerschnitten. Es erübrigte sich, nach Wasserstiefeln aus Gummi zu fragen, im Herzen von Australien kennt man sie bestenfalls vom Hörensagen. So saßen wir in unserer Lodge gefangen!

»Was machen denn Ihre Buben, wenn sie nicht hinauskönnen?« erkundigte sich Marianne bei der Frau des Verwalters.

»Die sind in der Schule . . .«

»In der Schule . . ., wo soll denn hier eine Schule sein?«

Gleich nebenan war die Schule, in einem kleinen Raum, wo sich außer den zehnjährigen Zwillingen niemand befand. So aufmerksam folgten die beiden Knaben dem Unterricht, daß sie unseren Eintritt gar nicht bemerkten.

Ihr Lehrer befand sich in Alice Springs, seinen hiesigen Schülern um vierhundert Kilometer Luftlinie entrückt. Was wir sahen und hörten, war die Radioschule von Inneraustralien.

Die Schüler dieser Schule verteilten sich über ein Gebiet, das weit größer ist als die Bundesrepublik. Sie erhalten Heimunterricht von einem Lehrer, der sie nicht sehen kann und den sie selber ebensowenig sehen. Aber er weiß genau, wer zu seiner Klasse gehört, und vergewissert sich bei Beginn jeder neuen Stunde, ob seine Schäflein vollzählig sind. Nacheinander ruft er die Namen auf, und jeder Schüler hat sich zu melden. Fehlt einer von ihnen, so muß der Vater oder die Mutter eine Entschuldigung durchgeben. Auf dem Schultisch steht ein

Der heiße Draht

Als die Engländer und Franzosen am 10. September 1855 die russische Festung Sebastopol stürmten, war der Krimkrieg entschieden. Noch am gleichen Tag wurde das Ereignis in allen großen Städten Europas bekannt, aber erst zehn Wochen später gelangte die Siegesmeldung nach Australien.

Samuel Morse hatte den Telegraphen schon fünfzehn Jahre früher erfunden, alle wichtigen Plätze in Amerika wie Europa waren inzwischen durch den Draht verbunden. Auch im Königreich Preußen verfügte man bereits über neuntausend Kilometer telegraphischer Leitung. Dagegen waren die australischen Zeitungen noch immer auf die Schiffspost angewiesen, um Nachrichten aus der übrigen Welt zu erhalten. Es war zu Anfang der fünfziger Jahre schon ein großer Fortschritt gewesen, als neue Schnellsegler die weite Strecke von London bis Sydney in weniger als drei Monaten zurücklegten. Sie mußten allerdings ganz Afrika umrunden, den Suez-Kanal gab es noch nicht. Erst zehn Jahre später gelang es den Dampfschiffen, die Geschwindigkeit der vom Winde getriebenen, schnittigen Clipper um zehn, ja sogar um zwanzig Tage zu schlagen. Um 1865 konnte eine Nachricht von England den fünften Kontinent bereits in zwei Monaten erreichen.

Aber das war noch immer viel zu langsam und führte oft zu den unsinnigsten Folgen. Erschreckt durch die Gerüchte von einem neuen Krieg, der zwischen England und dem Zarenreich ausgebrochen sein sollte, glaubte man in Australien an eine feindliche Flotte, die sich dem fünften Erdteil näherte, und begann in größter Aufregung, die Hafeneinfahrt von Sydney zu befestigen. Sechzig Tage lang schufteten alle arbeitsfähigen Männer der Stadt an Wällen und Gräben, bis sich herausstellte, daß weder die Russen noch sonst jemand den Frieden bedrohte. Um zwei volle Monate hinkte ein ganzer Erdteil hinter den Weltereignissen her.

In Australien wußte man nicht, wie derzeit die Wollpreise in London standen. Bis sich Importeur und Exporteur miteinander verständigt hatten, verging fast ein halbes Jahr. In New York aber war man binnen weniger Minuten über jede Schwankung des Welthandels informiert, denn inzwischen hatte der Telegraphendraht England mit Amerika und sogar mit Indien verbunden. Singapur, der südlichste Punkt der malayischen Halbinsel, wurde schon 1869 erreicht, und das Netz sollte bis nach Java ausgedehnt werden. In Brisbane und Sydney, in Melbourne und Adelaide blieb man derweilen noch immer auf die Schiffspost angewiesen. Australien geriet bedenklich ins Hintertreffen. Was an den Börsen der Welt vor sich ging, erfuhr man viel zu spät. So manch gute Gelegenheit, bei den Wollauktionen fette Profite zu machen, wurde den Australiern von schnelleren Leuten weggeschnappt.

Als die London-Telegraph-Company ihren Draht bis zur westindischen Hafenstadt Karachi gezogen hatte, waren unternehmende Leute im fünften Erdteil auf den Gedanken gekommen, eine Telegraphenlinie vom bewohnten Süden quer durch den Kontinent nach Norden zu legen. Sie hofften, dadurch Nachrichten statt in bisher bestensfalls sechzig Tagen in etwa vierzehn Tagen zu erhalten, denn zwischen der australischen Nordküste und dem indischen Ende des Londoner Drahtes ließen sich Depeschen per Schiff relativ schnell befördern.

Aber leider gab es an der gesamten Nordküste des Kontinents bis dahin noch keine einzige weiße Siedlung. Auch hatte noch niemand Australien in seiner ganzen Breite durchquert.

So phantastisch demnach der Plan eines Drahts mitten durch den Kontinent auch war, der Elektroingenieur Charles Todd ließ sich nicht davon abbringen. Er war mit achtundzwanzig Jahren nach Australien gekommen, staatlich angestellter Astronom und Telegraphenbauer in einer Person. Unter seiner Leitung entstand in erstaunlich kurzer Zeit eine Verbindung der vier größten australischen Städte miteinander, die alle im Südosten lagen, aber der übrigen Welt brachte sie den Erdteil um keinen Schritt näher. Mit all seiner Energie drängte Charles Todd daher zum Bau einer Linie zur Nordküste. Er hatte seine Kenntnisse bei Samuel Morse selbst erworben, weshalb es in ganz Australien niemanden gab, der in der Lage war, den technischen Möglichkeiten seiner kühnen Pläne zu widersprechen. Und Todd behauptete, der Bau einer dreitausend Kilometer langen Leitung von Adelaide durch das Herz Australiens bis an den Indischen Ozean sei durchaus möglich und müsse nicht mehr als hunderttausend Pfund kosten. Dabei hatte weder er noch sonst jemand die geringste Ahnung, wie das Gelände im Inneren des Kontinents beschaffen war.

John MacDuall Stuart war der Mann, den man auf Todds Betreiben 1859 aussandte, dies zu erkunden. Zwei Deutsche namens Müller und Herrgott begleiteten ihn auf seiner ersten Expedition. Zwar stießen die drei Männer viel weiter ins Hinterland vor, als es bisher irgendeinem Weißen gelungen war, aber nach einem mörderischen Ritt von zweihundert Kilometern waren sie erschöpft. Zum Glück entdeckte Fritz Herrgott, als sie schon dem Verdursten nahe waren, eine grüne Oase mit einer bescheiden sprudelnden Quelle. Seinem Begleiter zu Ehren gab ihr Stuart den Namen ›Herrgott-Springs‹, was gewiß kein schlechter Name war. Sie wurde später zum Mittelpunkt eines neuen Siedlungsgebietes, um die Herrgott-Quelle herum entstand eine kleine Stadt, zu der später sogar eine Bahnlinie führte. Doch als der Erste Weltkrieg ausbrach, mißfiel die deutsche Bezeichnung. Der Name ihres Entdeckers und auch des lieben Gottes wurde von der Landkarte gestrichen. Statt ›Herrgott-Springs‹ heißt der Ort nun ›Marree‹, und dagegen kann man nichts machen.

Stuart und seine Begleiter schleppten sich nach Adelaide zurück, wo man schon gar nicht mehr an ihre Wiederkehr glaubte. Dennoch gab sich der eisenharte Stuart nicht geschlagen. Ein vorgeschobener Stützpunkt mit Wasser und

Weiden war gefunden, von dort aus konnte man mit frischen Kräften weiter vorstoßen. Nach wenigen Wochen der Erholung verließ der wagemutige Mann, mit neuen Pferden und Gefährten versorgt, wieder die Südküste und zog auf schnellstem Wege erneut an die ›Quellen des Herrgott‹. Nach einer längeren Rast an diesem idyllischen Fleck wurde der Ritt fortgesetzt. Meile für Meile drangen sie vorwärts, immer tiefer hinein in das hitzeflimmernde, völlig unbekannte Land. Sie litten Durst und Hunger, ihre Pferde wurden müde und mager. Man fand die Lager von Eingeborenen, konnte sich aber nicht ihrer Hilfe bedienen. Die steinzeitlichen Menschen waren vom Anblick der Pferde noch mehr entsetzt als von den weißen Männern. Noch nie hatten sie solche Geschöpfe gesehen.

Eine Woche nach der anderen verging, auf dem Monde konnte es nicht einsamer sein als in dieser steinigen Steppe. Trostlose Gebirge versperrten den direkten Weg nach Norden und wurden umgangen. Nur jeden dritten, vierten oder fünften Tag gelang es, in einem ausgetrockneten Flußbett Grundwasser zu graben. Viel Zeit ging verloren, bis die Pferde genügend Gestrüpp fanden, um sich einigermaßen den Magen zu füllen. Doch am 22. April 1860 erlebten Stuart und seine Begleiter die stolze Genugtuung, genau in der Mitte des australischen Kontinents zu kampieren.

Aber weiter kamen sie nicht, die Hälfte ihrer Tiere war krepiert und der Proviant ging zur Neige. Weit schlimmer als der Hinweg wurde der endlos lange Rückweg. Man brauchte die doppelte Zeit und kam erst nach einer Abwesenheit von neun Monaten wieder an der Südküste an.

Nachdem Charles Stuart bis zur Mitte des Kontinents vorgestoßen war, ließ er nicht mehr davon ab, Australien in seiner ganzen Breite zu durchqueren. Von Charles Todd, dem ungeduldigen Telegraphenbauer, angefeuert und von der Regierung ausreichend finanziert, machte er sich noch im gleichen Jahr zum dritten Mal auf den Weg. Diesmal kam er um zweihundertfünfzig Kilometer über das Zentrum hinaus. Dann aber weigerten sich seine Leute, auch nur eine Meile weiter nach Norden zu marschieren. Die Pferde waren nicht mehr in der Lage, einen Menschen zu tragen, und die mitgebrachten Vorräte fast völlig verbraucht. Stuart mußte nachgeben und sich abermals umwenden. Durch eitrige Entzündung der Augen war er fast erblindet, außerdem wurde er von heftigen Magenkrämpfen geplagt. Man lebte von Känguruhs, Eidechsen und Beutelratten. Die Eingeborenen wurden dreister, ständig mußte bei Nacht einer der Leute Wache halten. Krank, zerlumpt und ausgehungert erreichten die Männer schließlich wieder den ersten Vorposten der Zivilisation.

Kaum hält man es für möglich, aber schon nach einem Monat brach Charles Stuart zum vierten Male auf. Fast sechs Monate vergingen, bis er wieder am äußersten Punkt anlangte, den er zuvor schon erreicht hatte. Das Gelände wurde besser, es gab grünes Gras, und man stieß öfter auf Wasserstellen. Aber man stieß jetzt auf Eingeborene, die nicht gleich davonliefen, sondern entschlossen angriffen. Mehrfach kam es zu kleinen Gefechten, wobei es Stuart jedoch vermied, die Schwarzen zu treffen. Man schoß nur, um sie in die Flucht zu jagen. Daraufhin steckten die Aborigines das trockene Gras der Steppe in Brand. Die Kolonne mußte weite Umwege machen, um den Flammen zu entgehen. Danach schlug man wieder die nördliche Richtung ein und zog weiter, unermüdlich angetrieben von Stuarts eisenharter Energie.

Am 24. Juni des Jahres 1862, volle neun Monate nach dem Aufbruch in Adelaide, standen die Männer am Strand des Indischen Ozeans. Zum ersten Male war der australische Kontinent in seiner ganzen Breite durchquert worden.

Mehr als dreitausend Kilometer hatte man zurückgelegt, und nochmals dreitausend Kilometer waren zu marschieren, um wieder heimzukehren. Es gab ja, wie gesagt, keine weiße Siedlung an der Nordküste und demnach keine Möglichkeit, ein Schiff zu finden.

Aber vier Expeditionen und insgesamt etwa elftausend Kilometer durch Inneraustralien hatten selbst Stuarts erstaunliche Kräfte gebrochen. Wieder brannten seine Augen wie Feuer, so daß er geführt werden mußte. Ständig litt er unter heftigen Magenschmerzen, spuckte Blut und verlor erschreckend an Gewicht. Während der letzten Wochen wurde er auf einer Bahre getragen. Sie hing zwischen den beiden Pferden, die als einzige der Expedition noch geblieben waren.

Fast ein halbes Jahr dauerte dieser furchtbare Rückmarsch, den Stuart nicht zu überleben glaubte. Zum Skelett abgemagert und vom Fieber geschüttelt, erreichte der Erstdurchquerer Australiens am 17. Dezember 1862 wieder die Südküste.

Erst Wochen später war der Entdecker soweit hergestellt, daß er seinen Ruhm genießen konnte. Auf dem Festbankett in Adelaide wurde ihm ein Ehrensold von zweitausend Pfund überreicht, für die damaligen Verhältnisse in Australien ein Kapital, von dessen Ertrag man bequem leben konnte. Leider konnte es Charles Stuart nicht. Er starb schon bald, vermutlich an Magenkrebs.

Doch seine Aufgabe war erfüllt, ein Weg quer durch den Kontinent war gefunden und vermessen. Man wußte nun, mit welchem Gelände zu rechnen war, absolute Wüste wie in der Sahara gab es nicht. Weideland für Pferde und Vieh war zu finden, wenn auch nur sehr dürftig. In den Bergschluchten lagen vereinzelte Wasserlöcher, und in den Flußbetten konnte man sich gelegentlich bis zum Grundwasser hinuntergraben.

Charles Todd drängte daher England und Australien, den Telegraphenbau in Angriff zu nehmen. In London war man einverstanden und versprach, das schon bis Java verlängerte Kabel auf dem Meeresgrund zur australischen Nordküste weiterzuführen. Aber von dort bis zum bewohnten Süden des Kontinents mußten die Australier selber für ihre Linie sorgen. Weil es jedoch in Australien fünf verschiedene Provinzregierungen gab, die jede ihre eigene Postverwaltung besaßen, vergingen volle fünf Jahre, bis man sich endlich einigte. Dann aber war höchste Eile geboten, denn Ende 1868 kam mit der London-Telegraph-Company ein Vertrag zustande, dessen Klauseln zu einem der seltsamsten Wettrennen führten, das die Welt je gesehen hat. Während die London-Telegraph zusicherte, ihr Seekabel binnen zwei Jahren von Java aus an die nordaustralische Küste zu legen, mußte Australien versprechen, seinen Überlandtelegraphen von der Süd- zur Nordküste ebenfalls in der gleichen Zeit fertigzustellen. Am 1. Januar 1872 sollten sich beide Linien treffen. Wer mit seinem Draht den Anschluß verpaßte oder wegen eines Fehlers in seiner Leitung nicht telegraphieren konnte, hatte für jeden Tag Verspätung eine Konventionalstrafe von hundert Pfund zu zahlen, was heute dem Gegenwert von etwa zehntausend Mark entspricht.

Charles Todd selber übernahm die Verantwortung und Leitung des schier unglaublichen Unternehmens. Von Begeisterung entflammt, sicherte er der Regierung zu, daß er gewiß beizeiten fertig würde, die Verspätungsstrafe sei also nicht zu fürchten. Ein stolzes Wort fürwahr, wenn man bedenkt, daß es bisher nur einer waghalsigen Expedition gelungen war, den Kontinent zu durchqueren, und daß es noch keinen Stützpunkt an der Nordküste gab.

Schon mehrmals hatte man versucht, weiße Siedlungen am Strande des Indischen Ozeans anzulegen, darunter Port Palmerstone, Port Essington und Port Daly. Aber alle Siedler hatten wieder aufgeben müssen. Das Klima war zu schlecht und die Versorgung zu schwierig. Auch hatten die Eingeborenen sich höchst feindlich benommen und kein Vieh auf ihrem Land geduldet. Doch nun brauchte man unbedingt einen Hafen im hohen, heißen Norden, um das Werk gleichzeitig vom Norden und vom Süden her zu beginnen. Keine Opfer und Ausgaben waren zu hoch. Ohne vorerst zu wissen, in welcher Bucht der Stützpunkt liegen sollte, verließen kurz hintereinander zwei Segelschiffe den Hafen von Adelaide, um den neuen Ort zu gründen. Sie hatten hundertvierunddreißig harte Männer an Bord, dazu vierundvierzig Pferde, sechsunddreißig Zugochsen, eine Schafherde und eine Ziegenherde sowie Karren und Wagen, Zelte, zerlegbare Hütten, zweihundert Tonnen Material und tausend Kisten Proviant. Vier Wochen später fielen die Anker in der Beagle-Bucht. George Oyder, Leiter der australischen Landvermessung, ließ sich mit einigen Leuten an Land rudern und blieb zwei Tage fort. Als er wiederkam, war seine Entscheidung gefallen. Gleich hinter der abweisenden Küste, dem Blick vom Schiff aus durch Dünen und Geröll entzogen, lag grünes Weideland, wo es genug fließendes Wasser gab, um viele tausend Stück Vieh zu versorgen. Weil so leicht kein besserer Platz zu finden war, wollte Oyder auch nicht danach suchen. So wurde auf höchst formlose Art Port Darwin gegründet. Heute ist der Ort mit über fünfzigtausend Einwohnern die größte Stadt und der wichtigste Hafen in Nordaustralien, neuerdings auch ein wichtiger Flughafen.

Menschen, Vieh und Material wurden ausgeschifft und sogleich mit dem Bau der Siedlung begonnen. Ein Schiff folgte dem anderen, nach etwa sechs Wochen war die Barackenstadt fertig, und schon am 15. September 1870 wurde feierlich der erste Telegraphenmast eingesetzt. Binnen fünfzehn Monaten sollte nun der Draht durch ganz Australien gezogen werden.

Im Süden hatte man schon begonnen, konnte sich auch hundert Kilometer weit einer schon bestehenden Leitung bedienen. Aber dazwischen lag die ungeheure Breite des ganzen Kontinents. Es war nach Meinung aller vernünftigen Menschen unmöglich, diese Entfernung in so kurzer Frist mit einer Telegraphenlinie zu überspannen. Gewiß hatte Stuart einen gangbaren Weg durch Australien erkundet, aber es war vermutlich nicht der kürzeste. Feindliche Eingeborene hatten ihn zu Umwegen gezwungen. Oftmals war er, auf der Suche nach Wasserlöchern, im Zickzack marschiert. So mußten jetzt kleine Expeditionen den Arbeitskolonnen vorauseilen, um eine direkte Trasse festzulegen. Noch nie zuvor war unter solchen Umständen eine Telegraphenlinie gebaut worden. Man sah Berge vor sich, ohne vorerst zu wissen, wie man sie überqueren sollte. Noch problematischer war die Frage, ob die beiden Arbeitsteams, die von zwei Seiten in das Zentrum Australiens vorstießen, sich auch wirklich an dem nur theoretisch errechneten Mittelpunkt treffen würden.

Bis zum Ende des Jahres waren im Norden wie im Süden rund sechshundert rauhe Männer an der Arbeit. Alle trugen wallende Bärte, breite Sonnenhüte und grobe Stiefel. Viele tausend hatten sich gemeldet, weil außerordentlich hohe Löhne lockten und dazu noch die Aussicht auf Sonderprämien, wenn bestimmte Punkte schneller als geplant erreicht wurden. Nur die kräftigsten Burschen hatten vor den Ärzten bestanden, in physischer Hinsicht konnte die Auslese nicht besser sein. Einwanderer aus allen Nationen waren darunter, vor allem Iren und Deutsche.

Am schwierigsten war ihre Versorgung mit Trinkwasser. Man konnte die Linie nicht von einer Wasserstelle zur nächsten legen, sie wäre dadurch viel zu lang geworden. Oft mußten die Bottiche über hundert Kilometer auf Ochsenkarren herangeführt werden. An Waschen und Rasieren war nicht zu denken, auch die Töpfe wurden nur mit Sand gereinigt.

Bis über 50 Grad Celsius stieg die Temperatur im Sommer, also wurde bei Nacht gearbeitet. Allmählich gerieten die Eingeborenen in Bewegung und sammelten sich, um das fremde Volk aus ihrem Lande zu vertreiben. Allenthalben gab es Schießereien, berittene Polizei mußte die Schwarzen vertreiben. Kaum waren einige Kilometer Leitung gelegt und der Kupferdraht funkelte in der sonnigen Luft, da wurde er von den Aborigines gestohlen. Der biegsame Draht eignete sich viel besser zum Bauen von Fallen als Gras und Wurzelfäden. Auch konnte man ihn zerschneiden, um Armbänder und Halschmuck daraus zu machen. So blieb nichts anderes übrig, als die fertig gewordene Strecke durch reitende Patrouillen zu bewachen.

Charles Todd, der von Süden her vorgestoßen war, hatte versucht, im Guten mit den Eingeborenen auszukommen. Es war ihm auch gelungen, einige der

Charles Todd war der Verzweiflung nahe, hundert Pfund Strafe drohten für jeden Tag Verspätung! Die Löhne wurden erhöht und die Prämien verdoppelt. Jeder einzelne Mann schuftete, bis er vor Müdigkeit umsank. Das Wettrennen mit der London-Telegraph-Company war zu einem mörderischen Endspurt geworden. Ganz Australien nahm fieberhaft Anteil. Es war um so aufregender, weil niemand wußte, bis wohin inzwischen das Seekabel des englischen Partners gelangt war.

Am 7. November 1871 wußte man es. Da erschienen die Rauchwolken des Kabellegers ›Hibernia‹ am Horizont und näherten sich langsam aber sicher dem Hafen von Port Darwin. Acht Tage später war das puffende Ungetüm, Meter um Meter vorrückend, unmittelbar vor der Küste. Vier große Boote wurden bemannt und zogen das schwere Kabel an Land. Schon am nächsten Tag war Port Darwin mit der großen Welt telegraphisch verbunden. Das erste Telegramm von Australien lief durch den unendlich langen Draht bis nach London. Wie sich das gehört, war es an die Königin Viktoria gerichtet.

Um volle sechs Wochen früher, als in dem Vertrag bestimmt war, hatte die London-Telegraph-Company das australische Festland erreicht. Charles Todd aber mußte noch eine Lücke von über dreihundert Kilometern schließen, die zwischen dem Tennant-Creek und dem King-River klaffte. Er gab Anweisung, jetzt nur noch alle hundert Meter einen Mast zu setzen. Auch wenn der Draht fast bis zum Boden durchhing, am 1. Januar, dem gefürchteten Stichtag, mußte die ganze Linie in Betrieb sein. Die fehlenden Masten konnte man später einfügen.

Da machte prasselnder Regen, den in dieser Jahreszeit niemand befürchtet hatte, alle Mühe zunichte. Wieder blieben die Transporte im schlammigen Boden stecken, und die Lebensmittel verdarben. Zwei deutsche Arbeiter, Kaneger und Müller mit Namen, verirrten sich beim Versuch, ein Depot zu erreichen, und starben an Erschöpfung.

Als der entscheidende Termin kam, fehlten dem Überlandtelegraphen noch zweihundert Kilometer. Die Konventionalstrafe war fällig. Vom 1. Januar 1871 an mußten pro Tag hundert Pfund an die London-Telegraph gezahlt werden. In ganz Australien knirschte man mit den Zähnen, eine Schande für das ganze Land! Schrecklich fluchten die sechshundert Mann an der Linie in ihre Bärte.

Aber nicht lange! Wenige Tage später hatten sie allen Grund, in wilden Jubel auszubrechen. Denn nun riß irgendwo tief am Meeresboden das Seekabel der London-Telegraph. Aus war es mit der Verbindung von Port Darwin in die weite Welt! So mußte nun auch die britische Gesellschaft täglich hundert Pfund zahlen, womit sich die beiden Konventionalstrafen gegenseitig aufhoben!

Ein größeres Glück als das Unglück der London-Telegraph konnte es für die Australier nicht geben. Denn Überschwemmungen und Sandstürme, immer neue Regenfälle und danach eine entsetzliche Hitze störten die Arbeit schlimmer als je zuvor. Zwanzigtausend Pfund, nach dem heutigen Wert etwa drei

Millionen Mark, hätte diese Verspätung gekostet, wäre nicht auch das Kabel der London-Telegraph schadhaft geworden.

Am 13. August klafft im Überlandtelegraphen nur noch eine Lücke von achtzehn Kilometern. Wie die Teufel schaffen die Männer an beiden Enden. Jeder einzelne ist besessen vom Ehrgeiz, den Draht zu schließen, bevor wieder das Seekabel funktioniert.

Am 22. August, um neun Uhr früh, können sich die nördliche und die südliche Kolonne zum ersten Male sehen. Nur noch sechs Kilometer beträgt jetzt die Lücke. Bei der London-Telegraph schweigt das Seekabel noch immer. Aber auch dort wird alles darangesetzt, die Bruchstelle in letzter Stunde zu finden.

Bei einer Temperatur von 45 Grad im Schatten, doch ohne irgendwo Schatten zu finden, bringen es die Australier fertig, in jeder Stunde um einen Kilometer weiterzukommen. Um fünfzehn Uhr nachmittags haben sie ihre letzte Stange eingerammt und die Lücke geschlossen. Charles Todd meldet allen Provinzen des Kontinents, daß nunmehr der Überlandtelegraph in Betrieb ist.

Nur neun Männer befinden sich in diesem Augenblick an dem entscheidenden Punkt. Sie lassen eine Feldflasche mit Whisky kreisen und feuern einundzwanzig Salutschüsse aus ihren rostigen Revolvern. Also hat Australien im großen Rennen um den heißen Draht doch gesiegt! Von Adelaide bis Port Darwin ist die Leitung in bester Ordnung, das Seekabel aber bleibt weiterhin stumm. Die London-Telegraph muß zahlen, nun ist sie allein verspätet.

Erst am 21. Oktober 1872, als der Überlandtelegraph schon zwei Monate in Betrieb ist, funktioniert das Seekabel der London-Telegraph. Endlich ist die durchgehende Verbindung nach England hergestellt. Charles Todd, der sich gerade in der Relaisstation von Alice Springs befindet, schickt von dort das erste Telegramm an den britischen Postminister:

»Nunmehr ist auch der Fünfte Erdteil durch das große elektrische Netz mit allen Nationen der Welt verbunden.«

Auch die einsamen Telegraphisten an dem heißen Draht wurden von diesem Augenblick an mit den neuesten Nachrichten aus aller Welt versorgt. Ihr tägliches Leben verlief in einem Kontrast, der kaum stärker sein konnte. Einerseits erfuhren sie in Blitzesschnelle alles, was an wichtigen Vorgängen auf dem Globus geschah, führten aber selber ein völlig abgeschlossenes Dasein. Die ständige Bereitschaft am Draht duldete nicht, daß die Telegraphisten auf Streifzügen ihre Umgebung erkundeten. Sie hausten wie auf einer winzigen Insel, die von Australiens noch nicht erforschter Wildnis wie von einem unermeßlichen Ozean umgeben wurde. Zwei Polizisten und zwei Telegraphenarbeiter bildeten ihre Hausgemeinschaft. Vier oder fünf Eingeborene dienten als Wasserträger und Holzsammler, solange sie dazu Lust hatten. Nur alle Vierteljahr schleppte sich ein Zug schwer beladener Ochsenkarren von Station zu Station, um die völlig isolierten Männer zu versorgen. Im Sommer stiegen die Temperaturen auf fünfzig Grad, und es wurde zur Qual, den schützenden Schatten des festen

Hauses zu verlassen. Kühlschränke gab es noch nicht, und auch keine andere Möglichkeit, um Getränke zu kühlen. Nirgendwo konnte man der Hitze entrinnen, selbst die Innenwände der Station wurden so heiß wie die Kacheln eines Backofens.

Am schwersten war die Aufgabe der beiden Polizisten, denn auch bei der Höllenhitze des Hochsommers mußten sie unterwegs sein. An dem heißen Draht, der hinaus in die Welt ging, hingen alle australischen Zeitungen. Daran hingen die Regierung, der Handel und tausenderlei private Interessen. Wenn der Draht unterbrochen wurde, war ein ganzer Kontinent von seinen Verbindungen abgeschnitten. Besonders im mittleren Sektor der dreitausend Kilometer langen Linie gab es ständig Ärger mit den Schwarzen. Sie holten sich den Kupferdraht meterweise, um daraus Schmuck und Fallen zu machen. Die Eisenhaken der Isolatoren dienten als Material zur Herstellung von Speerspitzen. Die Holzmasten galten den Aborigines als tote Baumstämme und wurden am Lagerfeuer verbrannt. Die Leitung hätte gewiß nicht lange funktioniert, wären die Eingeborenen zahlreicher gewesen.

Die Schäden, die sie stifteten, mußten sofort repariert werden. So waren die Arbeiter und Polizisten fast täglich unterwegs, oft wochenlang fern ihrer Station. Das Material wurde auf leichten Karren mitgeführt, deren Räder anderthalb Meter hoch waren. Um durch den hohen Sand zu kommen, mußte man drei bis vier Pferde davorspannen.

Hatten sich Polizisten und Arbeiter entfernt, waren die beiden Postbeamten allein in der Station. Geregelte Dienststunden gab es nicht, wenn der Telegraph klingelte, mußte er bedient werden. Jedes Telegramm, gleich aus welcher Richtung, wurde sofort aufgenommen und weitergegeben.

Neben den Männern standen griffbereit geladene Gewehre, und das Tor blieb fast immer geschlossen. Oft wurden die Stationen tagelang von den Schwarzen belagert, die auf ihrem Land keine fremden Niederlassungen dulden wollten. Als die Steinzeitmenschen endlich begriffen, daß mit ihren vorsintflutlichen Mitteln die kleine Festung nicht zu nehmen war, versuchten sie es mit mancherlei Listen. Völlig nackt und mit erhobenen Händen kamen sie an die Station heran. Es sah aus, als wollten sie friedlich verhandeln oder ihre Dienste anbieten. Wurde aber das Tor geöffnet, brauchten sich die Abos nur zu bücken und hielten plötzlich ihre Speere in Händen. Sie hatten sie zwischen den Zehen ihrer Füße durch den Sand mitgezogen. Der große Zeh ist bei den australischen Steinzeitmenschen so beweglich wie bei uns der Daumen. Sie können damit Gegenstände festhalten. Doch nur einmal gelang es ihnen, auf diese Weise eine Station zu nehmen und deren Mannschaft zu massakrieren. Danach war man vorsichtiger und ließ keinen unbekannten Schwarzen auf Schußweite heran.

Trotz dieser ständigen Bedrohung wurde es den verheirateten Männern erlaubt, ihre Familien kommen zu lassen. Man war damals nicht zimperlich, außerdem brauchte man Frauen und Kinder zur Besiedlung des Binnenlandes. Die

Leute vom Überlandtelegraphen sollten da mit gutem Beispiel vorangehen. Auf diese Art ist auch Alice Springs entstanden, die heutige Hauptstadt von Zentral-Australien. Die Frauen auf den Relaisstationen legten Gemüsegärten an, und da sie Milch für ihre Kinder brauchten, wurden Ziegen gehalten. Ein paar Stück Vieh kamen hinzu, das sich von selbst vermehrte. Bei der Schlachtung blieb genügend Fleisch für das schwarze Personal übrig, man konnte bald diesen oder jenen Eingeborenen zur Bewachung der Herde gewinnen.

So wurde allmählich der heiße Draht zur Lebenslinie für die Kolonisation des Hinterlandes. Langsam drangen von Süden her die ersten Viehzüchter mit ihren Herden in das Herz Australiens vor. Sie folgten dem Draht, weil man wußte, daß an jeder Relaisstation Wasser und meist auch Weiden zu finden waren. Wer sich am Überlandtelegraph in Not befand, durfte die Leitung zerschneiden. Er konnte sicher sein, daß der Arbeitstrupp so schnell wie möglich erschien, um zu reparieren. Wasser und Verpflegung hatte er immer bei sich, um erschöpften Menschen zu helfen.

Nachdem sich die berittene Polizei jahrelang mit den Schwarzen herumgeschlagen hatte, begann sie schließlich deren Mentalität besser zu verstehen. Es kam zu friedlichen Absprachen, einige der jungen Leute schlossen sich den Patrouillen an. Sie wurden Kundschafter der Stationen, verhandelten mit den Stämmen und verfolgten die Viehdiebe. Schließlich ernannte man sie zu Hilfspolizisten und zahlte ihnen einen regelmäßigen Lohn. Als *Black Trackers* sind sie in die Geschichte Australiens eingegangen.

Nirgendwo gab es – und gibt es noch heute – bessere Fährtenleser als die schwarzen Trackers. Meist sagt ihnen schon der Abdruck einer Fußsohle im Sand, wer sie hinterlassen hat. Da hilft kein steinharter Boden und keine noch so raffinierte List, die Black Trackers halten jede Spur. Der Flüchtige mag seine Füße mit Fell und mit Gras, auch mit einem Netz voller Emu-Federn umwickeln, die schwarzen Späher lassen sich durch keine Finte täuschen. Sie laufen achtzig Kilometer an einem Tage und halten dieses Tempo wochenlang durch. Die Trakkers haben Morde aufgeklärt, die man erst nach Monaten entdeckte, und den Schuldigen in Schlupfwinkeln aufgespürt, die viele hundert Kilometer weit vom Tatort entfernt lagen. Wenn man die Erinnerungen von Jon. L. Indries liest, einem Offizier der Berittenen Polizei in Nordaustralien, kommt man aus dem Staunen nicht heraus. Indries ist allen Ernstes davon überzeugt, daß seine schwarzen Späher übernatürliche Fähigkeiten besaßen. Er schildert Vorgänge, da seine eingeborenen Helfer von Überfällen und Unfällen wußten, die soeben in weiter Ferne geschahen. Der Mord an einem Polizisten im Arnheim-Land wurde dem Kommandeur im gleichen Augenblick gemeldet, da er geschah. Seine Black Trackers hatten die Nachricht aus ihrer Traumwelt erhalten, obwohl man bis zum Tatort drei Tage weit reiten mußte. Dort lag der Tote, genau an jener Wasserstelle, die sie ihrem Chef genannt hatten. Eine Woche lang folgten die schwarzen Späher der Spur des Täters. Aus der Mitte seines Stammes heraus wurde er verhaftet. Seine Fußabdrücke waren für die Trackers so gut wie ein Fingerabdruck. Das wußte auch der Mörder und gestand sein Verbrechen.

Nur gegen ihren eigenen Stamm konnte man die schwarzen Hilfspolizisten nicht einsetzen, da verweigerten sie alle Unterstützung. Weshalb denn auch jede Station des Überlandtelegraphen Eingeborene aus anderen Gegenden beschäftigte.

Heute ist die alte Station von Alice Springs nicht mehr in Betrieb, vergessen und verlassen liegt sie außerhalb der kleinen Stadt. Man hat um die Jahrhundertwende drei Meilen südlich artesische Brunnen erbohrt, die viel mehr Wasser spenden als die ›Quellen der Alice‹. Die Siedlungen, damals nur wenige Baracken und Schuppen, wurden dorthin verlegt, und die Telegraphen-Station mußte folgen. An jenem grünen Teich, den vor bald hundert Jahren John Ross und Williams Mills entdeckt hatten, blieb nur das alte Bauwerk zurück. Weil es das einzige als Festung ausgebaute Telegraphenamt ist, das noch besteht, fuhren wir hin, es anzusehen.

Der Weg war tief versandet, wir brauchten den Vierradantrieb unseres gemieteten Landrovers, um hindurchzukommen. Die eisernen Masten standen noch, ohne Draht allerdings. Sie führten zu einem idyllischen Plätzchen, so recht für ein Picknick geeignet. Die Quellen selber lagen am Grunde eines dunkelgrünen Tümpels. An der Oberfläche sah man nur ein paar kleine Wellen, die das Gesprudel drunten erzeugte. Gleich hinter dem romantischen Gewässer erhob sich ein rosaroter, vielleicht hundert Meter hoher Hügel aus kahlem Gestein. Ringsum wuchs graues Gestrüpp und eine kleine Gruppe schattiger Bäume. Die Gebäude der Station waren gut erhalten, sie standen etwa fünfzig Schritt vom Teich auf flachem Felsboden und wirkten wie ein Stück Mittelalter. Nur die dunklen Schlitze der Schießscharten unterbrachen das massive Gemäuer. Das schwere, eisenbeschlagene Tor saß schief in den Angeln, der Innenhof war solide mit Steinplatten gepflastert. An den Wänden hingen noch die eisernen Ringe zum Anbinden der Pferde.

Alle vier Türen standen offen, wir konnten eintreten. Die Küche war der größte Raum des festen Hauses, mit einem Herd von gewaltigen Ausmaßen. Bei fünfzig Grad Außentemperatur daran zu hantieren, konnte gewiß kein Vergnügen sein. Ein breiter, roh gezimmerter Tisch stand noch in der Ecke, aber die Stühle hatte man fortgeschleppt. Im Raum daneben war das eigentliche Telegraphenamt gewesen. Rostige Gerätschaften lagen umher, von den Wänden baumelten noch die Enden elektrischer Leitungen, viel dicker und klobiger als heute. Die übrigen Zimmer gähnten leer, unsere Schritte hallten verloren über die hölzernen Dielen.

Doch welche Betriebsamkeit hatte seinerzeit in diesen Mauern geherrscht! Schwitzende Männer an Morsetasten, Töpfegeklapper in der Küche und draußen wiehernde Pferde. Telegramme von London nach Brisbane, von Paris nach Melbourne, von New York nach Sydney. Ein Mann stand droben auf dem Ausguck, das geladene Gewehr in der Hand. Zwei braunverbrannte Polizisten kamen durstig und verstaubt von ihrem Kontrollritt zurück, erzählten von draußen und verlangten nach Stärkung. Ein Black Tracker brachte atemlos die Meldung, daß von Süden her ein Zug Ochsenkarren herankroch. Bis zu den Achsen wühlten seine Räder durch den losen Sand im Todd-River. Hoffentlich brachten die Wagen Mehl und Salz, denn die Vorräte gingen zur Neige.

Jetzt ist bei der alten Station niemand mehr zu sehen. Der Gemüsegarten ist längst verwildert, der heiße Draht berührt das Haus nicht mehr. Im Schuppen gegenüber steht noch einer der Wagen mit hohen Rädern, mächtige Holzfässer liegen dahinter. Von einem rostigen Nagel an der Decke hängt Zaumzeug für die Pferde. Es wird bestimmt nie mehr gebraucht.

Wanderer zwischen zwei Welten

Wir hatten Gelegenheit, drei Versuche zu sehen, die damals im Gange waren, um Menschen der Steinzeit ins zwanzigste Jahrhundert zu führen. Drei verschiedene Experimente wurden gemacht, um die Ureinwohner Australiens an das moderne Leben in ihrem Kontinent zu gewöhnen. Wenn man sie vom Ziel aus beurteilt, sind alle gescheitert. Bisher wurde noch kein Weg entdeckt, der Menschen aus Urzeiten in die Neuzeit führt. Die Kluft ist zu tief, die zeitliche Entfernung zu weit. Hoffnungslos scheint alles Bemühen. Nicht eine verheißungsvolle Richtung wurde gefunden!

Dabei fehlt es weder an Geld noch gutem Willen, nicht an weißen Männern und Frauen, die ihr Leben dieser Aufgabe widmen. Ein Stab von Fachgelehrten ist seit langem damit beschäftigt, das keineswegs primitive, aber äußerst komplizierte Seelenleben der Ureinwohner zu ergründen, mit dem Ergebnis, daß sich ihre Ansichten mehr oder minder deutlich widersprechen. Die australische Regierung hat viele Millionen Dollar bewilligt, hat wohlmeinende Gesetze erlassen und eine besondere Behörde geschaffen, um den Aborigines eine solide Grundlage für ihre Existenz zu geben. *Assimilation* heißt das Programm, im Laufe der Zeit soll es die Abos zu nützlichen, gleichberechtigten Bürgern des Commonwealth machen. Man möchte die Ureinwohner so weit bringen, daß sie eines Tages imstande sind, sich selbst zu erhalten, und mit ihrer veränderten Umwelt zufrieden sind. Doch das einzige, was man mit diesem Aufwand an Mittel und Menschen erreichen konnte, ist ihr Zuwachs. Während man in der übrigen Welt meistens annimmt, die Urmenschen Australiens seien rettungslos zum Aussterben verurteilt, haben sich die Abos im Verlauf einiger Jahrzehnte von schätzungsweise fünfzigtausend Köpfen auf rund hundertfünfundsiebzigtausend vermehrt, Mischlinge eingerechnet. Äußerlich betrachtet ein guter Erfolg, aber im Grunde nur eine Vermehrung der Probleme.

Den großzügigsten Versuch unternahm die Regierung selbst durch ihre eigenen Beamten und Angestellten, ohne Mitwirkung der christlichen Missionen. Nicht die Bekehrung zu einem neuen Glauben sollte das Element der Umerziehung sein, sondern die Ausbildung zu praktischen Berufen. Gewiß eine sinnvolle Überlegung. Denn wie in alten Zeiten können die australischen Urmenschen schon längst nicht mehr existieren. Ihre einstigen Jagdgründe und Wasserstellen sind von den Herden der Viehzüchter besetzt. Was frei blieb, ist sandige und steinige Wüstenei mit nur geringem Bewuchs und wenigen eßbaren Tieren und Pflanzen. Nur noch wenige, frei umherziehende Horden können dort notdürftig ihr Leben fristen. Die meisten Abos existieren am Rande der Zivilisation, leben lustlos von Wohlfahrt und Almosen oder verrichten vorübergehend die Arbeit von Tagelöhnern. *Fringedwellers* heißt der australische Fachausdruck, Randbewohner, was diese Leute auch tatsächlich sind. Geschöpfe, die sich ohne eigene Schuld zwischen zwei Zeitaltern verlaufen haben.

Am besten sind noch jene daran, die als Viehhirten auf den Stationen ständige Beschäftigung fanden oder als fährtenkundige Gehilfen, als Black Trackers bei der Landpolizei im Dienst stehen. Doch sind bei weitem nicht genug solcher Stellen vorhanden. Hinzu kommt die Abneigung weißer Arbeitgeber, die nicht gerne schwarze, ungelernte Hilfskräfte beschäftigen. So fehlt es an offenen Stellen, um der steigenden Zahl arbeitsloser Ureinwohner zu genügen. Sie müssen also, wie richtig erkannt wurde, für andere, möglichst praktische Berufe geschult werden. Man denkt an selbständige Handwerker und deren Gehilfen, an Bauarbeiter und Zimmerleute. Wobei das Eingeborenenamt sehr wohl weiß, daß man ganz unten zu beginnen hat, mit der Säuglingspflege, mit Kindergärten, Schulen und Werkstätten für Lehrlinge. Für die Erwachsenen ist es zu spät, aus ihnen kann man bestenfalls Zwitterwesen machen, die äußerlich zivilisiert scheinen, deren Wesen aber noch tief in einer Welt wurzelt, die bisher noch kein Weißer ganz zu begreifen vermochte.

Wir fuhren nach Amoongana, einer Regierungsstation zwanzig Kilometer vor Alice Springs. In einem breiten, sandigen Tal liegen die flachen Gebäude aus blitzendem Wellblech. Erst vor wenigen Jahren wurde die Station angelegt und ohne Rücksichten auf Kosten ebenso modern wie hygienisch eingerichtet. Die Gegend hat für australische Begriffe eine reiche Vegetation. Es gibt gelbes Riedgras, graues Gestrüpp und lockeren Buschwald. Ringsum wölben sich Hügel aus rosarotem Gestein. Genügend Wasser wird aus der Tiefe des Bodens gepumpt, um Gemüsegärten zu befeuchten. Schule und Hospital, auch die Wohnhäuser des weißen Personals erheben sich auf Pfählen, um sie so luftig wie möglich zu halten. Spielplätze und Turngeräte jeder Art stehen den Abokindern zur Verfügung. Es gibt eine hochmoderne Großküche, peinlich saubere Speisesäle, schöne Schulräume, mit Lehrmaterial großzügig ausgestattet. Tadellose Werkstätten hat man eingerichtet, ebenso weite wie helle Aufenthaltsräume. Eine Wäscherei ist mit den neusten Maschinen ausgestattet. Die Station hat ihr eigenes Kraftwerk, Tankstelle, Garagen und neue Fahrzeuge, natürlich auch einen Kaufladen mit allem, was man in Amoongana brauchen kann.

Rund fünfhundert Eingeborene leben dort, die von fünfzig weißen Angestellten betreut werden. Die Aborigines gehören alle zum Aranda-Stamm, sind also die ursprünglichen Bewohner der weiteren Umgebung. Man hat sie buchstäblich eingesammelt. Vom Rande der Stadt, wo sie herumlungerten, in entlegenen Tälern, wo sie halbverhungert umherzogen, und bei kleinen Siedlungen, wo sie bettelnd in der Sonne saßen. Man sagte uns, ihre Verpflanzung ginge freiwillig vonstatten, auf Grund freundlicher Überredung. Doch kann man es auch anders hören, wenn Kritiker offen sprechen. Auf angeblich mit Stacheldraht überspannten Lastautos hole man widerspenstige Gruppen von ihren Lagerplätzen. Immerhin, es geschehe in der besten Absicht. Man muß wissen, daß die Eingeborenen kein Bürgerrecht genießen, sondern vor dem Gesetz als Schutzbefohlene gelten, als *wards,* die unter Vormundschaft der Regierung stehen.

Mit den besten Absichten werden sie nun in Amoongana versorgt. Ihre Verpflegung ist nicht nur ausreichend, sondern geradezu schlemmerhaft, verglichen mit dem, was sie früher gewohnt waren. Wir sahen auf einer schwarzen Tafel mit Kreide die Speisefolge der Woche angeschrieben, Menüs mit drei Gängen. Schon zum Frühstück gab es Milchtee, Brot, Butter und Wurst. Inzwischen sind auch jene Schranken gefallen, die nach alter Sitte Männer und Frauen beim Essen voneinander trennten. Man hat vor kurzem die Wand herausgenommen, die zuvor den Speisesaal teilte. So weit ist die äußerliche Umerziehung gediehen. Die Bekleidung wird den Abos der Regierungsstation kostenlos geliefert, gewaschen und ausgebessert. Kinderschwestern sorgen für die Kleinen, Lehrkräfte für die Schüler, Ärzte und Pflegerinnen für die Wöchnerinnen und Kranken. Eine lückenlose Betreuung von früh bis spät, von der Wiege bis zur Bahre.

Da sitzen sie nun, die Ureinwohner Australiens, sitzen den lieben, langen Tag in der Sonne oder im Schatten. Nur wenige fanden sich bereit, leichte Arbeit zu verrichten, obwohl dafür ein paar Schillinge bezahlt werden. Diese wenigen helfen in der Küche, beim Saubermachen in den Schlafsälen oder beim Begießen der Gärten. Alle übrigen tun nichts, absolut nichts. Kaum, daß sie miteinander sprechen.

Wohlgenährte Frauen lehnen an den Wänden aus Wellblech, starren ausdruckslos vor sich hin. Manche halten kleine Kinder im Arm, die friedlich vor sich hin schlummern. Alle Sorgen um die Existenz hat man ihnen abgenommen, es gibt keinen Grund mehr, sich viel zu bewegen. Alte Männer schlafen neben den Schuppen, junge Burschen schauen zu, wie ein Weißer an seinem Wagen bastelt.

»Sie glauben ja nicht, wie schwer ich's mit den Frauen habe, die mir helfen sollen«, sagt uns die Leiterin der Großküche, »von Sauberkeit nicht die geringste Ahnung. Wenn ich meine Augen nicht überall habe, wird nichts gewaschen oder geputzt. Und sag ich mal ein hartes Wort, dann laufen sie weg. Wir würden schneller fertig, wenn wir alles selbst machten.«

Gewiß, die Küchenchefin hat recht, was ihre unmittelbaren, täglichen Pflichten betrifft. Aber was soll auf die Dauer werden, wenn die weißen Angestellten alles selber machen? Dann brauchen sich die Schwarzen um nichts mehr zu kümmern. Ihre Initaitive wird restlos erlöschen, und sie kommen bald zur Überzeugung, daß man recht gut leben und essen kann, ohne dafür eine Hand zu rühren. In Amoongana scheint es schon so weit zu sein. Nur die Kleinen zeigen noch Munterkeit bei den Spielen, die eine weiße Kindergärtnerin mit ihnen veranstaltet.

Alle Kinder, auch viele Erwachsene, haben triefende Nasen, Fliegen kleben in ihren Augen. Es sei, wie man uns versichert, nicht zu vermeiden. Die Trockenheit des Landes soll im Verlauf der Zeiten dazu geführt haben, daß die Nasen und Augen der Eingeborenen stets etwas Flüssigkeit absondern, was unweigerlich die Fliegen anzieht. Daran haben sich die Abos gewöhnt, sie wischen die Mücken nicht weg. Es hat doch keinen Zweck, sie kommen gleich wieder. Nur war uns das bisher noch nicht so deutlich aufgefallen wie gerade in Amoongana. Mag sein, daß es hier besonders viele Fliegen gibt.

Man wollte den Frauen beibringen, für sich und ihre Kinder Kleidung zu nähen, gab ihnen das Material und die Anleitung dazu. Aber sie zeigten kein Interesse und verdrückten sich bald. Nun liefert man ihnen, was sie zum Anziehen brauchen.

»Auch den jungen Mädchen ist es gleich, was sie anhaben«, sagte uns eine Lehrerin, »sie legen keinen Wert auf äußere Erscheinung. Ich kann das nicht begreifen, sonst gibt's doch keine Frau auf der Welt, die nicht nett aussehen möchte.«

Unser Freund René Henri unternahm bei einer Reise durch die Eingeborenenreservate in Arnhemland den Versuch, junge Abofrauen nach allen Regeln seiner Kunst zu verschönern.

»Es war ebenso ein berufliches wie psychologisches Experiment«, sagte er uns, »das leider völlig mißlang.«

Dabei zeigte sich das Haar der wilden Mädchen, sobald es gründlich gewaschen war, viel schmiegsamer und feiner als das Haar der meisten Damen der weißen Gesellschaft. Es war auch nicht immer schwarz, sondern meist kupferrot bis dunkelblond. Geduldig ließen die Urzeitdamen alles über sich ergehen, sahen hernach auch wirklich ganz reizend aus, wie René uns versicherte. Doch kaum waren sie seinen Händen entglitten, eilten die Mädchen sogleich, um sich wieder Sand und Lehm ins Haar zu streuen. Denn so waren sie es im Busch gewohnt, so fanden sie es viel besser.

Wir wurden in Amoongana durch mehrere Schulklassen geführt. Brav und still saßen Buben und Mädel auf ihren Bänken, die Altersklassen von sechs bis vierzehn in einem Raum. Der Lehrstoff war gleich, es ging noch um die Anfangsgründe des Alphabets. Alle Kinder in dieser Klasse waren Neulinge in der Regierungsstation.

»Zuerst geht es schnell«, erklärt ihr Lehrer, »dann läßt die Aufmerksamkeit nach, und man kommt nur sehr langsam weiter mit ihnen.«

In einer fortgeschrittenen Klasse sollte uns der beste Schüler an einer Weltkarte beweisen, was er von Geographie verstand.

»Diese Leute kommen aus Germany, zeig uns mal, wo das liegt, Freddy!«

Der Bub lief eilfertig zur Karte, zeigte auf Grönland und sagte: »Indien.«

Im nächsten Raum war die Lehrerin auf dem Katheder damit beschäftigt, einem etwa zehnjährigen Jungen die Haare zu schneiden. Ihre Klasse schien derweil in Bücher vertieft. Es waren jedoch alles Bilderbücher ohne Text, so wie man sie bei uns daheim den Kleinsten im Kindergarten gibt. Die Lehrerin erklärte ihnen dazu nichts.

»Was soll ich denn sonst machen«, rief die Dame schlecht gelaunt von ihrem Thron, »lernen wollen sie ja doch nichts. So halte ich sie wenigstens ruhig.«

Nicht einmal Brocken der englischen Sprache verstanden diese Schüler, und die Lehrerin wußte noch weniger von der Aranda-Sprache. Was ihre Schulstunde bezwecken sollte, war nicht einzusehen.

In der Bücherei des Verwalters standen reihenweise gelehrte Werke über Australiens Ureinwohner, doch schien es unter den weißen Angestellten niemanden zu geben, der die Sprache der Abos beherrschte. Alle Gespräche der Weißen mit den Schwarzen mußten über eingeborene Dolmetscher geführt werden. Wie diese übersetzten oder was sie wirklich verstanden, war nicht nachzuprüfen. Eine geistige Brücke zu den Urmenschen wurde auf diese Weise kaum geschlagen.

Wir spürten auch kein Verständnis für die totale Wandlung, die sie durchmachen mußten. Vorherrschend war bei ihren Betreuern jener trostlose, tatenlose Eindruck, den die Abos in ihrer neuen Umgebung machten.

»Eine hoffnungslose Aufgabe«, wurde uns von einem leitenden Beamten offen gesagt, »hätte ich gewußt, was das für stumpfsinnige Hammel sind, nie wär' ich hergekommen. Aber ich habe schon gekündigt, hier halt' ich es nicht mehr aus!«

Wußte er denn nicht oder wollte er nicht wissen, daß es dieses Volk hunderttausend Jahre lang oder vielleicht noch mehr verstanden hatte, aus eigener Kraft und mit bewundernswerten Fähigkeiten in Australien zu leben, ehe die Weißen kamen und das Land für sich nahmen? Alles, was sie früher zu ihrem gewohnten Dasein brauchten, hatten sich die ursprünglichen Australier selber hergestellt. Durch den fremden Einbruch ging der Sinn ihres Lebens verloren, und sie wurden – in des Wortes ganzer Bedeutung – entwurzelt.

»Sicher, wir sind an ihrer Tragik schuld«, gab der Chef von Amoongana zu, »das ist mir klar. Aber müssen wir deshalb für alle Zukunft eine steigende Zahl von Faulpelzen durchfüttern? Wir wollen ja gerne helfen ... Sie sehen es hier ... aber können sich die Leute nicht auch selber ein wenig helfen?«

Offenbar können sie es nicht, so gut sie auch in Amoongana vegetieren. Das Leben dort hat keinen Inhalt für sie.

»Der Staat kann diese Leere nicht ausfüllen«, sagen die Missionare, »auch wenn es den Behörden wider Erwarten eines Tages gelingen sollte, gelernte Arbeiter und Handwerker aus den jungen Leuten zu machen. Von der Vorstellungswelt ihrer Ahnen isoliert, die nicht in die Gegenwart paßt, sterben sie innerlich ab. Schwarzes Proletariat wird daraus, traurige Kerle ohne Halt und Moral. Nur dann werden sich diese Menschen langsam, ganz langsam der heutigen Zeit anpassen, wenn ihre Herzen zu einem neuen Glauben erwachen. Nur er gibt ihrem Leben wieder Inhalt und Richtung.«

Bittere Worte sind zu hören, wenn man unter vier Augen mit jenen alten Siedlern spricht, die glauben, das Vertrauen der Eingeborenen zu besitzen. Von ihnen werden die Regierungsstationen rundweg abgelehnt, vorwiegend deshalb, weil das weiße Personal zu wünschen übrigläßt. Es wird behauptet, daß viele, wenn nicht die meisten der Lehrkräfte, Krankenschwestern und Verwalter, auch manche der Ärzte, von einer idealen Auffassung ihrer Tätigkeit weit entfernt seien. Was sie anlockt, sagt man, sei nur die ungewöhnlich gute Bezahlung. Denn es gibt, wegen des schlimmen Klimas und der isolierten Lage, sehr hohe Zuschläge. Während den Abos jede Art von Alkohol verboten ist, sollen sich ihre weißen Betreuer zuweilen sinnlos betrinken.

»Ich habe es mit eigenen Augen gesehen«, versicherte uns ein Elektriker in Alice Springs, »wie so ein paar der weißen Gestalten am hellen Tag herumschwankten, vor den Augen der Abos. Kein Vorbild für die Schutzbefohlenen, gewiß nicht!«

Ein Geistlicher sagte uns, daß die Eingeborenen sehr wohl wüßten, wie tief man sie im Grunde verachte. Deswegen antworten sie mit passivem Widerstand. In der Presse lasen wir scharfe Angriffe gegen die Verwaltung der Finanzen. Es hieß darin, vieles von dem, was die Regierung zugunsten der Eingeborenen bewilligt, würde für andere Zwecke verwendet. Die Kritiker der staatlichen Fürsorge glauben, Unsummen an Steuergeldern würden verpulvert, nur um drittklassigen Angestellten ein gutes Gehalt zu sichern.

Unser persönlicher Einblick war viel zu kurz, um hierüber zu urteilen.

Bald darauf fuhren wir zur Katholischen Mission von Santa Teresa, etwa achtzig Kilometer südöstlich von Alice Springs, um zu erfahren, wie man dort das Problem zu lösen gedachte. Die Lage dieser Station war Amoongana täuschend ähnlich, aber die Gebäude sahen sehr viel hübscher aus, man hatte ganz auf das häßliche Wellblech verzichtet. Alles war aus Lehmziegeln gebaut und weiß getüncht. Die kleine Kirche mit ihrem gedeckten Vorraum erinnerte an Spanien, so schlicht sie auch sein mochte. Ein Geviert flacher, solider Wohnbauten mit Schule und Hospital umgab den saubergehaltenen Dorfplatz. Von den Eingeborenen selber war zunächst nicht viel zu sehen, denn sie wurden beschäftigt.

Pater Summerdale, noch jung an Jahren, führte uns zunächst in die Klasse seiner kleinsten Schüler. Farbenkräftige Buntdrucke, Szenen der biblischen Geschichte, bedeckten die Wände, als religiöser Anschauungsunterricht auch für einfachste Gemüter verständlich. Eine frisch-fröhliche Schwester erteilte den Unterricht, kurze Sachworte der englischen Sprache. Die Kinder mußten sie im Chor wiederholen, hernach auf Bildern den entsprechenden Gegenstand bezeichnen. Es schien recht gut zu gehen, den Schülern machte es offensichtlich Spaß.

»Was man sehen und anfassen kann, das lernen sie schnell«, lächelte die Lehrerin unter ihrer großen, weißen Haube. »Um so schwerer fallen danach die abstrakten Begriffe. Aber das hat noch Zeit, im übrigen sind es wirklich liebe Kinder!«

Wie er mit ihren Fortschritten im christlichen Glauben zufrieden sei, fragten wir den Priester. Die Antwort kam zögernd. Willig und brav taten seine Schützlinge alles, was man von ihnen verlangte. In mancher Hinsicht entsprach ihre angeborene Kameradschaftlichkeit der christlichen Nächstenliebe. Gutherzig veranlagt, ließen weder Klein noch Groß im Charakter viel zu wünschen übrig.

»Aber was sie tatsächlich vom Christentum begreifen, was wirklich in ihrem Herzen vorgeht ... wer von uns soll das wissen?«

Es gab in der religiösen Vorstellung der Eingeborenen schon immer ein großes, unfaßbares Wesen, das die Welt gestaltet hat und über allen andern Geistern schwebt. Ein geschickter Missionar, der hiervon ausgeht und die Gedankenwelt seiner Heiden studiert, kann diese nebelhafte Vorstellung zu einem Gottesbegriff verdichten. Danach aber wird es viel schwieriger, man muß sich zunächst mit Äußerlichkeiten begnügen. Die Zehn Gebote treten an Stelle der heidnischen Tabus. Das ist mit einiger Mühe zu erreichen. Aber meist werden die Gebete, Gesänge und Kirchenbesuche von den Bekehrten nur als Pflichten aufgefaßt, die man willig erfüllt, um den guten Patres und Schwestern einen Gefallen zu tun.

Zweifellos haben die Missionen einen großen Vorteil: Hier sind Idealisten am Werke, uneigennützig ihrer Aufgabe lebenslänglich verschrieben. Sie werden geachtet, geehrt und sogar geliebt. Die Pfleglinge spüren die Hingabe ihrer Betreuer, wenn nicht bewußt, so doch unbewußt. Und sie bringen ihnen guten Willen entgegen, soweit sie es vermögen.

Nur auf diese Weise hat die Mission von Santa Teresa das Wunder vollbracht, etwa fünfzig Familien unter ein solides Dach zu locken. In Santa Teresa besteht die einzige, geschlossene und dauernd bewohnte Siedlung von selbstgebauten Einfamilienhäusern, die es für die Eingeborenen im Innern Australiens gibt. Vater Summerdale führte uns mit berechtigtem Stolz durch diese Anlage.

Sie ist von erschütternder Primitivität. Nur über einen kleinen Raum verfügt jedes Haus, mit nur einem winzigen Fenster. Davor ein gedeckter Platz mit Bretterkisten und anderem Gerümpel. Immerhin, die Mauern sind solide aus luftgetrockneten Lehmziegeln geschichtet. Abgesehen von Staub und Fliegen herrscht auch eine gewisse Sauberkeit darin. Die Feuerstelle liegt frei am Boden, der Rauch zieht durch einen offenen Kamin hinaus. Kinder und Hunde liegen zusammen auf zerschlissenen Decken.

»Ich weiß, auf fremde Augen macht unser Wohnstil keinen guten Eindruck«, erklärt uns der Priester, »aber es ist ein Heim für Leute, die niemals eines kannten, der erste Schritt, um Nomaden seßhaft zu machen.«

Unter Anleitung ihrer Betreuer hatten die Schwarzen alle Bauteile selber gefertigt und die Lehmhütten unbeholfen aufgerichtet. So war denn manche Mauer krumm und schief, so mancher Dachsparren ragte viel zu weit hinaus. Trotzdem hatten die Häuser wegen des Schneckentempos ihrer Errichtung mehr gekostet, als wenn sie von weißen Arbeitern gebaut worden wären, obwohl die Eingeborenen nur einen bescheidenen Stundenlohn erhielten. Aber den mußten sie bekommen, auch für das eigene Haus, um den Sinn einer Tätigkeit nach Art der Weißen zu begreifen. Sie konnten sich dafür im Kramladen Süßigkeiten, Limonade und Tabak kaufen.

»Aller Anfang ist schwer«, meinte der Pater, »aber anders haben wir uns das nicht vorgestellt.«

In Santa Teresa werden die versprengten Splitter vieler Stämme betreut. Das Treibgut der Berge und Steppen hat hier eine Heimat gefunden. Die älteren Leute gehen nicht mehr fort, sie haben sich eingewöhnt. Die Jüngeren begeben sich hin und wieder auf einen *walk-about*, auf periodische Wanderschaft. Der Trieb hierzu ist ihnen angeboren. Einige verschwinden auch zeitweise zur Arbeit nach Alice Springs oder verdingen sich als Viehtreiber. Aber irgendwann kommen sie zurück, Santa Teresa ist ihr Zuhause, sie fühlen sich dort wohl und geborgen.

Ein großer Fortschritt, bestimmt. Doch muß man wissen, daß die hier heimisch gewordenen Steinzeitmenschen von der Mission kostenlos verpflegt werden. Sie erhalten Kleidung, gesundheitliche Betreuung und wissen ihre Kinder bestens aufgehoben.

Ein alter Mann, der ganz gut englisch spricht, sagte uns, wie er das auffaßte: »Das gute Essen und all die schönen Sachen bekommen wir von der Mission, weil wir in ihren Häusern wohnen.«

Sie betrachten ihr seßhaftes Leben, zumal unter einem festen Dach, als besondere Leistung, für die sie mit Fug und Recht eine Gegenleistung fordern und erhalten. Nicht der Mieter zahlt für seine Wohnung, sondern er wird vom Vermieter dafür bezahlt, daß er sich zum Wohnen bereit findet. Mit einer Abkehr vom alten Nomadenleben hat das wohl kaum zu tun. Im Gegenteil, es beweist, daß man die Seßhaftigkeit als ungewohnte Anstrengung empfindet.

Vater Summerdale führte uns zum Gemüsegarten von Santa Teresa, der gegen Sandwehen durch hohe Zäune aus Weidengeflecht geschützt wurde. In der Mitte erhob sich ein gewaltiger Wassertank, durch einen Windmotor mit dem kostbaren Naß gefüllt. Zwei Brüder in schwarzer Kutte, das Gesicht tiefgebräunt und die Hände von harter Arbeit rissig, jäteten Unkraut und bewässerten die jungen Pflanzen. Kein Eingeborener war in Sicht, um ihnen dabei zu helfen. Sie kamen zwar, wenn man sie darum bat, zeigten aber kein Verständnis für das, was geschehen sollte. Sie konnten nicht begreifen, was die jungen Schößlinge brauchten oder ihnen schädlich war, denn die Ureinwohner Australiens haben nie etwas gesät, auch nie etwas gepflanzt und sind trotzdem nicht Hungers gestorben. Man muß sich überlegen, was es bedeutet, wenn ein Mensch nicht weiß, daß man durch die Aussaat von Körnern eine nahrhafte Ernte gewinnt. Wenn er nicht weiß, daß ein Baum, den man selber gepflanzt hat, Früchte trägt. Welch unendlich weiten Weg ein solches Volk zurücklegen muß, bis es unsere Lebensweise erreicht, ist kaum zu ermessen. Und wenn es die Leute gelernt haben, sind wir inzwischen schon sehr viel weiter. Kaum gelingt es uns selber, dieses Tempo der Entwicklung mitzuhalten. Wie soll es einem Menschenwesen der Steinzeit gelingen?

Wir sprachen davon auf dem Weg zum Hospital und waren bestürzt über die geringe Aussicht der Ureinwohner, sich jemals unserer Zeit anzupassen. »Ich darf gar nicht daran denken«, sagte uns der Priester, »es ist hoffnungslos . . .«

Eine korpulente Schwester unter weißer Haube, deren rundes Gesicht heller strahlte als die Sonne, waltete im Hospital ihres Amtes. Nur eine Wöchnerin mit dem Neugeborenen und zwei halbjährige Kinder hatte sie gegenwärtig zu betreuen. Sie tat es mit rührender Hingabe. Aber eines der Sechsmonatigen machte ihr große Sorgen. Der kleine Bub nahm überhaupt nicht zu, trotz bester Pflege und Verpflegung. Auch der Kinderarzt in Alice Springs, zu dem sie ihren Patienten gebracht hatte, wußte nicht, was ihm fehlte.

Die Eingeborenen wußten es: Der Junge war verhext! Als Zwilling geboren, hätte er nach altem Brauch und heidnischer Sitte nicht mehr leben dürfen. Wo die Abos noch unter sich sind, wird der Zweitgeborene gleich nach seiner Geburt getötet, aus religiösen Gründen, die nicht leicht zu erklären sind. Hier war das nicht geschehen, die schon getaufte Mutter hatte sich dagegen gewehrt und einer anderen Frau, deren Kind tot zur Welt gekommen war, das zweite Baby überlassen, weshalb nun ein Medizinmann, oder wie man diese Leute nennen will, das arme Kind zu Tode zauberte.

»So etwas kann es nicht geben«, beteuerte die brave Schwester, »aber die Leute hier glauben noch daran.«

Das Schlimme war, daß sich dieser gefährliche Mensch entweder auf der Station befand oder doch gelegentlich herkam. Nur wußte man nicht, wer der Hexer sein konnte.

Fast dieselbe Geschichte war uns in Amoongana erzählt worden. Auch dort schien ein Zaubermann sein Unwesen zu treiben. Keiner von den Abos, die ihn alle kennen mußten, gab seinen Namen preis. Aus Furcht natürlich. Getreu den Überlieferungen der Steinzeit waltete er seines geheimnisvollen Amtes, in Konkurrenz und im Gegensatz zur modernen Medizin. Wer ihn gut belohnte, konnte sich von ihm auch die Ferntötung eines Feindes erkaufen. Das geschah und geschieht noch heute, keineswegs selten, nach der altbewährten Methode des *bone-pointing.* Dabei wird ein menschlicher Knochensplitter unter vielerlei Formelkram in die Richtung des Opfers ausgestreckt. Ohne erkennbare Anzeichen eines Leidens soll der Verhexte alsdann langsam aber sicher zugrunde gehen. Meist erfährt das Opfer von seiner Verdammnis, so daß lähmende Furcht den Unglücklichen befällt und ihn noch schneller dem Tod entgegentreibt. Ein Tiefenpsychologe mag das erklären, ich kann es nicht. Aber man weiß, was in unserem Lande geschah, als man noch an Hexen glaubte. Erst im Jahre 1782 wurde im deutschen Sprachraum die letzte Hexe öffentlich verbrannt.

Im Krankenhaus von Alice Springs lag, als wir dort waren, eine junge Abofrau, die ohne erkennbare Ursache und trotz künstlicher Ernährung verhungerte. Der Fall wurde weit und breit besprochen, doch ohne Ergebnis. Aber jeder Aborigin, vor allem die Frau selber, war fest davon überzeugt, daß man sie zu Tode zauberte. Auch der behandelnde Arzt wußte keine andere Erklärung.

»Es wird noch Jahrhunderte dauern, bis das Heidentum stirbt«, meinte Vater Summerdale, »unsere Arbeit ist sehr langwierig, aber wir geben nicht auf ... wir geben nicht auf!«

Ein Beispiel solcher Geduld zeigte sich auch in der großen Nähstube. Hier saßen zehn bis zwölf schwarze Frauen an einem langen Tisch. Unter Aufsicht einer Missionsschwester waren sie dabei, Tischtücher zu besticken. Die Muster waren alle gleich, unendlich langsam ging die Arbeit vonstatten, nur in Zeitlupe bewegten sich die Finger. Fast keine der Frauen sprach, es war, als seien ihre Gedanken weit von diesem Raum entfernt. Aber sie kamen gerne, sagte man uns, um beisammen zu sein.

»Warum lernen sie nicht, ihre eigenen Kleider zu nähen?« erkundigte sich meine Frau.

»Individuelle Arbeit mögen sie nicht«, klärte uns die Schwester auf, »wir müßten dann auf jeden ihrer Finger einzeln aufpassen. So machen eben alle immer dasselbe und haben sich daran gewöhnt.«

Wenn man bedenkt, daß es letzten Endes Ziel der Mission ist, aus diesen Frauen richtige Hausfrauen in unserem Sinn zu machen, kann man das Problem als hoffnungslos bezeichnen. Hundert Jahre geduldigen Bemühens werden kaum dazu ausreichen. Bis dahin kochen unsere Urenkel schon längst mit Atompillen und leiten ihren Haushalt elektronisch.

Wiederum völlig anders ist jener Versuch, den die evangelisch-lutherische Mission in Hermannsburg unternommen hat, etwa neunzig Kilometer westlich von Alice Springs. Ursprünglich war es ein rein deutsches Unternehmen, die Pastoren und ihre Mitstreiter kamen aus der Hannoveraner Gegend, wo auch der größte Teil der Unkosten aufgebracht wurde. Doch im Lande selbst, bei der evangelisch-lutherischen Synode von Südaustralien, die durchweg aus deutschen Einwanderern bestand, war ums Jahr 1870 der Plan entstanden, eine Mission im damals noch kaum bekannten Herzen Australiens einzurichten.

Zu dieser Zeit war das ein Wagnis von unerhörter Kühnheit. Denn bisher hatte nur ein weißer Mann, John McDuall Stuart, der Erstdurchquerer Australiens, jene Gegend durchwandert, wo die Mission entstehen sollte. Obwohl es vom Thema abweicht, sollten wir den Treck der Missionare und die Gründungsgeschichte von Hermannsburg erwähnen, denn es war mit weitem Abstand der erste Versuch zur Betreuung der Eingeborenen Inneraustraliens.

Am 22. Oktober 1875 machten sich von Adelaide aus die beiden Pastoren Schwarz und Kempe auf den weiten Weg ins Hinterland. Einige Laiengehilfen und sechs Aborigines von der Küste begleiteten die zwei Missionare. An lebendem Inventar wurden mitgeführt: 33 Pferde, 24 Stück Vieh, 2500 Schafe, 5 Hunde, 4 Hühner und 1 Hahn. Dazu ein halbes Dutzend Karren, schwer bepackt mit den nötigsten Lebensmitteln für Jahre und dem wichtigsten Werkzeug. Der Verlauf jener Strecke, die man zurücklegen mußte, war bis dahin kaum begangen worden. Die erste Durchquerung des Kontinents lag noch nicht lange zurück. Fünfzehnhundert Kilometer Luftlinie betrug die Entfernung, aber ungefähr die doppelte Strecke mußte man bis ans Ziel zurücklegen, weil das Gelände dazu zwang, vor allem die Suche nach Wasserstellen und Weidegründen für die mitgenommenen Haustiere. Das Ziel selbst lag am Finke-River, den John Stuart einige Jahre zuvor entdeckt hatte. Dieser Fluß, der mitunter Wasser führte, sollte in einem breiten Tal liegen, wo auch Vegetation, ja sogar Akazienwald zu finden war. Das Gelände ringsum, viele hundert Meilen weit, hatte die Regierung der Mission im voraus überlassen. Nach Stuarts Berichten wurde es nur von Eingeborenen durchzogen, die noch ganz in der Steinzeit lebten. Von der Außenwelt ahnten sie bisher noch nichts.

Zwanzig Monate dauerte die Wanderung, von Aufenthalten an Wasserplätzen und vielen Zwischenfällen unterbrochen. Jeder Tag eine Plage, jeder Schritt eine Mühe. Entsetzliche Hitze und schlimmer Durst quälte die Kolonne. Krankheiten und Verluste blieben nicht aus. Liest man die Aufzeichnungen der beiden Missionare, gewinnt man den Eindruck, daß an vielen Tagen eigentlich nur die entschlossene Umkehr noch Aussicht auf Rettung bot. Unter Zurücklassung der Wagen und aller Habe. Doch die Beharrlichkeit ihres Gottvertrauens ließ sie weiterziehen ohne jede Aussicht, am Ende ihres Trecks die Wohltaten der Zivilisation zu finden.

Am 8. Juni 1877 erreichten die erschöpften Männer mit dem Rest ihrer Herde den Finke-River. Es war so, wie Stuart gesagt hatte: Auch bei Trockenheit fand sich Wasser im Fluß, man mußte nur einen Meter tief danach graben. Es gab Weideland und Gebüsch, auch lockere Bewaldung an den tiefsten Stellen im Tal. Sogleich begannen die Missionare, sich seßhaft zu machen. Die Eingeborenen, zunächst unnahbar, zeigten sich nach Überwindung des ersten Schreckens als friedliche Leute, da man ihnen friedlich entgegenkam. Nach Hermannsburg im heimatlichen Hannover wurde die Mission benannt.

Heute hat sie vier Generationen der Arbeit und Erfahrung hinter sich. Was die Männer und ihre Frauen, die dort wirkten, an Härte und Hingebung aufbrachten, vor allem während der ersten Jahrzehnte, ist kaum zu beschreiben. Um so bewundernswerter ihr Glaube und ihre physische Robustheit. Das Ergebnis all ihrer Opfer und Mühsal ist vergleichsweise bescheiden, legt man unsere heutigen, heimischen Maßstäbe an. Zehn bis fünfzehn Gebäude liegen unregelmäßig über einen weiten Platz verstreut, meist aus Lehmziegeln gemauert und mit rostigem Wellblech bedeckt. Die kleine, schlichte Kirche fällt nicht aus diesem Rahmen. Auf Kosten der Regierung, der nun alle Missionen unterstellt sind, wurden unlängst ein modernes Hospital und eine große Schule gebaut. Gut eingerichtete Werkstätten, ein elektrisches Kraftwerk, Büros der Verwaltung und ein Kramladen verteilen sich im Gelände. Über hundert Jahre alt ist nun schon das flache, aus massiven Bruchsteinen errichtete Wohnhaus des leitenden Pastors, bei dem wir zu Gast waren. Knorrige Eukalyptusstämme, noch von den ersten Missionen gehauen, stützen die Decke der beiden großen Räume. Der Fußboden ist gepflastert, Türen und Fensterbretter wurden seinerzeit an Ort und Stelle gefertigt. Mächtige Bäume beschatten das alte Haus, die Kirche und das Hospital. Hermannsburg hat Würde und Beschaulichkeit, es wirkt nicht so blitzblank und neu wie sonst fast jede Anlage in ›Centralia‹. Drei Außenstationen, alle etwa hundert Kilometer weit entfernt, Papunya, Areyonga und Haasts Bluff, gehören zur Mission.

Wohnhäuser und Schlafschuppen für die Eingeborenen gibt es nicht, sie hausen nach eigener Art und alter Sitte in oder, besser gesagt, vor ihren sogenannten *Wurlies.* Früher waren das äußerst primitive, halbkugelige Windschirme aus Zweigen und Dornengestrüpp, mit Tierfellen lose bedeckt und nur zu vorübergehendem Aufenthalt gedacht. Heute sind es häßliche Gebilde aus Kistenbrettern, Dachpappe und rostzerfressenen Blechplatten. Zum Wohnen dienen sie den Abos nicht, allenfalls zum Unterschlupf während der seltenen Regentage. Nur ihren dürftigen Hausrat hebt die Familie darin auf, ein paar Decken, überzählige Kleider und geplatzte Koffer voller Kleinigkeiten, die sich angesammelt haben. Das Familienleben spielt sich draußen ab, meist wird auch im Freien geschlafen. So war es stets und ist noch immer Sitte der australischen Nomaden. Der Anblick dieses weiten Lagerplatzes ist keineswegs erfreulich, jedenfalls nicht für das Auge fremder Besucher. Aber den Eingeborenen gefällt es um so besser, sie fühlen sich frei und an nichts gebunden. Ein offenes Feuer vor dem

Wurlie dient zum Bereiten der Mahlzeit, und sein Rauch vertreibt die Mücken. Eine Unmenge von Hunden, die zum Teil einen Herren haben, zum Teil auch nicht, vertilgen die Abfälle.

So schmutzig und elend, wie das Gewusel aus der Ferne wirkt, ist es bei näherem Hinsehen nicht. Ein friedliches Leben herrscht hier, durchaus keine Not. Man ist sogar in geruhsamer Weise allenthalben beschäftigt. Jede Familie kocht für sich. Bevor die Kleider auseinanderfallen, werden sie aus eigenem Antrieb wieder zusammengenäht. Man sieht auch Männer, junge wie alte, die an irgend etwas herumbasteln. Zu den äußeren Zeichen des Fortschritts gehört auch eine Anzahl von Blechkabinen, die der menschlichen Notdurft dienen. Die Abos haben sich ohne Ausnahme daran gewöhnt, sie zu benutzen.

Niemand fragt die Eingeborenen, wohin sie gehen und woher sie kommen. Das Lager ist nicht, wie bei den Regierungsstationen, von Stacheldraht umgeben. Zwar können auch dort die Leute hinaus, so oft und so lange sie wollen. Aber hier ist diese Freiheit augenfälliger, das Lager ist weder eingeteilt noch begrenzt. Neulinge treffen freiwillig ein und lassen sich nieder, ohne zu fragen. Stillschweigend werden sie aufgenommen, in der Hoffnung auf allmähliche Einfügung in die lose Gemeinschaft. Die Abos haben in Hermannsburg einen Platz, wo man für sie sorgt. Allerdings nicht umsonst, wer arbeitsfähig ist, muß hin und wieder etwas tun. Wer unterentwickelte Völker kennt, weiß, daß mildherzige Geschenke, für die man nichts zu leisten braucht, kein Ansehen genießen, ja mit der Zeit sogar als Tribute des weißen Mannes betrachtet werden, die er ihnen schuldet. Nur die Alten, die Kranken und die Kinder werden gratis betreut.

Die Mission unterhält große Viehherden auf ihrem weiten Gebiet. Die Stockmen sind ausnahmslos Eingeborene, denen es behagt, frei mit den Herden im freien Land zu leben. Alle sind beritten, sie verstehen es gut, mit Pferden umzugehen. Auch ist es den Hermannsburgern gelungen, eine Gruppe ihrer Aborigines für die Gartenarbeit zu gewinnen. Siebzig Jahre und mehr hat man hierfür gebraucht. Es sind meist ältere Leute, die sich mit rührender Sorgfalt um ihre Pflanzen und Pflänzchen kümmern. Aufsicht ist nicht mehr nötig, diese Pflichten sind zur Gewohnheit geworden, und ihr Zweck, die Ernte von Obst und Gemüse, wurde allmählich begriffen.

Viele der jungen Leute beschäftigen sich mit der Herstellung von Souvenirs, die in Alice Springs und selbst in den Küstenstädten an Touristen verkauft werden. Dazu gehören Pantoffeln und Taschen aus Känguruhfell, Schalen und Becher aus Wurzelholz, mancherlei Schnitzwerk, Brandmalerei auf Baumrinde und alle möglichen Kleinigkeiten, wie sie früher, und zum Teil noch heute, bei den Steinzeitmenschen in Gebrauch waren. Die alten Handfertigkeiten werden dadurch bewahrt, außerdem läßt sich damit etwas Geld verdienen, das man zu nützen gelernt hat. Der Kaufladen ist gut ausgestattet, sogar mit neumodischen Dingen. Man möchte nach Möglichkeit vermeiden, daß die jungen Leute wegen ihrer Einkäufe erst nach Alice Springs laufen, wo sie leicht in schlechte Gesellschaft geraten. Denn nichts fürchtet die Mission mehr als die Gefahren der Großstadt. Und mit ihren zehntausend Einwohnern ist nun mal ›The Alice‹ die größte und ›gefährlichste‹ Stadt von ganz Centralia.

Beim Eingeborenenamt in Canberra hatte man uns gesagt, es herrsche in Hermannsburg eine bedauerliche Schlamperei. Bei flüchtigem Hinsehen mag das stimmen. Aber den Hermannsburgern selber beweist diese Auskunft nur, wie wenig die Regierungsleute von der uraustralischen Mentalität verstehen. Denn gerade die weiche Welle ist es ja, die den Eingeborenen so behagt. Der lockere Zügel lenkt sie am besten. Anpassung wird nur so weit betrieben, wie sie derzeit möglich ist, und wie weit sie mögen, hat die Mission im Verlauf eines guten Jahrhunderts recht gut verstanden. Es hat zu Anfang viele Fehlschläge gegeben, so mancher psychologische Irrtum wurde im Lauf der Zeit erkannt. Doch haben die schlechten Erfahrungen dazu gedient, bessere zu erwerben. Aus Gründen aber, die wohl mit jeder Bürokratie zusammengehen, sind die Ratschläge alterfahrener Praktiker bei der Regierung nicht erwünscht. Von den Schreibtischen in Canberra will man vieles regeln, was nicht der Regelung bedarf.

»Je mehr man den Eingeborenen selber überläßt«, sagt man in Hermannsburg, »desto mehr bleibt von ihrer Selbstverantwortung erhalten. Und die brauchen sie nötig, um eines Tages in die neue Welt hineinzuwachsen.«

Eben kamen zwei Angestellte der Mission mit dem Jeep von ihrem Ausflug zurück. Hinten im Wagen lagen zwei erlegte Bergkänguruhs. Sie wurden den Eingeborenen geschenkt, um ihre Verteilung kümmerten sich weder die Jäger noch Pastor Scherer.

»Das machen die Leute unter sich aus, nach ihrer eigenen Überlieferung«, meinte er zu uns, »dabei hat schon im voraus jedes Stück seine Bestimmung. Man kann nur staunen, wie rücksichtsvoll und auch wie zweckmäßig es dabei zugeht!«

Es war ein junger Mann, der die Zerteilung und Verteilung vornahm. Dabei fiel kein lautes Wort, jeder Anwärter harrte geduldig, bis die Reihe an ihn kam. Alsdann schritt er befriedigt davon.

»Nun, Dudley, was hast du bekommen?« rief Pastor Scherer einen bärtigen Greis zu uns heran.

Beglückt zeigte er uns den buschigen Schwanz eines Känguruh.

»Sehr schön gut für meine alten Zähne . . . Fleisch geht von selber ab.«

Er solle erzählen, wie er die Mahlzeit zubereite, bat der Geistliche. Der alte Dudley tat es mit großem Eifer und beschreibenden Gesten. Über einem Feuer aus glimmenden Kohlen wollte er zunächst die Haare absengen. Danach mußte er zuwarten, bis die Haut von der Hitze sprang und sich leicht abziehen ließ. Wurde hernach der Rest in einem Topf gesotten, löste sich das Fleisch von den Knochen und zerfiel in kleine Stücke.

Bei Massenverpflegung kann die Küche weder die guten noch die schlechten

Gebisse ihrer Kostgänger berücksichtigen, hier aber bekam jeder genau das, was er am besten verzehren konnte. Also erhielten kräftige Leute die zähesten Partien, kleine Kinder und Greise die weichsten Teile.

»Die Familien müssen ihre Mahlzeiten selber bereiten, sonst verlernen sie am Ende, für sich zu sorgen.«

Die Eingeborenen von Hermannsburg gehören alle zum großen Stamm der Aranda, das Herz des Kontinents ist seit ältesten Zeiten ihre Heimat. Sie haben die ursprünglichen Methoden der Jagd und das Sammeln von eßbaren Kräutern und Körnern noch nicht verlernt. Ständig sind kleine Gruppen unterwegs, sich nach alter Art aus dem Lande Nahrung zu beschaffen. Allerdings liegen hier die Verhältnisse weit günstiger als bei den meisten anderen Missionen. Denn gleich bei Hermannsburg beginnt das zweitgrößte Eingeborenenreservat in ganz Australien, größer als so manche europäische Provinz.

So karg es auch sein mag, so wild und zerklüftet, es gehört den Aborigines allein. Darin gibt es keine Station weißer Viehzüchter und keine weiße Siedlung außer den drei Nebenstationen von Hermannsburg. Weiße dürfen das Reservat nur mit Sondergenehmigung des Eingeborenenamtes betreten, die schwer zu bekommen ist.

Hier war auch jene Jagdwaffe noch in Gebrauch, die seinerzeit für Australiens Ureinwohner typisch war, der Bumerang. Es gibt davon zwei verschiedene Arten, eine dient zum Erbeuten des Wildes, die andere mehr dem Sport und der Ausbildung geschickter Werfer. Nur dieser Bumerang kehrt zurück, wenn ihn die Hand eines Meisters schleudert. Beim anderen, der bedeutend länger und weniger gebogen ist, legt man auf Wiederkehr keinen Wert. Er soll ein Ziel treffen, und das mit großer Wucht, ein Wurfgeschoß, das zischend durch die Luft wirbelt, um dem Leguan, dem Opossum oder einem kleineren Känguruh das Rückgrat zu brechen. Bis auf fünfzig Meter Distanz ist das möglich, gelingt aber nur den besten Jägern.

Der Pastor rief einen jungen Mann heran, uns diese Kunst vorzuführen. Ein leerer Schuhkarton wurde aufgestellt, der Bumerangwerfer schwang das flache Holz über seinem Kopf, lief drei Schritte nach vorn und ließ es sausen. Das Ding schien mehr durch die Luft zu hüpfen, als zu fliegen. Erst beim dritten Versuch knallte das Holz in die Schachtel. Sie wurde glatt in zwei Stücke gespalten, sehr zum Stolz des erfolgreichen Werfers.

Wenn gesagt wird, daß der kleinere, feiner gearbeitete Bumerang bei richtig bemessenem Schwung akkurat in die Hand des Wurfmeisters zurückkehrt, so ist das wohl eine große Seltenheit. In ganz Australien haben wir dieses Kunststück nicht gesehen, auch wollte niemand beschwören, es selber gesehen zu haben. Wohl immer muß der Mann ein paar Schritte laufen, um sein Geschoß wieder einzufangen. Dennoch ist die Umkehr des geschwungenen Holzes eine verblüffende Sache. Der sportliche Bumerang beschreibt im Wirbelflug keinen Kreis, sondern eher eine flache Acht, die letzten Endes zurückführt. Der Absender muß erkennen, wo sein Bumerang landen will, eilt flink hinzu und faßt danach, gerade im Augenblick, da die Flugkraft erlahmt.

Vom Ertrag ihrer gelegentlichen Arbeit können sich die Aranda der Mission noch zusätzlich Lebensmittel im Laden kaufen. Die Regierung gibt dafür einen Zuschuß, so daß nach unseren Begriffen die Sachen spottbillig sind. Die Kleinen im Kindergarten und die Größeren in der Schule erhalten eine freie Mahlzeit.

»Ihrer Kinder wegen bleiben die Mütter nun meist im Lager«, sagte uns der Pastor, »sie kommen auch her, um sie auf die Welt zu bringen. Die Zeiten, als sie noch Angst vor unserer Klinik und dem weißen Kittel des Personals hatten, sind längst vorüber. Wir haben Vertrauen gewonnen, man überläßt uns ohne Bedenken die Sorge für Kranke, Kinder und alte Leute. Für fremde Ohren klingt das selbstverständlich, es hat aber viele Jahrzehnte gedauert, bis wenigstens das erreicht war.«

Pastor Scherer wußte nicht genau, wie viele Eingeborene zur Zeit betreut wurden. Etwa sechshundert leben ständig bei Hermannsburg und im Umkreis der drei Außenstationen. Ungefähr die gleiche Anzahl, mitunter auch mehr, kommen einzeln oder in Gruppen, für längere oder kürzere Zeit. Ein paar Tage lang werden sie umsonst verpflegt, man nimmt sich der Kinder an und sorgt für die Kranken. Es sind meist Stammesgenossen, schon halbwegs seßhaft geworden, die ihre nomadisierenden Brüder mehr und mehr an die Mission heranziehen. Die Vorteile sind ja unverkennbar, und freiwillige Mitarbeit findet ihren Lohn.

»Und wie steht's mit der Bekehrung?« wollte ich wissen, denn schließlich ist es die eigentliche Bestimmung einer Mission, aus den Steinzeitheiden gute Christen zu machen.

»Christen sind nun alle geworden, wir hatten dazu viele Jahrzehnte Zeit. Wie weit das in die Herzen hineinreicht, ist sehr verschieden. Manche glauben tief und innig, bei anderen bleibt's mehr an der Oberfläche. Doch von Natur aus sind alle gutartig und sehr hilfsbereit untereinander.«

Ein Weg zu ihrem Gemüt führt über die Musik, so seltsam das bei einem Volk auch klingen mag, das weder eigene Lieder noch Instrumente kennt, die eine Tonfolge hervorbringen. Um so erstaunlicher sind ihr feines musikalisches Gehör und die schönen Stimmen. Die Urmenschen vergessen keine Melodie, die sie öfter gehört haben. Der mehrstimmige Chor der Hermannsburger Kirche ist in ganz Australien berühmt und wurde auf Schallplatten und Tonbänder aufgenommen. Man kann sie in allen größeren Städten kaufen. Die getragene Weise kirchlicher Choräle und alter, deutscher Volkslieder sagt ihnen am meisten zu. Die Abos singen auch für sich allein, vor ihren Wurlies und draußen im Land, aus reiner Freude an den Melodien. Sie singen während ihrer Besuche bei anderen Stämmen und geben diesen ihre Lieder weiter.

Manche der jungen Leute haben heute Banjos und Gitarren, die sie meisterhaft spielen.

»Viele schwarze Besucher kommen nur her, um mit unseren Leuten zu singen. Das wirkt auf sie wie ein Wunder und erhöht natürlich unsere Anziehungskraft.«

Legt man moralische Maßstäbe an, dann sind die Abos von Hermannsburg wirklich gute Christen. Diebstähle sind unbekannt, Schlägereien außerordentlich selten. Eifersucht und Ehebruch kommen gelegentlich vor, führen aber nicht zum Skandal. Die Kinder werden liebevoll behandelt, die alten Leute genießen Verehrung. Den Missionaren und ihren Frauen erweist man Zuneigung und Respekt. Von der eigentlichen Bedeutung des Christentums haben die Steinzeitmenschen immerhin so viel verstanden, daß Männer aus ihren eigenen Reihen als Laienprediger das Evangelium in schlichten Worten sinngemäß erläutern.

Mit dem Pastor gingen wir zum alten Hospital, das seit der Einrichtung des modernen Krankenhauses kaum noch benutzt wird. Es lag darin nur ein Patient, dessen Ende bevorstand.

»Er ist nicht krank«, sagte uns Scherer, »nur sehr, sehr alt . . . so alt, daß niemand mehr weiß, wann er nach Hermannsburg kam. Vielleicht wurde unser Ludwig sogar hier geboren, zu Anfang der Mission.«

Schon im Flur hörten wir ihn singen, mit schöner, ganz tiefer Stimme. Ein geistliches Lied, das wir selber nicht kannten.

»Er singt den ganzen Tag . . . so viele Lieder wie er kennen nur wenige.«

Der alte Ludwig war blind, trug einen wallend weißen Bart und lag in seinen Kleidern ausgestreckt auf einem sauberen Bett, die Hände gefaltet. Er hörte uns nicht eintreten, fuhr daher fort, ganz allein für sich zu singen.

Der Pastor beugte sich zu ihm, stellte uns vor, und wir drückten seine großen, rissigen Hände. Der Missionar fragte nach seinem Ergehen.

»Es geht mir gut . . .«, kam die Antwort in klarem, flüssigen Deutsch, »aber lieber wäre ich schon beim Herrgott und seinen Engeln. Dort kann ich wieder sehen. Du hast doch gesagt, im Himmel ist niemand blind!«

Die Versicherung erhielt der alte Ludwig aufs neue.

»Eben hat mir die Schwester wieder Essen gebracht«, sagte er mit blicklosen Augen, »immer bekomme ich sehr gutes Essen. Aber, Herr Pastor, wie lange muß ich noch warten, bis es zum Himmel geht?«

Die Tür sei bereits geöffnet, beruhigte ihn der Geistliche, die Engel würden ihn hinaufbringen.

»Das wird schön sein . . . ich freue mich sehr.«

Draußen hielten wir inne, der alte Ludwig war schon wieder beim Singen.

»Sie fragten nach dem Erfolg unserer Bemühungen«, erinnerte uns Scherer. Die Frage war beantwortet!

Abends, am Kamin des Pfarrhauses, sprachen wir nochmals über die Probleme der Bekehrung. Die energischen Vorgänger der Mission hatten aus lauterem Glaubenseifer auch manche Fehler begangen, dieselben Fehler, wie sie früher allgemein üblich waren und mitunter heute noch geschehen. Dazu gehörte das Bestreben, alle Überlieferungen der Eingeborenen radikal zu zerschlagen, um danach auf einem leeren Acker das Christentum zu säen. Heute weiß man, daß so viele der alten Traditionen kaum etwas mit irgendwelchem bösem Heidenglauben zu tun haben, sondern weiter nichts sind als Stammesbräuche. Man hatte den Abos altgewohnte Feste und Tänze, Mutproben und Bemalungen verboten, die in Wahrheit den christlichen Glauben nicht im geringsten stören. Das ist anders geworden. In Hermannsburg hat man längst erkannt, was sich von überlieferten Sitten mit der Bekehrung vereinbaren läßt und was nicht. Man sieht es jetzt recht gerne, wenn sich die schwarzen Christen nach ihrer Art harmlos vergnügen. Es fördert den Zusammenhalt und bringt Abwechslung in das schlichte Leben.

»Wir stören sie nicht dabei«, erklärte der Pastor, »wo es angeht, fördern wir das sogar.«

Und wo es nicht angeht, drückt man die Augen zu. Der Pastor wußte wohl, daß seine Schäflein erst vor kurzem wieder, weit draußen in den Bergen, eine Beschneidungszeremonie abhielten, wozu auch heidnische Rituale gehörten. Aber er hoffte, man habe deren Bedeutung inzwischen vergessen. Auch das berühmte *Corroboree,* ein wilder Tanz mit bemalten Gesichtern und vielem Lärm, war mittlerweile als gesellige Veranstaltung zu betrachten, wie so vieles andere auch, das zu den uralten Traditionen gehört. Einst hatten sie kultischen Charakter und dienten zur Beschwörung guter wie schlechter Geister. Aber daran denkt von den Jungen niemand mehr, jetzt ist all das nur noch ein großer Spaß.

Ob er jemals das heimliche Wirken eines Medizinmannes gespürt habe, wollte ich gerne wissen.

»Nein, so einer könnte sich hier nicht halten«, sagte Scherer mit Bestimmtheit, »unsere Leute würden mich sofort zu Hilfe holen.«

Das war glaubhaft. Im Lauf so langer Zeit hat die Mission tiefes Vertrauen gewonnen. Zaubermänner und Hexer können nicht dagegen ankommen. Ein großer Vorteil ist es für die Hermannsburger Pastoren, daß sie die äußerst schwierige Sprache der Aranda beherrschen, Scherer selber sogar noch das Pintjuri. Seine Vorgänger haben die Wörterbücher dafür geschaffen, auch die Bibel und zahlreiche Lieder übersetzt. Ein über das andere Mal wird in der Arandasprache gepredigt, die Choräle in der Arandasprache gesungen. So hat es, von den ersten Jahren abgesehen, in Hermannsburg nie jene Barriere gegeben, welche die Unkenntnis der Eingeborenensprache zwangsläufig aufrichten muß. Jeder Aranda kann mit den Missionaren sprechen, wie ihm der Mund gewachsen ist. So gelang es mit der Zeit, weit in die Gedankenwelt der Urmenschen einzudringen.

»Aber keiner von uns«, warnte Pastor Scherer, »wird das Weltbild dieses Volkes jemals bis ins letzte ergründen.«

Erst gegen Abend erwachte das Dorf zu seinem anderen Leben, das uns stärker beeindruckte als jede Besichtigung bei Tage. Es war ein Bild friedlicher Freuden, wie es ähnlich in den Abendstunden wohl auch in unseren Dörfern geherrscht hat, bevor die Welt modern wurde.

Um vier oder fünf Lagerfeuer saßen die jungen Menschen. Einer zupfte an seiner Gitarre, und die ganze Schar sang mit. Nicht nur geistliche Lieder wurden bevorzugt, auch ›Am Brunnen vor dem Tore‹ klang herüber und ›Muß i denn zum Städtele hinaus‹. Dann folgte wieder die ›Stille Nacht‹, hernach die ›Blaue Donau‹. Verstehen konnten wir die Worte nicht, denn alle Lieder wurden in Aranda gesungen. Es wirkte seltsam, die vertrauten Klänge in völlig fremder Sprache zu hören und erst recht die naive Mischung frommer Choräle mit Walzern und Volksliedern. Das alles in so beschaulicher Atmosphäre, so verwandt der bei uns längst überholten dörflichen Gemütlichkeit, dargeboten von den Steinzeitmenschen Australiens. Was man ihnen brachte, ist allerdings nicht die Gegenwart der weißen Welt, sondern ihre Vergangenheit.

Unter dem Licht der Bogenlampen spielten ein paar Burschen Fußball. Buben rannten hinter einem Reifen her, und kleine Mädchen trugen ihre Puppen spazieren. Alte Männer saßen am Feuer und nickten sich zu. Eine gesunde, zufriedene Gemeinschaft.

»Sie haben viel erreicht«, sagten wir dem Leiter von Hermannsburg. »Ihre Leute sind glücklich.«

Doch er selber war es nicht.

»Hier kann man sich nicht beklagen, da haben Sie recht, wenn auch noch vieles, sehr vieles zu tun bleibt. Aber wir sollen ja . . . und wollen auch unsere Schützlinge fürs Leben draußen vorbereiten. Davon sind wir noch weit entfernt, obwohl so viele Jahrzehnte hinter uns liegen. Im übrigen kommt das Leben von draußen auf uns zu. Aber diesem Kontakt, der unvermeidbar ist, sind unsere Leute noch lange nicht gewachsen. Generationen werden darüber vergehen. Viele Probleme sind noch zu bewältigen, bis sich diese gutmütigen Naturkinder im modernen Australien zurechtfinden. Ich sehe da noch keine Lösung . . . ja kaum eine Hoffnung.«

Das größte Hindernis auf dem Wege zur Assimilation liegt nach Ansicht des Missionars nicht so sehr bei den schwarzen, als vielmehr bei den weißen Australiern. Die meisten von ihnen wollen mit den Ureinwohnern des Landes nichts zu tun haben, verstehen auch nicht mit ihnen umzugehen. Die Abos gelten als unzuverlässig und sind es auch in der Mehrheit tatsächlich, wenn man unsere Maßstäbe anlegt. Als Nachbarn werden sie nicht gern gesehen, beruflich gibt man ihnen keine wirkliche Chance. Niemand will sie als Untermieter, weiße Angestellte haben nur selten Lust, mit Eingeborenen kollegial zu arbeiten. Obwohl es nach außen hin stets bestritten wird, besteht ohne Zweifel eine Diskriminierung der dunklen Rasse. Die Regierung will ihre Anpassung, aber der weitaus größte Teil der Bevölkerung will sie nicht. Am schlimmsten betragen sich dabei jene weißen Australier, die selber primitiven Geistes sind. Hinzu kommt die Gefahr des Alkohols für die Männer und der Prostitution für die Frauen.

»Wenn sie das Bürgerrecht erhalten, was ja eines Tages kommen muß, dürfen sie Schnaps kaufen, soviel sie wollen. Und der richtet sie zugrunde. Es fehlt ihnen die Selbstkontrolle. Was sie verdienen, wird sogleich ausgegeben. Sie können nicht einteilen, nicht in unserer Art an die Zukunft denken. Jeder Schuft kann sie ausbeuten, jeder Gauner sie mißbrauchen. Außenseiter in ihrem eigenen Land, gehen sie ohne den festen Halt ihrer Gemeinschaft vor die Hunde, werden zu Vagabunden und treiben sich heimatlos am Rande der Städte herum. Man muß sie behüten, auf vorläufig unabsehbare Zeit, sonst ist es um sie geschehen!«

Am besten geht es ihnen noch bei den großen Viehstationen. Das sind Oasen in der großen Wildnis, weit entfernt von den meisten Versuchungen der Zivilisation. Dort werden sie im allgemeinen auch menschlich behandelt, und man ist zufrieden mit ihrer Arbeit. Die Beobachtung von Tieren, denn nichts anderes wird im Grunde von ihnen verlangt, liegt den Urmenschen im Blut. Sie kennen jedes Stück, das zum Besitz ihres Herrn gehört, auch ohne das Brandzeichen. Einem entlaufenen Rind folgen sie hundert Meilen weit und treiben es zurück. Zäune zu flicken, und was sonst noch zu tun ist, macht ihnen keine Schwierigkeiten. Auf den endlosen Weideflächen der Stationen findet ihr Wandertrieb volle Befriedigung. Auch leben sie dort in Familiengruppen beisammen und sind keine Splitter inmitten der Weißen.

Ein anderer Beruf, bei dem sich ihre angeborene Begabung äußerst nützlich erweist, ist das sogenannte *black tracking.* Aber leider hat die moderne Technik wie Sprechfunk, Hubschrauber und Geländewagen den Black Trackers viele Chancen genommen, bei denen sie früher ihre einzigartigen Fähigkeiten bewiesen. Der Bedarf für ihre Dienste wird von Jahr zu Jahr geringer. Auch sonst gibt es mit fortschreitender Zeit immer weniger Möglichkeiten, bei denen die natürlichen Gaben der Aborigines auch für die moderne Welt von Wert sind. Hinzu kommt ihr unstillbarer Wandertrieb, der sich mit geregelter Arbeit nicht vereinen läßt.

»Gewiß, man erlebt Ausnahmen«, suchte sich Pastor Scherer zu trösten, »vereinzelt haben die Abos draußen ihren Platz gefunden und sich gut bewährt. Als Hausangestellte zum Beispiel und als einfache Handlanger in kleinen Betrieben. Hier und da haben sie es schon zu Mechanikern gebracht, zu Krankenpflegern und Fahrern. Aber wie gesagt, das sind Ausnahmen, nicht die Regel. Was aber sonst geschieht, wenn einer von unseren Leuten in die Außenwelt gerissen wird, wenn er gar besondere Leistungen vollbringt, dafür ist Albert Namatjira ein Beispiel von großer Tragik . . .«

Ruhm und Ruin des Albert Namatjira

Er kam in Hermannsburg zur Welt, schon seine Eltern hatten dort gelebt. Die MacDonell-Berge waren ihre angestammte Heimat und der Lagerplatz am Finke-River ihre ständige Wohnung. Albert wurde schon bei seiner Geburt getauft und im entsprechenden Alter konfirmiert. Doch gibt es in Hermannsburg nichts Besonderes, was an seine ersten Jahre erinnert. Albert war nur eines von vielen Aranda-Kindern, die auf dem Gelände der Mission heranwuchsen. Schon mit achtzehn Jahren war er verheiratet und mit zwanzig Vater von zwei Söhnen. Er fiel auf durch seine große, breite Statur und eine sehr tiefe Stimme. Beachtlich war auch sein Appetit, der junge Mann brauchte doppelte und dreifache Portionen, um satt zu werden. Die Mittel, so außergewöhnlichen Hunger zu stillen, verdiente er sich durch Brandmalereien. Dabei werden Holzteller, Schalen oder Rindenstücke mit Hilfe eines glühenden Eisenstabes verziert. Oft haben diese Punkte, Striche und Wellenlinien nach alter Überlieferung die symbolische Bedeutung von Menschen, Tieren oder Geistern. Ebensooft sind es nur Muster, die sich der Brandmaler selber ausdenkt. Albert Namatjira erwies sich bei dieser Arbeit als besonders erfindungsreich. Die Mission schickt solche Sachen an die Küste, wo sie als *echte Arbeiten der Aborigines* guten Absatz finden.

Albert war ein braver Bursche, ging regelmäßig zur Kirche und führte mit seiner Frau Robina und den Kindern ein friedliches Familienleben. Dabei wäre es wohl auch geblieben, hätte nicht im Jahre 1932 der Zufall zwei Maler nach Hermannsburg geführt, Rex Battarbee und John Gardiner. Beide hatten sich einen guten Ruf als Landschaftsmaler erworben, vor allem Battarbee. Er war nicht aus eigenem Antrieb nach Centralia gezogen, vielmehr auf Anraten seines Arztes, der gemeint hatte, das trockene Wüstenklima im Herzen des Kontinents wäre für seine angegriffene Lunge die beste Medizin. Gardiner wollte ihn nur für einige Wochen begleiten. Doch waren beide Maler so begeistert von der grandiosen Landschaft, daß sie gar nicht mehr fortwollten. Hier sahen sie traumhaft schöne Farben, mit denen bisher noch kein Maler gearbeitet hatte. Blau schimmerten die Berge in der Ferne, hellrot und auch dunkelrot glühte das Gestein im Vordergrund, dazwischen leuchtete gelbes Riedgras und heller Sand. Golden glitzerten die Mimosenblüten im Gezweig der Dornbüsche. Spinifex und Mulga, schlanke Eukalyptus und zerzauste Akazien schmückten die trockenen Täler. Im sogenannten Winter, von Juni bis August, bedeckte ein bunter Blütenteppich die trostlose Steppe. Fast immer war der Himmel sonnenklar, die Luft von unvergleichlicher Reinheit. Stieg man auf die Höhen, reichte der Blick hundert Meilen weit über eine herrlich wilde, noch kaum bekannte Bergwelt. Battarbee und Gardiner waren die ersten Maler, denen es gelang, diesen Zauber auf die Leinwand zu bannen. Draußen an der Küste war man von ihren Bildern begeistert. Nicht minder begeistert waren sie selber über den Erlös, den ihre Arbeiten brachten. Da es weit und breit außer der Mission keine Unterkunft im Lande gab, wurde Hermannsburg für Wochen das Standquartier der beiden Maler. Im Herbst 1934, bevor Gardiner nach Sydney heimkehrte, stellten sie in einem Schuppen der Mission ihre Bilder aus, für ein Publikum, das zum größten Teil noch der Steinzeit angehörte. Die Aborigines standen davor und staunten, unter ihnen Namatjira.

Rex Battarbee, vom Drang verzehrt, immer tiefer in diese faszinierende Welt der bunten Berge einzudringen, erwarb drei Kamele und fragte nach einem Mann, der sie führen konnte. Ein Dutzend junger Leute meldete sich, Battarbee wählte Albert Namatjira, weil er der größte und stärkste war.

Der Weiße und der Schwarze kamen gut miteinander aus. Albert verstand es, die Kamele richtig zu behandeln, fand verborgene Wasserstellen und führte den Maler in romantische Täler, die vordem noch kein Fremder betreten hatte. Reglos saß er hinter Battarbee und schaute aufmerksam zu, wie der flinke Pinsel über die Leinwand huschte. Nach seiner Rückkehr vom ersten Ausflug, der fünf Wochen in Anspruch genommen hatte, meinte Albert, er wolle kein Geld mehr für seine Dienste, sondern Unterricht im Malen. Battarbee lachte, war jedoch einverstanden.

Als nun der Maler mit seinem Pfadfinder und den Kamelen wieder nach Hermannsburg zurückkehrte, brachte er selber nur wenige Bilder mit. Fast alle Zeit hatte Battarbee damit verbracht, den jungen Eingeborenen in die Technik der Malerei einzuführen. Wohlgemerkt, nur in die Technik, denn zu Battarbees grenzenlosem Erstaunen vermochte der junge Aranda selbst das Wesen der Farben zu erfassen. Unter Verzicht auf Details sah er die Landschaft, begriff die Stärke ihres Ausdrucks und wählte mit sicherem Instinkt die richtige Komposition. Der Weiße hatte ihm nur zu zeigen, wie man den Pinsel führt, die Leinwand grundiert und die Farben mischt. Pastor Albrecht, damals Leiter der Mission, war von Alberts Naturtalent ebenso berührt wie Battarbee selbst.

Eine Erklärung für Namatjiras ungewöhnliche Begabung wußte weder der Maler noch der Missionar. Bisher hatte sich bei den Arandaleuten nie etwas gezeigt, was wir als Kunst oder künstlerisches Empfinden bezeichnen würden. Nur die Ureinwohner an der Nordküste, deren Blut schon seit undenklichen Zeiten durch malayische Seefahrer eine fremde Beimischung gefunden hatte, waren imstande, die Umrisse von Menschen und Tieren auf Baumrinde zu zeichnen. Aber tausend Kilometer wasserloser Wildnis trennten die Nomaden Centralias von den Leuten am Golf von Carpentaria. Die Aranda hatten es nur dahin gebracht, die Höhlen ihrer Berge mit den Symbolen ihres Jagdzaubers zu versehen. Dafür standen ihnen nur drei oder vier Grundfarben zur Verfügung, andere wußten sie weder zu gewinnen noch wollten sie sie mischen. Im übrigen hatte kein australischer Eingeborener jemals versucht, eine Landschaft wiederzugeben. Alles hatte sich auf die symbolische Andeutung von Tier, Mensch und Zauberzeichen beschränkt. Wie nun in dem jungen Namatjira eine Fähigkeit ausbrechen konnte, für die nirgendwo in seinem Volk der geringste Ansatz zu finden war, bleibt ein ungelöstes Rätsel.

Die Mission beschaffte ihm Pinsel, Farben, Staffelei und Malpapier. Beim nächsten Ausflug war Namatjiara nur noch Battarbees begabter Schüler. Ein anderer Junge wurde mitgenommen, um den Kameldienst zu versehen. Der weiße Maler widmete sich ausschließlich der Fortbildung seines schwarzen Adepten, und binnen kurzer Zeit lernte Albert alles, was ein Künstler vom Handwerk verstehen muß. Gegen Ende der Reise malte er frei und ohne Anleitung, Rex Battarbee schaute zu.

Ganz aus sich heraus hatte Albert Namatjira seinen eigenen Stil gefunden, kräftiger noch und ausdrucksvoller als der seines Lehrers. Wenn man kritisch sein will, auch gröber. Seinen Bildern mangelt es an Perspektive, selbst die fernsten Bergrücken scheinen aus dem Vordergrund aufzusteigen. Die unendliche Weite der Landschaft kommt nicht zur Geltung, alles drängt sich zusammen. Dafür erscheint bei Namatjira ein neues, ihm eigenes Element, nämlich die Bewegung. Die Büsche umschlingen einander, das buntfarbige Geröll scheint wirklich zu rollen, und man glaubt zu sehen, wie sich der schneeweiße Stamm des Geisterbaums über seiner Wurzel dreht. Es ist, als würden die Berge atmen, als brodle das kochendheiße Gestein. Unheimliches Leben webt in seinen Landschaften.

In der Vorstellungswelt aller Eingeborenen, die sie selbst *Tukurita* nennen, lebt tatsächlich alles. Für sie ist jeder Stein, jeder Sandhügel und jeder Busch von verborgenen Kräften beseelt. Das trockene Flußbett ist der Pfad einer unsichtbaren Riesenschlange, in den Bergspitzen lauern wachsame Dämonen, und das bunte Gestein im Tal enthält die Seelen ungeborener Kinder. Im Stamm der Akazien wartet ein Toter auf seine Wiederkehr, im Steinblock verbirgt sich ein Känguruh. Das tote Holz ist ein verhexter Dingo, im winzigen Sandkorn wirken versteckte Geister. Tiere, Menschen und Seelen sind überall verborgen. Nichts gibt es, das nicht lebt. Wenn man Namatjiras Bilder betrachtet, wird dieses Leben offenbar.

Pastor Albrecht nahm sechzehn seiner ersten Bilder mit nach Adelaide, zeigte sie Bekannten und verkaufte vier davon. Für zehn Schilling das Stück. Ein Missionar hat eben nicht die rechte Verbindung zu Künstlerkreisen und Kritikern, die nach neuen Begabungen Ausschau halten.

Albert malte weiter, nun alleine und ohne Anleitung. Er blieb Monate aus, streifte durch die Musgrave-Ranges, die Petermann-Mountains, und gelangte bis zu den Olga-Bergen. Er malte weder Menschen noch Tiere, nur die wilde Landschaft seiner Heimat. Unterricht hat er nie mehr erhalten, nach den ersten Monaten mit Battarbee auch nichts mehr hinzugelernt. Es gibt bei ihm keine verschiedenen Epochen der Entwicklung wie bei vielen unserer Künstler. Kein Experte kann einen ›frühen‹ Namatjira von einem ›späten‹ unterscheiden. So verschieden seine Landschaften im Naturzustand sein mögen, im Stil und in der

oben: Blick auf Canberra, die »künstliche« Hauptstadt Australiens. Sie wurde inmitten der Wildnis nach einem 1910 entworfenen Plan angelegt. Auch die Landschaft mit Seen und Wäldern ist von Menschen geschaffen. *unten:* Die meisten Australier sind Stadtmenschen und müssen sich im Massenverkehr plagen wie unsereins. Hier die Swanstonstreet in Melbourne, im Hintergrund das Ehrenmal für die Gefallenen beider Weltkriege.

oben: In Sydney, der weitaus größten Stadt Australiens, ist nach langer Bauzeit das merkwürdige, aber sehenswerte Opernhaus entstanden. *unten:* Segelboot-Regatta in Sydney, dem wohl schönsten Hafen der Welt.

oben: Zwar wurde Captain James Cook, der als erster die Inselnatur Australiens erkannte, 1728 im englischen Yorkshire geboren, dennoch steht sein Geburtshaus im Stadtpark von Melbourne. Es wurde verpflanzt. *unten:* Landschaft bei Broken-Hill, im südwestlichen Australien.

Blick auf Hobart, Hauptstadt der großen Insel Tasmanien, die als Bundesstaat zu Australien gehört.

Auffassung Namatjiras sind alle gleich. Was Rex Battarbee mit den Augen eines weißen Künstlers sah, hat Albert Namatjira mit den ›Traumweltaugen‹ des australischen Urmenschen gesehen. Und diese Traumwelt ist seit undenklichen Zeiten dieselbe, sie kann sich nicht ändern.

Im Jahre 1938 war es Battarbee, der zunächst in Adelaide und ein Jahr später in Sydney eine Ausstellung der Namatjira-Bilder unternahm. Sie war gut organisiert, wurde von der Presse angekündigt und regte die Kritiker mächtig auf. Lange bevor sie ihre Pforten schloß, zeigte ein Vermerk an jedem Bild, daß es verkauft war.

Damit war Albert Namatjira ›entdeckt‹. Australien hatte seine Sensation, die Presse ein dankbares Thema und die Öffentlichkeit ein Ereignis, das zu heftigen Diskussionen Anlaß bot. Mit größter Befriedigung, ja sogar mit ausgesprochenem Nationalstolz rühmte man den großen Künstler aus dem Urvolk des Landes, während andere Australier nicht fassen konnten, daß bei diesen Leuten ein wirklicher Maler aufgetreten war. »Ein schwarzer Hohlkopf soll Künstler sein?« schrieben empörte Leser an ihr Blatt. »Das gibt's doch nicht, die Abos gehören zur niedrigsten Sorte der Menschheit, die kommen gleich nach den Politikern. Keiner von ihnen hat etwas mit Kunst zu tun!«

Albert Namatjira hörte und sah davon nichts. Er wurde abgeschirmt, Rex Battarbee und Pastor Albrecht hielten ihm die Presse fern. Kein Journalist bekam den malenden Aranda zu Gesicht. Das Gebiet der Mission lag im Reservat der Eingeborenen, ohne Erlaubnis durfte es kein Fremder betreten. Namatjiras Honorare wurden auf einem Sonderkonto hinterlegt. Albert verstand von Geld und Geldeswert so wenig, daß er gar nicht wußte, wie reich er für die Begriffe der Aranda geworden war. Seine persönlichen Bedürfnisse blieben so bescheiden, daß er kaum ein paar Schillinge brauchte. Immerhin, alle seine Wünsche wurden erfüllt. Kleinigkeiten waren es nur, machten aber doch Eindruck auf seine Sippe und andere Leute im Lager. Was Albert tat, nur so beim Herumsitzen und ohne jede körperliche Anstrengung, konnte doch nicht so schwer sein. Nur Farbtuben ausquetschen, den Pinsel hineintun und damit übers Papier streichen!

So wurde Battarbee bei seiner Wiederkehr, und auch Albert selber, von vielen jungen Leuten bestürmt, ihnen zu zeigen, wie das alles gemacht wurde. Es reizte Battarbee, herauszufinden, ob die künstlerische Begabung bei den Aranda allgemein war. Namatjira selber konnte sich den Wünschen nicht entziehen, denn bei seinem Volk wird alles geteilt, auch Kenntnisse. Nichts darf man für sich behalten, man will es auch nicht.

Also gründete Battarbee eine regelrechte Malklasse in Hermannsburg, und Namatjira half ihm. Der Gedanke an unerwünschte Konkurrenz lag ihm ferner als der Mond, man hätte nicht einmal vermocht, ihm zu erklären, was das war. Viel zu stark verband die Aranda ihre Gemeinschaft. Jeder benützt, was der andere besitzt, selbst die Jagdbeute wird aufgeteilt. Not wie Überfluß sind für alle gleich. Nur auf diese Weise hatten es die Nomaden Australiens verstanden, selbst die schlimmsten Dürrezeiten zu überleben.

Schon bald stellte sich heraus, daß nur wenige Schüler der Malklasse imstande waren, überhaupt die Technik der Pinselführung zu begreifen. Doch diese wenigen machten Fortschritte, vor allem Namatjiras nähere Anverwandte und später auch seine Söhne. Anscheinend gibt es bei den Aranda eine gewisse Familienbegabung. Vielleicht lag es auch nur daran, daß sich Albert besonders eingehend mit seinen Verwandten beschäftigte. Von den übrigen war es vor allem Otto Pereraltja, der sich hervortat und der heute als bester Maler der Aranda gilt. Doch sollte es noch Jahrzehnte dauern, bis er der Meisterschaft seines Vorgängers nahekam.

Rex Battarbees Hoffnung auf eine regelrechte Explosion von bisher schlummernden Talenten verschiedenster Art erfüllte sich nicht. Auch jene Schüler, die einige Begabung verrieten, traten samt und sonders in Albert Namatjiras Fußstapfen, obwohl dessen Ausdruckskraft von keinem erreicht wurde. Alle strebten nur seinem Vorbild nach, vermochten aber nicht mehr, als den Meister zu kopieren. Immer blieb es bei Landschaften, alle Versuche, Menschen zu porträtieren oder Tiere darzustellen, mißlangen. Die Fähigkeiten waren in erstaunlicher Weise einseitig.

Indessen malte Albert Namatjira weiter, mit großem Fleiß und Freude an der Arbeit. Draußen in den großen Städten ließ die Wirkung seiner Bilder nicht mehr nach. Von wenigen Ausnahmen abgesehen, zeigten sich die Australier stolz auf den Künstler, der so unerwartet aus der Mitte ihres Urvolkes aufgetaucht war.

Nur schade, daß ihn seine Leibgarde so völlig von der Außenwelt abschloß! Die Asphaltpresse begann, gegen Namatjiras Beschützer zu polemisieren. Krokodilstränen flossen über die ›Gefangenschaft‹ des großen Künstlers. Rex Battarbee wurde beschuldigt, ihn auszubeuten, und der Mission warf man vor, sie ließe den schwarzen Maler in Not und Elend darben. Heimlich aufgenommene Fotos schienen dies zu beweisen. Kein Dach hatte der arme Mann über seinem Kopf. Auf freiem Feld mußte er leben, mit Frau und vielen Kindern unter einem Baum, von Gerümpel umgeben, von bettelnden Hunden umlungert. In Wirklichkeit wollte Albert, nach wie vor ein echter Nomade, es gar nicht anders haben. Ein Dach und vier Wände hätten ihn bedrückt. Wie jeder Aranda brauchte er um sich die unbegrenzte Freiheit von Luft und Land. Es fehlte ihm an nichts. Was er wollte, wurde ihm sogleich besorgt.

Seine Bewunderer in den Städten stellten den Antrag, ihm das Bürgerrecht zu verleihen, und es wurde Namatjira als dem ersten Eingeborenen tatsächlich angeboten. Mit der Citizenship war natürlich das Recht auf freien Bezug von Alkohol verbunden. Auch gegen alle übrigen Gefahren der Außenwelt konnte man ihn nicht mehr schützen, wenn er den weißen Australiern gleichgestellt wurde. Pastor Albrecht setzte ihm das auseinander, Albert überlegte lange und verzichtete auf die Ehrung. Es war ihm wohl klar, daß er nicht selber die Verantwortung für sich tragen konnte.

Zwölf Jahre lang ließ man ihn, dank des Schutzes seiner Betreuer, noch ungestört arbeiten. Von seinem Ruhm, der draußen immer größer und allgemeiner wurde, hatte Namatjira wohl keine Vorstellung. Doch kam 1953 jener Tag, der ihn mit einem Schlag aus seiner Geborgenheit herausriß.

Königin Elizabeth, die sich zu ihrem ersten Staatsbesuch in Australien befand, wünschte den schwarzen Künstler zu sehen. Sie selbst dürfte wohl kaum auf diesen Gedanken verfallen sein. Der Wunsch war ihr suggeriert worden, eben von jenen Kreisen, die aus journalistischer Neugier oder echtem Interesse endlich einmal das öffentliche Auftreten des schon beinahe sagenhaften Aranda genießen wollten. Dagegen konnte auch die Mission nichts machen, unmöglich war es, der Königin eine Absage zu erteilen. Zu groß schien die Ehre, noch nie war ein Mitglied des Urvolks zur persönlichen Audienz bei Ihrer Majestät gebeten worden. Der Stolz Australiens verlangte gebieterisch, daß man ihr den berühmten Maler vorstellte.

Albert Namatjira wurde von Battarbee eingekleidet, in die notwendigen Umgangsformen eingeweiht und von seinen Beschützern nach Canberra gebracht, wo sich Elizabeth II. mit ihrem Gefolge aufhielt.

Der Mann, der aus der Steinzeit kam, betrug sich bewundernswert. Da er kaum verstand, was eine Königin war, trat er ganz natürlich auf. Von Schüchternheit zeigte Albert keine Spur, seine würdige Haltung fand die rühmlichsten Kommentare. Er schenkte der Königin eines seiner Bilder, küßte Ihrer Majestät artig die Hand und beantwortete ihre freundlichen Fragen in gutem Englisch. Nicht zu glauben, mit welcher Sicherheit Albert Namatjira über das höfische Parkett schritt!

Später hat er selbst erzählt, die ›Mrs. Queen‹ sei eine nette Frau und habe so schön gerochen. Er wollte nicht glauben, daß zum Gefolge auch ihr Mann gehört hatte. Denn für Alberts schlichte Begriffe mußte immer der Gatte die erste Rolle spielen. Das kann jedoch, wie man weiß, bei einem Prinzgemahl nicht der Fall sein. Überhaupt hatte es Albert weit mehr imponiert, daß er bei dieser Gelegenheit einen Kardinal gesehen hatte. Wegen der herrlichen Kleider, die jener Kirchenfürst trug, war er dem Aranda als die wichtigste Persönlichkeit erschienen.

Namatjira war eine Sensation ersten Ranges, die Presse überschlug sich, und er wurde mit Einladungen überschüttet. Der Generalgouverneur bat ihn zu Tisch, auf eine Veranstaltung folgte die nächste. Künstlerklubs gaben Festessen für Albert Namatjira, und er mußte eine Ausstellung seiner Bilder eröffnen. Für mehrere Wochen war der schwarze Maler ein Löwe der Gesellschaft, lebte in den besten Hotels, besuchte Pferderennen und beschenkte Kinderheime. Man riß sich um seine Bilder, es gehörte zum guten Ton, einen Namatjira zu erwerben.

Das also war die Welt der Weißen, ein künstliches Gebirge riesenhafter Häuser. Darin lebten die Menschen in vielen Wohnungen übereinander. Den Lift beschrieb er als Eisenbahn, die nach oben fährt, und zunächst hielt er den Fernsehschirm für ein Fenster, das in ein danebenliegendes Kino führte. So viele Leute gab es in der Stadt, daß sie einander gar nicht kannten. Sie lebten in ständiger Furcht, stets hielten sie ihre Tür verschlossen. Im Zoo hatte er einen Elefanten gesehen, der trug seinen Schwanz im Gesicht statt hinten. Es gab schon komische Tiere. Aber das mußte man den Weißen lassen, sie verrichteten schwere Arbeit. Stundenlang hatte er ihnen zugeschaut, wie sie auf einem heißen Platz hin und her rannten, mit flachen Schaufeln in der Hand, nur um faustgroße Bälle aus weißem Stoff durch die Luft zu schleudern. Auch Frauen, die furchtbar schwitzten, mußten das machen. Das hätte er seiner Robina nicht zugemutet!

Alles ließ der Arandamann über sich ergehen. Er hielt sogar Tischreden, natürlich nur kurz und mit einfachen Worten. Die festlichen Essen hatte er am liebsten und erstaunte alle Welt durch seinen gewaltigen Appetit. Fünf bis sechs Steaks hintereinander verzehrte der berühmte Maler mit sichtlichem Genuß. Blieb er sich selbst überlassen, lief Namatjira durch die Grünanlagen. Davon gibt es genug in den australischen Städten, und sie werden wunderbar gepflegt. Eine solche Pracht an Blumen, Bäumen und schimmernden Teichen hatte der Eingeborene aus dem kargen, wasserarmen Hinterland noch nie gesehen.

Was Namatjira während dieser turbulenten Wochen sehr zustatten kam, war die Schärfe der Beobachtung, den Naturmenschen angeboren und durch Einflüsse der Zivilisation noch nicht verwischt. Konnte er auch nicht die Namen der vielen Leute behalten, denen er die Hände geschüttelt hatte, so vergaß er doch kein Gesicht und erkannte es sogleich wieder, wenn man sich abermals traf. Im übrigen hielt er alle Menschen für anständige Leute, hatte er doch bisher, inzwischen vierzig Jahre alt, noch keine üblen Erfahrungen mit ihnen gemacht. Von Herzen gutmütig und immer bestrebt, jedermann freundlich zu begegnen, konnte er weder Einladungen ausschlagen noch andere Aufforderungen zurückweisen, die scheinbar gut gemeint waren. Battarbee und Pastor Albrecht vermochten deshalb nicht, ihn aus dem Schwarm seiner neuen Bekannten zu lösen. Von einem Tag zum anderen wurde die Rückreise verschoben. Von Presseleuten umschwärmt, von Kunsthändlern umgeben, die es nach allen Regeln der Geschäftstüchtigkeit verstanden, den Maler auszuschlachten, trieb der schwarze Mann auf den Wellen des Ruhms dahin. Bald war er den Händen seiner Beschützer entglitten, die keine andere Wahl hatten, als sich zurückzuziehen. So blieb ihnen wenigstens das Odium erspart, an Namatjiras Fall mitschuldig zu werden. Denn wie seine alten Freunde befürchteten, ließ er sich nicht vom Teufel Alkohol fernhalten.

Zu Anfang hatte er nur Wasser und Fruchtsäfte getrunken, auch hoch und heilig versprochen, dabei zu bleiben. Aber das gerade reizte gewissenlose Leute, und sie wünschten, seine Standfestigkeit auf die Probe zu stellen. Ein Glas Bier konnte nicht schaden, auch einen Whisky mußte er versuchen. Man drängte ihn zu trinken, weil es einfach zur Geselligkeit gehörte, und tatsächlich kam er dadurch in Stimmung. Dergleichen nicht gewohnt, verlor der Abo seine Haltung. Er wurde schnell betrunken und trank danach um so mehr. Allerdings nie alleine, nur in größerem Kreis und nach dringender Aufforderung. Es gibt, wie man sagt, nur ganz wenige Eingeborene, die es fertigbringen, zu widerstehen oder ihre Grenzen zu kennen.

Indessen stiegen die Preise, die für echte Namatjiras gezahlt wurden, auf zehntausend, ja bis zu fünfzehntausend Mark. Heute, da er schon längst nicht mehr lebt, werden für einen großen Namatjira bis zu fünfzigtausend Mark bezahlt.

Zum ersten Male hatte Albert selber sein Geld in der Hand, mehr Geld, als er sich vorstellen konnte. Und er verschenkte es aus vollen Händen, verschwendete es für die läppischsten Dinge, so für die lebensgroße Plastik eines Widders aus Kunststoff. Das goldfarbene Tier wird von einer australischen Benzinfirma als Reklame verwendet und findet sich, bei Nacht von innen beleuchtet, an zahlreichen Tankstellen. Namatjira bot einem Tankwart 100 Pfund und ließ es abmontieren. Schnell kam jemand auf den guten Einfall, den Maler mit einem geländegängigen Lastwagen zu beschenken. Der goldene Widder wurde auf dem Kabinendach festgeschraubt und der ganze Wagen mit Werbesprüchen bemalt. Namatjira fand das ebenso großartig wie großmütig, er war unfähig zu begreifen, wie man seine Popularität ausnützte und ihn selber zu einer Reklamefigur degradierte. Er bekam auch einen schwarzen Fahrer zugeteilt und machte sich schließlich, von der Sehnsucht nach Weite und Freiheit getrieben, auf den Rückweg in seine Heimat. Bis obenhin war sein Wagen mit Geschenken und Einkäufen beladen, kaum, daß Kisten und Koffer auf dem Fahrzeug Platz fanden. Einem Triumphator gleich rollte er in Hermannsburg ein.

Viele Sachen brachte er mit, die seine Stammesgenossen noch nie gesehen hatten, und alles wurde sogleich an seine Freunde wie an jeden verschenkt, der es bewunderte. So war es Sitte bei seinem Volk, so entsprach es Alberts grenzenloser Gutmütigkeit. Wer von ihm Geld wollte, bekam mehr, als er verlangte. Alles, was er verschenkte und was man ihm nahm, erhöhte sein Ansehen. Im Sinne der Aranda ging Albert nichts verloren, nach Begriffen ihrer ›Traumwelt‹ bleibt der Schenkende stets im ideellen Besitz seiner Gaben. Je mehr von ihm kommt, desto mehr gewinnt sein ›Traumgeist‹, und den wird es immer geben, auch wenn äußerlich der Mensch schon gestorben ist. Besitz ist vergänglich, eine Schenkung nie. Im übrigen war ja die Quelle, aus der Albert schöpfe, unversiegbar. Ein Bild genügte schon, und sie floß aufs neue.

Draußen, unter den vielen weißen Freunden, hatte sich Namatjira nicht mehr gesträubt, die Bürgerschaft anzunehmen. Man hatte sie ihm aufgedrängt. So durfte er nun Alkohol kaufen und trinken, soviel er wollte. Aber damit wurde er zu einem Problem für die Mission. Von weit her kamen gerissene Burschen, fuhren bei Nacht bis in die Nähe von Hermannsburg und schlichen zu Alberts Lagerplatz. Sie brachten ihm kistenweise Bier, Whisky, Gin und Cognac. Volle Gläser wurden ihm gereicht, die ungebetenen Gäste schienen sehr gesellig zu sein. Sobald der Maler angetrunken war, fiel es leicht, ihm seine Bilder abzulisten. Am nächsten Morgen wußte er nichts mehr davon.

Noch schlimmer war, daß er die scharfen Getränke mit seinen schwarzen Freunden teilte. Albert mußte es tun, selbst wenn er nüchtern war. Was dem einen Aranda gehörte, stand auch den übrigen zu. Ihm konnte man den Kauf und das Trinken von Alkohol nicht mehr verbieten, das gehörte zu seinen bürgerlichen Rechten. Aber selbst den Weißen war es seinerzeit streng verboten, den Schwarzen davon zu geben. Doch alle Belehrung war umsonst. Albert wollte oder konnte nicht begreifen, daß er sich strafbar machte. Für ihn waren die Gesetze des Stammes stärker als jene des Staates. Er befand sich in einem ausweglosen Dilemma. Und so kam es zu wilden Gelagen, in Hörweite der Pastorenwohnung. Ein übles Beispiel für alle, die sahen und vernahmen, was vor sich ging. Wer die Trunksüchtigen beschwichtigen wollte, wurde zusammengeschlagen. Wenn Robina, Mutter von acht Kindern, in gerechtem Zorn die flüssigen Vorräte ihres Gatten zerschlug, wurde sie aufs schwerste mißhandelt.

Eines Nachts brannte Alberts Lager lichterloh. Mit blutendem Kopf lief Robina zum Spital, und der Maler, sinnlos betrunken, konnte nur mit Mühe geborgen werden. Was geschehen war, ließ sich nicht klären. Namatjira sagte, seine Frau habe alles angesteckt, um die fremden Zecher zu vertreiben.

Die Geduld der Mission war erschöpft, auch in nüchternem Zustand ließ Albert nicht mehr mit sich reden.

»Mein Volk hat es satt«, schimpfte der Undankbare, »weiter in solchem Elend zu leben. Ich bin ein freier Mann, ich kann tun und lassen, was ich will. Das haben mir die Leute draußen gesagt!«

Er zog mit seiner Sippe in die Nähe von Alice Springs, ließ sich an einem meist trockenen Flußlauf, dem Morris Soak, im Freien natürlich, nieder und setzte dort sein nunmehr gewohntes Leben fort. Auch Rex Battarbee hatte allen Einfluß auf ihn verloren.

Erstaunlich blieb nur, daß Albert Namatjira dennoch Zeit und Nüchternheit fand, um weiter seine Bilder zu malen. Ohne Ankündigung verschwand er für Wochen in der Einsamkeit. Seine Schaffenskraft blieb ungebrochen, seine Arbeiten aus jener Zeit verraten keinen Abstieg. Kam er zurück, warteten schon die Abnehmer und boten höchste Preise. Man nimmt an, daß Albert während seiner letzten sieben bis acht Jahre rund neunzigtausend Pfund verdient hat, nach heutigen Begriffen weit mehr als eine Million Mark. Nur wenig behielt er für sich, nichts blieb. Alles ging an seine Parasiten oder wurde mit Gästen vertrunken, die sich von selber einfanden. Robina Namatjira hat von ihm nie ein Kleid erhalten, bekam auch kein Geld für Hausrat und dergleichen. Wenn ihr nicht hin und wieder die Mission etwas zum Anziehen schickte, lief sie so abgerissen herum wie eine Bettelfrau.

Nur um seinen vollen Teller war Albert besorgt, Lebensmittel durfte seine Frau in jeder Menge einkaufen. Er wurde sehr dick, bekam Hängebacken, und in seine schwarze Hautfarbe mischten sich ungesunde, gelbe Flecken. Sein Geld trug er, jedermann sichtbar, in der Brusttasche seines Hemdes, oft Päckchen von mehreren hundert Pfund. Schwarze Freunde, auch andere Eingeborene, die er kaum kannte, durften es ihm bündelweise aus der Tasche ziehen. Albert lachte nur und freute sich, daß er so viel verschenken konnte.

Die Regierung stellte ihm ein Haus zur Verfügung, wohl in der Hoffnung, er würde sich dann eines ordentlichen Lebens befleißigen. Aber der berühmte Maler bezog es nicht, zwischen dem Gerümpel seines Lagers, unter den schattigen Bäumen am Morris Soak fühlte er sich wohler. Weshalb es der Presse in den fernen, großen Städten nicht schwerfiel, weiter in Bild und Wort vom armseligen Dasein des großen Künstlers zu berichten, der ›kein Dach über dem Kopf‹ sein eigen nannte. Dabei konnte sich Namatjira, hätte er nur gewollt und sein Geld beisammengehalten, eine pompöse Villa leisten. Weit und breit war niemand, der mehr verdiente als er.

Noch immer gab es Leute, die versuchten, ihn aus seinem Teufelskreis zu erlösen. Seine Gutmütigkeit war ja offensichtlich, und viele seiner weißen Bekannten wußten wohl, daß er nur ein Opfer des Zwiespaltes war, den er aus eigener Kraft nicht lösen konnte. Das Ehepaar Wolfe, ein deutscher Architekt und seine australische Frau, die wir später kennenlernten, hielten ihm die Treue. Albert war häufig Gast in ihrem schönen Haus, leerte seinen Teller viermal hintereinander und verhielt sich auch sonst nicht anders als zu seinen besten Zeiten.

»Er wußte, wie es um ihn stand . . .«, berichtete Mrs. Wolfe. »Er war tief unglücklich über seine Lebensführung, hatte aber keine Kraft, davon loszukommen. Seinem Schicksal war er nicht gewachsen. Es hatte ihn zwischen zwei Welten geschoben, die ihn nun zerrieben wie ein Korn zwischen Mühlsteinen.«

Nach dem Buchstaben des Gesetzes hatte sich Albert unzählige Male strafbar gemacht. Jeder wußte, daß sich Dutzende von Eingeborenen bei ihm betranken. Man sah auch Schwarze mit vollen Whiskyflaschen aus seinem Lager kommen. Aber die Polizei drückte beide Augen zu. Wer Albert Namatjira anfaßte, bekam es mit der Presse zu tun. In den Großstädten gab es so gut wie keine Eingeborenen, weshalb man nicht wußte, wie verderblich Alkohol für sie war. Die Australier trinken gerne und reichlich, ohne sonderlich Schaden zu nehmen. Warum also durfte sich nicht auch der große Maler mit seinen schwarzen Freunden einen lustigen Abend machen? Nur Unmenschen und böse Bürokraten konnten ihn deshalb bestrafen. Also beließen es die Polizei und Behörde bei gutem Zureden und unzähligen Warnungen.

Albert nahm nichts davon ernst, zumal ihn auch seine trinklustigen Freunde in dem Aberglauben bestärkten, das sei nur dummes Gerede, ihm könne absolut nichts geschehen.

Doch eines Tages mußte etwas geschehen, denn in Albert Namatjiras Lager kam es zu Mord und Totschlag. Ein junges Mädchen vom Stamme der Pintjuri wurde umgebracht. Wie es dazu kam, ist bis heute nicht geklärt. Albert wurde polizeilich vernommen, konnte aber nur aussagen, daß er schon früh an jenem Abend zu betrunken war, um den weiteren Verlauf des Gelages zu übersehen. Nach einer letzten, sehr eindringlichen Verwarnung entließ man ihn auf freien Fuß.

Tatsächlich ist der Schuldige vielen Leuten, auch weißen Bürgern der Stadt, hinlänglich bekannt. Doch die Rücksicht auf Albert und seinen Anhang ging so weit, daß man keine offizielle Kenntnis nahm. Möglicherweise fehlte auch die letzte Gewißheit. Im übrigen sind die Eingeborenen selber der Ansicht, daß die Vergeltung eine Sache der betroffenen Familie sei. Es ist üblich, sich damit Zeit zu lassen, mitunter auch sehr viele Jahre, bis zu einer passenden Gelegenheit.

Immerhin, die Sache hatte Albert tief getroffen, vor allem die vorübergehende Festnahme, obwohl sie nur einige Stunden währte. Von anderen Malern seines Stammes begleitet, verließ er das Lager am Morris Soak und fuhr so tief hinein in die Täler der MacDonells, wie es nur möglich war. Er wanderte jetzt nicht mehr, sondern fuhr mit seinem Lastwagen. Stets hatte er ein geländegängiges Fahrzeug zu seiner Verfügung. War es zuschanden gefahren, ließ es die Firma wieder richten oder stiftete ein neues. Die Werbung zahlte sich aus, entsprechende Fotos, mit Namatjira am Steuer, waren durch ganz Australien verbreitet. Wasser und Vorräte, Decken und Geschirr, natürlich auch alle Utensilien des Malers wurden mitgeschleppt. Aber kein Alkohol, nicht einmal wenige Büchsen Bier. Wenn er zum Malen hinausfuhr, wollte Albert nichts dergleichen bei sich haben. Auch keine fremden Leute, die ihn störten. Er war wieder ganz der Meister einer Malklasse, bemüht, nach besten Kräften zu wirken. Ein Beweis, daß er keineswegs ein unheilbarer Trinker war, sondern nur unfähig, der Verführung durch andere Menschen zu widerstehen.

Mit einer großen Kollektion neuer Bilder kehrte Namatjira in sein Lager am Morris Soak zurück, wo schon die Händler warteten. Sie überboten sich gegenseitig. Albert hatte nicht Taschen genug, um die Geldscheine hineinzustecken. Für die Arbeiten seiner Gefährten wurde kaum der zehnte Teil bezahlt. Nur er hatte den großen Namen, nur seine Bilder konnte man, sogar ins Ausland, verkaufen. Selbst die National Gallery in New York hatte unlängst zwei Namatjiras erworben.

Mit der Dunkelheit kamen die Parasiten, bei denen sich schnell herumgesprochen hatte, daß Albert groß bei Kasse war. In Taxis fuhr das Gesindel vor, denn Namatjira bezahlte alles. Heruntergekommene Abos fanden sich ein, weiße Tagediebe und noch ein paar Gauner, in der zuversichtlichen Hoffnung, den großen Maler, sobald er betrunken war, um ein paar Bilder zu erleichtern. Auch die

Schnapshändler waren da und luden den Sprit kistenweise aus. Alsdann begann eine Sauferei, wie selbst das Camp am Morris Soak noch keine erlebt hatte. Erst spät am Morgen torkelten Namatjiras bezechte Gäste zurück in die Stadt. Auch wer sie lieber übersehen hätte, dem kamen wankende und schwankende Farbige entgegen, wieder einmal von Albert Namatjira mit Alkohol reich bewirtet. Und so ging es weiter, drei Nächte hindurch. Robina verließ ihren Mann, diesmal für immer. Allen Bekannten sagte sie, am Morris Soak wäre es nicht mehr auszuhalten. Zusammen mit ihren jüngeren Kindern wurde sie wieder in Hermannsburg aufgenommen und lebt heute noch dort. Wir haben uns lange mit ihr unterhalten.

Die Polizei mußte endlich eingreifen, sonst wäre sie zum Gespött von Alice Springs geworden. Lange genug hatte man auf Alberts populären Namen und die Presse Rücksicht genommen. Es kam zum Prozeß. Albert Namatjira, der erste Uraustralier mit Bürgerrecht, wurde zu sechs Monaten Gefängnis verurteilt. Noch immer war er so sehr von seiner Unantastbarkeit überzeugt, daß er an die Strafe nicht glauben wollte.

»Mein Anwalt wird's nicht zulassen«, rief er in den Saal, »ich komme nie ins Gefängnis!«

Während sich die Schleusen der Presse öffneten und viele tausend empörte Schreiben eingingen, drehten sich die Mühlen des Gesetzes ein zweites Mal. Denn natürlich war Namatjiras Anwalt in die Revision gegangen. Obwohl die Haftstrafe um die Hälfte gekürzt wurde, ließ die allgemeine Empörung nicht nach. Die Verurteilung des weithin berühmten Mannes war ungerecht, grausam und böswillig. Es schien, als würde ganz Australien auf Alberts Seite stehen, so heftig polemisierte die Presse. Eine Meinungsumfrage ergab jedoch, daß die Presse nicht die Ansicht der Mehrheit vertrat. Von den Befragten hielten 48 Prozent das Urteil für gerecht, 36 Prozent für ungerecht, während sich der Rest nicht entscheiden konnte. Namatjiras Berufung wurde vom höchsten Gericht verworfen, damit war seine Strafe rechtskräftig.

Trotzdem ließ die Regierung Gnade vor Recht ergehen. Nur drei Wochen von den drei Monaten mußte Albert Namatjira hinter Gittern verbringen, in dem kleinen Gefängnis von Alice Springs. Er wurde mit Rücksicht behandelt, gut verpflegt und nicht zur Arbeit gezwungen. Den Rest seiner Strafe durfte er in sogenannter ›Freihaft‹ verbüßen, und zwar in Papunja, einer Außenstation von Hermannsburg. Dort war er kaum dem Namen nach ein Häftling, einen Wächter gab es nicht, er konnte tun und lassen, was ihm behagte. Die Regierung war bereit, ihm dort ein Haus zu bauen, wenn er nur versprach, nicht mehr in die Stadt zu kommen – ein Strafvollzug, wie man sich keinen großzügigeren vorstellen kann.

Aber es war zu spät. Albert Namatjira konnte nicht verwinden, was man ihm und was er sich selber angetan. Die kurze Einschließung hinter Mauer und Gitter hatte seinen Stolz gebrochen, seine Schaffenskraft erlosch, er hörte auf zu malen. Man pflegte und hegte ihn mit aller denkbaren Fürsorge. Auch an Zuspruch fehlte es ihm nicht. Namatjira war ein reumütiger Sünder, ein verlorener Sohn der Mission, nach vielen Irrungen und Wirrungen heimgekehrt. Aber er blieb stumm, senkte nur seinen schweren Kopf und versank in träumerische Dumpfheit. Unbeweglich saß er bei Sonne und Wind unter einem dürren Baum, in die Ferne starrend und schon nicht mehr von dieser Welt.

Man sagt, er sei an einer Magenvergiftung gestorben, weil er aus einem stinkenden Tümpel fauliges Wasser trank. Das mag schon stimmen, vom körperlichen Standpunkt aus. Aber es paßt nicht zur Vorgeschichte. Für alle, die ihn wirklich kannten, ist Albert Namatjira an einer anderen Infektion gestorben. Sein Ausflug in die Welt der Weißen hatte seine Seele unheilbar krank gemacht, das Geld sein Leiden verschlimmert und die kurze Haft ihn getötet.

Als es zu Ende ging, brachte man ihn noch ins Krankenhaus nach Alice Springs, versuchte mit allen modernen Mitteln, sein Leben zu erhalten, doch ohne jedes Interesse von seiten des Kranken.

Albert Namatjira ist am 8. August 1959 gestorben. Die Nachricht von seinem Tode wurde um einige Stunden verzögert, weil man vermeiden wollte, daß seine Beisetzung zu einer Sensation wurde. Die Reporter und Fotografen der großen Zeitungen kamen zu spät, ebenso die Leute von Film und Fernsehen. Aber die Bevölkerung von Alice Springs und die Aranda aus Hermannsburg standen an seinem Grab. Es liegt auf dem sandigen Friedhof von Alice Springs. Kein Baum, kein Strauch und kein grünes Blatt kann sich dort halten, denn es fehlt an Wasser. Nur einen großen Steinblock hat man an seinem Grab aufgestellt, der Alberts Namen trägt.

Dieser Name blieb lebendig, in Australien gibt es niemanden, der ihn nicht kennt. Namatjira war der erste Mann aus dem Urvolk, der seiner Rasse eine gewisse Geltung verschaffte. Seitdem glaubt man, daß die Aborigines zu künstlerischen Leistungen fähig sind. Ob er wirklich ein echter Künstler war, darüber gehen die Meinungen auseinander. Jedenfalls hat er vermocht, die Auffassung einer Landschaft, so wie sie von den Aborigines empfunden wird, eindrucksvoll darzustellen.

Darin hat ihn bisher noch keiner seiner Epigonen erreicht, auch nicht Otto Pererujulta, dessen Arbeiten heute am meisten begehrt werden. Von den Söhnen Namatjiras malt Enos recht beachtenswerte Bilder, die übrigen haben von des Vaters Begabung nur wenig geerbt. Trotzdem, die Malerei der Aranda wurde zu einem Begriff in Australien. Ist sie auch keine wirkliche Kunst, so doch eine Kunstfertigkeit besonderer Art. Ein dekorativer Schmuck für die Wände, von Urzeitmenschen hergestellt. Nur schade, daß auch so viel Stümperei auf den Markt kommt. Wer in der Malschule von Hermannsburg nichts Besonderes leistet, kann ja alleine weitermachen. Niemand hindert ihn daran, die Nachfrage ist groß, und Abnehmer werden sich schon finden.

Im Hause von Rex Battarbee, am Rande von Alice Springs, gibt es eine ständige Ausstellung von Arandabildern. Alle sind verkäuflich, die Preise reichen nach unserer Währung von hundert bis dreitausend Mark. Was da geboten wird, läßt sich nach unserem Geschmack teilweise kaum vertreten. Klecksereien von Kindern sind dabei und Versuche, die man lieber verstecken sollte. Andere jedoch lassen noch jenes große Vorbild ahnen, das Namatjira einst gegeben hat.

Als Künstler wurde Namatjira gewiß überschätzt, nicht jedoch als Schöpfer und Bahnbrecher eines Stils, wie ihn die Welt bis dahin noch nicht gesehen hatte. Mag er auch, als Wanderer zwischen zwei Welten, an seinem eigenen Leben gescheitert sein, so bewies Namatjira doch den weißen Australiern, daß es unter ihren farbigen Landsleuten Talente gibt, die bei entsprechender Anleitung sehr wohl in die Gegenwart passen. Ihm selber ist es nicht gelungen, von der Steinzeit in die Neuzeit zu gehen. Es war noch zu früh. Aber vielleicht gelingt es dem einen oder anderen seiner Nachfolger. Wenn das geschieht, ist ein Bann gebrochen, und Albert Namatjira war doch der große Bahnbrecher seines Volkes. Eine gute Landschaft, die Otto Pererujulta gemalt hat, haben wir erworben.

Blonde Haare und schwarze Haut

Im Sommer des Jahres 1956, der so glühend heiß und knistertrocken war, daß über hunderttausend Stück Vieh zugrunde gingen, wurde in Zentralaustralien ein Stamm der Ureinwohner entdeckt, von dem zuvor noch niemand etwas geahnt hatte. Zunächst wollten es die Beamten vom Eingeborenendienst nicht glauben. Ihrer Meinung nach waren schon seit langem alle Eingeborenengruppen bekannt und in Ordnern erfaßt. Und da sollte es noch eine Gemeinschaft von vierhundert Steinzeitmenschen geben, die noch kein weißer Forscher erblickt hatte? Völlig ausgeschlossen ... die Meldung konnte nicht stimmen!

Sie stimmte doch. Aber es waren die Urmenschen selber, die sich den Weißen entdeckt hatten.

Dreihundertfünfzig Kilometer nordwestlich von Alice Springs liegt in grenzenloser Einsamkeit die Station von Mount Doreen, der weite aber nicht sehr wertvolle Besitz eines Grasers namens Bill Bratling. Nach Süden, Westen und Norden ist Mount Doreen der allerletzte Platz, an dem noch ein Weißer lebt. Auf drei Seiten sind die mageren Weidegründe seiner Station von wasserloser Wildnis umgeben. Fünfhundert Meilen weit dehnen sich dort Gestrüpp und messerscharfes Trockengras, und sonst gar nichts gedeiht in dieser trostlosen Landschaft. Niemand kann dort leben, glaubte man, nicht einmal die primitivsten Uraustralier.

Da erschienen eines Tages von Westen her vier ausgemergelte Gestalten und sanken, als sie die Blechhütten von Mount Doreen erreicht hatten, vor Erschöpfung zu Boden. Die eingeborenen Viehtreiber hoben sie auf, trugen die fremden Abos zur Station und gaben ihnen Wasser. Obwohl Bill Bratling die Sprache seiner eigenen Stockmen beherrschte, konnte er diese Leute kaum verstehen. Sie redeten in einem Dialekt, der ihm unbekannt war.

Erst allmählich begann man zu begreifen, daß sie ausgezogen waren, um Hilfe zu holen für ihren Stamm, der am Verhungern war. Die entsetzliche Hitze der letzten Wochen hatte alle Wasserlöcher ausgetrocknet, das wilde Getier war fortgezogen oder verdurstet. Ohne fremde Hilfe mußte binnen kurzem der ganze Stamm zugrunde gehen. In dieser schlimmen Not hatten die Alten im Rat beschlossen, die vier kräftigsten Männer zum nächsten Wohnort eines Weißen zu schicken. Durch andere Gruppen der Aborigines, die bereits mit der Außenwelt in Verbindung standen, hatte man von jenen hellhäutigen Menschen gehört, die in festen Häusern lebten und niemals hungerten.

Zehn Tage waren die Kundschafter, ohne zu essen oder zu trinken, durch die wilde Wüste nach Osten marschiert, bis sie auf die Radspuren eines Geländewagens stießen. Da sie eine solch seltsame Doppelfährte noch nie gesehen hatten, mußte sie wohl einen Weg der Weißen bezeichnen. So kamen sie nach Mount Doreen.

Wie jeder Viehzüchter im ›Weit-Draußen‹ besaß auch Bill Bratling ein Funkgerät. Sogleich wurde der Distriktchef von Alice Springs verständigt. Noch am selben Tage flog ein Arzt nach Mount Doreen, und zwei geländegängige Lastwagen, mit Verpflegung beladen, wurden in Marsch gesetzt. Obwohl noch Tage vergingen, bis Hilfe bei dem erschöpften Stamm eintraf, gelang es, die meisten Leute zu retten.

Pintubi (auch *Bundubu*) nannte sich das unbekannte Volk, auch diesen Namen hatte noch niemand gehört. Wie alle Uraustralier der alten Zeit waren sie Nomaden und hatten bisher in den Hügeln und Bergen der Gibson-Wüste gelebt. Bei Beginn der großen Dürre waren sie von dort fortgezogen und wochenlang umhergeirrt, ohne Wasser und Wild zu finden. Erst als der Stamm am Ende seiner Kraft war, hatte man um Hilfe geschickt.

Bis zu diesem Tage der Verzweiflung hatten die Pintubi alles getan, um jede Berührung mit weißen Australiern zu vermeiden. Es gab nämlich Zeiten zu Anfang der Besiedlung, da wurden die Eingeborenen im Innern Australiens wie die wilden Tiere verfolgt und niedergemacht. Damals wollten die Graser keine Schwarzen auf dem Weideland dulden, das sie für sich in Besitz nahmen. Die Kunde von diesen Greueltaten war bis zu den Pintubi gedrungen. Seitdem hatte das verängstigte Nomadenvolk die Gibson-Wüste nicht verlassen. Weil dort weder Rind noch Schaf existieren konnte, hatte kein Weißer das geringste Interesse. Nur die Pintubi kannten in den Felsschluchten streng geheimgehaltene Wasserstellen. Sie lebten von der Jagd auf Känguruhs, Emus und wilde Hunde. Samenkörner und Wurzeln waren ihre Nahrung, angereichert durch Eidechsen, Beutelmäuse und Insekten. Ständig auf der Wanderschaft, kannten sie keinen festen Wohnplatz. Sie waren Steinzeitmenschen im reinsten Sinn dieses Wortes, ähnlich unseren Vorfahren, wie sie vor hunderttausend Jahren in Mitteleuropa gelebt haben. Ihre Waffen und wenigen Geräte bestanden aus Feuerstein oder Holz. Sie gingen völlig nackt oder hatten sich Fetzen von Tierfellen umgebunden. Der kostbarste Besitz des Stammes waren ein paar Stahlmesser, die sie auf dem Tauschweg von anderen Eingeborenen bekommen hatten. Davon abgesehen, gab es bei den vierhundert Leuten absolut nichts, was von den weißen Australiern stammte.

Die Pintubi wurden, sobald es ihr körperlicher Zustand erlaubte, nach Papunya und Haasts Bluff gebracht, beides Außenstationen von Hermannsburg. Das ist nun ihre neue Heimat. Ungestört von der Neugier unbefugter Besucher liegt das größte Eingeborenen-Reservat Inneraustraliens. Es ist ausgedehnter als der Freistaat Bayern und für Fremde gesperrt. Sogleich verschwanden dort die Pintubi in der weiten Wildnis und wurden während der nächsten drei Jahre nur selten gesehen. Erst 1959 kamen sie nach und nach wieder zum Vorschein. Seitdem hat der Stamm seine Scheu so weit überwunden, daß er mit den bei der Mission lebenden Eingeborenen Tauschhandel treibt und sich gelegentlich dort Verpflegung holt. Jeder Pintubi, der das wünscht, wird kostenlos ernährt. Man will die ewigen Wanderer aus ihrer Armut erlösen und hofft, sie eines Tages an die Mission zu binden.

In Alice Springs hatten wir uns einen Landrover gemietet, eines der besten Geländefahrzeuge für weite Strecken in unerschlossenen Ländern. Wasser und Verpflegung waren hinten im Wagen verstaut. Wir nahmen Zelt und Feldbetten mit, auch Schlafsäcke, Moskitonetze und all die vielen Kleinigkeiten, um für ein paar Tage unabhängig zu sein. Es war ein beglückendes Gefühl, so völlig frei von Kost und Logis, frei von allen gebahnten Wegen durch die Einsamkeit zu rollen. Mühelos schob die Stoßstange alles Gesträuch beiseite, das harte Spinifexgras strich unter dem Wagen hindurch. Ohne Schwierigkeit schwankte der Wagen durch die Geröllbetten trockener Flüsse. Über sandige Hügel ging es hinweg und viele hundert Meilen durch die blühende Steppe. Der Vierradantrieb schaffte einfach alles, nur die schroffen Steinberge mußten wir umfahren. Der Kompaß war unser Wegweiser, dazu die Markierung der leeren Wasserläufe auf unserer Landkarte.

Als wir die vollkommene Freiheit hinreichend genossen hatten, beschlossen wir, die Pintubis zu besuchen, und kehrten wieder nach Hermannsburg zurück. Die Erlaubnis zum Besuch des Reservats hatten wir schon in Canberra erhalten, vom Herrn Staatssekretär persönlich.

»Unsere Gegend scheint Ihnen gut zu gefallen«, meinte Pastor Scherer, als wir zum zweiten Mal bei ihm anrollten. Uns ging es wie den meisten Menschen, die einmal das wilde Herz Australiens gesehen haben. Es lockt mit Reizen so besonderer Art, daß man nicht leicht davon loskommt. Wir hatten deshalb unsere Abreise um einige Wochen verschoben.

»Das letzte Mal erwähnten Sie die Pintubi«, sagte ich dem Pastor, »aber dann kamen wir gleich auf Namatjira zu sprechen und hatten sie vergessen. Nun würden wir sie doch recht gerne sehen, wenn es möglich ist.«

Mit unserem Geländewagen hätten wir keine Schwierigkeit, meinte er und war bereit, uns zu begleiten.

»Wie geht's den Leuten, was machen sie?«

»Sie machen sich ganz gut, wir entdecken immer neue Fähigkeiten bei ihnen.«

Unter anderem hatte sich herausgestellt, daß es in ganz Australien keine besseren Dingofänger gab als die Pintubis. Sie folgten dabei ihren eigenen, bisher nicht bekannten Methoden und erbeuteten die Wildhunde mit einer Geschicklichkeit ohnegleichen. Weil Dingos überall dort, wo sie in Mengen auftreten, das übrige Wild vernichten, ja selbst Schafherden anfallen und Kälber zerreißen, werden Prämien für ihre Erlegung bezahlt. Bisher hatten sie die Pintubis nur zur eigenen Ernährung gejagt, jetzt brachten sie die Skalpe der Wildhunde nach Papunya und tauschten dafür irgendwelche Sachen ein.

»Wir schicken die scheußlichen Bündel haufenweise nach Alice Springs«, erklärte Pastor Scherer, »manchmal zweihundert Stück in einer Sendung. Bisher wußte ich gar nicht, daß sich solche Mengen von Dingos im Reservat herumtreiben.«

Die Urzeitmenschen verstanden es auch, die Felle der Wildhunde so weich und haltbar zu gerben, wie man es bis dahin kaum für möglich hielt. Wenn man aus ihnen Teppiche zurechtschnitt und an die Küste schickte, konnte sich daraus ein regelrechtes Gewerbe entwickeln. Die Pintubis sollten lernen, diese Bettvorleger selber herzustellen. Dann hatten sie ein gesichertes Einkommen und würden weit besser leben als bisher. Ganz von selber, meinten wir, mußte sie der wachsende Wohlstand allmählich zivilisieren. Aber Scherer zerstörte diese Illusion.

»Auch hundert Jahre reichen nicht aus, um hunderttausend zu vergessen. Wir sprachen schon davon, wie groß diese Probleme sind. Noch mehr bei den Pintubis, die jetzt erst auftauchten. Sie leben nicht nur steinzeitlich, sie fühlen und denken auch so.«

Unser Wagen kletterte im Vierradgang über den buntfarbigen Steinschutt im Finke-River. Rosarote Felsenberge lagen zur Linken, fahlgelbe Steppe dehnte sich zur Rechten. Nur langsam kamen wir vorwärts.

»Auch wenn sie Kleider tragen und eines Tages zivilisiert erscheinen, bleiben sie Nomaden. Die mythische Zeit der Ahnen lebt in ihren Herzen und läßt sie nicht los.«

Primitiv ist nur das äußere Leben der Aborigines, viel mehr bedeutet ihnen das unsichtbare Leben, eben jene ›Traumwelt‹, in deren Tiefe bisher noch kein Weißer eindrang. Deshalb nicht, weil uns dafür die Begriffe fehlen. Ebensowenig wäre es uns Heutigen möglich, in die Gedankenwelt eines Neandertalers vorzudringen, selbst wenn wir ihm leibhaftig begegneten und seine Sprache verstünden. Trotzdem sind wir seine direkten Nachkommen!

Je mehr man von den australischen Ureinwohnern erfährt, meinte Pastor Scherer, desto unpassender scheine es, sie ›primitiv‹ zu nennen. Aber so überheblich seien nun mal die Weißen. Das unglaublich harte und besitzlose Dasein dieser Menschen ist nur dem Anschein nach trostlos. Eine reiche und komplizierte geistige Welt füllt es aus. Für den Uraustralier gibt es keinen leblosen Gegenstand. Jedes Tier, jede Pflanze und jeder Stein hat eine zweite Gestalt, die den Augen verborgen bleibt. Selbst der Boden und die Luft sind von lebenden Kräften erfüllt, die ständig auf Menschen, Tiere und Pflanzen einwirken. Alles, was geschieht, alles, was erblickt und erfaßt wird, stellt nur den sichtbaren Ausdruck von unsichtbaren Vorgängen dar. So entstehen, um nur ein Beispiel zu nennen, die Kinder nicht etwa durch den Akt der Zeugung, sondern durch Vorgänge in der unsichtbaren Welt. Die Seele des Ungeborenen hält sich in der Natur verborgen, wo sie nur auf eine passende Gelegenheit wartet, um in den Leib der Mutter zu schlüpfen. Aus dieser geheimnisvollen Welt kommt jeder Mensch und kehrt nach seinem Tode in sie zurück. Wer lebt, hat schon immer gelebt, wer stirbt, wird immerfort weiterleben, nur weiß man nicht, in welcher Gestalt.

Aber man weiß, wo die ›Traumwelt‹ eines jeden Stammes wurzelt. Nämlich in seinem angestammten Gebiet, wobei auch dieses Wort in seinem ursprünglichen Sinn gemeint ist. Mag jene Gegend auch noch so leblos sein, mag sie auch der einzelne Mensch oder sein Stamm längst verlassen haben, die Lebenskraft der Stammesgemeinschaften bleibt auf ewige Zeiten dort beheimatet. Die vergangenen und die kommenden Geschlechter sind dort zu Hause. Das Individuum ebenso wie seine Sippe.

Deshalb wird kein Eingeborener jemals verstehen, daß völlig fremde Menschen in seiner uralten Heimat ›Eigentum‹ erwerben. Das Grundbuch der weißen Verwaltung und die Eintragungen von ›Privatbesitz‹ haben für die Menschen der Frühzeit keinen Sinn. Wo seit undenklicher Vorzeit die Mythenwelt eines Stammes wirkt, liegt dessen ewiger Besitz. In dem Boden dort lebt seine Seele. Alle Tiere auf diesem Land, auch die Rinder und Schafe, gehören aus uraltem Recht dem hier angestammten Volk. Die ›Traumwelt‹ hat auch jene neuen Geschöpfe erschaffen, die man bisher nicht kannte, und zur Nahrung für die Träger des Stammes, die Erben der Träume, bestimmt.

Das war der Grund, weshalb sich seinerzeit die Zusammenstöße zwischen den weißen Siedlern und schwarzen Menschen nicht vermeiden ließen. Weil die Eingeborenen mit Speer und Wurflanze Vieh ebenso bejagten wie anderes Wild, wurden sie vertrieben oder scharenweise niedergemacht. Noch bis zum Beginn dieses Jahrhunderts haben die Graser und ihre Stockmen, fern jeder behördlichen Einmischung, regelrechte Treibjagden auf die Abos veranstaltet. In manchen Gegenden hat man sogar Kopfprämien für ihre Ermordung bezahlt. Wenn trotzdem fünfzigtausend übrigblieben, die sich wieder, mitsamt den Mischlingen, auf hundertfünfundsiebzigtausend vermehrt haben, so ist das vor allem der Weite ihres Landes zu verdanken. Es gab Wüsteneien, in die sie ausweichen konnten.

Heute wird angenommen, daß es zu Beginn der weißen Besiedlung in ganz Australien nicht mehr als etwa dreihunderttausend Eingeborene gegeben hat. Nomaden, die nur von der Jagd und vom Sammeln wilder Früchte leben, brauchen sehr weiten Raum, besonders in einem so wenig fruchtbaren Land. Im Osten und Nordosten, wo Australien bewaldet und grün ist, sich also für Landwirtschaft und intensive Viehzucht eignet, sind die Eingeborenen fast völlig verschwunden. Nur in den wasserärmsten Gebieten des Westens, des Nordens und des innersten Australiens blieben die Reste der Urmenschen über die schlimme Zeit hinweg erhalten. Heute leben sie fast alle in den Reservaten, bei den Missionen oder sind Viehtreiber auf den Stationen geworden. Nur noch wenige Gruppen streifen in alter Weise durch die große Einsamkeit.

Die australischen Eingeborenen gehören zu den ältesten, noch vorhandenen Rassen der Menschheit. Ganz geringe Überbleibsel eines ähnlichen Volkes sind die Weddhas in Südindien, die Semang in Malaya und die sogenannten Negritos auf den Andamanen-Inseln. Auch im tiefsten Afrika gibt es noch einige Reste solcher Urvölker. Man muß sie wohl, mit den Uraustraliern, als Frühmenschen bezeichnen, die in grauer Vorzeit von stärkeren Rassen verdrängt und fast völlig ausgelöscht wurden. Nur der fünfte Kontinent blieb bis zum Beginn des vorigen Jahrhunderts von fremden Völkerschaften verschont. So konnte bis auf den heutigen Tag eine Menschenart existieren, die überall auf der Welt fast völlig verschwunden ist.

Manche Forscher sind der Meinung, daß einst die ganze Erde von Menschen der uraustralischen Art bewohnt war, sogar Europa. Wenn das zutrifft, was von anderen Gelehrten bestritten wird, sind die Aborigines von Australien in der Tat lebende Fossilien aus unserer Vorzeit. Soweit man herausfinden konnte, sollen sie nicht aus Australien kommen, sondern vom eurasischen Festland. Wie sie dann, auf der Flucht vor nachdrängenden Rassen, in den fünften Erdteil gelangt sind, vermag niemand zu sagen. Mit ihnen ist wahrscheinlich auch der Dingo ins Land gekommen, das einzige australische Säugetier, das kein Beuteltier ist.

Als die Regierung vor etwa siebzig Jahren daranging, sich um das Wohlergehen der Eingeborenen zu kümmern, wollte man sie zunächst nur vor schädlichen Einflüssen schützen, die sie von außen her bedrohten. Sie sollten in den Reservaten ihr bisheriges Leben weiterführen, ungestört von den Weißen. Aber so augedehnt diese Reviere auch sind, insgesamt größer als die Fläche der Bundesrepublik, kann sie dieser Raum auf die Dauer nicht ernähren, schon gar nicht nach ihrer alten Weise. Es waren nicht gerade die wildreichsten Gebiete, die man ihnen zur Verfügung stellte, sondern jene armen Landstriche, die kein Viehzüchter haben wollte.

Auf der langen, staubigen Fahrt nach Papunya kam die Unterhaltung immer wieder auf die kaum lösbaren Probleme der Assimilation zurück. Wer sich als Besucher damit befaßt, will einfach nicht glauben, daß die Aussichten so gut wie hoffnungslos sind. Wir sahen selber, welche Mühe man sich gibt und wie großzügig die Regierung das Programm unterstützt. Zudem hat man es bei den Eingeborenen mit sehr freundlichen Menschen zu tun, über deren gutartigen Charakter kein Zweifel besteht. Auch Pastor Scherer betonte immer wieder, daß es kaum liebenswertere Menschen gebe als seine Aranda. Und trotzdem sollte es nicht gelingen, ihnen den Weg in die Zukunft zu ebnen?

»Aber wenn doch . . .«, sagten wir und »könnte man denn nicht . . .« Aber es hatte keinen Zweck, alle Vorschläge, die wir machten, hatte man längst erwogen, versucht und wieder aufgeben müssen.

»Ihr Drang nach Freiheit ist viel zu groß«, hörten wir stets aufs neue, »daran scheitert letzten Endes jede Bemühung, sie in unsere Welt einzugliedern.«

Aber ihre Welt ist vergangen, die Zeit der Nomaden ist vorbei. Wer heute noch frei durch die Steppe läuft, den betrachtet die Zivilisation als Vagabunden. Das Verlangen nach dem Wanderleben ihrer Vorfahren ist den Aborigines angeboren, kein guter Wille kann sie davon abbringen.

»Für ihre Kinder besteht kein Schulzwang«, wiederholte Scherer, »und es kann auch keiner bestehen. Jeder Zwang hätte sofort eine Massenflucht in die Weite der Wildnis zur Folge. Die Eltern bringen und holen ihre Kinder, wann immer sie wollen. Auch die äußerlich Zivilisierten unterliegen von Zeit zu Zeit ihrem Wandertrieb und verschwinden für Monate in die Ferne. Sie suchen ihr Traumland, niemand kann sie halten.«

Selbst solche Aborigines, die einen richtigen Beruf ausüben und in einem soliden Haus wohnen, fühlen sich nicht daheim. Kein Eingeborener Australiens ist jemals in unserem Sinne seßhaft geworden. Die Freiheit der Weite lockt sie immer wieder mit zwingender Kraft.

Da gibt es an der Nordküste einen medizinischen Assistenten namens Stephen Punjiri, gewissermaßen das Paradestück einer gelungenen Anpassung der Steinzeit an die Neuzeit. Bis zu seiner ärztlichen Abschlußprüfung hat seine Anpassung zwar nicht gereicht, aber selbständige Pflichten kann man ihm getrost überlassen. Punjiri leistet erste Hilfe bei Unfällen, macht Bluttransfusionen und fährt allein mit der Ambulanz zu Gruppenuntersuchungen über Land. Er ist ein reiner Eingeborener. Schon als Kind wurde er in die Familie eines weißen Arztes aufgenommen und wie dessen eigener Sohn erzogen. Weder die Schule noch die weitere Ausbildung fielen ihm besonders schwer. Punjiri bezieht ein gutes Gehalt, besitzt seine Holzvilla am Strand von Port Darwin, einen Wagen und alles, was zum gutbürgerlichen Leben der Weißen gehört. Er hat ein zivilisiertes, schwarzes Mädchen geheiratet und ist Vater von drei halbwüchsigen Kindern.

Nur kann man sich nicht darauf verlassen, daß er ständig zur Verfügung steht. Denn mindestens einmal im Jahr, völlig unvorhergesehen, ist er mitsamt seiner Familie für mehrere Wochen verschwunden. Der medizinische Assistent, seine Frau und seine Kinder wandern fast nackt durch die Wildnis. Nichts haben sie mitgenommen. Sie leben im Freien, schlafen neben ihrem Feuer und ernähren sich von dem, was sie finden oder nach Art der Steinzeitmenschen erjagen.

Walk about heißt der australische Fachausdruck für dieses Phänomen. Keinem Eingeborenen wird deshalb gekündigt, wenn der Chef vernünftig ist. Seine Abwesenheit gilt als rechtmäßiger, wenn auch nicht zuvor angekündigter Urlaub. Er kann nichts dafür, es ist höhere Gewalt.

»Sie kennen doch die Wolfes in Alice Springs«, fragte der Pastor, »er ist gebürtiger Deutscher und Architekt, seine Frau hat ein Foto-Atelier?«

Ja, wir kannten das Ehepaar und auch das hübsche, schwarze Mädchen, das im Geschäft bediente.

»Sie wurde in Santa Teresa erzogen, von den katholischen Schwestern, und ist wirklich ein braves Mädchen. Frau Wolfe hat sie als Fotografin ausgebildet. Das Mädel macht sogar die Abrechnungen. Aber schon zum zweiten Mal in diesem Jahr ist sie fortgelaufen!«

Mrs. Wolfe erzählte uns später Einzelheiten. Clarissa befand sich noch immer auf Wanderschaft, als wir nach Alice zurückkamen. Aus heiterem Himmel war das *Walk about* über sie gekommen. Sie hatte in ihrem kleinen Haus nicht einmal das Licht ausgeschaltet und die Tür offen gelassen. Davor stand ihr Volkswagen mit der gefüllten Einkaufstasche. Das Mädchen hatte niemandem etwas gesagt. Dabei wäre es so einfach gewesen, vorher Mrs. Wolfe anzurufen, damit wenigstens der Fotoladen am nächsten Morgen versorgt war. An Verständnis für ihre Zwangslage hätte es der Chefin nicht gefehlt. Aber nein, Clarissa war von einem Augenblick aus der Gegenwart in die Urzeit geglitten. Die Notwendigkeit, die Verbindung mit der Ahnenwelt wieder aufzunehmen, hatte sie ihrem zivilisierten Leben entrissen. Sobald die Verzauberung vorbei war, würde sie wiederkommen, als sei nichts gewesen. Der Gedanke an einen heimlichen Freund lag eigentlich näher, wenn man nüchtern dachte.

»So darf man's aber nicht betrachten«, versicherte der Missionar, »hier geht's um einen anderen Trieb, den wir niemals begreifen.«

Dennoch wollten wir nicht glauben, daß ein junges Mädchen allein durch die Wildnis lief.

»Ganz allein dürfte sie auch nicht sein. Vermutlich ist sie mit einer Gruppe ihres alten Stammes unterwegs. Aber wie sich die Leute vorher verständigen und wohin sie gehen ... niemand kann es mit Bestimmtheit sagen.«

Ob die Abos während ihres *Walk about* nicht doch in ihren Geisterglauben zurückfielen, fragte ich.

»Vorübergehend schon ... mit solchen Rückfällen ist zu rechnen. Auch von unseren eigenen Leuten weiß ich es. Ganz hinten im Palm-Valley liegt eine ihrer alten Kultstätten. Eben haben wir die Jungen feierlich konfirmiert, da schleichen sie heimlich davon und stellen sich freiwillig den schmerzhaften Riten ihrer Initiation zur Verfügung. Sonst wird man sie später nicht als richtige Männer anerkennen.«

Ob das nicht sehr enttäuschend sei für einen Missionar, fragte meine Frau.

»Früher hat es uns enttäuscht, heute nicht mehr. Betrachten wir's lieber als eine Mutprobe. Dafür halten es die Jungen auch, will ich hoffen. Sie werden ja nicht schlechter dadurch ... Gott hat viele Wege und versteht seine Kinder besser als wir. Aber gehen Sie nun auf den zweiten Gang und geben Sie tüchtig Gas ... sonst hängen wir in diesem Flußbett fest.«

Wir kannten das tückische Pulver schon aus der Sahara. Fesch-Fesch nennt man es dort, und jeder Fahrer macht nach Möglichkeit einen weiten Bogen darum. Dieser weiße Sand ist so locker, daß man selbst als Fußgänger bis zur halben Wade versinkt. Wir mußten geradewegs hindurch. Die Spuren anderer Wagen zeigten, daß es zu machen war. Bis zur Mitte reichte noch der Schwung, dann wühlten die Räder tiefer, und ich glaubte schon, wir würden es nicht schaffen. Auf den ersten Gang konnte ich nicht mehr herunter, dafür war es zu spät. Also Vollgas und das Steuer stur geradeaus!

Als hinten schon die Wanne auf den Sand rutschte, faßten vorn die Räder besseren Grund und zogen, da wir ja mit Vierradantrieb fuhren, den ganzen Karren nach.

»Für dieses Stück müßte man Ballonreifen haben«, meinte der Geistliche, »aber auf scharfem Geröll wären sie nichts wert.«

Eine halbe Stunde später sahen wir die blitzenden Wellblechdächer von Papunya. Ebenso wie Hermannsburg selbst machte auch dieser Außenposten keinen großen Eindruck. Ein paar flache, weißgetünchte Gebäude, die schmucklose Kirche nur an ihrem Kreuz erkennbar. Der verstaubte Gemüsegarten, ein Windrad und graue Bäume, mehr hatte die Zweigstelle auf den ersten Blick nicht zu bieten. Während der Mittagshitze ruhte alle Bewegung. Nur die Mücken wurden munter, als wir ausstiegen.

Erst später begriffen wir, was die nüchternen, farblosen Gebäude alles enthielten, das Hospital, ein Kinderheim, die Schule und außer den Wohnungen für das Personal noch die Werkstatt, den Kaufladen und wohlgefüllte Magazine.

»Und wo sind die Pintubi?« wollten wir gleich wissen.

»Irgendwo im Gelände, wir werden sie schon finden.«

Wir wurden von einem jungen Mann empfangen, ebenso wie Pastor Scherer ein lutherischer Missionar. Sein Büro und Wohnzimmer waren von spartanischer Einfachheit, nur das Funkgerät und ein Stapel Zeitungen bewiesen die gute Verbindung zur Außenwelt.

»Wir betreuen von hier aus etwa siebenhundert Eingeborene«, sagte er uns, »zum Teil Aranda, die im Reservat heimisch sind, und dann die Pintubi. Aber nur die ganz Alten und einige Kinder sind jetzt in der Nähe.«

So wollten wir zunächst die Kinder sehen und wurden zu ihrem Schulheim geführt. Weil aber die kleinen Pintubis noch vor unbekannten Gesichtern erschraken, wurde erst die Lehrschwester gerufen, um ihre Schützlinge auf die ungewohnte Begegnung vorzubereiten. Sonst kommen Fremde nicht hierher. Die kleinen Pintubis waren nur an das weiße Personal der Mission gewöhnt.

Schließlich flatterten sie heraus, etwa dreißig kleine Buben und Mädchen im Alter von ungefähr sechs bis elf Jahren. Alle waren sie gut gewaschen und sauber angezogen, barfuß natürlich und so schwarz wie die Nacht. Staunend betrachteten sie unsere Erscheinungen. Wir jedoch ... wir staunten noch viel mehr.

»Aber ...«, stammelte meine Frau, »die sind ja blond!«

Es war kaum zu glauben. Manche Mädchen und Buben hatten so helles, sonnenblondes Haar wie die Friesenkinder bei uns an der Nordseeküste. Seidenweich war es und federleicht, jeder Windhauch spielte damit.

Doch die dunklen Gesichter darunter zeigten alle Merkmale ihrer steinzeitlichen Rasse: die flache Nase, die breiten Backenknochen und die starke, vorgewölbte Stirn.

»Solange sie noch jung sind, haben die meisten Abokinder blondes Haar, wußten Sie das nicht? Später wird's allmählich dunkler, von kupferfarben bis zum richtigen Schwarz. Das haben Sie doch anderswo schon gesehen?«

Gewiß hatten wir alle möglichen Haarfarben bei den Eingeborenen bemerkt, aber die mehr oder weniger blonden Kinder für gemischten Ursprungs gehalten. »Die Mischlinge erkennt man am Gesicht«, meinte Pastor Scherer, »nicht an ihren Haaren. An einem Pintubi-Mädchen hat sich bestimmt noch kein weißer Mann vergangen. Das hier sind die reinsten Eingeborenen, die es in ganz Australien gibt.«

Wenn man selbst auf Fotos der echten Nomaden nur selten blonde Abokinder findet, so liegt es daran, daß ihnen noch niemand den Kopf gewaschen hat. In Steinzeitkreisen ist das nicht üblich, im Gegenteil wird zum Schutz vor der sengenden Sonne noch Lehm hineingeschmiert. Doch wie dem auch sei, so viel hellblonde Kinder wie hier hatten wir in den Schulklassen von Amoongana, Santa Teresa und Hermannsburg noch nicht gesehen.

Indessen hatte sich die Kinderschar von dem unbekannten Anblick erholt, den wir boten. Zwar besahen sie uns mit großer Neugier, legten aber ein Wohlwollen an den Tag, das geradezu rührend wirkte. Wir hatten eine Dose Bonbons mitgebracht und fragten, ob wir sie verteilen dürften. Pastor Scherer hatte nichts dagegen. Doch die Lehrerin meinte, wir sollten zunächst einem Kind mehrere Süßigkeiten geben. Es sei für uns gewiß interessant, zu erfahren, was daraufhin geschehe.

Marianne griff in die Büchse und füllte die Hand eines etwa achtjährigen Mädchens bis obenhin mit Süßigkeiten.

Zunächst tat die Kleine überhaupt nichts, starrte nur wie gebannt auf den völlig unverhofften Segen. Dann streckte sie ihre Hand zu den anderen Kindern aus, die ihr am nächsten standen. Jedes nahm nur ein Stück und steckte es in den Mund. Zuletzt hatte die freigebige Spenderin für sich selbst nichts mehr übrig. Weder verzog sie darüber das Gesicht, noch verlangte sie nach mehr.

»Eine Folge der hiesigen Erziehung?« fragte ich.

»Oh nein, das ist bei ihnen so üblich. Was einer bekommen hat, teilt er mit allen. Namatjira war das beste Beispiel dafür ... oder auch das schlechteste, wenn Sie wollen!«

Aber die arme Kleine war leer ausgegangen.

»Nein, sie ist am reichsten. Durch ihre Freigebigkeit hat sie gewaltig an Achtung gewonnen. Ebenso wie damals Namatjira.«

Wir verteilten weitere Bonbons, bis jedes Kind eines hatte. Dann aber mußten wir aufhören. Es hätten sich unlösbare Probleme ergeben, sollte der Rest nicht für ein zweites Zuckerl für jedes reichen. Keines von ihnen wollte ja ein anderes benachteiligen.

»Und das sollen primitive Menschen sein«, rief meine Frau voller Bewunderung, »Engel sind es ... richtige Engel.«

Die Lehrerin war fast der gleichen Ansicht.

»Im Vergleich zu manchen Klassen, die ich früher in Sydney hatte, finde ich das auch. Sie gehorchen aufs Wort und sind auch miteinander sehr lieb.«

Wir blieben noch lange bei den Musterschülern aus der Steinzeit und sahen zu, mit welcher Freude sie an den einfachen Geräten des Schulhofes herumturnten. Nur gebalgt wurde nicht, und kein fröhlicher Lärm war zu hören.

Dann gingen wir, die erwachsenen Pintubis zu besuchen. Es waren nur etwa ein Dutzend vorhanden, und sie sahen wirklich aus wie urzeitliche Höhlenmenschen. Die Haare verklebt und die Nasen ungeputzt, hockten sie in Erdlöchern oder im Schatten zusammengeflochtener Sträucher. Staub, Schmutz und Fellfetzen bedeckten ihre hageren Körper. Die Nasen der alten Leute waren so knollig wie überjährige Kartoffeln. Zu ihrem verfilzten Bart paßten die ungemein buschigen Augenbrauen. Überall glommen kleine Feuer, um die Mückenschwärme auf Abstand zu halten. Schrecklich magere Hunde umlagerten die Wohnplätze.

Dennoch machte die urtümliche Horde keinen elenden Eindruck, die Leute schienen sich im Gegenteil wohl zu fühlen. Alle lächelten freundlich, und wir mußten jedem die Hand geben.

»Sie haben begriffen, daß wir ihre Freunde sind«, erklärte Pastor Scherer, »wir können hoffen, daß sie immer wieder nach Papunya zurückkommen.«

Viel war erreicht, daß der ewig umherziehende Stamm seine Alten und einen Teil der Kinder in der Obhut der Mission beließ. Es war ein Zeichen großen Vertrauens, man hatte keine Scheu mehr vor den Weißen und nahm die gebotenen Vorteile an. Hier in Papunya konnte man sich ausruhen, bekam genug zu essen, und es fehlte nie an Wasser.

Mehr und mehr Kinder wird man zeitweise der Mission überlassen, immer öfter kehren die Nomaden zu diesem Mittelpunkt zurück. Ein guter Anfang war gemacht, die Pintubi brauchten in Zukunft nie mehr zu hungern oder zu verdursten.

»In fünfzig oder sechzig Jahren«, sagte der Missionar, »werden sie vielleicht sein wie unsere Leute in Hermannsburg.«

Wir waren nicht sicher, ob er darüber befriedigt oder resigniert war. Auf dem Rückweg fragten wir, ob es wohl noch andere, bisher unbekannte Stämme in Australien geben könnte.

»Nicht ausgeschlossen, aber wer will Menschen finden, die alles tun, um nicht gefunden zu werden?«

Die Deutschen in Australien

Am 26. Januar des Jahres 1788 erblickte Kapitän Arthur Phillip an der Südküste Australiens eine große, tief ins Land eingeschnittene Bucht, vor Winden geschützt und im Hintergrund von Bergen überragt. Ein Mann wie Phillip, der seit dreißig Jahren zur See fuhr, erkannte sogleich die überaus günstige Lage dieses Ankerplatzes. Etwas überschwenglich signalisierte er seinen übrigen Schiffen, er habe den ›besten Hafen der Welt‹ gefunden. Noch am gleichen Tag ging die Flotte vor Anker, und die Besiedlung Australiens hatte begonnen. Seitdem wird jeder 26. Januar als Geburtstag der Nation feierlich begangen.

Kapitän Phillip ließ sich, zusammen mit einer Abteilung seiner Marinesoldaten, an Land rudern und sogleich einen Fahnenmast errichten. Unter dem Donner der Schiffsgeschütze, bei Trommelwirbel und vor präsentierten Gewehren erklärte Phillip namens des fernen König Georg III. dieses Land und alle daran grenzenden Gebiete zum Besitz Großbritanniens. Heute liegt Sydney an dieser Bucht, mit über drei Millionen Einwohnern bei weitem die größte Stadt Australiens.

Kapitän Phillip hatte mit seiner Reise zum Fünften Kontinent eine großartige Leistung vollbracht. So gehört er denn mit Fug und Recht zu den Nationalhelden der australischen Geschichte. Seine Gewissenhaftigkeit, seemännische Erfahrung und organisatorischen Talente hatten den britischen Kolonialminister Lord Sydney bewogen, ihm das Kommando über die sogenannte ›Erste Flotte‹ zu übertragen. Sie bestand aus zwölf Schiffen älterer Bauart, die alle zusammen nur über eine Fassung von knapp viertausend Tonnen verfügten, weniger als ein durchschnittlicher Frachter unserer Tage aufweist. In diesen geringen Schiffsraum teilten sich siebenhundertfünfzig kettenbeschwerte Sträflinge beiderlei Geschlechts sowie zweihundertfünfzig Offiziere und Soldaten zur Bewachung der Gefangenen. Einige der Militärs hatten ihre Frauen und Kinder bei sich, achtundzwanzig an der Zahl. Hinzu kam noch die seemännische Besatzung mit vierhundertfünfzig Mann. Außerdem befanden sich vierundzwanzig Schafe, zwanzig Schweine, sieben Kühe, ein Bulle, dazu drei Stuten mit drei Füllen und einem Zuchthengst an Bord. Weiter gehörte zu der schwimmenden Menagerie eine nicht näher bekannte Anzahl von Ziegen, Hunden, Katzen, Truthühnern und Tauben sowie ein Kanarienvogel, der Mrs. Phillip begleitete. Damit nicht genug, waren die Schiffe noch mit Setzlingen, Pflanzenstöcken, Saatgut, Samen und landwirtschaftlichen Geräten, auch mit persönlichem Hausrat, Hab und Gut für die künftige Strafkolonie überfüllt, nicht zu vergessen die Lebensmittelvorräte für ein ganzes Jahr.

Mit all diesen Menschen und dem vielen Getier, mit all diesen Lasten und dem vielen Proviant war die ›Erste Flotte‹ volle acht Monate, genauer gesagt zweihundertsiebenunddreißig Tage, auf hoher See gewesen. Dennoch hatte Phillip während seiner Reise nur dreißig Menschen verloren. Weil zu jener Zeit und bei so weiten Entfernungen Ausfälle von zwanzig Prozent als normal galten, kamen die geringen Verluste der ›Ersten Flotte‹ einem Wunder gleich. Sie bewiesen die vorzügliche Organisation, mit der Arthur Phillip seinen schwierigen Auftrag durchführte. Er wurde in den Adelsstand erhoben, damals die höchste Auszeichnung, die England einem erfolgreichen Kapitän verlieh.

Sir Arthur Phillip war als Deutscher geboren. Seine Eltern, die sich noch Philipp schrieben, stammten aus Frankfurt und waren vierzig Jahre zuvor nach London ausgewandert. Als Schiffsjunge war Arthur in die britische Marine eingetreten, hatte sich während einer langen Dienstzeit hervorragend bewährt und war nun als Kommandeur der ›Ersten Flotte‹ zum Begründer einer neuen Kolonie geworden. Aus ihr gingen jener Staat und jene Nation hervor, die heute einen ganzen Erdteil umfassen. Der Hinweis, daß sie ihren Anfang einem Sohn Frankfurter Eltern verdanken, wird allerdings weder in Australien noch in England gerne erwähnt, wie überhaupt im ganzen Kontinent die Tendenz besteht, fremde Beteiligung an der Erschließung Australiens nach Möglichkeit zu verleugnen. Dazu gehört auch das Umtaufen vieler Orte, die ursprünglich deutsche Siedler gegründet und nach ihren Heimatorten benannt haben.

Aber schon an der Entdeckung und Erforschung des Erdteils waren Deutsche wesentlich beteiligt. Wahrscheinlich wurde auch Tasmanien zuerst von Yde Hollemann aus Jever in Ostfriesland gesichtet, der sich während der zweiten

Reise Abel Tasmans als Stellvertreter des Kommandanten an Bord des holländischen Schiffes ›Hemskeerk‹ befand. Der britische Entdecker James Cook, der als erster Seefahrer die Küste Australiens umsegelte, wurde von zwei deutschen Naturforschern begleitet, von dem Göttinger Professor Johann Forster und seinem Sohn Georg. Sie verfaßten die erste wissenschaftliche Beschreibung des Landes. Auch brachten sie eine bedeutende Sammlung von Pflanzen und Gerätschaften der Eingeborenen mit nach Hause, die teilweise noch heute im Göttinger Museum für Völkerkunde zu sehen sind. Der Botaniker Ferdinand Bauer aus Wien drang als einer der frühesten Forscher mit dem Engländer Flinders ins Hinterland Australiens vor. Dabei entdeckte Bauer zahlreiche bisher unbekannte Pflanzen und fertigte davon nicht weniger als tausendvierhundert kolorierte Zeichnungen an, die nach seiner Rückkehr das Erstaunen der Fachwelt erregten. Professor Menge, der 1837 zu mineralogischen Studien nach Australien gerufen wurde, wies schon damals auf die reichen Bodenschätze des Landes hin. Mehr als hundert Jahre hat es gedauert, bis sie zur Grundlage einer blühenden Industrie wurden. Erster Chef der australischen Landvermessung war gleichfalls ein Deutscher. Von dem Missionar Strehlow aus Neuendettelsau stammt die erste Bibelübersetzung in eine Sprache der Uraustralier.

Die tragischste Gestalt unter den deutschen Forschern ist zweifellos Ludwig Leichhardt. Im Spreewald, unweit von Berlin, war er aufgewachsen, hatte in Göttingen Medizin studiert, aber dann in plötzlichem Entschluß die Heimat verlassen. Ein unstillbarer Drang nach Weite und persönlicher Freiheit trieb ihn hinaus. Auch wollte er sich nicht damit abfinden, beim preußischen Militär zu dienen. Durch Vermittlung englischer Freunde gelangte Leichhardt 1842 nach Australien, wo Ärzte gesucht wurden und gebildete Leute noch eine Seltenheit waren. So kam er bald in Kontakt mit führenden Kreisen, die bereit waren, zur Erkundung des Binnenlandes erhebliche Mittel aufzuwenden. Leichhardt war der Mann ihrer Wahl, sein Plan einer großen Forschungsreise fand ihr Verständnis. Offenbar erkannten sie seine Fähigkeiten auf den ersten Blick. Nicht so seine Landsleute, die damals fast nur aus Bauern und Handwerkern bestanden, geführt von unduldsamen Pastoren, denen Leichhardts Liberalismus, wenn nicht gar Atheismus unheimlich vorkam. Auch eine Liebesgeschichte hatte die pietistischen Gemüter gegen ihn aufgebracht.

Der sensible Mann litt schwer unter diesen Anfeindungen, obwohl er sich nach außen hin nichts anmerken ließ. Mit trotziger Energie verfolgte er seine Pläne, und mit übermenschlicher Energie führte er sie durch. Was er unternahm, mutet phantastisch an. Niemand vor ihm hatte ähnliches gewagt. Mit sieben Gefährten durchquerte er siebzehn Monate lang das höllenheiße, bis dahin völlig unbekannte Hinterland. Einer seiner Begleiter wurde von den Ureinwohnern erschlagen, zwei andere schwer verletzt. Die mitgeschleppten Vorräte waren schnell verbraucht, danach lebte man von Eidechsen, Fledermäusen, Krähen und wilden Hunden. Kleider und Schuhe hingen in Fetzen, die Haut der Forscher war mit Geschwüren bedeckt, ihre Augen brannten wie Feuer. Unter beispiellosen Strapazen legten die Männer eine Entfernung zurück, die in der Luftlinie dreitausend Kilometer betrug. Tatsächlich dürften es wegen der vielen Umwege und der steten Wassersuche annähernd fünftausend Kilometer gewesen sein. Der heroische Marsch führte von Sydney durch das Innere von Neusüdwales und Queensland bis hinauf an den Golf von Carpentaria und schließlich nach Port Essington. Dort lag die einzige, nur für kurze Zeit bestehende Siedlung britischer Kolonisten an der Nordküste Australiens, nicht weit vom heutigen Darwin entfernt. Von Port Essington aus wurden die Überlebenden per Schiff nach Sydney zurückgebracht. Zwar hatte Leichhardt den Kontinent nicht auf seiner Mittellinie durchquert, was erst zwanzig Jahre später Charles McDuall Stuart gelang, aber zum ersten Male hatte überhaupt eine Gruppe weißer Männer das Binnenland in seiner ganzen unendlichen Weite kennengelernt.

Der Heimgekehrte und seine Begleiter wurden als Helden gefeiert. Ein Teil ihrer Entdeckungen trägt noch heute Leichhardts Namen. Bei ihm ließ man eine Ausnahme gelten, auch während der beiden Weltkriege wurden sie nicht umgetauft.

Leichhardt, von seinem Forschungsdrang besessen, war mit dem großen Erfolg noch lange nicht zufrieden. Nunmehr plante er, den Kontinent in seiner ganzen Breite von Osten nach Westen zu durchqueren, viertausend Kilometer in der Luftlinie, vergleichsweise die Entfernung von Hamburg bis nach Bagdad. Aber nach fünf Monaten trieben Hitze und Wassermangel den Forscher zurück. Nur wenige Wochen später, im Februar 1848, brach er mit vier weißen und zwei schwarzen Begleitern, sieben Pferden, dreißig Maultieren und fünfzig Rindern, die als lebender Proviant mitgetrieben wurden, abermals ins Unbekannte auf. Acht Wochen darauf gelangte noch eine Nachricht vom guten Fortschreiten seines Zuges an die Küste. Aber dann herrschte völliges Schweigen. Ludwig Leichhardt und seine Begleiter blieben verschollen. Bis zum heutigen Tage weiß man nicht, wo und wie die Expedition zugrunde ging. Man hat zwar 1938 in der Simpson-Wüste, etwa hundert Kilometer östlich von Alice Springs, die Skelette von sieben Männern gefunden, konnte aber nicht eindeutig klären, ob es sich um die Überreste Leichhardts und seiner sechs Begleiter handelte.

Patrick White, wohl der bekannteste unter den modernen Schriftstellern Australiens, hat in seinem dickleibigen Roman ›Voss‹ das Schicksal und die faszinierende Persönlichkeit Leichhardts mit dichterischer Freiheit geschildert. Der bleiche und verschlossene, auffallend hagere Mann mit den glühenden Augen und dem wallenden schwarzen Bart wird darin als ein Mensch geschildert, der sich ebenso durch seinen Idealismus wie durch hemmungslosen Forscherdrang selber zerstört. Der Roman wurde zu einem der größten literarischen Erfolge des Landes und auch ins Deutsche übersetzt. Er gehört zu den Klassikern des australischen Schrifttums.

Ein weit besseres Leben war dem Apothekerlehrling Ferdinand Müller aus

Husum beschieden, der als junger, lungenkranker Mensch 1847 nach Australien kam. Er stieg zum führenden Botaniker auf, verfaßte vierzig Bände über die australische Pflanzenwelt und gründete den weltberühmten Botanischen Garten von Melbourne, heute im Zentrum der Millionenstadt gelegen. Für den Staatsempfang der britischen Königin wußte man 1963 keinen besseren Rahmen als die Kulisse dieses üppigen, farbenprächtigen Parks. Ferdinand Müller wurde nicht nur vom englischen, sondern auch vom württembergischen König geadelt und konnte sich für den Rest seines Lebens Sir Ferdinand von Müller nennen. Sein Mitarbeiter und Landsmann Friedrich Kriechauff führte Müllers Arbeiten fort. Ein Gebirgszug im Herzen Australiens erhielt und behielt seinen Namen.

Die deutsche Einwanderung größeren Stils und mit geschlossenen Gruppen begann schon im Jahre 1838. Kleinliche Streitigkeiten in Glaubensdingen, über die wir heute lächeln, waren die Ursache. In Preußen hatte Friedrich Wilhelm III. den Versuch unternommen, durch staatliche Anweisung das lutherische und reformierte Bekenntnis in einer ›Preußischen Uniierten Landeskirche‹ zu vereinen. Über diese amtliche Einmischung in religiöse Belange erboste sich der Pastor August Ludwig Kavel aus Klemzig in der Mark Brandenburg so sehr, daß er den Entschluß faßte, mit zweihundert altlutherischen Familien nach Australien zu übersiedeln. Ein ganzes Jahr lang waren die Glaubensstreiter mit Sack und Pack, mit Vieh und Geflügel auf Reisen. Die Überfahrt bezahlte ihnen eine britische Siedlungsgesellschaft. Endlich am Ziel eingetroffen, gelang es den fleißigen Kleinbauern, von Pastor Kavel geführt, alle Schwierigkeiten der Anfangszeit gut zu überstehen. Schon nach wenigen Jahren war in der Nähe von Adelaide eine blühende Siedlung entstanden, die zur Erinnerung an die Heimat *Klemzig* benannt wurde.

Dieser Erfolg zog andere Auswanderer nach, zumal das neue Land fast nichts kostete. Abermals kamen zweihundert Altlutheraner aus der Nähe von Klemzig in Brandenburg. Pastor Hahn führte sie an und bedachte die neue Siedlung, nicht gerade bescheiden, mit dem Namen *Hahndorf*. Andere Gruppen folgten in kurzen Abständen, rodeten die Eukalyptuswälder, legten Bewässerungsgräben an und waren bald in der Lage, die Stadt Adelaide mit ihren Erträgen zu beliefern. Um die Hauptstadt von Südastralien herum entwickelte sich ein Kranz deutscher Dörfer: Grünthal, Gnadenfrei, Langmeil, Schönthal, Blumenberg, Bethanien und andere mehr. Heute tragen sie englische Namen und sind in den Vororten Adelaides aufgegangen.

»Hunderttausend solch fleißiger Leute wünsche ich mir«, erklärte um 1850 der Gouverneur Gawler, »dann erst wird Australien richtig aufblühen!«

Im Verlauf von nur zehn Jahren ließen sich elftausend deutsche Kleinbauern und Handwerker aus der Uckermark, Pommern, Schlesien, Württemberg sowie aus dem Rheinland im Süden Australiens und in Queensland nieder. Sie lebten in der Nähe von Heidelberg, Hamburg, Hildesheim, Rheintal, Nordrhein und Mecklenburg, eigene Gründungen im neuen Erdteil. Doch sind auch diese deutschen Bezeichnungen, von wenigen Ausnahmen abgesehen, von der Landkarte verschwunden. Man hat sie durch englische oder eingeborene Namen ersetzt.

Ein deutscher Weber aus Lobethal, Kleinschmidt mit Namen, hatte schon 1840 die erste Fabrik für Wollwaren in Australien gegründet. Das Unternehmen florierte und fand zahlreiche Nachahmer. Brandenburgische Bauern verfügten im Staate Victoria über die ertragreichsten Weizenfelder. Im Barossatal entwikkelten rheinische und pfälzische Winzer aus mitgebrachten Reben einen prächtig aufblühenden Weinbau. Philipp Schäder aus Essen, der bereits 1792 nach Australien kam, hatte den ersten Weinstock gepflanzt. Noch heute ist am Namen der großen Weingüter im Barossatal die Herkunft ihrer Gründer deutlich zu erkennen. Sie heißen: Seppelt, Gramp, Lindemann, Hoffmann und Büsig, denn die Familiennamen zu ändern, war selbst im Ersten Weltkrieg nicht üblich.

So bewundernswert diese Leistungen auch waren, wegen ihrer friedlichen Koexistenz verdienen die gespaltenen Gruppen der deutschen Einwanderer keine Bewunderung. Die spitzfindige Auslegung theologischer Fragen führte zu ständigen Reibereien zwischen den Pastoren, die ihre Gemeinden völlig beherrschten. Ob die Gläubigen selbst verstanden, um was es dabei ging, darf man bezweifeln. Es waren durchweg Leute von einfachstem Stand, sonst hätten sie kaum allen Anweisungen ihrer engstirnigen Führer so blind gehorcht. Selbst die preußischen Altlutheraner teilten sich in zwei feindliche Gruppen. Gegenseitig verdonnerten sich die Pastoren Kavel und Fritsche als Abtrünnige vom rechten Glauben. Dabei waren die tatsächlichen Differenzen so gering, daß man sie heute gar nicht beachten würde. Sechs getrennte Synoden lagen schließlich miteinander im Streit. In der Siedlung Tanunda gab es für nicht einmal hundertfünfzig protestantische Familien vier Kirchen mit vier verschiedenen Bekenntnissen, die sich auf höchst unchristliche Weise bekämpften. Gegenseitig vernagelte man sich die Kirchentüren, entführte ›feindliche‹ Pastoren, warf ihre Möbel auf die Straße und zerschlug die Einrichtung der Gemeindehäuser. Polizei mußte eingreifen, der britische Gouverneur drohte mit der Heranführung von Militär. Betrachtet man die vergilbten Fotografien jener Gottesmänner, die es so weit hatten kommen lassen, so scheint schon ihr Gesichtsausdruck deutliche Züge von schroffer Unduldsamkeit zu verraten. Warum sie das harte Leben der Pioniere noch mit ihrem zermürbenden, ganz unnötigen Glaubensstreit erschwerten, kann heute niemand verstehen.

Erst gegen Ende des vorigen Jahrhunderts beruhigten sich allmählich die Gemüter. Doch ist die Evangelisch-Lutherische Kirche der Nachkommen aus jener streitbaren Zeit noch immer gespalten. Zwar zählen die beiden größten Gruppen nur noch dreißigtausend Anhänger, von denen aber jede über rund zweihundert Pastoren verfügt, was bedeutet, daß der einzelne Geistliche nur einhundert bis einhundertfünfzig Gemeindemitglieder zu betreuen hat – ein Zahlenverhältnis, wie man es nirgendwo anders findet. Der eine Zweig nennt sich VELKA (Vereinigte Evangelisch-Lutherische Kirche Australiens) und der andere

ELSA (Evangelisch-Lutherische Kirche Australiens). Wir hatten den Eindruck, daß gegenseitiges Mißtrauen noch heute besteht. Die ELSA hat sich weitgehend ihren Glaubensbrüdern in Amerika angeschlossen, während die VELKA ihre Geistlichen fast alle in Deutschland ausbilden läßt, und zwar in Neuendettelsau.

Die Einwanderung geschlossener Gruppen, vor allem religiöser Gemeinden hörte schon Ende des vorigen Jahrhunderts auf. Nur 1918 kamen noch eintausendfünfhundert schwäbische Templer aus Palästina nach Australien, eine kleinere Gruppe aus Persien.

Nach dem Ersten Weltkrieg, der die Beschlagnahme allen deutschen Eigentums mit sich brachte, blieb die Einwanderung aus Deutschland bis 1925 gesperrt. Sie nahm erst wieder zu, als während der Hitlerzeit rassisch und politisch Verfolgte im fünften Kontinent ihre neue Heimat suchten. Nach dem Zweiten Weltkrieg sind ihnen rund sechzigtausend weitere Deutsche gefolgt, aber ein verhältnismäßig großer Teil von ihnen kehrte wieder in die Heimat zurück, als sich bei uns die Verhältnisse so entscheidend besserten.

Mitunter wurde es auch den Kriegsgefangenen, die während des Afrikafeldzuges in die Hände australischer Truppen gefallen waren, auf Wunsch gestattet, im Lande zu bleiben. Bei vielen australischen Familien hatte sich die freundliche Sitte eingebürgert, die Gefangenen im Lager zu besuchen. Es gab im Zweiten Weltkrieg nicht den gleichen hysterischen Haß wie während des Ersten. Man konnte Kriegsgefangene auch zu Picknicks und Ausflügen einladen, wobei so manche Tochter Gelegenheit nahm, sich aus dem reichen Angebot junger Männer den künftigen Gatten zu wählen. Somit stand nach Kriegsende dem Auserwählten eine australische Familie als ›Bürgen‹ zur Verfügung.

Weil schon immer die meisten Auswanderer erst in Australien ans Heiraten dachten, überwiegend mit einheimischen Mädchen, ist heute nicht mehr festzustellen, wie groß der Prozentsatz Deutschstämmiger in Australien ist. Die niedrigste Schätzung nennt nur ein Prozent, die höchste fünf. Australien gibt die Zahl jener, die noch in deutschsprachigen Ländern geboren wurden, mit knapp hundertvierzigtausend Personen an. Während der Vollbeschäftigung bei uns seit Mitte der fünfziger Jahre ließ die Einwanderung aus Deutschland nach. Vielfach sind es nun die Eltern oder der verwitwete Elternteil, der seinen ausgewanderten Kindern nach Australien folgt.

Von der Regierung werden Deutsche in Australien gerne aufgenommen und sind, nachdem ihre Anpassung erfolgt ist, im allgemeinen recht beliebt. Dagegen dürfen sich nur wenige Farbige im Australian Commonwealth niederlassen. Selbst Südländer aus Europa galten noch bis vor Jahren als unerwünscht. Engländer, Iren, Holländer und Skandinavier, danach die Deutschen, wurden am liebsten gesehen. Doch genügt ihre Einwanderung nicht, um den Menschenhunger Australiens zu stillen. Man nimmt an, daß der Kontinent etwa zwanzig Millionen Bürgern eine ausreichende Existenz zu bieten vermag. In künftigen Zeiten, wenn Industrie und Bergbau die vorhandenen Bodenschätze in vollem

Umfang nützen, werden auch zwanzig Millionen nicht genügen. So mußte man großzügiger verfahren und hatte trotz mancher Widerstände auch den Italienern, Spaniern, Griechen und Jugoslawen sowie Flüchtlingen aus Ungarn und anderen Ostgebieten die Pforten des Landes geöffnet.

Wenn antiwestliche Propaganda, von kommunistischen Zentren gelenkt, im übervölkerten Ostasien die Behauptung verbreitet, Australien könne hundert Millionen Menschen ernähren, die man jedoch aus hartherzigem Eigennutz nicht ins Land lasse, so ist das politische Hetze. Dazu wird der Kontinent niemals imstande sein, auch wenn das großzügigste Fernziel künstlicher Bewässerung eines Tages erreicht wird. Selbst wenn man hunderttausend Brunnen bohrt und alle Flüsse ableitet, ist nicht genügend Wasser vorhanden, um aus Sand und Steinen fruchtbares Land zu machen. Auch die großen Industrien der Zukunft brauchen Felder und Äcker, um die Masse ihrer Beschäftigten zu ernähren. Man kann nicht den größten Teil aller Lebensmittel importieren, es wäre zu unwirtschaftlich. Australien wird stets ein Erdteil bleiben, der im ganzen gesehen nur dünn bevölkert ist.

Es sind weniger rassische Gründe, die dafür sprechen, daß Australien ein weißes Land bleiben möchte. Es geht um die *Anpassung* der Einwanderer, um ihre möglichst rasche Verschmelzung mit den Einheimischen. Man will keine Aufspaltung in Bürger, die auch mit ihren kommenden Geschlechtern beharrlich an der Eigenart ihrer Herkunft festhalten. Ob sich die Kinder und Kindeskinder der südeuropäischen Einwanderer in erwünschtem Maße mit den gebürtigen Australiern vermischen, ist noch nicht abzusehen. Ihre Zusammenballung in den großen Städten betrachtet man mit wachsender Sorge.

Bei den deutschen Neubürgern geht die Assimilation viel schneller als vor den beiden Kriegen. Sie zeigen eine für die australischen Behörden höchst erfreuliche Bereitschaft, sich ihrer neuen Heimat so schnell wie möglich anzupassen. Was an deutschen Vereinen, Klubs und ›Liedertafeln‹ noch vorhanden ist, stammt aus einer anderen Zeit und pflegt ein Deutschtum, wie es bei uns längst verklungen ist. Dem können die neuen Einwanderer keinen Reiz abgewinnen, ziehen es vielmehr vor, auf eigene Faust ihren Anschluß im Lande zu finden. Selbst die Kinder einer gemeinsam eingetroffenen Familie werden nach wenigen Jahren untereinander nur noch englisch sprechen. Von geringen Ausnahmen abgesehen, kann schon die folgende Generation kein deutsches Wort mehr verstehen. Dafür hat sie ihre Umwelt als *dinkum Aussie* anerkannt, als waschechte Australier. Wer heute von Deutschland auswandert, hat sich schon im vorhinein entschlossen, mit seinen Nachkommen in der neuen Heimat aufzugehen, was wohl auch richtig ist, wenn man sich für immer auf die andere Seite der Welt begibt. Früher war das anders, viele Auswanderer wollten auch ›in der Fremde‹ ihrem Vaterland auf ewig treu bleiben, was auf die Dauer immer wieder zu Konflikten führte.

Nachdem inzwischen Australien selbst aufgrund der schlechten Wirtschaftslage in der ganzen Welt über eine halbe Million Arbeitslose hat und an den Folgen einer in der bisherigen Geschichte noch nicht dagewesenen Dürreperiode leidet, werden nur noch wenige Menschen aufgenommen. Die australischen Botschaften teilen dazu in ihrem Leitfaden mit: »Die meisten Antragsteller müssen entweder Fähigkeiten oder persönliche Eigenschaften besitzen, die zur Förderung Australiens oder anderweitig zur australischen Lebensart positiv beitragen, oder nahe Verwandte in Australien haben, die für ihre Einwanderung eine ›Bürgschaft‹ (oder Patenschaft) übernehmen.« Wer im einzelnen zu dem bevorzugten Personenkreis gehört, ändert sich nach den Umständen. Wenn ich diese Neuausgabe abschließe, sind es zum Beispiel Konditoren, Programmierer, Zahnorthopäden und Präzisionsinstrumenten-Techniker. Wenn ein wirtschaftlicher Aufschwung kommen sollte, wird sich dieser Personenkreis sicher wieder erweitern.

Den meisten Deutschen fällt es zu Anfang nicht leicht, sich in Australien einzuleben, am wenigstens jenen, die einen hohen Bildungsgrad mitbringen und von zu Hause an geistig anregenden Umgang gewohnt sind. Akademiker, Bürobeamte, Künstler und gehobene Angestellte dürften schwerlich eine Betätigung finden, die sie wirklich befriedigt. Auf keinen Fall sollten sie ohne vorher vereinbarte und dauerhafte Stellung dies Wagnis unternehmen. Über alle Umstände, die damit zusammenhängen, muß man sich beizeiten Gewißheit verschaffen.* Staatsexamen und akademische Prüfungen, die man in der Heimat abgelegt hat, gelten nicht. Sie müssen, wenn auch in etwas kürzerer Frist, in Australien wiederholt werden. Was das Land braucht und sucht, sind gelernte sowie ungelernte Arbeiter, die vorerst keine großen Ansprüche stellen. Auch Mechaniker für die meisten Zweige der Technik sind willkommen, vor allem junge Leute, die sich nichts daraus machen, die ersten vier bis fünf Jahre unter klimatisch oft harten Bedingungen im einsamsten Hinterland schwere Arbeit zu verrichten, gegen gute Bezahlung, die bei fast freier Unterkunft wie Verpflegung allmählich steigt. Hat der Einwanderer diese Zeit überstanden und Ersparnisse gemacht, was allerdings viel Energie und noch mehr Verzicht auf des Lebens Annehmlichkeiten bedeutet, wird ihm das Weiterkommen in vieler Hinsicht leichter gemacht als bei uns. Denn die schnelle Entwicklung neuer Orte und Industrien bietet noch immer Möglichkeiten, am Wachstum des Landes teilzunehmen. 1981 konnten immerhin noch rund siebzigtausend Personen die australische Staatsbürgerschaft erhalten.

Der moderne Deutsche entwickelt im Durchschnitt mehr Initiative und vielfach auch mehr persönliche Energie als der gebürtige Australier. Hat er sich erst an die Eigenart des Landes und seiner neuen Landsleute gewöhnt, wird er viele Chancen entdecken, die noch kein anderer wahrnahm. Niemand hindert ihn daran, sie zu ergreifen.

* Über die Australische Botschaft, Einwanderungsbüro in Köln, Hohenzollernring 103.

Für Landwirte ist die Lage nicht so günstig, wie man angesichts des menschenleeren Hinterlandes glauben möchte. Selbst die scheinbar nicht genutzten Flächen haben inzwischen längst einen Besitzer. Wirklich brauchbares Ackerland ist für Neubürger mit bescheidenen Mitteln nicht zu bekommen. Es wäre auch verfehlt, ohne gründliche Erfahrung mit den in Australien allein möglichen Methoden eine Landwirtschaft zu beginnen. Viel besser sind die Aussichten für tüchtige Fachleute, sich in die Verwertung landwirtschaftlicher Produkte einzuschalten, auf Pachtland eigene Gemüsekulturen oder in Stadtnähe Milchwirtschaft zu betreiben. Eine sechsköpfige deutsche Familie, die vor einem guten Jahrzehnt ohne Kapital, aber mit Fachkenntnis und großem Fleiß nach Australien kam, hat in dieser relativ kurzen Zeit ein stattliches Unternehmen aufgebaut, das mehrere Industrieorte mit Butter, Milch und Käse beliefert. Unlängst wurden diese ›Neu-Australier‹ vom Ministerpräsidenten empfangen und der Presse als ›Modellfamilie‹ vorgestellt, auf die ganz Australien stolz sein könne. Einwanderer solcher Art möchte man haben. Um ihren Erfolg werden sie nicht beneidet, sondern deswegen hochgeschätzt.

Weil fast jede Familie im eigenen Hause wohnt, das noch von einem großen Garten umgeben ist, dehnen sich die australischen Städte über riesig weite Flächen aus. Man braucht eine gute Stunde, um vom Westrand einer Großstadt deren östliche Vororte zu erreichen. Ohne den eigenen Wagen kann niemand auskommen. Wenn sich auch die Frau zu einem entfernten Arbeitsplatz begeben muß, ist meist noch ein zweiter Wagen notwendig. So muß auch der Einwanderer danach trachten, daß er sich möglichst schnell motorisiert. Zwar ist alles, was man zur durchschnittlichen Lebensführung in Australien braucht, etwas billiger als bei uns, nur nicht die Importe aus Übersee und Kraftfahrzeuge, obwohl der ›Holden‹, ein Wagen der Mittelklasse, im Lande hergestellt wird. Selbst für Gebrauchtwagen aus zweiter und dritter Hand liegen die Preise höher, als wir es daheim gewöhnt sind. Also bedeutet der PKW eine Ausgabe, gleich zu Anfang, mit der man zu rechnen hat.

Eine andere Schwierigkeit stellt das Problem der Unterkunft dar. Es gibt so gut wie keine Mietshäuser in Australien, eben deshalb nicht, weil praktisch jede Familie ihr Eigenheim besitzt. Bei den meisten Leuten besteht wenig Neigung, ein Zimmer ihres Hauses zu vermieten, gleich, ob möbliert oder nicht, schon gar nicht an frisch importierte Ausländer, vor denen man eine gewisse Scheu empfindet. Ein Hotelzimmer kann sich der Einwanderer auf die Dauer nicht leisten, selbst die bescheidene Unterkunft im *boarding-house* ist keine Lösung auf lange Sicht. Also ist der Immigrant darauf angewiesen, durch persönlichen Kontakt jemanden zu finden, vielleicht einen Kollegen, bei dem er unterkommen kann. Möglich, daß ihm sein Arbeitgeber dazu verhilft. Aber auch dann bleibt es für den Besitzer dieses Eigenheims, und noch mehr für dessen Frau, recht ungewöhnlich, einen fremden Menschen im Haus zu haben. Man kann sich nur schwer mit seiner Gegenwart abfinden. Eine komplette Familie, frisch aus der

Fremde eingetroffen, wird man nur in seltenen Fällen aufnehmen. So kommt es, daß zahlreiche Einwanderer jahrelang in Regierungsbaracken hausen oder in gebrauchten, auf einem *Trailor-Court* abgestellten Wohnwagen.

Wer sich bei einer staatlichen Einwanderungsbehörde um Aufnahme und Arbeitsplatz bemühte und von ihr angenommen wurde, dem zahlte früher – einschließlich der Familie – die australische Regierung den größten Teil der Reisekosten, bis zu neunzig Prozent. Diese ›geförderten Einwanderer‹ wurden zunächst in Wohndörfern, die meist aus einfachen Baracken bestehen, untergebracht, wo man hinreichend für sie sorgte, allerdings gegen Bezahlung. Nach spätestens einem Jahr erwartete man, daß sie ihre eigene Wohnung gefunden hatten und keiner staatlichen Betreuung mehr bedurften.

Zu den besonderen Eigenarten Australiens gehört, daß jeder Ort, selbst jeder großstädtische Vorort, eine in sich geschlossene Gemeinschaft bildet, deren festumrissene Lebensform jeder annehmen muß, der dorthin zieht. Individueller Geschmack und persönliche, dort nicht übliche Interessen gelten als Eigenbrötelei. Der Hang zur allgemeinen Anpassung trägt fast totalitäre Züge. Das geht von der saloppen Kleidung über die häusliche Einrichtung bis zur Gestaltung von Freizeit und Gesprächsthemen. Was einer ißt und trinkt, gehört gleichfalls dazu. Am Unvermögen, sich fest in den australischen Rahmen einzufügen, sind mehr Einwanderer gescheitert als an Fehlschlägen im Beruf.

Obwohl diese Schwierigkeiten bestehen, ist es den meisten Neubürgern doch gelungen, sich einzuleben und voranzukommen, wenn auch viele von ihnen nicht das gefunden haben, was sie ursprünglich wollten.

Die Australier sind sehr gastfrei und hilfsbereit, das ist richtig, aber es wird ein Unterschied gemacht zwischen den Fremden, die nur zu Besuch im Lande sind, und zwischen jenen, die für immer bleiben wollen. Man nimmt einen Neuling keineswegs mit offenen Armen auf, eher betrachtet man ihn mit Skepsis und deutlicher Reserve. Viele Zuwanderer fühlen sich deshalb während der ersten Jahre recht einsam. Sie finden keinen Anschluß, um ihre Freizeit in netter Gesellschaft zu verbringen. Auch beruflich ist diese Zeit schwer, denn niemand wird in die ungeschriebenen Gesetze seiner Kollegenschaft eingeführt. Er muß sich selber in Irrungen und Wirrungen zum richtigen Verhalten durchfinden. Es genügt nicht, die englische Sprache zu lernen, was natürlich die erste Vorbedingung ist, wichtiger noch ist die Beherrschung des australischen Slangs, der mit gepfefferten Kraftausdrücken gespickt ist.

Geselligkeit in unserem Sinn, mit gegenseitigen Einladungen und anregenden Gesprächen, ist nur der relativ dünnen Oberschicht bekannt, die hauptsächlich in Sydney und Melbourne ihr Eigenleben führt. Abgesehen vom täglichen Treffen im Pub finden sonst nur nachbarliche Besuche und Picknicks im Freien statt, Veranstaltungen in den populären Klubs und gelegentliche Familienfeste. Die Bewirtung besteht für die Männer vorwiegend aus Bier und für die Frauen aus Tee mit Kuchen. Gesprächsthemen sind hauptsächlich die Pferderennen

Ein für Tasmanien typisches Bild: Schafherde auf grüner Weide am schäumenden Meer, dahinter steil aufragendes Gebirge.

\lte Kirche in Port Arhur, Tasmanien, die chöne, heute verlasene Kirche der einsti;en Sträflingskolonie. hr Erbauer, ein hochegabter Architekt, var selber Sträfling uf Lebenszeit. Er atte Banknoten gefälscht, und zwar so ;ut, daß man sie kaum on echten unterscheien konnte.

Farmhäuser im australischen Bundesstaat Queensland. Manche der Rinderfarmen sind größer als Landkreise bei uns. Aber oft ist die Weide nur karg und bescheiden der Baumwuchs.

Nicht alles ist glühend heiße, leblose Wüste im zentralen Australien. Es gibt dort in menschenleeren Felsgebirgen herrlich schöne Täler mit klarem Wasser, Wald, Schilf und Gebüsch.

oben: Versteinerte Bäume und bizarre Felsen in der Mitte Australiens. *unten:* Halbwüste nennt man solche Regionen, die einen großen Teil Inneraustraliens bedecken.

und Wetten, dazu lokale Ereignisse und das Ergehen des Nachbarn. Wem das nicht reicht, der schaut in den Fernseher. Oft bringen die Gäste, besonders wenn sie ohne Aufforderung erscheinen, ihre eigenen Getränke mit. Jacke und Krawatte läßt man zu Hause, auf Formen wird keinerlei Wert gelegt. Alles nennt sich beim Vornamen, schon nach der ersten Begegnung. Etwaige Titel, Dienstgrade und amtliche Würden werden niemals erwähnt, es gibt sie kaum. Nur der Arzt nennt sich ›Doktor‹, er hat wohl den einzigen männlichen Beruf, der soziales Prestige mit sich bringt, während sich im weiblichen Wirkungskreis die Krankenschwestern, die *nurses,* besonderer Achtung erfreuen. Sonst herrscht absolute Gleichheit, man wird als Neuling kaum erfahren, was die Leute, mit denen man sich stundenlang unterhält, für einen Beruf haben. Wie im alten England, redet man auch in Australien mit keinem neuen Bekannten über persönliche Verhältnisse.

Wie schon früher erwähnt, halten sich die Frauen bei geselligen Veranstaltungen abseits der Männer. Sie glucken in getrennten Ecken beisammen, möglichst in getrennten Räumen. Es ist nicht üblich und würde auch mißverstanden, wollte sich ein Mann mit der Gattin eines anderen Gastes angelegentlich unterhalten. Unsere Sitte, bei Tisch auf ›bunte Reihe‹ zu achten, diese reizvolle Mischung von weiblichen und männlichen Gästen, kennt man in Australien kaum. Die Frauen wissen nicht, daß es bei uns zu den üblichen Umgangsformen gehört, nett mit ihnen zu plaudern. Mehrfach habe ich erlebt, daß eine Dame, mit der ich bei einer Geselligkeit höfliche Konversation machen wollte, in sichtliche Verwirrung geriet und so bald wie möglich die Flucht ergriff. Auch so mancher Staatsbeamte, der von fremden Diplomaten zum Essen gebeten wird, läßt lieber seine Frau zu Hause, als sie in eine ungewohnte und peinliche Situation zu bringen. Ihr käme es nicht geheuer vor, bei Tisch zwischen zwei Fremden zu sitzen, die den krampfhaften Versuch machen, sich mit ihr zu unterhalten.

Dem deutschen Einwanderer fehlt ein Kreis von Freunden, mit dem er daheim zu verkehren gewohnt war. Dem Junggesellen fehlen die meisten bei uns gebotenen Möglichkeiten, um Ausschau unter den Töchtern des Landes zu halten. Noch schwieriger ist es für die Junggesellin, ihre Auswahl zu treffen. Man ist ganz auf seine unmittelbare Umgebung angewiesen, man kommt nicht weit genug herum. So freundlich die Australier im Privatleben auch sind, gehören sie doch alle zu ihrem persönlichen Kreis, der relativ klein ist. Außenseiter und gar Ausländer werden nur zögernd aufgenommen. Man kann jahrelang mit einem Kollegen im gleichen Raum arbeiten, ohne jemals seine Familie kennenzulernen, nicht weil er ungesellig ist, nur weil ihm gar nicht der Gedanke kommt, seinen Mitarbeiter zu sich einzuladen. Falls es doch geschieht, ist das eine Ausnahme, welche die Regel bestätigt.

Abgesehen von der Asphaltwelt im Zentrum der Großstädte, herrschen in Australien noch recht puritanische Sitten. Was der junge Deutsche nur für einen reizvollen Flirt hält, wird möglicherweise von der Partnerin schon im Anfangsstadium ernst genommen. Gemeinsames Ausgehen gilt bei mehrmaliger Wiederholung schon fast als Eheversprechen. Führt das *steady going* nicht zu seinem logischen Ergebnis, fühlt sich das junge Mädchen mitsamt ihren Eltern gekränkt, und der Bewerber gilt als unlauterer Charakter, dem nicht zu trauen ist.

Geistige Anregung wird nur in den Großstädten geboten, im musikalischen Bereich sogar recht gute. Sonst jedoch ist auf kulturellem Gebiet nicht viel vorhanden. Selbst in den Kinos mittelgroßer Städte sind kaum Filme von Anspruch oder Niveau zu sehen. Das sportliche Interesse gilt in erster Linie Pferderennen, wobei Wetten die Hauptsache sind. Selber treiben die Australier nicht soviel Sport, wie man im Ausland meistens annimmt. Die Masse beschränkt sich auf das Zuschauen. Als Hobby sind Kegeln und das englische Rasenbowling einigermaßen beliebt. Fußball spielt bei jungen Leuten eine gewisse Rolle, in den wohlhabenderen Vororten widmet man sich dem Tennis und dem Golf. An der Küste wird natürlich viel geschwommen, auch gesegelt und auf hoher See gefischt. Wellenreiten, das australische Surfriding, ist ein Sport für große Könner. Wasserski ist sehr populär geworden. Obwohl das ganze Land ein riesiges Reitfeld ist, kennt nur ein kleiner Kreis den privaten Reitsport. Pferde sind ein Fortbewegungsmittel der Viehzüchter und Stockmen, nur selten dienen sie dem persönlichen Vergnügen.

Der deutsche Einwanderer kommt in eine völlig andere Welt, vermißt fast alles, was er daheim gewohnt war, und muß sich hundert großen wie kleinen Gewohnheiten anpassen, die er weder kannte noch erwartete. Wer allein zum fünften Erdteil strebt, sollte möglichst jung und unkompliziert sein. Abgesehen von den Schwierigkeiten, Unterkunft zu finden, hat es eine ganze Familie in mancherlei Hinsicht besser. Sie kann sich ihre eigene Welt schaffen, ja teilweise von zu Hause mitnehmen. Aber auch dies Eigenleben sollte sich besser innerhalb der Wohnung abspielen. Nach außen hin muß sich die Familie der Umwelt angewöhnen. Man erwartet, daß sich der Mann mehr oder weniger regelmäßig im Pub seines Wohnviertels sehen läßt. Seine Frau muß einem Damenverein beitreten, von denen es viele gibt, meist mit wohltätiger Zielsetzung.

Öffentliche Tanzvergnügen finden im allgemeinen nur an den Samstagen statt. Meist werden sie von Klubs oder Vereinen veranstaltet. Im Ballsaal wird kein Alkohol serviert. Deshalb begeben sich die Herren zur Bar in einen anderen Raum und lassen ihre Damen am Tisch. Hin und wieder kommen die Kavaliere zurück, um einen ruhigen Tanz aufs Parkett zu legen. Ich kann mir nicht denken, daß die Mädchen sehr viel Spaß an diesen Unternehmen haben. Aber was bleibt ihnen anders übrig? Es ist für sie die einzige Möglichkeit, überhaupt zu tanzen. Im weiteren Verlauf des Abends sind viele Männer gar nicht mehr dazu in der Lage. Die Mädchen müssen selber sehen, wie sie ungeküßt nach Hause kommen. Natürlich gibt es auch Discos, aber keineswegs so zahlreich wie bei uns.

Australien ist ein bescheidenes Land, das alle bescheidenen Wünsche seiner

Bürger erfüllt. Bettelarme Menschen und wirkliche Not gibt es nicht, in schlimmen Fällen greift die Fürsorge tatkräftig ein. Den Ehrgeiz, sich über den Durchschnitt zu erheben, so wie das bei uns oft das allgemeine Ziel ist, wird nur in wenigen Familien empfunden. Energisches Streben und schwungvolle Initiative sind relativ selten. Auch die planvolle Weiterbildung im Beruf, aus privatem Entschluß, bleibt auf Einzelfälle beschränkt. Um so größer sind die Chancen für solche Neubürger, die nach ihrer Zeit der Eingewöhnung eigene Pläne entwickeln und sich selbständig machen. Ein tüchtiger Maurer kann schon nach wenigen Jahren Baumeister sein, der Installateur hat schon bald sein eigenes Geschäft, und sehr viel Zeit dürfte nicht vergehen, bis der Maschinenschlosser einen gutgehenden Betrieb sein eigen nennt.

Den größten Erfolg jedoch haben erstaunlich viele deutsche Einwanderer als Ehemänner erzielt. Ich weiß nicht, wie sich im Durchschnitt die Australier als Gatten benehmen, aber scheinbar nicht ganz dem Wunschbild ihrer Frauen entsprechend. Jedenfalls stehen bei den Mädchen Australiens deutsche Männer in hohem Ansehen.

Dornröschens Insel

Tasmanien heißt jene stille Insel. Sie liegt südöstlich von Australien, nur durch die Bass-Straße, etwa dreihundert Kilometer breit, vom fünften Kontinent getrennt. Das ist für die dortigen Verhältnisse nicht gar so weit, weshalb Tasmanien zum australischen Commonwealth gehört, jedoch als eigener Bundesstaat, der sich weitgehend selber regiert. Man legt großen Wert darauf, dies jedem Fremden gegenüber deutlich zu betonen. Bei uns kennt man kaum den Namen der Insel. Dabei ist sie so groß wie Bayern, landschaftlich reizvoll und wäre sicher ein beliebtes Reiseziel für hunderttausend Touristen, läge Tasmanien nicht gar so weit entfernt von allen dichtbevölkerten Ländern enfernt. Nur vierhundertfünfzigtausend Menschen leben auf der Insel. Für australische Begriffe eine ganze Menge, nämlich sechs Personen auf einem Quadratkilometer. Wir aber, mit fast zweihundertfünfzig Bundesdeutschen pro Quadratkilometer, müssen Tasmanien für nahezu menschenleer halten. Das Binnenland ist es auch, da schon die Hauptstadt, Hobart, und Launceston die Hälfte aller Tasmanier für sich beanspruchen. Zählt man noch die Bewohner in den Orten entlang der Küste hinzu, bleiben für das Innere nicht viel übrig. Es gibt im Gebirge und in den Wäldern sehr weite Gebiete, wo überhaupt niemand wohnt. Dabei ist die Insel grün, hat genügend Wasser und ein angenehmes Klima. Man kann dort gut leben.

Wir flogen von Melbourne hinüber, als wir aus dem Herzen Australiens wiederkehrten. Etwas über zwei Stunden waren wir in der Luft, bis Hobart in Sicht kam. Eine schönere Lage, als sie diese Stadt genießt, läßt sich kaum denken. Ringsum ein Kranz bewaldeter Berge, davor die breite Mündung des grasgrünen Dervent-River und diese wiederum eingefaßt von den Armen zweier Landzungen, die den Hobart-Hafen wunderbar schützen. Viele hundert Inseln, kleine und ganz kleine, schwimmen in der Bucht, als seien sie versteinerte Schiffe. Hobart ist eine Gartenstadt, meilenweit ziehen sich die Eigenheime mit ihren wohlgepflegten Hausgärten an der Bucht entlang und an den Hängen hinauf. Nur der Kern ist enger zusammengebaut und bildet eine kleine City. Wir gewannen einen guten Überblick, weil die Maschine, bevor sie zur Landung ansetzte, über Stadt und Bucht eine große Schleife beschrieb.

»Wir haben Ausländer an Bord«, rief der Pilot ins Mikrofon, als sei das ein besonderes Ereignis, »die kommen sogar aus Europa. Denen wollen wir erst mal zeigen, was sie drunten erwartet.«

Überraschungen waren es nicht, eher eine wohltuende Ruhe auf dem Flugplatz. Ohne Hast stieg man aus, holte gemächlich sein Gepäck und begab sich mit Wagen oder Bus in die Stadt. Niemand fuhr schnell, jeder hatte Zeit. Die Straßen waren sauber, farblos und keineswegs vom Verkehr überfüllt. Ein kleinstädtisches Milieu, das den Eindruck machte, als würden hier vorwiegend Ruheständler ihre Rente verzehren.

Im Hadley-Hotel stiegen wir ab. Der altmodische Ausdruck ist berechtigt, man kann diesen Vorgang nicht anders beschreiben. Denn als jenes Haus in seiner Blüte stand, kamen die Gäste zu Pferd oder fuhren mit einem hochrädrigen Wagen vor, aus dem man wirklich absteigen mußte. Drinnen erwartete uns ein Überfluß an Plüsch und plissierten Gardinen.

Selbst zur Jugend unserer Großeltern gab es bei uns daheim nicht mehr so viel davon. Doch hätte die Königin Victoria, wäre sie jemals nach Tasmanien gekommen, daran ihre Freude gehabt. Tiefe Sessel mit langen Troddeln, weiche Teppiche, worin der Fuß versinkt, blitzendes Messing, das ständiger Pflege bedarf. Verwinkelte Korridore, auf jeder Konsole eine Gipsfigur und Palmen am Fenster. In den Zimmern ehrwürdiger Muff. Am Ende jedes Ganges ein Watercloset mit hübschem Blumenmuster auf dem Grunde des Geschirrs. Hochbeinige Betten und wolkige Kissen, die Wasserhähne tropfen vor sich hin. Verblaßte Vorhänge und Lampenschirme aus brüchiger Seide. Eine alte, aber vornehme Welt. In der Halle ein offener Kamin mit prasselndem Feuer. Ein grauhaariger Page schleppt die Holzscheite herbei. Kaum wagen die Gäste mit den Zeitungen zu rascheln, so sehr ist man im Lesezimmer auf Stille bedacht. ›Punch‹, ›Tatler‹, ›Field and Stream‹ liegen aus, wie es sich für ein Haus dieses

Stiles geziemt. Von den Mädchen im Speisesaal ist keines unter Fünfzig, und alle sind gut genährt. Sie tragen weiße Häubchen, lange faltige Röcke und eine weiße Schürze mit Stickerei. Hinten über dem prallen Gesäß prunkt eine breite, steif gestärkte Schleife. Den Kellnern im blankgewetzten Frack mit schwarzer Weste fehlen nur die Bartkoteletten zu jenem Zeitalter, das sie unbewußt, aber mit Würde repräsentieren.

Zum Frühstück bekommen wir, verzehren aber nicht ganz, ein Menü von sechs Gängen. Kippered Herrings und Kidneys, Porridge mit Zimt, Zucker und brauner Butter, natürlich auch Ham und Eggs und dazu einen schauerlichen, echt britischen Kaffee. Alles zusammen für etwa den gleichen Preis wie für ein Durchschnittsfrühstück bei uns.

In den Straßen keine Spur emsigen Treibens. Der Verkehr rollt gemütlich dahin, an freien Parkplätzen besteht kein Mangel. Die meisten Geschäfte öffnen erst um neun, manche um zehn und einige gar nicht. Die tasmanische Hauptstadt hält nichts vom Übereifer der modernen Geschäftigkeit. Kaum zu glauben, daß sie hundertundsiebzigtausend Menschen beherbergt, denn nur wenige Bewohner sind unterwegs. Die Frömmigkeit scheint weit verbreitet, denn es gibt erstaunlich viele Kirchen, zumindest sehr viele Konfessionen und Sekten, von denen jede ihr eigenes Gotteshaus benötigt. Dem Hotel schräg gegenüber schläft ein uraltes Haus mit geschlossenen Fensterläden und bis über den Dachfirst hinweg mit Efeu besponnen. Die öffentlichen Gebäude, alle dem Zeitstil vor hundert Jahren entsprechend, haben provinziellen Zuschnitt, obwohl sie Ministerien und ähnliches beherbergen.

Wir streben einem Park zu, dessen Blütenpracht belebenden Eindruck verheißt. Hinter englisch gepflegtem Rasen erhebt sich ein schneeweißer, von kleinen Säulen getragener Pavillon, umgeben von vielen Bänken für die Besucher. Er sieht aus wie im Kurpark eines mäßig eleganten Badeortes. In Wirklichkeit handelt es sich um einen Friedhof, allerdings um einen, der sich historisch nennen darf. Hier liegen unter stumpfen Säulen und klassischen Klötzen die sterblichen Reste der Honoratioren von ehedem, britische Gouverneure und Obristen der Kolonialarmee. Die Grabplatten des schlichten Volkes hat man aus dem Rasen entfernt und gegen die Mauer gelehnt. Sie stammen aus dem Anfang und der Mitte des vorigen Jahrhunderts. Erschütternd, in welch jungen Jahren damals so viele Menschen starben, groß war vor allem die Sterblichkeit der Kinder. Für manche von ihnen gab es nur zu dritt oder viert einen gemeinsamen Stein. Man mußte schon recht viele Nachkommen in die Welt setzen, um einige davon zu behalten.

Hier wird deutlich, welche Opfer es gekostet hat, ein neues Land zu besiedeln, so unendlich weit von der Heimat und ihren Hilfsmitteln entfernt. Erst die dritte, noch besser die vierte Generation kann genießen, was so entbehrungsreich von den Pionieren begonnen wurde. Die Frauen lebten länger, ihre Männer erreichten nur selten das vierzigste Jahr. Nicht ohne triftigen Grund, denn viele von ihnen fuhren schon in jüngsten Jahren zur See. Hobart war damals ein wichtiger Heimathafen für den Walfang, der wichtigste überhaupt im ganzen britischen Weltreich. Nicht weniger als sechzig Segler liefen alljährlich von hier zum Fang in die Südsee und ins südliche Eismeer aus. Auch sonst gingen Handel und Wandel ausschließlich übers Meer, denn einzig das Meer war Tasmaniens Brücke zur übrigen Welt.

»John Radcliffe, 17 Jahre, verschollen auf der Brigg ›Josephine‹, zwischen Hobart und Valparaiso« stand auf dem einen Stein, und ein anderer meldete den Seemannstod des zwanzigjährigen Thomas Sidley, auf der Fahrt nach Kapstadt, untergegangen mit der Viermast-Bark ›Halloween‹. Nur Gedenksteine, keine wirklichen Gräber. Es gab sie reihenweise, vom Kapitän zum Schiffsjungen, vom Ersten Maat zum Leichtmatrosen. Fünfzehnjährige Buben waren darunter, auch Väter mit ihren Söhnen. Man fragt sich, wie vielen Seeleuten es damals gelang, den Ruhestand zu erreichen.

Der Hafen liegt im Herzen von Hobart, die Schiffe parken neben der Straße, als gehörten sie zu den Fahrzeugen der Stadt. Vom Lärm und Trubel eines bedeutenden Umschlagplatzes ist nicht viel zu bemerken. Man belädt und löscht die Schiffe mit betonter Ruhe. Von fünf Leuten scheint, wenn es hochkommt, nur einer irgendwie beschäftigt. Die übrigen schauen ihm zu oder beratschlagen, wer ihn demnächst ablösen soll. Wir hatten schon gehört, daß den tasmanischen Hafenarbeitern sehr daran liegt, ihren Ruf als langsamste Verlader der Welt zu verteidigen. Wer Hobart anlaufen muß, rechnet im vorhinein mit doppelter und dreifacher Liegezeit sowie den entsprechenden Kosten. Es soll noch schlimmer sein als selbst in den australischen Häfen. Auch die *Wharfies* von Hobart streiken aus dem geringsten Anlaß. Entschieden sind sie gegen alle Neuerungen im Hafenbetrieb eingstellt und so kameradschaftlich gesonnen, daß sie auch kleinste Mengen nur in größerer Gesellschaft verladen. Wenn dennoch die meist Untätigen ihren vollen Tageslohn erhalten, so scheint das nicht mehr als recht und billig. Denn ohne sie kommt nichts herein und nichts heraus, es sei denn Pakete mit dem teuren Flugzeug. Noch betonter als in Australien sind hier die Herren des Hafens stolze Aristokraten. Ihr Tun und noch viel mehr ihr Lassen sind ein beständiges Leitmotiv im Klagelied der übrigen Bevölkerung.

Dennoch, wir hatten bisher keinen Hafen gesehen, der schöner angelegt war als in Hobart und der sich besser in die Stadt hineinschmiegt. Gleich neben dem Hafen stehen mächtige Kastanienbäume, zu dieser Jahreszeit prangten sie in voller Blüte. Dahinter erheben sich die alten, aus Bruchstein gefügten Lagerhäuser der einstigen Walfänger. Durch ein großes, oben abgerundetes Tor wurden die mächtigen Tranfässer hineingerollt. Im niederen Stockwerk darüber lagen die Kontore und Schreibstuben der Reederei. Heute dienen ihre Gewölbe anderen Zwecken und wirken verschlafen. Doch bis zu den achtziger Jahren waren sie die Quelle eines behaglichen Wohlstandes, dessen Spuren noch allenthalben

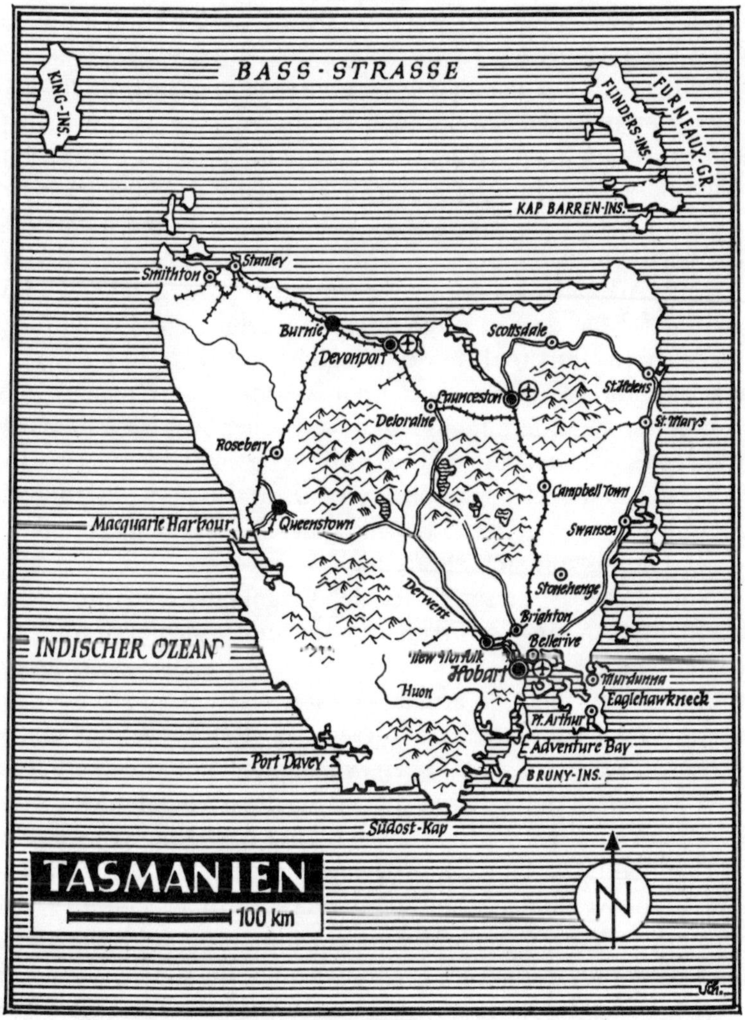

Tasmanien – die 1603 von dem niederländischen Seefahrer Abel Tasman entdeckte und nach ihm benannte Insel, deren bewaldete Gebirge meist bis steil an die Küste herantreten. Es erhielt 1856 Verfassung und Selbstregierung und trat 1900 dem Australischen Bund bei.

in Hobart sichtbar sind. Sonst hätte diese Kolonialstadt von damals nur dreißigtausend Einwohnern es nicht fertiggebracht, die bürgerliche Behäbigkeit einer britischen Provinzkapitale so vollkommen nachzuahmen. Eine ganze Straßenzeile am Hafen besteht nur aus den gut und solide gebauten Häusern pensionierter Kapitäne, jedes mit ausichtsfreiem Balkon, von dem sein Besitzer mit seemännisch geschultem Auge die einlaufenden Schiffe betrachten und deren Führung bemängeln kann. *The Widows Walk,* Witwenweg, nennt man hier noch heute einen langen, schmalen Balkon, von denen aus die Frauen Ausschau nach den Schiffen ihrer Männer hielten.

Neu war eigentlich nur das Parlamentsgebäude von Tasmanien, erst wenige Wochen zuvor hatte es die Königin eingeweiht. Aber so neu, wie man deshalb meinen könnte, war es auch wieder nicht. Denn im Stil hatte man sich nicht weit von der Victorianischen Epoche entfernt. Wie hätte es sonst nach Hobart gepaßt?

Die Hauptstadt Tasmaniens ist ja nicht ›von heute‹, ihr Lebensrhythmus liegt noch ganz beim Ausgang des vorigen Jahrhunderts und gefällt sich im dazugehörigen Rahmen. Man darf es nur keinem Hobarter sagen, er würde sich sehr dagegen verwahren. Ihm fehlt ja der Vergleich mit dem impulsiven Entwicklungsdrang der übrigen Welt. Außerdem würden die Hobarter deshalb ihr Tempo wohl kaum beschleunigen, lebt es sich doch weit angenehmer im alten Trott. Wirklich, es wäre schade um die gemütliche Stadt, wenn dort Hochhäuser emporschössen und die Menschen im Hetzschritt durch die Straßen eilten. Gerade in ihrem Rückstand liegt der gewinnende Charme, den diese Stadt auf der Kehrseite des Globus um sich verbreitet.

Um so erstaunlicher ist dieser Hauch der Vergangenheit in Hobart, weil ja im Grunde die Stadt noch jung ist. Erst nach 1800 wurde sie gegründet. Aber selbst im Städtischen Theater geistert noch eine Atmosphäre, die wir längst versunken glaubten. Wir gingen nicht wegen des ceylonesischen Staatsballettes dorthin, das an jenem Abend gastierte. Wir folgten dem Rat Renés, der uns versichert hatte, das Theater selber sei eine Sehenswürdigkeit. Wir würden dort mehr von der Eigenart Tasmaniens begreifen als bei noch so eingehender Besichtigung der übrigen Stadt und des ganzen Landes. Und das stimmte vollkommen.

Zunächst einmal ist es das älteste Theater von Australien, ja überhaupt jenseits des Äquators, wenn man von Südamerika absieht. Es stammt aus dem Jahre 1825. Wir sind andere Zeitrechnungen gewöhnt, für uns scheint es deshalb noch nicht so antik zu sein. Aber für die Weißen im fünften Erdteil gilt diese Epoche als graue Vorzeit, erst zwanzig Jahre zuvor hatte die Besiedlung Tasmaniens begonnen. Immerhin gab es schon damals einige tausend Sträflinge auf der Insel, deren unbezahlte Arbeit für den Bau zur Verfügung stand. Dazu ein beachtlicher Geltungstrieb der Schiffsherren des Walfangs, die ihrem Theaterchen eine relativ üppige Ausstattung zu stiften vermochten. Es waren Laien, die auf der Bühne auftraten, private Liebhaber der schönen Künste. Später kamen fremde Schauspieltruppen hinzu, die hohe Gagen für kurze Zeit ins ferne Tasmanien lockten. Es muß schon damals genügend ›Leute von Stand‹ in Hobart gegeben haben, um das Publikum zu stellen. Eine erstaunliche Tatsache während der rauhen Anfänge einer so fernen Kolonie. Für immerhin dreihundert Plätze hatte man im Zuschauerraum gesorgt.

Viel hat sich an dem Theater nicht verändert, seitdem es vor nahezu anderthalb Jahrhunderten seine Pforte öffnete. Der hohle Bretterboden hallte unter jedem Schritt, die Sitze schienen für magere Pioniere berechnet. Der Staub verwehter Zeiten war noch gegenwärtig. Puttchen aus Gips, Rosengirlanden aus Schnitzwerk und mattgoldene Leisten zierten die Gesimse. Blauer Plüsch bekleidete die Logen, ein Vorhang mit ungemein herziger Darstellung mythologischer Figuren verhüllte die Bühne.

Nur Marianne und ich machten einen schäbigen Eindruck, denn wir hatten es nicht für nötig gehalten, Abendkleid und Smoking nach Tasmanien mitzunehmen. Dies schien jedoch bei einer Premiere in Hobart *de rigeur* zu sein, vor allem in den Logen und ersten Reihen. Mit unseren Straßenkleidern fühlten wir uns recht deplaziert inmitten der High Society von Tasmanien. Ein livrierter Logenschließer meinte rundheraus, wir hätten uns ›eigentlich anziehen sollen‹. Es war ja immerhin der ceylonesische Botschafter zugegen, auch der tasmanische Gouverneur und Ministerpräsident in eigener Person.

Meine Frau war nicht so beeindruckt von den Toiletten der tasmanischen Damen. Deren modischer Schnitt, so meinte sie, habe wohl zehn bis zwanzig Jahre gebraucht, um bis nach Hobart zu gelangen, während ich der Ansicht war, daß ein weißer Smoking besser zu dem sommerlichen Klima gepaßt hätte als ein schwarzer, aber vermutlich kannte man den weißen hier nicht.

Zu Anfang wurde die ceylonesische Nationalhymne gespielt. Da sie außer dem Botschafter niemand im Publikum kannte, wurde sie vorher angesagt. Das Ballett selber erregte einiges Staunen, denn nur fünf Personen gehörten dazu und wiederholten meist die gleichen Bewegungen. Während der Pause traten alle Besucher hinaus auf die Straße, denn es gibt kein Foyer. Hier begrüßten sich die Bekannten, und die lokale Prominenz wurde den Ceylonesen vorgestellt. Alsdann begann der zweite und letzte Akt, der sich nicht viel vom ersten unterschied.

Den Abschluß bildete natürlich ›God save the Queen‹, die Hymne wurde im Stehen angehört, sogar mit spürbarer Ergriffenheit, denn erst vor vierzehn Tagen hatte Ihre Majestät Tasmanien besucht. In Australien war sie schon früher gewesen, aber für Hobart war es die erste Visite eines britischen und damit des eigenen Souveräns. Zunächst hatte Elisabeth II. keinen großen Erfolg, nur wenige Menschen fanden sich ein, um ihr Jubel zu spenden. Das mochte am Fernsehen liegen, wo man ja viel besser und bequemer den Ereignissen folgen konnte als auf der Straße. Außerdem war das Wetter überaus schlecht gewesen. Hinzu kam eine böse Flüsterpropaganda neidischer Kreise. Der Besuch koste das Land zuviel, wurde behauptet und darauf hingewiesen, daß eine so reiche Frau, die dazu noch jährlich einige Millionen Pfund aus der Staatskasse beziehe, überhaupt keine Steuern zahle. Weil jeder andere sie zahlen mußte, machte das schon einen gewissen Eindruck.

Aber dann war es zu einer technischen Panne gekommen, die schlagartig einen Umschwung bewirkte. Um einen Vorbeimarsch der Miliz und der Pfadfinder zu betrachten, hatten die Königin und ihr Gatte eine Plattform betreten, die wegen des strömenden Regens mit einem Zeltdach überspannt war. Doch es tropfte hindurch, und Prinz Philipp bemerkte, es sei wirklich ein scheußliches Wetter. Worauf Ihre Majestät, nicht ahnend, daß Rundfunk und Fernsehen eingeschaltet waren, rundheraus bestätigte: »Bloody weather indeed!« Wörtlich läßt sich dieser volkstümliche Ausdruck nicht übersetzen, entspricht aber im Deutschen der nicht eben feinen, aber gebräuchlichen Redewendung vom ›Scheißwetter‹.

So war die Freude allgemein. Ganz Tasmanien hatte vernommen, welch patente Person die Königin in Wirklichkeit war. Wo sie nun erschien, ballten sich die Massen, jubelten aus frohem Herzen und riefen im Sprechchor: ›Wie ist das Wetter, Majestät?‹ Kein Wunder also, daß man auch im Theater der kürzlich abgereisten Königin die hergebrachte Ehrung bis zum letzten Klang der Nationalhymne erwies, ohne vorzeitig zur Garderobe zu drängen.

Da es Samstagabend war, wurde in unserem Hotel getanzt, sogar bei Kerzenlicht. Etwa ein Dutzend Paare, auf ihre Art feierlich gekleidet, schoben sich gemessenen Schrittes über das Parkett. Es schien sich vorwiegend um Tango zu handeln, mit einigen langsam gespielten Walzern dazwischen. Nur selten wagte die Kapelle auch einen Foxtrott einzuschieben, den aber nur die heranwachsende Jugend mitmachte. Wir selber durften nicht mitmachen, unsere schlichte Kleidung fiel zu sehr aus dem Rahmen. Statt dessen gingen wir schlafen, um frisch für den großen Ausflug des nächsten Tages zu sein.

Wir hatten für eine Rundfahrt gebucht, die uns den südöstlichen Teil der grünen Insel erschließen sollte. Doch fanden wir am nächsten Morgen keinen Autobus vor, sondern ein Taxi. Es hatten sich nur zwei andere Personen gefunden, um sich an der Fahrt zu beteiligen. Der Fahrer und zugleich Führer machte die Herrschaften miteinander bekannt. Das andere Paar stammte aus Sydney und feierte mit seinem tasmanischen Ausflug den Beginn des Ruhestandes.

Die Straßen der Hauptstadt lagen wie ausgestorben, nicht einmal Spaziergänger waren zu erblicken. Heute sei eben Sonntag, meinte unser Fahrer, da verhielten sich die Tasmanier ziemlich ruhig.

»Aber was machen die Leute den ganzen Tag?« suchten wir zu erkunden.

»Die Reichen fliegen nach Melbourne«, lächelte der Mann am Steuer, »die Frommen gehen in die Kirche, und alle übrigen bleiben bis Montag im Bett.«

So war das auch im puritanischen England gewesen, die Tasmanier halten sich noch heute daran.

Eine halbe Stunde lang rollten wir durch Vororte. Weil auch das kleinste Haus in einem großen Garten liegt, noch größer als in Australien schien uns, benötigten die Einwohner Hobarts eine unverhältnismäßig weite Fläche.

Auf einer sumpfigen Lagune, die sich kilometerweit hinzog, lagen viele hundert, vielleicht sogar tausend schwarze Schwäne. Australien und Tasmanien haben früher keine weißen Schwäne gekannt, die schwarzen sind hier zu Hause und auf stillen Gewässern in oft erstaunlicher Menge zu erblicken. In alten Zeiten wurden sie massenweise erlegt, ausgenommen und in großen Fässern eingepökelt. Die Kapitäne der Segelschiffe verpflegten damit ihre Besatzung auf der monatelangen Rückreise nach England. So kann man verstehen, daß die Matrosen darüber klagten, wenn man ihnen Tag für Tag nur Schwanenbrust und Schwanenschlegel servierte. Heute kann man das mit den Leuten nicht mehr machen, die Gewerkschaft würde mit Recht protestieren. Ihr haben es die schwarzen Schwäne zu verdanken, daß man sie nicht mehr massenhaft verfolgt.

Wir folgten dem Ufer des Derwent-Flusses, tiefer und tiefer in das Land hinein. Schattige Weiden mit tief herabhängendem Geäst säumten seinen Lauf, prächtige Pappeln umstanden jedes Haus. Überall blühten die Obstgärten, gutgenährtes Buntvieh zog über die Weiden, und Pferde mit glänzendem Fell tummelten sich auf den Koppeln. Hügelig war das Land und allenthalben von saftigem Grün bedeckt. Im Hintergrund hohe Berge mit dichtem, blaugrauem Wald. Hübsche, kleine Dörfer lagen im Tal, jedes mit seinem Kirchlein in der Mitte.

Nichts, aber auch gar nichts ließ erkennen, daß wir uns bei den Antipoden befanden, auf der entgegengesetzten Seite der Erdkugel. Dies hier war England, das ländliche England aus einem Bilderbuch. Die Büsche und Bäume stammten aus der alten Heimat. Schon die ersten Siedler hatten Samen und Setzlinge mitgebracht. Ebenso ihr Vieh und die Pferde, Geflügel jeder Art und Hunde wie Katzen. Sogar Damwild, Hasen und Igel hatte man importiert, Mäuse und Ratten waren ohne Einladung mitgekommen. Jede nur denkbare Obstsorte und zahlreiche Blumen Englands, selbst Heckenrosen und Heidekraut hatten das neue Land im Gefolge der Pioniere betreten und, so weit es von diesen erschlossen wurde, auch erobert. Denn all das Getier und die vielen Pflanzen fanden hier ein Klima vor, das ihrer Entwicklung die besten Chancen bot. Weil der harte Winter fehlt, wuchs die eingeführte Vegetation viel schneller als in der alten Heimat. Scheinbar hundertjährige Bäume waren nur halb so alt, knorrige Weiden mit Stämmen dicker als ein Faß zählten keine zwanzig Jahre.

Selbst die geographischen Namen hatte man mitgebracht. Berge und Flüsse, Ortschaften und Seen hießen nach englischen Vorbildern. Auch hier gab es Richmond, Brighton, Westburry, Cambridge, Queenstown und Derby. Ein bescheidener Bach nannte sich Themse, ein hübscher Teich hieß Lake Windermere.

Wir kamen nach New Norfolk, gleich zu Anfang der Besiedlung gegründet und noch heute anzusehen wie eine englische Landstadt im vorigen Jahrhundert. In der Kirche zeigte man uns ein Heiratsregister aus dem Jahre 1825. Fast alle Eheleute hatten ihre Urkunde nur mit drei Kreuzen gezeichnet. Sie konnten nicht schreiben, der Pastor hatte hinzufügen müssen, um wen es sich bei den Kreuzlmachern handelte.

Wir aßen im ältesten Gasthof Australiens zu Mittag, im ›Bush-Hotel‹ aus dem Jahre 1815. Früher war es ein wichtiger Landeplatz gewesen, denn bis hierher konnten die Segelschiffe den Derwent-Fluß hinaufgelangen. Allerdings nicht mit dem Wind, sie wurden von Ruderbooten oder von Pferden gezogen. Vergilbte Stahlstiche, Szenen aus dem vergangenen Landleben des englischen Adels, hingen an den Wänden des Speisesaales. Das gewichtige Mobiliar hätte jeden Sammler entzückt. Eine Bronzetafel kündete von dem britischen Komponisten William Wallace, der hier um 1825 seine Oper ›Maritana‹ geschaffen hatte. Die Umgebung war wirklich dazu angetan, einen Künstler in schöpferische Laune zu versetzen.

Zwar hatte keiner von uns vier Touristen besondere Lust, die Forellenzucht von Plenty zu besichtigen, doch der Fahrer ließ sich das nicht ausreden. Als wir hinkamen, mußten wir ihm dankbar sein. Denn die Anlage war ein wunderschöner Park, mit einer Pracht von Blumen und himmelhoch ragenden Pappeln, wie man sie in Europa nur selten sieht. Bis zum Grund hinab waren die kunstvoll angelegten Teiche durchsichtig, wimmelnd von Forellen unvorstellbarer Größe. 1868 hatte man die ersten Forellen, dreihundert Setzlinge, in Tonkrügen aus England hergebracht, die während der ganzen Reise mit Eis gekühlt wurden. Diese Mühe hat sich gelohnt, denn alle Forellen Australiens, Neuseelands und Tasmaniens entstammen dieser ersten Sendung. In Plenty erfolgte die Aufzucht, von Plenty wurden sie weitergeschickt und in den Gewässern des fünften Erdteiles ausgesetzt. Dort haben sie nun eine Zahl und Körpergröße erreicht, die in unserer alten Welt kaum vorstellbar ist. Wenn ich in meinem Alaskabuch ›Bezaubernde Wildnis‹ schrieb, daß man dort im Kulik-See die größten Forellen der Welt erbeutet hatte, mit dreizehn Pfund nämlich, war das eine Falschmeldung, die ich schuldbewußt berichtigen muß. Herr Batchler hat im tasmanischen Flusse Ouse bei Wadana eine Bachforelle von vierzehn Pfund gefangen. Aber noch viel schwerer sind die Forellen Neuseelands, im Taupo-See erreichen sie bis zu vierundzwanzig Pfund. Präparierte Exemplare dieser Sorte haben wir selber im Haus eines glücklichen Sportfischers gesehen. Also darf man nicht voreilig über Rekorde schreiben, nur weil stolze Amerikaner behaupten, sie stünden auch mit ihren Fischen konkurrenzlos an der Spitze.

Wir verließen das erschlossene Land, um tiefer in die Berge zu dringen. Die Straßen wurden schmal und waren nicht mehr asphaltiert. Kein Wagen kam uns entgegen, kein Haus war mehr zu sehen. Ringsum nur unberührte Wildnis wie zur Zeit ihrer ersten Entdeckung. Strudelnde Wildbäche schossen durch steinige Schluchten, dichte und düstere Wälder stiegen bis zu den Gipfeln hinauf.

»Nach Westen hin gibt's nichts mehr, da kommt kein Wanderer durch«, erklärte der Fahrer, »alles noch wild und nur wenigen Leuten strichweise bekannt.«

Wir schauten auf die Karte, da waren tatsächlich kein Ort und keine Straße verzeichnet. In einem Gebiet von hundert mal hundertfünfzig Kilometern gab es nicht einen Weg oder Steg, erst die jenseitige Küste begrenzt Tasmaniens grandiose Wildnis. Ein gutes Drittel der Insel, der gesamte Südwesten, blieb bis zum heutigen Tage unerschlossen. Rechnet man den Nordwesten hinzu, wo es zwei Stichstraßen, aber keine Ortschaft gibt, so befindet sich über die Hälfte des Landes nach wie vor im ursprünglichen Zustand.

Mir schien die Frage berechtigt, warum sich der sogenannte ›Tasmanische Tiger‹ nicht erhalten konnte. Denn Platz genug war vorhanden. Trotzdem heißt es schon seit vielen Jahren, man habe ihn ausgerottet.

»Alles Schwindel«, behauptete unser Führer, »der ist gar nicht ausgestorben. Fragen Sie im Museum nach, die sagen Ihnen genau, wo er steckt!«

Worauf das australische Ehepaar wissen wollte, was für ein schreckliches Tier wir meinten.

»Er heißt nur Tiger, weil er teilweise gestreift ist, soll aber mehr ein Wolf sein ... ein Beutelwolf genauer gesagt.«

»Nein, das ist ein Hund«, verbesserte unser Fahrer, »ein wilder, eingeborener Hund, den es nur in Tasmanien gibt und auf den wir stolz sind ...«

»... und den ihr ausgerottet habt!« beharrte ich, denn so steht es in jedem zoologischen Lehrbuch geschrieben.

Der Mann am Steuer wurde ziemlich böse.

»Hab' Ihnen doch gesagt, das ist Schwindel! Nur von unwissenden Ausländern wird so was verbreitet. Der Tiger ist noch da, man hat ihn gesehen, die Fährte dutzendmal festgestellt ... davon haben sie Gipsabdrücke im Museum!«

Ich versprach, sie mir anzusehen, war auch bereit, mich belehren zu lassen, ist es doch immer eine wohltuende Überraschung, wenn Tiere, an deren Ausrottung man glaubte, noch existieren.

Indessen waren wir an einen See gelangt, allseits von hohen Bergen eingefaßt, wo die Straße endete. Sie soll später weitergeführt werden, bis zur westlichen Küste.

»Ich werd's wohl nicht mehr erleben«, vermutete der Tasmanier, »bei uns hat man keine Eile!«

Wir vertraten uns die Beine, beschauten die wildromantische, vollkommen einsame Landschaft und wünschten von Herzen, daß wir Zeit sowie einen landeskundigen Begleiter hätten, um tiefer in jene Urwelt vorzustoßen. Denn mir schien, sie könnte uns so manches Erlebnis bieten, das man bei uns vergeblich sucht. Statt dessen lernten wir auf den Umwegen der Rückfahrt eine Reihe von Orten kennen, die sich lieblich in die Täler schmiegten. Nirgendwo störte grelle Reklame, nirgends fielen moderne Tankstellen oder hochgespannte Leitungen aus dem dörflichen Rahmen. Entweder hatte man für derartige Verschandelungen zu guten Geschmack oder zu wenig Unternehmungsgeist. Es wird dergleichen auch nicht benötigt. Wo der entsprechende Kaufladen ist oder sich eine Benzinpumpe verbirgt, weiß man auch ohne besonderen Hinweis. Und wenn der Nachbar keine Anstalten macht, seinen Betrieb auf modernen Hochglanz zu bringen, besteht keine Veranlassung, mit solchem Beispiel voranzugehen. Man lebt so weiter, wie es die Eltern getan, und vergißt darüber jene Außenwelt, wo unser Jahrhundert seinen hastigen Fortgang nimmt.

Wir hielten vor einem Gasthof, dessen Gemäuer unter blühenden Geranien verschwand. Sogar einige Fenster wurden ganz davon verdeckt. Das versponnene Haus, ehemals Residenz des Kommandanten, war ein beliebter Ausflugsort. Einige Autos standen davor, und heitere Menschen saßen im Garten. In den Räumen war nur wenig Platz für Gäste, so viele Plüschmöbel, Nippesfiguren und Handarbeiten aus Großmutters Zeiten hatten sich angesammelt. Auch draußen standen und lagen alte Geräte herum, Schubkarren und Futtertröge, hölzerne Wasserfässer und rostige Pflüge. Sie waren von Blumen umrankt und soweit wie möglich damit gefüllt. Das einstige Austraghäusel ganz am Ende des Gartens hatte man puppig eingerichtet. Ein Schild vor seiner Tür besagte, daß es allein für Hochzeitspaare bestimmt war. So genau, meinten wir, sollte man die übrigen Gäste des Hauses nicht informieren.

Wir selber waren nur hierhergebracht worden, um das vorzügliche Obst von Tasmanien zu probieren. Es wurde auf Kuchen mit Schlagsahne serviert, man konnte es mit Puderzucker oder in kandierter Form genießen. Unser Fahrer hatte nicht zuviel versprochen, Würze und Geschmack waren über alles Lob erhaben. Noch erstaunlicher war die Vielfalt der Auswahl, alles frisch und erst vor wenigen Stunden gepflückt. Das freundliche Klima erlaubt eine Ernte während vieler Monate, fast das ganze Jahr hindurch. Alles, was an Beeren, Äpfeln, Birnen, Pflaumen, Mirabellen und Pfirsichen im südlichen England gedieh, das gedeiht hier noch besser und prächtiger. Hinzu kommt noch eine ganze Reihe subtropischer Früchte. Tasmanien scheint unerschöpflich mit seinen guten Gaben. Diese gesunden Genüsse allein sind eine Reise wert und müßten eigentlich Touristen sonder Zahl heranlocken. Aber das Land macht keine Reklame für sich, es hat auch keine Anstalten getroffen, viele fremde Besucher zu betreuen. Nur Australier fahren gelegentlich hinüber.

Wir saßen um einen alten Mühlstein, der hier zum Tisch erhoben war, und schauten über den Hang hinunter auf einen Sportplatz. Ein halbes Hundert *marching girls* war emsig dabei, für eine Parade zu üben. Flotte Blechmusik, ebenfalls von jungen Damen ausgeübt, begleitete die Ausbildung der weiblichen Garde. Keines der Mädel war über Zwanzig, einige hatten wohl kaum fünfzehn Jahre erreicht. Ihre Uniform war sehr bunt und hübsch geschnitten. Keß und schräg saßen die schwarzlackierten Tschakos auf den dauergewellten, meist strohblonden Haaren. Scharlachrote Jacken wölbten sich über der Brust, die plissierten Röckchen im Schottenmuster reichten kaum bis zum Knie. An goldenen Litzen und Knöpfen hatte man nicht gespart, alles war mit bunten Borten garniert. Ein hübsches Bild fürwahr, wie die gebräunten Beine flogen und die Brüste bebten. Exakter noch als preußische Grenadiere von Schrot und Korn exerzierten die Damen auf dem grünen Rasen. Das hatte Schmiß, das hatte Schwung. Die Truppe marschierte im Gleichschritt davon, machte Wendung und kehrt, trat wacker stampfend auf der Stelle und verharrte regungslos, wenn es so befohlen war. Selbst der strengste Korporal beim Alten Fritz hätte am Schneid dieser Rekruten seine helle Freude gehabt, besonders beim Vorbeimarsch, der zum Abschluß geboten wurde. Da zog vorneweg die Damenkapelle mit dem Gepolter ihrer Trommel und dem Geschmetter ihrer blitzenden Trompeten. Der Musik fünf Schritt voraus ein draller Tambourmajor mit Korkzieherlocken. Er, oder vielmehr sie, warf und wirbelte den federgeschmückten Stock so flink durch die Luft, daß man sich nur wundern konnte, wie das Mädel seiner wieder habhaft wurde. Die kräftigen Beinchen der hübschesten Mädchen im Lande wirbelten im gleichen Schritt und Tritt, präzise wie gut geölte Automaten gingen auch die Arme mit. Wenn man nicht zu solchem Dienst gezwungen wird, muß er wohl Freude machen. Vor allem den männlichen Zuschauern.

Man hat Puppen dieser Art schon in Amerika gesehen, auch in anderen Staaten wird mitunter ähnliches geboten. Aber nur in Australien, besonders in Tasmanien, sind die *marching girls* zu einem weiblichen Nationalsport geworden, aus gewiß verständlichen Gründen, wenn man es genau überlegt, denn es gibt in dem sittenstrengen Land sonst kaum Gelegenheit für junge Mädchen, sich ins rechte Licht zu rücken. Die Möglichkeiten von Tanz und Flirt sind arg begrenzt. Es gibt keinen Skihang, wo man seine hübsche Figur zur Schau stellen kann. In Australien hat man immerhin meilenweite Badestrände, wo sich die Mädchen massenweise vor den Augen der Männer tummeln. Das gibt es in Tasmanien weniger, da geht es familiärer zu, und alles hat einen engeren Rahmen. Wo also können sich die heranwachsenden Mädchen einer größeren Auswahl von jungen Leuten vorstellen? Am besten als Marschiermädchen, bei einer Parade in der nächsten Stadt. Damit werden Ausstellungen eröffnet, nationale Feiertage begangen und sportliche Wettkämpfe eingeleitet. Ohne die perfekt gedrillten *marching girls* ist kein wirklich großes Fest denkbar. Wir verweilten, bis die Musik verklang und die halbzarte Armee verschwunden war.

Auf dem Rückweg begegneten uns zahlreiche, schön gestriegelte Pferde von schlankem Wuchs. Jedes von ihnen reiste in seinem eigenen Abteil, hinten angehängt an den Wagen seines Besitzers. Droben auf dem Dach des Autos war jeweils ein zierliches Wägelchen befestigt. Die Kolonne kam von einem Trabrennen in Launceston, auch ein populärer Sport in Tasmanien. Doch gibt es keine Traberställe, man hält sich sein Pferd daheim und benützt es während der Woche zur leichten Feldarbeit. Weil Traktoren für Trabrennen kaum geeignet sind, will man nicht ganz auf Pferde in der Landwirtschaft verzichten.

»So 'ne Maschine bekommt keine Jungen und macht auch keinen Mist«, versicherte unser Fahrer, als sei das eine überraschende Erkenntnis der neuesten Zeit, »wenn ich noch mit 'ner Kutsche herumfahren könnte, hätte ich alle paar Jahre meinen neuen Motor aus dem eigenen Stall!«

Wie recht er hatte! Aber so schnell wären wir dann nicht durch die Landschaft geeilt und hätten nur wenig von Tasmanien gesehen. Vor dem Hotel mußten wir ihm nochmals versprechen, gleich am nächsten Morgen verbindliche Auskunft über das Weiterleben des Tasmanischen Tigers einzuholen. Damit wir auch bestimmt an die richtige Adresse gelangten, schrieb er uns den Namen des zoologischen Konservators auf einen Zettel. Wie der gelehrte Mann aussah, weiß ich noch genau, doch seinen Namen haben wir leider vergessen.

Im übrigen war es nicht so leicht, seiner habhaft zu werden. Als gegen zehn Uhr früh das Museum seine Pforten öffnete, war er noch nicht da. Aber seine Sekretärin glaubte sich zu erinnern, er werde im Laufe des Vormittags hereinschauen, weshalb wir hinreichend Zeit hatten, das Nationalmuseum von Tasmanien eingehend zu besichtigen. Seine Räume enthielten alles, was man nur irgendwie sammeln kann, von der Zoologie bis zu Mineralien, von der Ethnologie bis zu Fossilien. Da gab es eine Kollektion von Muscheln und präparierten Fischen, das Handwerkszeug der Pioniere und die Handschellen der Sträflinge, das erste Telefon Tasmaniens und eine Harpune der Walfänger. Sogar tasmanisches Notgeld aus jenen Zeiten war vorhanden, da die Bank von England ihre fernste Filiale nicht ausreichend versorgte. Wir sahen alte wie neue Gemälde einheimischer Künstler, Geschirr und Möbel der ersten Kolonisten, Dokumente wie Uniformen, Waffen und Fahnen, viele Erinnerungen an die frühen Gouverneure und die Zeit der Segelschiffe. Es gab auch zwei Vasen und drei prächtige Leuchter der Königlich-Preußischen Porzellanmanufaktur zu Berlin. Wie eine Erklärung dazu besagte, waren sie im Jahre 1866 aus Anlaß der Silberhochzeit dem Prinzen Christian von Schleswig-Holstein und seiner Gemahlin, der geborenen Prinzessin Helene Auguste von Preußen, überreicht worden. Wie sie ausgerechnet ins Nationalmuseum von Tasmanien gelangt waren, ließ sich nicht erkennen. Von den Ureinwohnern des Landes, über die wir gerne einiges erfahren hätten, waren nur wenige Faustkeile und geflochtene Körbchen vorhanden.

Statt dessen sahen wir einen *Tasmanischen Tiger,* in ausgestopftem Zustand und von Motten zerfressen. Auch Beutelwolf wird er genannt, was wissenschaftlicher sein soll als Tiger, Tasmanischer Beutelwolf, um genau zu sein. Bei diesem präparierten Exemplar war die ausgetrocknete Haut mehrfach geplatzt, aller Glanz der gläsernen Augen erloschen. Schon 1933 war er verstorben, als letzter Tasmantiger im Zoo von Hobart.

Seine Größe entsprach einem Schäferhund, die Behaarung aber war kürzer, dünner und glatter, beim lebenden Tier soll sie geschimmert haben. Warum man das Geschöpf einen Tiger nannte, schien verständlich, denn am Rücken wie am Kopf trug es auf graubraungelben Grund etwa ein Dutzend schwarzer Streifen. Nach alten Beschreibungen sollen manche der Beutelwölfe bis zu zwanzig solcher Streifen getragen haben. Die vorderen davon waren kurz und etwas verschwommen, die hinteren viel länger und stärker ausgeprägt. Nur am Kopf, Hals und Bauch waren keine Streifen zu sehen. Wenn überhaupt, kann daher nur von einem halben Tiger gesprochen werden.

Aber selbst das wird von der strengen Wissenschaft abgelehnt, weil der Tasmanier sonst keine Ähnlichkeit mit Asiens größter Raubkatze vorweist. Er ist ein Beuteltier. Gleich nach ihrer Geburt begeben sich die winzig kleinen Jungen in die mütterliche Bauchtasche. Diese geschützte, gut durchwärmte Kinderstube befindet sich unter dem Brustkasten und öffnet sich nach hinten, was unter Beuteltieren eine Ausnahme darstellt.

Auch die Form des Schwanzes ist bemerkenswert. Wie das gesamte Hinterteil hat auch er eine gewisse Ähnlichkeit mit den entsprechenden Partien des Känguruhs. Der Rumpf verlängert sich gewissermaßen zum Schwanz, ohne das man sagen könnte, wo der Körper aufhört und sein Anhängsel beginnt. Obwohl der Schwanz dick und muskulös ist, kann der Tiger nicht damit wedeln. Es fehlt an den notwendigen Gelenken. Wem es gelingt, einen Tasmantiger am Schwanz zu packen, hat nichts mehr von ihm zu befürchten. Das Tier kann sich, weil der Schwanz nach der Seite hin so starr wie eine Stange ist, nicht herumdrehen. Ich selber hatte keine Gelegenheit, den Trick zu versuchen, kann also keine Gewähr übernehmen. Die Hinterpfoten des Beutelwolfes sind größer und auch höher als die Vorderpfoten. Ähnlich wie beim Känguruh dient der unförmig wirkende Schwanz als Stütze, hilft wohl auch beim Absprung. Im Maul verbirgt sich ein gewaltiges Gebiß, obwohl der Kopf verhältnismäßig klein ist und nicht zum breiten Hals passen will. Bis zum Winkel von hundertachtzig Grad kann das Raubtier seinen Rachen aufsperren, vermutlich als Imponiergehabe, um etwaige Feinde zu erschrecken. Wahrscheinlich haben ihn deswegen so viele unwissende Menschen für eine blutgierige Bestie gehalten.

Was ist der sogenannte Tiger, in welche Familie läßt er sich einordnen? In gar keine, sagen die Gelehrten, weder bei den Raubkatzen ist er zu Hause noch bei den Wölfen und auch nicht bei den Wildhunden. Gewiß gehört er zu den *Marsupalia,* den Beuteltieren, ist aber eine Spezies für sich, mit niemanden näher verwandt und war vermutlich allein auf Tasmanien beschränkt. Einige Zoologen bestreiten dies und sind der Ansicht, daß in früheren Zeitaltern der Beutelwolf auch zu den Bewohnern Australiens gehört hat. Mehr aus Verlegenheit, denn tiefer Kenntnis gab man ihm den wissenschaftlichen Namen *Thylacinus cynocephalus.* Ein schwieriges Wort für den Laien, das auch durch seine Verdeutschung ›Beutelhund mit Wolfskopf‹ nicht besser wird.

Der wolfsköpfige Beutelhund kann oder konnte weder bellen noch heulen, nur ein wenig japsen. Weil er auch nicht mit dem Schwanz zu wedeln vermochte, konnten ihm seine Betreuer im Zoo niemals ansehen, in welcher Stimmung er sich befand. Man sagt, er habe stets einen mißmutigen und abweisenden Eindruck gemacht. Es fehlte ihm jede Munterkeit im Umgang mit seinen Gefährten. Er spielte nicht und lehnte es ab, sich in Gefangenschaft zu vermehren. Kein Wunder, wenn man erfährt, wie seinerzeit die Raubtiere im Zoo von Hobart gehalten wurden, nämlich in sehr engen Käfigen, auf Zementboden und ohne Verschlag, worin sich der Gefangene verkriechen konnte. In Tasmanien gab es keinen gelernten Tiergärtner, der moderne Erfahrungen anwandte, weshalb sich der Zoo nicht rentierte und bereits vor dem Krieg seine Pforten schloß.

Schon 1863 gab es einen Beutelwolf im Berliner Zoo, desgleichen in London,

Antwerpen und New York. Aber nirgendwo haben sich die unglücklichen Käfigbewohner vermehrt oder blieben lange am Leben.

Ein Versäumnis sondergleichen muß man es nennen, daß zu jener Zeit, als das merkwürdige Tier noch zahlreich war, niemand daran dachte, seine Lebensgewohnheiten zu erforschen. Obwohl sich zeitweise bis zwölf Tasmantiger im Hobarter Zoo befanden (und nacheinander wegstarben), wurde es unterlassen, die Anatomie des Tieres mit der sonst bei Zoologen üblichen Genauigkeit zu untersuchen.

Da gab es nur den zoologischen Amateur John Gould, der um 1850 gewisse Beobachtungen niederschrieb, aber auch von der Gefährlichkeit des Thylacinus überzeugt war. Er versteift sich zu der Behauptung, der sogenannte Tiger sei der bestgehaßte Bewohner ganz Tasmaniens. Immerhin aber konnte Gould feststellen, daß die Jungen etwa drei Monate lang im Beutel der Mutter verblieben. Auch nach dem Verlassen der »Nisthöhle« eilten sie bei Gefahr wieder hinein, so lange der Platz noch ausreichte.

Ein nicht so hartes Urteil über das gnadenlos verfolgte Tier fällte der Farmer Ronald Runn, und zwar schon gegen Ende des vorigen Jahrhunderts. Seine Schafherden jedenfalls litten nicht unter des Beutelwolfs Gefräßigkeit, deshalb wurde er auch nicht von Runn in Fallen gelockt oder auf Streifzügen erschossen. Von Ronald Runn stammt die erste Niederschrift über die Bewegungsart des Thylacinus. Kam es nämlich auf Geschwindigkeit an, vor allem dann, wenn das Tier sich verfolgt fühlte, sprang es in weiten Bögen ähnlich einem Känguruh davon, sich auf den Schwanz stützend. Dabei benützte es aber nicht die vorderen Gliedmaßen.

Wie ablehnend man seinerzeit war, wie gering auch das Interesse für dies seltsame Geschöpf, beweist ein Bericht Michael Sharlands in seinem Buch über »Die einheimische Tierwelt Tasmanien«. Der Beuteltiger wäre seinen Landsleuten so unsympathisch, schreibt Sharland, daß man sich nur dafür interessiere, wie er möglichst schnell zu vernichten sei. Galt er doch als geschworener Feind aller Schafzüchter und war den Farmern aus tiefster Seele verhaßt. Die Geschichte seiner Untaten gehört zur Geschichte Tasmaniens und lebt, als nationales Greuelmärchen, bis zum heutigen Tage fort. Sollte das einzigartige Geschöpf tatsächlich noch existieren, würden sich außer den Gelehrten und Naturfreunden nicht viele Tasmanier darüber freuen.

Als die weißen Siedler kamen, waren ihre Schafe für den Tasmantiger ein gefundenes Fressen. Auch die Hühner und Gänse, selbst das importierte Borstenvieh schmeckte dem Tasmantiger vortrefflich. Sie waren außerdem leichter zu jagen als die flinken Wallabies und einfacher zu finden als die Wombats in ihren Höhlenverstecken. Einem Raubtier kann man das nicht verübeln, die Natur hat es zur Jagd auf warmblütige Lebewesen bestimmt. Andererseits ist es begreiflich, daß sich die Siedler damit nicht abfinden konnten und wollten. Die Existenz der Familie hing davon ab. Es sollen zu Anfang ganze Schafherden von den Beutelwölfen gerissen worden sein, das Geflügel verschwand über Nacht, sogar im Koben waren die Schweine nicht sicher. Wie Gerüchte behaupten, soll das Untier hin und wieder auch kleine Kinder geholt haben. Bewiesen ist das in keinem Falle. Wie es scheint, sind überhaupt keine Menschen vom Tasmantiger angefallen oder verletzt worden. Aber Greuelmärchen haben ein langes Leben.

Jedenfalls begann schon um 1825 ein unerbittlicher Krieg gegen den Thylacinus. Ein Pfund Sterling, damals eine beachtliche Summe in der Tasche bargeldloser Pioniere, wurde für die Erlegung eines ›Tigers‹ von der Regierung bezahlt. Trapper und entlassene Sträflinge machten sich auf und wurden zu hauptberuflichen Prämienjägern. Schon um das Jahr 1835 erscheint in amtlichen Berichten der ›Tigerjäger‹ als anerkannter Beruf. Noch in den Jahren 1880 bis 1909, als die Raubtiere schon selten geworden waren, hat die Regierung erhöhte Prämien für die Vernichtung von insgesamt zweitausend Tasmantigern beglichen.

Ein Geologe schrieb 1871 an seinen Vater, daß mancher Schafzüchter sein Land wieder räumen mußte, weil es ihm nicht gelang, seine Herden vor dem Unhold zu schützen. So hatten sich viele Siedler entschlossen, soweit wie möglich die Wälder niederzubrennen, um das Scheusal seiner Schlupfwinkel zu berauben. In Wirklichkeit war der Thylacinus kein Tier des Waldes, sondern wegen seiner Beute an Steppe und lockeres Buschland gewöhnt. Tagsüber blieb er in Gestein und Gestrüpp verborgen und kam erst bei Nacht ins Freie. Die düsteren, von dichtem Unterholz verfilzten Wälder boten ihm ursprünglich keinen günstigen Lebensraum. Mehr und mehr aber paßte sich das allenthalben verfolgte Tier den neuen Verhältnissen an. Es zog sich aus der Nähe menschlicher Siedlungen zurück, suchte schattige Schluchten und die unendlichen, von Menschen nie betretenen Waldungen. Auch dort ließ sich Beute finden, wie beispielsweise die Wallabies, eine kleinere Art von Känguruh.

Vielleicht hatte schon in alten Zeiten der Tasmantiger die Meeresufer nach verwertbarem Futter abgesucht, vielleicht aber erst der Vernichtungsfeldzug dazu gebracht. Weil er unter anderem auch Aasfresser ist, konnten angetriebene Fische und andere Meerestiere, ja sogar aufgebrochene Muscheln den Hunger des Beutelwolfes stillen.

Bleibt also die Frage, ob der Thylacinus cynocephalus noch in unseren Tagen existiert, sei es auch nur in wenigen Exemplaren. Mein verstorbener Freund Prof. Haltenorth von der Zoologischen Staatssammlung in München hatte mir schon 1958 versichert, das Tier sei ausgerottet, ganz bestimmt! Der gleichen Ansicht war noch 1964 Professor Dr. Hedinger, seinerzeit verdienstvoller Direktor des Baseler Zoologischen Gartens. Kein lebendes Exemplar existierte mehr, war seine Meinung. Verschiedene Expeditionen, darunter auch eine, die Sir Edmund Hillary führte, der Erstbesteiger des Mount Everest, blieben ohne Erfolg. Doch der Konservator des Museums in Hobart war schon bei meinem ersten Besuch nicht so ganz vom Ende des Beutelwolfes überzeugt.

»Wir haben wieder Hoffnung, daß unser Tiger nicht restlos verschwunden ist, wenn ich auch zögere, allen Zeugen Glauben zu schenken«, sagte er mit gebotener Vorsicht. »Aber zu zahlreich sind die Berichte, um sie samt und sonders als Phantasie abzutun. Ein paar Leute, die sagten, sie hätten ihn gesehen, kenne ich selber. Sie haben keinen Grund, mich anzuschwindeln.«

Über jede Meldung, die sich mit dem Tasmantiger befaßt, wird genauestens Buch geführt und der Platz seines angeblichen Erscheinens auf einer Spezialkarte vermerkt, aus der sich ergibt, daß solche Nachrichten meist aus denselben Gebieten stammen, was ihre Glaubwürdigkeit erhöht.

Arthur Woolley und Bert Thorpe, beide beschäftigt, eine Stromleitung durch die Berge am Huon-River zu ziehen, sahen »ein schwarzgestreiftes Tier« von der Größe eines Schäferhundes auf zwölf Schritt an sich vorbeilaufen. Das Ehepaar Gregg stoppte auf der Straße von Swansea nach Campbell seinen Wagen, um nicht einen vermeintlichen Hund zu überfahren. Er verharrte mehrere Sekunden im Licht der Scheinwerfer, dabei waren die schwarzen Streifen an seinem Rükken und Hinterteil deutlich zu sehen. In der gleichen Gegend hat bald darauf Wally Donne ein Tier erblickt, das er noch nicht kannte, aber mit Sicherheit für einen Tasmantiger hielt, als man ihm ein entsprechendes Foto zeigte. Im März des gleichen Jahres konnten Walter Chequer und Martin Dwyer, während sie am Florentine-River angelten, lange Zeit hindurch ein großes Tier beobachten, das ihren Schilderungen nach ein Thylacinus war. Zwei Jahre später begegnete dem Ehepaar Upcher auf der Straße zwischen Waratah und Corinna die gleiche Erscheinung. Als der Fernfahrer Herbert McKinley bei Nacht in der Nähe von Arrowsmith vorbeikam, überquerte vor ihm ein Tasmantiger die Straße. Da McKinley wenige Wochen zuvor das ausgestopfte Exemplar des Thylacinus im Museum gesehen hatte, war er seiner Sache sicher. Außerdem hatten schon andere Leute behauptet, ihnen wäre das Fabeltier in der gleichen Gegend vor die Augen gekommen.

Solche Aussagen haben sich seitdem verdichtet, gerade aus den letzten Jahren liegen etwa zwanzig Bekundungen vor, wonach der Tiger irgendwo aufgetaucht ist. Aber kein Zoologe war unter diesen Zeugen. Nur wenige der Beobachter hatten gewußt, wie ein echter Thylacinus cynocephalus auszusehen hat. Irrtümer sind keineswegs ausgeschlossen, die Skepsis des Konservators schien in vielen Fällen berechtigt.

Am 12. August 1961 jedoch erschienen zwei Holzfäller, Bill Morrison und Laurice Thompson, beim Polizeiposten am Arthur River und meldeten schuldbewußt, daß sie aus Versehen einen Tasmantiger umgebracht hätten. Er war in eine Falle gegangen, die eigentlich für kleinere Raubtiere bestimmt war. Bill und Laurie wußten, daß schon seit 1938 der Tiger streng geschützt war. Eben deshalb meldeten sie den Vorfall, um wegen Irrtums billiger oder straffrei davonzukommen. Als sich nun der Beamte mit ihnen zum Tatort begab, um das seltene Beutestück zu sichern, war es verschwunden! Neben der Falle wurden noch einige Blutstropfen sowie Haare gefunden und zur Untersuchung ins Zoologische Institut nach Hobart geschickt. Diese ergab, daß zumindest die Haare tatsächlich vom Thylacinus stammten. So gering der Fund auch war, die wenigen Haare bewiesen, daß es bis zum 12. August 1961 noch einen Tasmantiger in freier Wildbahn gegeben hatte. Wo das Tier selber geblieben ist, weiß kein Mensch. Vielleicht konnte es sich selber aus dem Eisen befreien.

Ein Jahr später kam es zur nächsten Bestätigung. Man fand nicht nur frische Spuren, sondern hatte auch Gelegenheit, davon Gipsabgüsse zu nehmen. Da es zwischen der Fährte eines Hundes und dem Fußabdruck des Thylacinus bestimmte Unterschiede gibt, konnte man zumindest drei Abdrücke zweifellos als »Tigertatzen« feststellen. Sie habe ich selbst gesehen, sie liegen mit Watte umhüllt in einer wohlbehüteten Schachtel. Der Konservator nahm sie vorsichtig heraus. Wir durften sie ansehen, doch beileibe nicht anfassen.

Seitdem wissen wir noch mehr, haben sogar sichere Kunde vom Fortbestehen des Thylacinus. Zwei Fischer haben bei Corinna eine halbe Stunde lang, auf nur wenige Schritt Entfernung, einen Tasmantiger deutlich beobachtet. Seine Fußabdrücke wurden später in Gips gegossen. Der Zoologe Helmut Wendt kommt nach eingehendem Studium aller, zumindest aller glaubwürdigen Gerüchte zum Ergebnis, daß noch ungefähr dreißig bis vierzig Beutelwölfe vorhanden sind. Ein Blick auf die Karte zeigt, wo man sie zu vermuten hat, in den menschenleersten, am wenigsten erforschten Regionen Tasmaniens, die bisher keine fahrbaren Wege durchquert. Das sind der Westen und Nordwesten der großen Insel. Die nächtliche Lebensweise des Beutelwolfes, die unzugänglichen Schluchten, natürlich auch die große Vorsicht der Tiere macht seine Entdekkung, seine Wiederentdeckung äußerst schwierig. Aber mitunter gelingt es Fischern, die an unbewohnter Küste die Nacht verbringen oder besseres Wetter an Land abwarten, eines der Fabeltiere zu sehen. Sie suchen entlang dem Ufer nach Futter.

Wem diese Beweise nicht genügen, betrachte in Band 10, Jahrgang 1982, der Zeitschrift »Zoological Science« die beiden von einem Farmer aufgenommenen Fotos eines Thylacinus cynocephalus, aufgenommen am 25. September 1981. Es gibt nur wenige Fotos, so jedenfalls meine Ansicht, die einem Tierfreund mehr Freude bereiten als diese.

Ein dunkles Kapitel

Es wirkt um so dunkler, weil es sich in der schönsten Landschaft abspielte, die sich denken läßt.

Auf einer zartgliedrigen Brücke, die dennoch schwerste Lasten zu tragen vermochte, fuhren wir hinüber nach Bellerive, einem Vorort weißer Villen, durch den hier schon breiten Derwent-Fluß von Hobart getrennt. Wir rollten weiter nach Osten, durch eine Landschaft von romantischem Zauber. Ein sanft gewellter Hügel folgt dem nächsten, graue Wälder und grüne Weiden wechseln ab. Im Wiesengrund murmeln Bäche über bemoostes Gestein, sommerlicher Duft wehte uns entgegen. Farmen und Wochenendhäuser, meist von blühendem Gerank übersponnen, bergen ein verträumtes Leben. Bis zum Rumpf stehen rabenschwarze Rinder im saftigen Gras. Von der Küste her dringen tiefe Buchten ins Land, so schön geschwungen, als habe ein Künstler ihre Konturen entworfen. Ein Kranz hochragender Eukalypti faßt sie ein, die Wipfel dem Meereswind zugeneigt. Schneeweißer, feinkörniger Sand säumt die Küste. Eingebettet liegt darin angeschwemmtes Geäst, zerzaust und altersgrau. Mit seiner bizarren Form fände es in einer Ausstellung abstrakter Kunst gewiß große Beachtung. Aber nirgendwo Badebetrieb, keine Erfrischungsbude und kein Kindergeschrei. Alles nach wie vor ungestörte Natur.

Wir kamen durch Lindisfarne und Cambridge, beides reizvolle, ländliche Ortschaften, wenn auch ohne Ähnlichkeit mit ihrem englischen und irischen Vorbild. Danach bogen wir von der Hauptstraße ab, um jenem historischen Platz unsere Reverenz zu erweisen, an dem zum ersten Male ein weißer Mann den heute nach ihm benannten Inselstaat betrat. Am 24. November 1642 näherte sich Abel Tasman, von der Niederländisch-Ostindischen Kompanie zu Entdekkungsfahrten ausgesandt, dem neuen Land. Mit seinen beiden Schiffen, der ›Hemskeerk‹ und der ›Zeehaen‹, lief er in die nächste Bucht ein und warf die Anker. Eine Pinasse brachte ihn zum Strand. Nur wenige Stunden verweilte Tasman am gleichen Platz, auf dem wir nun stehen, und segelte danach sofort wieder ab. Seiner Zeit entsprechend taufte er die Küste ›Van-Diemens-Land‹, nach seinem Vorgesetzten, dem Generalgouverneur von Niederländisch-Indien. Erst eine spätere Epoche wurde dem Entdecker gerecht und gab der Insel ihren heutigen Namen. Im übrigen wußte Tasman nicht, daß sein Fund allseitig von Meer umgeben war. Er glaubte, das sei noch ein Teil von Australien. Abel Tasman war zu früh gekommen, seine Entdeckung hielt man nicht für bedeutend. Erst hundertdreißig Jahre später wurde das Land erneut von weißen Seefahrern besucht, diesmal umrundet und als Insel erkannt. Danach verging nochmals ein Menschenalter, bis sich die ersten Europäer an der Küste Tasmaniens niederließen.

Wir fuhren geradewegs nach Süden, über eine schmale Landbrücke auf die Hauptinsel Forester. Man sagt, daß sie über mehr Naturwunder verfüge als jede andere Küste der Welt. Da gibt es am Rande des Meeres eine vorgeschobene Terrasse, ungefähr von der Größe eines Fußballfeldes, bei deren Anblick jedermann bereit ist zu schwören, daß sie nach dem wohldurchdachten Plan eines Fliesenlegers entstanden sei. Denn sie ist aus quadratischen Steinplatten geschichtet, etwa einen halben Meter im Geviert. Alle sind peinlich genau ausgerichtet, durch fingerbreite Fugen voneinander getrennt. Entgegen allem Anschein ist aber das regelmäßige Gebilde ein Werk der Natur und war schon vorhanden, bevor die ersten menschlichen Wesen erschienen. Man hat uns genau erklärt, welche erdkundlichen Geschehnisse das Wunder vollbrachten, aber der geologische Vorgang ist zu kompliziert, als daß wir ihn verstanden.

Weiterhin gab es sogenannte Blaslöcher zu bestaunen. Jedesmal, wenn eine Brandungswelle gegen die Steinküste rollt, entsteigt den Felsenklüften mit Donnergepolter eine haushohe Fontäne. Das Wasser dringt vom Meer her durch einen Tunnel ins Land und wird an dessen Ende nach oben geschleudert. Ein phantastischer Anblick, der so manchen Besucher erzittern läßt. Nicht minder eindrucksvoll ist jener Sturzbach, der in zweifacher Richtung verläuft. Der gewaltige Wellenschlag des Meeres schiebt sein Gestrudel durch eine schmale Rinne etwa hundert Meter weit ins Land hinein und hinauf. Oben angelangt, fließt das Gewässer wieder zurück. Seit undenklichen Zeiten wiederholt sich das Schauspiel im gleichen Rhythmus. Der Bach schießt hinauf und strömt herunter, alle paar Minuten aufs neue.

Auf schmaler Holztreppe stiegen wir hinab in eine düstere, kreisrunde Schlucht, die drunten mit hauchfeinem Sand gefüllt war. Dem Meere zu öffnet sich ein gewundener Gang, dem Tunnel einer Eisenbahn in Größe und Form vergleichbar. Ebenfalls im Takt der Brandung quillt aus diesem Loch ein meterhoher Wasserschwall, um gleich wieder hinauszurollen. Der Lärm ist ebenso unbeschreiblich wie das Schauspiel selbst. Aber nur der Tunnel füllt und leert sich mit den Wellen, der Sandfleck am Grunde der Schlucht bleibt trocken. An ihrem Rand liegen mehrere, von Rauch geschwärzte Höhlen. Falls sie in früheren Zeiten nicht die Schlupfwinkel von Seeräubern waren, dann haben sie übersehen, was gut und passend für sie war.

Danach gelangten wir zu einer Stelle, die man als Eaglehawkneck bezeichnet, ein schwieriges Wort, das ›Hals des Adlerfalken‹ bedeutet. Auch dies ist eine schmale Landbrücke, die unsere erste Halbinsel mit der zweiten und letzten verbindet. Mit einiger Phantasie kann man ihr eine entfernte Ähnlichkeit mit dem Kopf eines Adlers, der seinen Schnabel aufsperrt, zubilligen. Doch nicht allein die Natur ist hier bemerkenswert, vielmehr das Schicksal von rund zwanzigtausend Menschen, die im vergangenen Jahrhundert diese Stelle passierten, ohne viel Hoffnung, sie jemals wieder in anderer Richtung zu überschreiten. Denn am Eaglehawkneck beginnt die Tasman-Peninsula, wo einst die Hölle herrschte, nämlich die Strafkolonie von Port Arthur.

Heute ist auf der Landbrücke, wo wir haltmachen, nichts mehr zu sehen außer einem flachen Sandhügel von etwa hundert Schritt Breite und tausend Schritt Länge. Doch in früheren Zeiten befand sich hier jene Sperre, der kein Sträfling zu nahen wagte. Alles hatte man getan, was sich Menschenhirne ausdenken konnten, um diesen Riegel unüberwindlich zu machen. Dreißig riesengroße Hunde waren hier angekettet und über die ganze Landbrücke verteilt. Jeder war vom anderen gerade so weit entfernt, daß er bei ausgespannter Kette die Schnauze des anderen knapp erreichte. Sie waren auf den Mann dressiert, wurden ständig am Rande des Hungers gehalten und rissen jeden Gefangenen in Stücke, der ihnen zu nahe kam. Nur ihre Wächter waren imstande, legitimierten Besuchern eine Lücke zu öffnen. Bei Nacht wurden auf einer Reihe von Pfählen dreißig Lampen angezündet. Außerdem stand noch eine Postenkette bereit, mit Gewehr und Fernrohr versehen, um jeden Ausbruchsversuch im Keim zu erstikken. Den Fluchtweg übers Wasser riegelten die Haifische ab, an denen rings um die Halbinsel kein Mangel herrscht. Man sagt, sie seien regelmäßig mit Abfällen von rohem Fleisch gefüttert worden, damit sie in der Bucht blieben.

Überdies war Port Arthur, da es zu jener Zeit in Tasmanien noch keinen elektrischen Telegraphen gab, mit einer Kette von Semaphoren ausgerüstet, hölzernen Türmen, auf denen sich Maste mit beweglichen Armen befanden, die in Minutenschnelle einen Ausbruch oder gar einen Aufstand der Sträflinge bis nach Hobart meldeten. Dort lagen Truppen der Kolonialregierung, jederzeit imstande, eine Meuterei zu unterdrücken. Tatsächlich wurde ein solcher Versuch nie unternommen, selbst die Flucht einzelner ist während all den Jahren nur drei bis vier Sträflingen geglückt. Alle übrigen wurden wieder eingefangen, fielen den Haifischen zum Opfer oder gingen auf andere Weise zugrunde.

Port Arthur war nur eine von vielen Sträflingskolonien, die Großbritannien in Australien und Tasmanien angelegt hatte. Die Deportation von Verbrechern ist der Anfang aller Besiedlung im fünften Erdteil gewesen, sie hing mit dem Verlust der amerikanischen Kolonien zusammen, die 1776 selbständig geworden waren. Dorthin hatte man zuvor jene Leute verschickt, die nach damaliger Rechtssprechung als kriminelle Elemente galten. Englands Gefängnisse reichten für sie nicht aus, die Deportation in ferne Kolonien war üblich. Nur Gefängnisstrafen unter sieben Jahren wurden in der Heimat verbüßt. Weil gegen Ende des achtzehnten Jahrhunderts keine Möglichkeit mehr bestand, die Verurteilten nach Amerika abzuschieben, mußte ein neues, möglichst weit von England entferntes Land für sie gefunden werden.

Schon mit dem ersten Schub unter Kapitän Arthur Phillip trafen in der Botany Bay, nahe dem heutigen Sydney, siebenhundertfünfzig Sträflinge ein, denen während der nächsten Jahrzehnte hunderttausend und mehr gefolgt sind. Es waren ausgekochte Gewohnheitsverbrecher darunter, Mörder und Straßenräuber, asoziale Elemente der übelsten Sorte, auch der Abschaum weiblichen Geschlechts. Aber es gab auch andere, sogar die Mehrheit von ihnen war, wie man heute in Australien sagt, nur das Opfer jener unglaublich harten Gerichtsbarkeit, wie sie damals in England geübt wurde. Nicht weniger als zweihundert verschiedene Arten von Gesetzesübertretungen wurden mit dem Tode bestraft. Ließ der Richter Gnade walten, konnte er das Urteil in lebenslängliche Verschikkung umwandeln. *Transportation for the natural term of his life* hieß der Fachausdruck.

Wie streng die Strafen waren, geht noch heute aus einer Gerichtsakte der Grafschaft Kent hervor.* Dort wurden am 15. März 1830 verurteilt:
der Kaminkehrer James Price, 22 Jahre, wegen Verdachts (!) des Diebstahls eines drei Meter langen Bleirohrs, Wert sechs Schilling: zur Deportation nach Australien für vierzehn Jahre.

der Arbeiter Roger Cutler, 21 Jahre, wegen Diebstahls von fünfzehn Pfund Rindfleisch: zum Tode,
John Prentice, 15 Jahre, wegen Diebstahls von drei Schachteln Mündungsschoner: zu sieben Jahren Deportation,
Thomas Roystone, 12 Jahre, wegen Diebstahls eines Karrens mit Pferd: zum Tode,
John Broughton, 20 Jahre, wegen Diebstahls von vier Sack Mehl: zum Tode,
James Carey, 15 Jahre, wegen Diebstahls eines Pfund Sterlings: zum Tode,
der Fischer Terence Selby, 23 Jahre, wegen Verdachts (!) ein Paar Gummistiefel gestohlen zu haben: zu lebenslänglicher Deportation.

Die Liste solcher Strafen läßt sich beliebig erweitern. Selbst Kinder von sieben und acht Jahren hielt man voll verantwortlich für ihre kleinen Diebereien. Sie wurden ihren Eltern entrissen und auf Nimmerwiedersehen in die Verbannung geschickt.

Die relativ kurze Geschichte Australiens und Tasmaniens bringt es mit sich, daß man dort alles aufbewahrt, was von den Behörden geschrieben und gedruckt wurde. Aber nur wenig von dem, was sich auf das Sträflingswesen bezieht, wurde veröffentlicht. Man weiß zwar um diese schreckliche Zeit, möchte sich aber nicht näher damit beschäftigen. Bill Beatty, einer der wenigen Autoren, der die Sträflingszeit mit allen Einzelheiten beschreibt, weiß zu berichten, daß noch im Jahre 1931 die Mitglieder der ›Historischen Gesellschaft‹ dafür stimmten, die soeben entdeckten Tagebücher des Sträflings William Sykes zu verbrennen. Sie würden nur persönliche Erlebnisse enthalten und seien daher nicht von geschichtlichem Interesse. Als sich Gegenstimmen erhoben, wurde rundheraus erklärt, diese Seite der Staatsgeschichte solle man lieber vergessen!

Ein frommer Wunsch, aber nicht leicht zu erfüllen, zumal die düstere Zeit Australiens nicht vor dem Jahre 1872 zu Ende ging. Von den Deportierten ist der letzte, Samuel Speak, erst 1938 im Altersheim von Perth gestorben. Trotzdem enthält die im Jahre 1929 von Sir Hal Colebatch aus Anlaß der Hundertjahrfeier von Westaustralien herausgegebene Geschichte des Staates keinen einzigen Hinweis auf das Sträflingswesen, obwohl es doch ein wesentlicher, wenn

* Zitiert bei Bill Beatty, *With Shame Remembered,* Cassel & Co. Ltd. London 1963.

nicht gar der wichtigste Bestandteil der historischen Entwicklung gewesen ist. Es dauerte bis zur neuesten Zeit, genauer gesagt bis 1960, bis endlich unter dem zaghaften Titel ›Unfreiwillige Einwanderer‹ die westaustralische Deportation hinreichend geschildert wurde. Seitdem haben sich die Anschauungen geändert, und manche Australier sind sogar stolz darauf, wenn sie ihre Abstammung von einem Sträfling beweisen können. Doch stets mit dem Bemerken, daß zu jener Zeit schon siebenjährige Buben verschickt wurden, weil sie im Jagdrevier eines bösen Lords gewagt hatten, Karnickel zu wildern.

Man kann im Grunde dem System der Deportation nicht jede Menschlichkeit absprechen. Man glaubte am grünen Tisch in London den Verurteilten in Australien und Tasmanien weit besser aufgehoben als in den überfüllten, rückständigen Zuchthäusern von England. Die Mehrheit von ihnen hatte bald nach ihrer Ankunft Gelegenheit, ein *ticket of leave* zu erhalten, was einer Bewährungsfrist unter Aufsicht entsprach, der bei guter Führung die völlige Entlassung folgte. Andere Sträflinge wurden als Arbeitskräfte den freien Siedlern zugeteilt, auch sie konnten nach einigen Jahren auf Begnadigung hoffen. Falls es dem ›gebesserten‹ Sträfling gelang, eine Partnerin zu finden, durfte er heiraten, eine Familie gründen und Land erwerben. Einige wurden sogar in den Regierungsdienst übernommen und haben ihr Leben als angesehene Bürger beendet. Es kam auch vor, daß ein treues Weib dem Sträfling aus freien Stücken nach Australien folgte, um sich dort nach manchen Irrungen und Wirrungen wieder mit ihm zu vereinen.

Aber leider standen viele dieser Möglichkeiten nur auf dem Papier. Der Himmel war hoch und die britische Regierung weit. Außerdem schickte man nicht die besten Beamten in den fünften Erdteil. An Ort und Stelle war es ebenso bequem wie verführerisch und gewinnbringend, die nicht oder kaum bezahlten Sträflinge auszunützen. Vom Aufgang der Sonne bis zu ihrem Untergang gab es keine Pause, nur am frühen Morgen und späten Abend erhielten die Arbeitssklaven ihre knappe Mahlzeit. Ein beträchtlicher Teil des zu ihrer Ernährung vorgesehenen Geldes floß in die Taschen der Aufseher. So war die Versorgung erbärmlich, viele Sträflinge hatten nicht genügend Kraft, um ihr Soll zu erfüllen. Die Peitsche half dem Eifer der Sträflinge nach, und so mancher Antreiber verfiel dem Sadismus. Die geringste Verfehlung, Aufblicken von der Arbeit, genügte, um mit fünfzig Hieben der neunschwänzigen Katze bestraft zu werden. Ralph Rashleigh berichtet in seinem Tagebuch, daß er binnen sieben Monaten eintausendsechshundert Schläge erhielt, zu denen ihn sein Kommandant verurteilt hatte. Schon nach wenigen Hieben war die Haut geplatzt, zum Schluß der Prozedur war der Rücken des Unglücklichen meist bis auf die Knochen zerfetzt. Unglaublich, was ein Mensch zu überstehen vermag. Man muß annehmen, daß mit der Zeit die Nerven abstumpften und daß eine Schicht verhornter Narben den Mißhandelten einigermaßen schützte.

Schlimmer noch als die Prügelstrafe selbst waren deren ›juristische‹ Folgen.

Der Gepeinigte galt als neuerdings bestraft, war rückfällig geworden und verlor für längere Frist die Hoffnung auf sein *ticket of leave.* Stand bei einem Sträfling mit guter Führung die Bewährung bevor, so fiel es einem gewissenlosen Farmer nicht schwer, sich dessen Arbeitskraft auch weiterhin zu erhalten. Der arme Mensch wurde irgendwelcher, meist erfundener Verfehlungen bezichtigt. Schwor er das Gegenteil, so nützte es nichts. Nachdem er seine Strafe empfangen hatte, wurde er bis auf weiteres zu seinem Herrn zurückgeschickt. Selbst Offiziersfrauen beteiligten sich an diesem Mißbrauch der Gewalt und lösten auf die gleiche Art das Personalproblem ihres Haushalts. Es fiele schwer, all das zu glauben, hätten nicht die Gouverneure selbst darüber nach London berichtet.

Mitunter starben und verdarben bis zu einem Drittel der Deportierten schon auf dem Wege nach Australien oder Tasmanien. Sechs bis acht Monate dauerte die Seefahrt. Aus Furcht vor Meuterei hielt man die Gefangenen in Ketten, auf engstem Raum zusammengepfercht. Die Ernährung war so gering wie nur möglich. Die hygienischen Verhältnisse sind nicht zu beschreiben, obwohl sie von Zeitgenossen mit allen schaurigen Details beschrieben wurden. Oft lagen die Toten tagelang zwischen den Lebenden. Es blieb dem Kapitän überlassen, wie er seinen Auftrag durchführte. Empfand er menschliche Regungen, ließ er die Leute abwechselnd an Deck kommen und ausreichend mit Trinkwasser versorgen. Doch gab es Offiziere, denen das Elend ihrer menschlichen Fracht im stinkenden Verließ unter Deck gleichgültig war. Augenzeugen haben von der Ankunft solcher Schiffe derart schreckliche Szenen geschildert, daß man besser auf ihren Nachdruck verzichtet.

Bisweilen wurden die Männer zusammen mit weiblichen Sträflingen verschickt, natürlich in getrennten Abteilungen. Doch es gab auch die berüchtigten Weiberschiffe, mit Frauen und Mädchen jeden Alters gefüllt. Der Abschaum aller Slums von London war vertreten, von der diebischen Dirne bis zur Mörderin, andererseits auch Mädchen aus ordentlichen Familien, wegen geringer Vergehen zur Deportation verurteilt, die man heute kaum mit einer Geldstrafe ahnden würde. Nicht selten soll es auch vorgekommen sein, daß gewissenlose Liebhaber höherer Stände ein Mädchen nur deshalb eines Verbrechens bezichtigten, um das arme Ding loszuwerden. Von einem ›ziemlich anständigen‹ Mädchen wurde flüsternd erzählt, sie sei die uneheliche Tochter eines Premierministers. Doch wußte niemand Näheres über sie, und was später aus ihr wurde, weiß man erst recht nicht. Ein anderes Mädchen, eine junge Schottin namens Mary Rose, soll nach einem Bericht des Seeoffiziers John Nicol von engelhafter Güte und Schönheit gewesen sein. Nicol und seine Kameraden waren überzeugt, daß Mary Rose nur das Opfer einer bösen Stiefmutter war. Sie starb schon auf der Überfahrt an gebrochenem Herzen.

Vom Durchschnitt aber, von der Masse weiblicher Sträflinge, sagt der Schiffsleutnant Ralph Clark, der mit einem Frauenschiff nach Australien segelte: »Nie habe ich für möglich gehalten, daß es so viele fürchterliche Weiber in England gibt, sie waren zehntausendmal schlimmer als die männlichen Sträflinge. Auch habe ich in meinem Leben auf See nie solch schauerliche Flüche gehört, wie sie diese Frauen einander fast ständig zuriefen!«

Schon unterwegs trafen Offiziere wie Mannschaften ihre Auswahl unter den Frauen. Die meisten folgten willig, denn es war ja damit so manche Erleichterung verbunden. Doch konnten auch die übrigen ihrem Schicksal nicht entgehen, dafür war die Reise zu lang und die Macht ihrer Bewerber zu groß. Lief ein Frauenschiff in den Hafen, stand schon eine Schar neuer Anwärter für sie bereit. Wie die Verteilung der weiblichen Fracht vor sich ging, haben die Geistlichen in heller Verzweiflung ihren Oberen nach England berichtet. Siedler und Soldaten, entlassene Sträflinge und Strolche schlugen sich um die Frauen. Was von ihnen übrigblieb, weil gar zu alt oder verkommen, wurde ins Arbeitshaus von Paramatta gesperrt, das neben anderen Aufgaben auch die Funktion eines Bordells erfüllte.

Es war ein Vorgänger des Admiral Bligh, nämlich Gouverneur King, der im Jahre 1803 die Anlage einer Strafkolonie in Tasmanien vorschlug. Die Küste jener großen, grünen Insel war inzwischen weitgehend erforscht, doch hatte sich bisher noch kein Siedler dort niedergelassen. Wenn sich der australische Gouverneur, natürlich im Einverständnis mit London, nun doch entschloß, in Tasmanien Fuß zu fassen, hatte er dafür zwingende Gründe. Nach den französischen Entdeckern Dufresne, Furneaux und d'Entrecasteaux war unlängst ein französisches Geschwader unter Nicolaus Baudin in den tasmanischen Gewässern aufgetaucht. Es schien höchste Zeit, dort die britische Flagge zu hissen, und zwar über einer ständigen Niederlassung, weil nur das als wirkliche Besitzergreifung galt. Mit der Durchführung dieser historischen Aufgabe wurde Leutnant James Brown betraut, der nicht älter als achtzehn Jahre war. Am 12. September 1803 traf er mit einem Schiff voller Sträflinge und den dazugehörigen Wachsoldaten in der Risdon-Bucht ein und ließ die ersten Hütten errichten. Doch als ihm zwei Monate später Oberstleutnant David Collins mit zwei Schiffen, zweihundert Sträflingen, etwa sechzig Soldaten und einigen freien Siedlern folgte, stellte sich heraus, daß der Achtzehnjährige einen völlig ungeeigneten Platz gewählt hatte. Collins verlegte die Kolonie an die Mündung des Derwent-Flusses und wurde damit zum Begründer von Hobart.

Wiederum zwei Jahre später entstand die Siedlung Launceston, gleichfalls eine Sträflingskolonie. So unbekannt und auch so schwer zu durchdringen war noch das Innere des Landes, daß anfangs zwischen beiden Orten keine Verbindung existierte. Erst zehn Jahre später wurden Hobart und Launceston einem gemeinsamen Gouverneur unterstellt. Alles, was zur Versorgung der Straflager diente, mußte um die halbe Erdkugel herum von England gebracht werden. Man verstand noch nicht, das neue Land zu nützen. Wenn die Schiffe ausblieben, herrschte grimmiger Hunger, und viele der Gefangenen starben oder entliefen zu den Ureinwohnern des Landes. Man konnte sie kaum daran hindern, denn während der Hungerszeiten mußte man alle verfügbaren Männer als Treiber bei der Känguruhjagd aufbieten. Es dauerte nicht lange, und die Entkommenen hatten Banden gebildet, auch die Schwarzen wurden von ihnen zu Überfällen angestiftet. Die freien Farmer hatten keine Ruhe mehr, allenthalben wurde Vieh gestohlen, und die mühsam errichteten Hütten wurden niedergebrannt.

Trotzdem schickte man aus England und Australien immer wieder neue Sträflingstransporte nach Tasmanien. Es waren nicht die besten, sondern eine Auswahl der schlechtesten Elemente, von denen man sich in Sydney zu befreien gedachte. Damit sie nicht gleichfalls entliefen, blieben sie auch nach ihrer Landung in Ketten. In sogenannten *gangs* wurden sie zum Bau von Straßen und Blockhäusern eingesetzt, scharf bewacht und für jede Nachlässigkeit mit barbarischer Strenge bestraft. Einzelnen Leuten gelang es trotzdem, ihrer täglichen Tortur zu entfliehen. Die Fessel am Fuß des Sträflings ließ sich mit einem Stein zerschlagen, wenn der Mann hierfür die Kraft und das nötige Geschick aufbrachte. Die Augen der Wächter konnten nicht überall sein, weshalb sich Gouverneur Macquarie entschloß, seine gefährlichsten Leute an einem Platz unterzubringen, von dem es nach menschlichem Ermessen kein Entkommen gab. Er lag im Mündungsgebiet des Gordon-Flusses, auf der anderen Seite von Tasmanien. Das Bergland dahinter war so dicht bewachsen, so hoch und zerrissen, daß niemand es durchqueren konnte, nicht einmal die Ureinwohner des Landes. Macquarie Habour nannte man amtlicherseits diesen Strand am Ende aller Welt, abgeschlossen und eingeschlossen, ein Gefängnis der Natur. ›Tor der Hölle‹ nannten jene dreihundert Sträflinge, die man dorthin verschickte, den Ort ihrer Qualen. Im ständigen Regen der immer feuchten Witterung fällten sie die Stämme an der Küste, flößten sie hinüber zu einer kleinen Insel und hieben das Holz für den Schiffsbau zurecht. Sie standen unter einer Zucht von beispielloser Strenge, starben dahin und wurden stets durch neue Opfer ersetzt. Alle waren sie mehrfach rückfällig geworden und galten als die schlimmsten aller schlimmen Verbrecher. Ob sie es wirklich waren, darüber gehen heute die Meinungen auseinander. Die Außenwelt hörte so gut wie nichts mehr von ihnen. Zahlreiche Fluchtversuche wurden unternommen, doch ist letzten Endes keiner geglückt.

Nachdem dieser ›Strand des Schreckens‹ zehn Jahre bestanden hatte, erschienen eines Tages zwei Quäker, James Backhouse und Thomas Walker, von ihrer Gesellschaft und der Londoner Regierung damit beauftragt, die Verhältnisse in Macquarie Harbour zu überprüfen. Was sie davon nach Hause berichteten, war so erschütternd, daß vom zuständigen Minister die sofortige Auflassung des schrecklichen Ortes befohlen wurde. Selbst Oberst Arthur, der neue Gouverneur von Tasmanien, hatte offenbar nicht gewußt, wie es auf der anderen Seite der von ihm regierten Insel zuging. Als Mann humaner Vorsätze wollte er sein Versäumnis gutmachen und beschloß, in erreichbarer Nähe von Hobart, gewissermaßen unter seiner persönlichen Aufsicht, eine neue Strafsiedlung anzulegen. Für ganz Australien sollte sie ein Vorbild sein.

Die Halbinsel, die zur ehemaligen Strafkolonie wurde, hat erstaunliche Ausmaße, wenn man bedenkt, wozu sie diente. Fünfundvierzig Kilometer beträgt ihre größte Länge, und fünfunddreißig Kilometer dehnt sich ihr Umfang in die Breite. Drei große und sehr viel kleine Buchten zerteilen die Küste. Fast überall ist sie steil und steinig. Davor liegen viele Riffe und Kliffe, die nur darauf warten, ein Schiff zu durchbohren. Romantische Bächlein gurgeln durchs Gestein, der Duft exotischer Blüten weht von den Büschen. Es herrscht dort ein gutes, nicht zu heißes Klima, denn man ist auf allen Seiten vom Ozean umgeben, der frische Winde zuführt. Im alten Europa wäre gewiß eine Reihe von Kurorten auf dieser Halbinsel entstanden, in Tasmanien wurde sie zum Zwangsaufenthalt für viele tausend Verbrecher.

Soweit die Gebäude von Port Arthur noch erhalten sind, machen sie keinen gar zu grimmigen Eindruck. Sogar das Zuchthaus selber kann sich sehen lassen. Ein mächtiger Bau von gefälliger Form, vier Stockwerke hoch und mit Portalen versehen, die geradezu einladend wirken. Die Anlage wird absichtlich nicht mehr gepflegt. Die Erinnerung an das, was hier geschah, soll allmählich verschwinden. Eine Ruine wirkt romantischer als das beste Gefängnis. Sein Dach ist eingefallen, und grüne Büsche wachsen zu den Fenstern hinaus. Eine Kirche im gotischen Stil, nun gleichfalls ohne Dach und Gebälk, beweist den guten Geschmack und die christliche Gesinnung ihres Planers. Dahinter liegen die einstigen Quartiere des Kommandanten, der Offiziere, Ärzte und Geistlichen. Im Stil hübscher Landhäuser angelegt, haben sie eine breite Veranda draußen und offene Kamine drinnen. Über ihre Dienstwohnungen konnten sich die Herren von Port Arthur nicht beklagen. Das übrige Personal, die Aufseher und Soldaten, hatte man in Holzhäusern untergebracht, die heute nicht mehr stehen. Düster und geduckt verbirgt sich am Waldrand das Arrestgebäude mit den Einzelzellen und dunklen Kammern für die besonders hart Bestraften. Überall meterdicke Mauern, breite Gänge und ein gepflasterter Hof in der Mitte. Schwere Ketten hängen von der Wand, auch eiserne Ringe zum Aufhängen der Sträflinge an Händen und Füßen. Von einem freiwilligen Fremdenführer wurde uns eingehend geschildert, wie das geschah und wie lange die Pein gelegentlich dauerte.

Über der gesamten Anlage thront auf langgestrecktem Hügel die sogenannte Festung mit ihren Mauern und Zinnen, wegen des mächtigen Pulverturms anzusehen wie eine stattliche Burg aus ferner Ritterzeit. Im weiten Wiesengrund, zwischen Zuchthaus, Kirche und dem Wohnviertel der Aufseher, dehnt sich ein Park mit schattigen Alleen, breiten Rasenflächen und einem munteren Bach. Es gibt dort Trinkbrunnen, klassischen Vorbildern nachgeahmt und mit Reliefs antiker Art verziert. Ein Brückchen führt über den Bach, so gefällig in der Form, als sei es für einen Schloßpark bestimmt. Das Ganze wird an der Bucht von einer Kaimauer aus Steinquadern begrenzt, an der damals die Schiffe anlegten.

Die Entwürfe für die gesamte Anlage stammen von einem hervorragenden Architekten, James Blackburn, der selber zehn Jahre lang die Bauarbeiten geleitet hat. Auch zum Graphiker und Kupferstecher war dieser Mann begabt, jedoch hatte er in England seine Talente zur Herstellung falscher Pfundnoten mißbraucht und war deshalb zum Tode verurteilt worden. Eine Begnadigung zu lebenslänglicher Haft führte ihn nach Tasmanien.

Zu ihrer Blütezeit war die Strafkolonie von Port Arthur eine regelrechte Stadt, die sich weitgehend selber versorgte. Sie verfügte über ihre eigenen Werkstätten, Schulen und Hospitäler. Die ganze Halbinsel war von Wegen durchzogen, es gab Farmen und Viehherden, ein großes Sägewerk und viele Gärtnereien. An billigen Arbeitskräften herrschte kein Mangel. Zeitweise lebten zehntausend Sträflinge in Port Arthur, hinzu kam das Personal für Aufsicht und Verwaltung. Die Offiziere und Ärzte, die anglikanischen Geistlichen wie auch die Oberaufseher hatten meist ihre Familien bei sich und führten ein gutes Leben.

Von den Sträflingen kann man das nicht behaupten, obwohl Gouverneur Arthur und später Sir John Franklin besseres für sie wollten. Doch die Macht der örtlichen Organe war stärker als jede gute Absicht. Man sagt, die Sträflinge seien selber daran schuld gewesen. Nur mit strenger Hand konnte man sie regieren. Es gab zahlreiche Mörder unter ihnen, auch Hunderte von Gewaltverbrechern, die jede Menschlichkeit mißbrauchten. Von Jahr zu Jahr wurde straffere Disziplin geübt und wurden strengere Strafen verhängt. Die tägliche Arbeit währte zwölf bis dreizehn Stunden. Es wurden Steine gebrochen, Bäume gefällt und Kanäle gegraben. Nur Leute, die man für besserungsfähig hielt, hatten leichtere Arbeit. Es gab auch eine Bahn von Port Arthur bis zur Norfolk Bay. Ihre Schienen bestanden aus Holz, die Wagen aus Eisen. Statt einer Lokomotive wurden Menschen vor die Züge gespannt. Auch fremde Besucher, die aus Hobart kamen, um sich die Kolonie anzusehen, wurden in besonderen Personenwagen von trabenden Sträflingen über die Strecke gezogen. Um für ein flottes Tempo zu sorgen, stand im vordersten Wagen ein Aufseher und knallte mit der Peitsche.

Während der ersten Jahrzehnte gab es unter den freien Kolonisten in Tasmanien nur wenige, die Mitleid für Sträflinge empfanden. Zu viele waren entflohen und zu Buschräubern geworden, als sich dafür noch Gelegenheit fand. In Port Arthur schien das Gesindel weit sicherer aufgehoben, Hunde und Haie waren ihre besten Bewacher. So allgemein herrschte zeitweise im Lande die Plage der *bushrangers,* daß niemand wagte, bei Dunkelheit das Haus zu verlassen. Banden entlaufener Sträflinge hielten Tasmanien in Schrecken, die freien Siedler lebten stets in Furcht vor Überfällen. Truppen mußten ausgesandt werden. Ihnen und der Bürgerwehr gelang es nach und nach, ein halbes Tausend Banditen zu fangen. Allein während der beiden Jahre 1825 und 1826 wurden einhundertunddrei Buschräuber zum Tode verurteilt und gehängt. Alle übrigen kamen für den Rest ihres Lebens nach Port Arthur. Die Hinrichtung der anderen wurde öffentlich vollzogen. Sie war ein Schauspiel, zu dem von weit her die Menschen zusammenkamen. Während der ersten Jahre war es nicht leicht, einen Henker zu finden, da er fürchten mußte, von den Freunden seines Opfers gelyncht zu werden, weshalb er sein Gesicht vermummte und wattierte Kleidung trug, um seine natürliche Figur zu verbergen.

Einem ungeübten Mann konnte es geschehen, daß er bei der Exekution peinliche Fehler beging. Als 1824 ein gewisser Meagle hängen sollte, benahm sich der Henker so ungeschickt, daß der Deliquent zweimal aus dem Strick zu Boden glitt. Eine tausendköpfige Menge, darunter viele Frauen und Kinder, sahen darin den Beweis seiner Unschuld und forderten Begnadigung. Den öffentlichen Zorn im Nacken lief der Scharfrichter davon. Soldaten galoppierten ihm nach, brachten den zitternden Mann zurück und zwangen ihn, einen neuen Versuch zu unternehmen. Hierbei dauerte es volle dreizehn Minuten, bis der unglückliche Meagle schließlich zu Tode gebracht war. Ein anderer Delinquent namens Joseph Samuel wurde nicht weniger als dreimal an den Galgen gehängt, jedesmal riß der Strick oder löste sich die Schlinge. Die Menge tobte, und der aufsichtsführende Offizier lehnte es ab, einen vierten Versuch zu befehlen. Man mußte Samuel ins Gefängnis zurückbringen, am folgenden Tage wurde er begnadigt, erhielt später Bewährungsfrist und war bei seinem natürlichen Tod ein angesehener Bürger geworden. Ein ähnliches Glück im größten Unglück widerfuhr John Boatswain. Als seine Hinrichtung beginnen sollte, prasselte plötzlich ein überaus heftiger Regen auf den Platz. Man mußte auf die Massen des schaulustigen Volkes Rücksicht nehmen und die Exekution auf den nächsten Tag verschieben. Da regnete es genau so heftig, schon bevor der Todeskarren aus dem Gefängnis rollte. Viermal wiederholte sich das Unwetter während der folgenden Tage. Jedesmal war man gezwungen, die Hinrichtung im letzten Augenblick abzusagen, bis der Gouverneur seine Geduld verlor und den Mann begnadigte. Boatswain hat später mit grimmigem Humor erklärt, so gut wie in jener Woche habe er noch nie gelebt. Siebenmal hatte man ihm eine erstklassige Henkersmahlzeit vorgesetzt und dazu noch jedes Mal eine Flasche Rum!

Männer mit solchen Nerven gab es in Port Arthur zu Tausenden. Ihre Ketten klirrten durch den Sand, ihre Flüche hallten durch den Wald. Sie schafften in den Kohlengruben am Salt-River und wurden auf der zuchthauseigenen Farm von Safety-Camp vor den Pflug gespannt. Dem Sadismus ihrer Wärter waren sie hilflos preisgegeben. Eine Anzeige wegen Ungehorsams war gleichbedeutend mit Verurteilung. Sieben Tage Einzelhaft bei Wasser und Brot in einer Dunkelzelle galt noch als gelinde Strafe. Jeder Offizier konnte ohne weiteres fünfzig Hiebe mit der ›neunschwänzigen Katze‹ verhängen. Bis zu tausend Schläge befahl mitunter der Kommandant, obwohl man in England der Meinung war, daß dreihundert die äußerste Grenze dessen sei, was ein Mensch ertragen könne. Wer die Tortur erdulden mußte, wurde an ein sogenanntes Triangel gebunden, ein pyramidenförmiges Gestell aus eisernern Stäben, das drei Mann zugleich aufnehmen konnte. Davon steht noch heute eines an seinem Platz. Die Folterknechte waren gleichfalls Sträflinge und wurden ihrerseits von einem Aufseher geprügelt, wenn sie nicht genügend Härte bewiesen. Der Vorschrift gemäß sollte ein Arzt zugegen sein, um die Prozedur abzubrechen, falls der vorzeitige Tod des Gepeinigten zu befürchten stand. Dennoch kam es vor, daß dieser plötzlich einem Herzschlag erlag. Die übrigen Sträflinge waren gezwungen, sich die Folterung anzusehen, zur Abschreckung und Erhöhung der Disziplin, wie es hieß. Da meist mehrere Strafen am gleichen Tag vollzogen wurden, dauerte das gräßliche Schauspiel oft viele Stunden. Hernach war der Boden unter dem Triangel vom Blut der Männer durchtränkt. Die Priester und auch die Gefängnisärzte protestierten vergeblich. Wurde eine Untersuchung angeordnet, hielten Kommandant, Offiziere und Aufseher zusammen. Alles war vorschriftsmäßig verlaufen und die Strafen durchaus berechtigt. Woher sollte man wissen, daß der Mann ein so schwaches Herz hatte? Nicht die Schuldigen wurden entfernt, sondern die Kritiker.

Immerhin hatte nicht der Staat diese Greuel befohlen, sie waren eine Folge der pervertierten Gesinnung, die sich in der abgesperrten Strafkolonie entwikkelte. Auf der Norfolk-Insel, wo zeitweilig ein offenbar wahnsinniger Kommandant die Herrschaft führte, war es noch fürchterlicher. Dort wurde den Leuten, außer anderen Quälereien, noch Salz in die Wunden gestreut. Es muß wohl sein, daß ein gewisser Menschenschlag, dem totale Gewalt gegeben wird, mit der Zeit jeden Funken von Menschlichkeit und Gewissen verliert. Es gibt dafür genügend Beispiele aus neuer Zeit.

Zu den Sträflingen von Port Arthur gehörten auch die ›Märtyrer von Tolpuddle‹. Sie hatten weiter nichts verbrochen, als den Versuch gemacht, eine Gewerkschaft von Landarbeitern zu gründen. Zehn Schillinge pro Woche war ihr Hungerlohn, und sie hatten sich vereint, um eine Erhöhung zu erwirken, notfalls durch Streik. Das Gericht von Dorset sah darin eine Verschwörung gegen den Staat und verurteilte sie zu lebenslänglicher Deportation nach Tasmanien. Es vergingen Jahre, bis die öffentliche Meinung Englands ihre Begnadigung und Rückkehr durchsetzte. Aber sieben Jahre mußten verstreichen, bis all jene irischen Freiheitskämpfer wieder entlassen wurden, die man 1848 auf Lebenszeit nach Port Arthur schickte.

Ein Sträfling mit besonders interessantem Lebenslauf war ohne Zweifel der ›König von Island‹, ein gebürtiger Däne namens Jörgen Jörgensen. Als Sohn des königlichen Uhrmachers in Kopenhagen geboren, fuhr er schon mit neunzehn Jahren zur See, wurde mit einundzwanzig Jahren Steuermann auf der Brigg ›Lady Nelson‹ und begleitete Oberstleutnant Collins nach Tasmanien, als dieser 1804 jene erste Siedlung gründete, aus der später Hobart entstand. Wieder in England, verfaßte Jörgensen einige bemerkenswerte Schriften über seine Beobachtungen im fünften Kontinent. Er schrieb nicht nur eine gute Feder, sondern besaß auch verblüffende Kenntnisse der Botanik und Zoologie. Zwei Gelehrte, die damals sehr einflußreich waren, Sir Joseph Banks und Sir William Hooker, unterstützten den jungen Dänen nach Kräften. Sein weiteres Leben wäre vermutlich in sorglose und einträgliche Bahnen gelenkt worden, hätte Jörgensen nicht zu viel Abenteurerblut besessen. Als sich Dänemark mit Napoleon verbündete, kehrte er nach Kopenhagen zurück und bekam durch gute Beziehungen das Kommando eines kleinen Kaperschiffes, das britische Frachter überfiel, also regelrechten Seeraub trieb. Doch ist dergleichen im Krieg durchaus legal. Als ihn die Engländer eines Tages fingen, ließ sich Jörgensen ›umdrehen‹, wie der Fachausdruck heißt. Er trat als Spion gegen Napoleon in britische Dienste. Mit gefälschten Papieren reiste er durch Europa, verkehrte an Fürstenhöfen und war seines Witzes wegen ein gerngesehener Gast an der Tafel führender Männer. Der Londoner Geheimdienst konnte mit seinen Berichten zufrieden sein.

Schließlich sandte man ihn mit geheimen Aufträgen und als Kapitän einer englischen Fregatte in die isländischen Gewässer. Was er dort tatsächlich tun sollte, hat Jörgensen auch in seiner eigenen Biographie verschwiegen, zweifellos aber überschritt er seine Anweisungen. Er besetzte Reykjavik, Islands kleine Hauptstadt, verhaftete den Grafen Tramp, Dänemarks dortigen Gouverneur, und ließ sich von der schnell gewonnenen Bevölkerung zum Präsidenten einer ›Freien Republik von Island‹ ausrufen. Wie seine Gegner behaupten, soll er den Plan gehegt haben, sich zum König des Landes zu machen. Viel hat dazu nicht gefehlt, die Isländer fühlten sich von Dänemark ausgebeutet und waren von Jörgensen begeistert. Ob er sich nun Präsident nannte oder König, stand in seinem Belieben. Aber in London zeigte man sich entsetzt von dieser Entwicklung. Herrschte auch Krieg zwischen England und Dänemark, an der Krone ihrer angestammten Herrscher durfte niemand ungestraft rütteln. Ein Linienschiff wurde entsandt, um Jörgen Jörgensen schleunigst abzuholen.

In London wieder auf freiem Fuß, machte er Schulden und soll unter anderem der Wirtin seines möblierten Zimmers die Bettwäsche gestohlen haben. Aus dem Lande verwiesen, blieb er heimlich in London, wurde entdeckt und zur lebenslänglichen Deportation nach Tasmanien verurteilt. Anderer Lesart zufolge hat er weder Schulden angehäuft noch gestohlen, sondern wurde aus politischen Gründen unschädlich gemacht. So kam er als Sträfling dorthin zurück, wo er als Steuermann der ›Lady Nelson‹ ein Mitbegründer der Kolonie gewesen war. Lange blieb er nicht in Ketten, denn ein Mann mit seinen Fähigkeiten war dem Gouverneur unentbehrlich. Jörgensen kam als Schreiber in dessen Kanzlei, erhielt sein *ticket of leave,* wurde danach Polizist und schließlich Landvermesser im Regierungsdienst. Als erster weißer Mann durchzog er das zentrale Hochland Tasmaniens und entdeckte den See von St. Clair. Alsdann beteiligte er sich an der frisch-fröhlichen Jagd auf die Eingeborenen und konnte so manchen Abschuß melden. Weniger glücklich war er mit seiner Heirat. Frau Jörgensen ergab sich dem Trunk und verbrauchte für ihr Laster alles Geld, das ihr Mann als fleißiger Journalist verdiente. Wollte er nichts mehr hergeben, wurde Mrs. Jörgensen böse, und man sah den ›König von Island‹, wie ihn jedermann nannte, durch die Gassen von Hobart flüchten, hinter sich sein Weib, das fluchend einen Stock schwang. Nachdem Jörgensen all seine Abenteuer in einer Folge von Zeitungsartikeln beschrieben hatte, starb er 1845 im Alter von fünfundsechzig Jahren.

Wenn man Jörgensen noch heute in guter Erinnerung hat, so kann man des Alexander Pearce nur mit Schaudern gedenken. Wegen Straßenraubs verurteilt und des Mordes verdächtigt, war er lebenslänglich nach Tasmanien verschickt worden. Wegen unbotmäßigen Verhaltens mehrfach ausgepeitscht, überredete Pearce sieben Schicksalsgefährten, die Flucht aus Macquarie Harbour zu wagen. Sie gelangten tatsächlich in die Wälder, fanden jedoch außer Käfern, Raupen und Wurzeln nichts, um ihren Hunger zu stillen. Zwei Mann kehrten freiwillig zurück. Die übrigen fünf, von dem bärenstarken Pearce geführt, drangen tiefer und immer tiefer in die Berge ein. Aber nur dem Straßenräuber gelang es schließlich, einen Lagerplatz der Ureinwohner zu erreichen. Längere Zeit zog er mit ihnen durch die Wildnis und stieß auf eine Bande entlaufener Sträflinge, die von Überfällen auf freie Siedler lebten. Mit ihnen zusammen hatte er das Pech, in einen Hinterhalt der Gendarmerie zu fallen.

Wieder in Ketten gelegt und mit fünfhundert Hieben bestraft, ersann der wilde Pearce eine neue Möglichkeit zur Flucht, diesmal zusammen mit Thomas Cox. Zum zweiten Mal gelang der Ausbruch, wieder schleppten sich die Flüchtlinge vom Hunger geplagt durch weglose Wildnis. Als Cox nicht mehr weiterkam, wurde er von Pearce erschlagen, der sich fünf Tage lang vom Körper seines Kameraden ernährte. Alsdann verfiel der Mörder in geistige Verwirrung, wurde von einer Jagdgesellschaft entdeckt und der Polizei übergeben. In seinem Tragbeutel fand man noch den linken Unterarm seines Genossen. Pearce, nun wieder bei Sinnen, konnte nicht leugnen, daß er Cox erschlagen hatte und zum Kannibalen geworden war.

Die Todesstrafe schien zu mild für diesen Unmenschen, zum ersten Mal war auf der Insel ein so grauenhaftes Verbrechen begangen worden. Aber noch wußte man nicht alles, bei weitem nicht! In der Nacht vor seiner Hinrichtung gestand Alexander Pearce dem Gefängnispfarrer Conolly, daß er und seine Gefährten schon beim ersten Fluchtversuch Charles Bodmann getötet und gegessen hatten. Danach wurde von den übrigen Ausbrechern ein Mann namens Mathers erschlagen und verzehrt. Dann kam Travers an die Reihe, so daß nur noch Greenhill und Pearce selber übrigblieben. Jeder fürchtete nun den anderen, und beide flohen in verschiedene Richtung. Pearce jedoch schlug einen Bogen, fand die Spuren Greenhills und überraschte ihn während des Schlafes. Dem erging es nun wie seinen Gefährten zuvor. Weil es aber für die vier Morde und kannibalische Mahlzeiten keine Zeugen gab, konnte Pearce, der einzig Überlebende, behaupten, er habe sich schon am ersten Tage von seinen Gefährten getrennt und wisse nicht, was aus ihnen geworden sei. Nach seiner zweiten Flucht aber war es dem Menschenfresser nicht mehr möglich, sich herauszulügen, den Beweis seiner entsetzlichen Tat trug er bei sich.

Die ›Hobart Times Gazette‹ vom 23. Juli 1824 berichtet, daß sich Pastor Conolly, als Pearce bereits unter dem Galgen stand, an die atemlos lauschende Menge wandte, um in allen Einzelheiten zu schildern, was der Delinquent über Nacht an weiteren Greueln gestanden hatte. Danach bat der Geistliche alle Zuschauer, für die Seele des Sünders zu beten, der zuletzt tiefe Reue bezeigt hatte. Weniger christlich schloß die ›Hobert Times Gazette‹ ihren Bericht mit den Worten: »Denn Blut muß mit Blut gesühnt werden . . . alle nachweisbaren Verbrechen müssen mit Rache verfolgt und mit dem Tode ausgerottet werden.«

Bei Alexander Pearce, dem fünffachen Mörder und Kannibalen, konnte man kein Mitleid empfinden, aber unbegreiflich scheint uns heute, daß man in Port Arthur selbst Kinder von sieben Jahren gefangenhielt. Für die Jugendlichen dieses Alters bis zu achtzehn Jahren gab es eine besondere Insel, ›Puer-Point‹ genannt. *Puer* heißt Knabe auf lateinisch. Dreihundert bis vierhundert junge Sträflinge fristeten auf der kleinen, steilen Insel ihr trauriges Leben. Auch dort herrschte die schärfste Disziplin und keine Hoffnung, der Tyrannei herzloser Aufseher zu entkommen. Die Regierung hatte verfügt, daß die Jungen ein Handwerk lernen sollten, auch Lesen und Schreiben standen auf dem Programm. Aber wie das wirklich durchgeführt wurde, weiß man nicht. Es gab zahlreiche Selbstmorde auf der Insel, viele Kinder fanden ein Ende, das mit ›Herzschwäche‹ begründet wurde. Ein großer Teil der Jungen war wegen so geringer Delikte nach Tasmanien verschickt worden, daß sie in heutiger Sicht Mitleid erwecken und keine Strafen verdienen. Ein Siebenjähriger hatte nur Spielzeug entwendet, ein anderer sich aus Hunger an fremdem Brot vergriffen.

Thomas Lampier, der damalige Lagerverwalter von Port Arthur, dem auch die Versorgung von Puer-Point oblag, führt in seinem Erinnerungsbuch* die Strafliste des Jungen Nr. 1321 auf. Wie der Häftling tatsächlich hieß, wird nicht angegeben, interessierte niemanden. Am 14. Oktober 1836 hatte man den Siebenjährigen, Arbeiter von Beruf (!), wegen wiederholter Diebstähle und Rückfälligkeit zur Deportation nach Port Arthur verurteilt. So unglaublich das klingt, war er bereits dreißigmal im Gefängnis gewesen, von jeweils drei Tagen bis zu vier Monaten, und fünfmal hatte man ihn zur Prügelstrafe verurteilt. Anfangs war es bei seinen Delikten nur um Kleinigkeiten gegangen: Er hatte Brot gestohlen, Kuchen, Äpfel, Eier, war in einen Obstgarten eingebrochen, hatte Kleidungsstücke zum eigenen Gebrauch entwendet und anderes mehr, was nur die bittere Not des Jungen beweist. Dann aber wurde es schlimmer. Nr. 1321 war wiederholt in Häuser eingebrochen, hatte Messer, schließlich auch ein Gewehr mit Pulver und Blei gestohlen. Für das Alter von sieben Jahren immerhin ein erstaunliches Register, zumal er während der knappen Zeitspanne seines Wirkens auch noch zwölf Monate in Gefängnissen und Besserungsanstalten verbrachte. Man fragt sich mit Recht, ohne Antwort zu finden, in welchem Alter er wohl begann.

* Zit. bei H. R. Skemp, *Tasmania Yesterday and Today,* Macmillan & Co. Toronto 1958.

Heute würden Erzieher und Psychiater versuchen, solche Kinderschicksale durch das Milieu und die elenden Verhältnisse zu erklären, in denen so ein Junge aufwuchs. Er käme in ein Heim, würde ausreichend versorgt und fände persönliche Anteilnahme an seinem verzerrten Schicksal. Aber noch vor etwa hundertzwanzig Jahren wußte man nichts Besseres, als die kleinen Buben in Gemeinschaft mit Achtzehnjährigen einzusperren, von denen viele schon echte Verbrecher waren. Und was sie von ihnen außerdem noch lernten, das schlimmste Laster aller Sträflingslager, bedarf kaum der Erwähnung. Es wird auch in den Berichten damaliger Zeit nur mit düsteren Andeutungen umschrieben.

Weibliche Besucher durften nicht auf die Insel, nur für die Nichte des Gouverneurs Sir John Franklin wurde eine Ausnahme gemacht. Sie war ein besonders hübsches, zartgliedriges Mädchen mit leuchtendblauen Augen und goldblondem Haar, somit eine Erscheinung, wie sie die meisten Jungen noch nie oder schon lange nicht mehr gesehen hatten. Miß Franklin wurde vom Anblick zweier Buben im Alter von sieben und acht Jahren derart gerührt, daß sie beide in die Arme schloß und mütterlich küßte. Niemals war den armen Jungen ähnliches geschehen. Sie konnten sich das wundersame Erlebnis nicht anders erklären, als daß ihnen ein leibhaftiger Engel erschienen war. Tag für Tag warteten sie auf eine Wiederkehr des schönen Wesens. Da es sich nicht mehr zeigte, fragten sie den Geistlichen, der hin und wieder auf die Insel kam, wie man wohl einem Engel begegnen könnte. Der sagte ihnen, das sei nur im Himmel möglich, falls man reumütig gestorben wäre. Die Jungen überlegten nicht mehr lange. Am nächsten Morgen gingen sie zur höchsten Klippe, beteten eine Weile auf ihren Knien und stürzten sich ins Meer.

Tragödien dieser Art, wenn sie bekannt wurden und die Nachricht bis nach England drang, erregten Trauer und Entsetzen beim besseren Teil aller Menschen. Eine ›Liga gegen die Transportation‹ hatte sich gebildet, die auch in Australien und Tasmanien allmählich aktiv wurde. Mehr und mehr begann nun auch die freie Bevölkerung das gesamte Sträflingswesen als Schande für ihr Land zu empfinden. Die Kirche hatte dessen Abschaffung schon längst gefordert, die Presse folgte und schließlich auch die Vertreter der Bürgerschaft. Auf ihren Druck hin wurden im Jahr 1853 die Sträflingstransporte nach dem fünften Erdteil eingestellt. Aber wer sich schon dort befand, mußte weiterhin seine Strafe verbüßen. Von Stufe zu Stufe wurde sie verkürzt, die Behandlung nahm humanere Formen an, bis sich nur noch die gefährlichsten Elemente in Ketten befanden. Endlich überführte man auch sie in normale Gefängnisse, und im Jahr 1872 wurde Port Arthur, die letzte Strafkolonie Tasmaniens, aufgelöst. Ein dunkles Kapitel war abgeschlossen.

Doch gab es in Tasmanien ein anderes, das noch dunkler war, haben wir doch bisher die Ureinwohner des Landes nur am Rande erwähnt.

Von der Höhe unserer Zivilisation gesehen, waren sie eine der primitivsten Menschenrassen, die es noch auf Erden gab, als die Weißen 1803 in Tasmanien ankamen. Außer einem Schurz aus Känguruhfell trugen die Eingeborenen des Landes keine Kleider, besaßen keine Hütten und ständigen Wohnsitze. Soviel man weiß, bestand bei ihnen auch nicht die primitivste Form eines Glaubens an höhere Wesen, nur die Angst vor bösen Geistern. Sie hatten keine Medizinmänner, auch keine Häuptlinge. Die besten Jäger oder stärksten Männer führten die Horden an. Ihre Sprache wird als eine Art von Singsang beschrieben und soll für Weiße so unverständlich gewesen sein, daß sie niemand erlernte. Sie ist heute verweht und vergangen, man kennt nur wenige Worte.

Die alten Tasmanier kannten weder Wurfkeule noch Bumerang, weder Pfeil noch Bogen wie die Eingeborenen Australiens. Ihre Speere waren aus Holz, die Spitzen im Feuer gehärtet. Sie hatten keine Töpfe und außer geflochtenen Körben überhaupt kein Gefäß. Selbst die Steinaxt hatten sie noch nicht erfunden. Ihr Handwerkszeug, wenn man es so hochtrabend nennen darf, bestand nur aus gefundenen Steinbrocken, denen man durch Absplitterung die gewünschte Form gab. Diese Artefakte wurden weder poliert noch geschliffen, sondern in rohester Form als Schaber und Messer benützt. Wenn man die Urtasmanier zu den Steinzeitmenschen rechnet, so ist das schon fast eine Schmeichelei. Bestenfalls lebten sie in der frühen Steinzeit, also im Paläolithikum. Entsprechend primitiv war auch ihre Ernährung. Nur wenn sich mehrere Horden vereinigten, gelang es ihnen, ein Rudel Känguruhs in die Enge zu treiben, um die Opfer mit Faustkeil und Holzspeer zu töten. In der Hauptsache war das Urvolk auf Kleingetier angewiesen, auf Schnecken, Raupen, Muscheln und Krebse. Sie wußten nicht, wie man Fallen anlegt und Schlingen knüpft, nur hin und wieder gelang es ihnen, Fische zu fangen. Flechten und Wurzelknollen wurden gegessen, die Rinden junger Bäume und selbst angeschwemmter Seetang. Es scheint fraglich, ob sie die Kunst verstanden, ein Feuer durch Reibung zu erzeugen. Niemand hat es gesehen. Sie bewachten ihre Flamme als große Kostbarkeit und nahmen auf ihren Wanderungen glimmende Hölzer mit, um daran am nächsten Lager einen neuen Brand zu entfachen. Sonst mußten sie auf einen gelegentlichen Blitzschlag warten, der unter Umständen irgendwo einen trockenen Stamm auflodern ließ.

Die Ureinwohner Tasmaniens waren vermutlich eine Rasse für sich, vielleicht ein Rest jener allerersten Menschen Australiens, die vor undenklichen Zeiten durch die heutigen Aborigines ausgerottet oder ins tasmanische Exil getrieben wurden. Manche Geologen sind der Ansicht, Tasmanien sei früher mit dem Festland verbunden gewesen, zumindest durch eine Kette nahe beieinanderliegender Inseln. Obwohl sie keine Boote besaßen, verstanden es die Urtasmanier, abgebrochene Äste zu bündeln und als Floß zu benutzen. Im Gegensatz zu den meisten Eingeborenen Australiens hatten die Tasmanier hartes, welliges Haar. Ihre Nasen waren sehr flach, ihre Lippen stark gewölbt und die Ohrlappen überaus lang. Männer wie Frauen zeigten ein lebhaftes Mienenspiel, das stets ihre Stimmung verriet. Wer sich damals näher mit ihnen befaßte, gewann den Eindruck, daß sie trotz ihrer ungemein primitiven Lebensweise doch eine gewisse Intelligenz besaßen. Ohne alle Hilfsmittel, wie sie andere Naturvölker gebrauchen, hätten sie sonst kaum bis in die Neuzeit hinein bestehen können.

Ihre Zahl ist wohl nie sehr groß gewesen, die Schätzungen schwanken zwischen dreitausend und siebentausend. Weil die frühen Seefahrer nur für kurze Zeit festen Boden betraten, hielten sie das Land für unbewohnt. Aus Scheu vor fremden Gestalten ließ sich kein Tasmanier blicken. Im übrigen waren sie auch untereinander so friedfertig, daß man nie von Streit oder Kämpfen zwischen den einzelnen Gruppen hörte.

Was diese harmlosen Geschöpfe nicht davor bewahrte, schon während der ersten Wochen, da sich Fremde in ihrem Lande niederließen, die verheerende Macht der ›Donnerstöcke‹ zu erfahren, in der Risdon-Bucht am Derwent-Fluß, also in der Umgebung des heutigen Hobart am 13. September 1803. Zuvor hatten die Weißen noch keine Berührung mit den Eingeborenen gehabt, nur hin und wieder von fern eine schattenhafte Gestalt erblickt, die schnell verschwand. Nun erschien jedoch eine größere Schar der Schwarzen, offenbar bestrebt, ein Rudel Känguruhs ins Meer zu treiben, wo man sie dann erschlagen oder ertränken konnte. Es war die übliche Herbstjagd der Tasmanier, sie konnten auch beim Anblick der Weißen nicht davon ablassen oder ihre Richtung ändern. Ohne jeden Anlaß, wie eine spätere Untersuchung ergab, ließ Leutnant Moore das Feuer eröffnen. Ein Teil der schwarzen Jäger wurde tödlich getroffen, andere verwundet und von ihren Gefährten in die Wälder zurückgeschleppt.

Von diesem Tage an begann der ›Schwarze Krieg‹, besser gesagt, die Ausrottung eines denkbar harmlosen und wehrlosen Volkes. Je weiter die Siedler in den Lebensraum der Urmenschen vordrangen, desto grausamer wurde ihre Verfolgung betrieben. Die Schwarzen konnten nicht wissen, daß jene seltsamen Tiere, die nunmehr in ihrem Lande erschienen waren, Privatbesitz anderer Leute waren. Die Tasmanier besaßen keine Haustiere, nicht einmal Hunde. Ebensowenig kannten sie den Unterschied zwischen zahmen und wilden Tieren. Ihrer Ansicht nach war jedes eßbare Geschöpf, wenn man es nur erlangen konnte, eine legitime Beute. Im übrigen befanden sich die Schafe, und was die Weißen sonst noch mitgebracht hatten, auf dem Stammland der Eingeborenen. Sie holten sich also die Hühner, die Schafe und die Hunde der Siedler, mitunter auch Schweine und Rinder. Mit dem Erfolg, daß sie selber Freiwild wurden. Jeder Weiße hielt sich für berechtigt, jeden Schwarzen abzuknallen, der in sein Gesichtsfeld geriet, alte Leute, Frauen und Kinder eingeschlossen. Den Sträflingen, die als Arbeitskräfte zu den Farmen gehörten, wurden für die Ermordung der Eingeborenen Prämien gezahlt.

Noch schlimmer als die Siedler und ihre Gehilfen wirkten sich die Raubzüge der Robbenschläger aus, die sich auf den Inseln in der Bass-Straße niedergelassen hatten. Selbst zu jener Zeit, da man im fünften Erdteil an Brutalität gewohnt war, galten sie als besonders wüste Gesellen. Das mußten sie wohl sein, denn es war ihr blutiger Beruf, möglichst viele Robben zu erschlagen, denen sie hernach das Fell vom Leibe zogen. Nur einmal im Jahr kamen Pelzhändler von Hobart und Sydney, um ihre Beute abzuholen. Von diesen wilden Kerlen wurden nun die Tasmanier heimgesucht. Bei Nacht sahen die Banditen das Feuer ihrer Lagerplätze, fuhren hinüber, erschlugen die Männer, stahlen die Frauen und Kinder. Ein Teil der lebenden Beute wurde als Sklaven nach den Südseeinseln verkauft, die Mädchen behielt man auf den kargen Inseln. Sie mußten ihren Herren als Bettgenossen und Arbeitskräfte dienen. In der Zeitschrift ›Australia Illustrated‹ hat Andrew Garran darüber berichtet:

Die Robbenschläger scheuten vor keinem Verbrechen zurück und schämten sich keiner Grausamkeit. Den Verletzten wurde der Schädel eingeschlagen, kleine Kinder warf man in die Flammen. Durch den Leib der überraschten Männer wurden Messer getrieben. Ihre Lagerfeuer wurden zu Scheiterhaufen, worin die Opfer verkohlten.

Anfangs hatten die tasmanischen Eingeborenen keine Möglichkeit, sich zu wehren. Bald aber stießen entlaufene Sträflinge zu ihnen, brachten blanke Waffen mit und auch halbwilde Hunde. So übernahmen weiße Buschräuber die Führung der Schwarzen und organisierten die Überfälle. So manches Blockhaus der Siedler ging in Flammen auf, ihre Schafe wurden von dressierten Hunden fortgetrieben, was nun wieder die Farmer und Schafzüchter veranlaßte, in großem Stil eine Treibjagd auf Menschen zu organisieren. Auf die Dauer konnten ihnen die Ureinwohner des Landes nicht entgehen. In den Wäldern und Bergen fanden sie keine Nahrung, nach einigen Tagen mußten sie ihre Schlupfwinkel verlassen. Wegen ihrer natürlichen Beute waren sie auf freie Flächen, auf die Flußtäler und Küsten angewiesen. Dort fand man ihre Fährten, folgte ihnen auf Pferden und massakrierte sie scharenweise. In Bill Beattys Buch wird aus der ›Perth Gazette‹ der Bericht eines Mr. Brown über ein Unternehmen wörtlich zitiert, das er selber führte:

Auf dem Rückweg sahen wir eine Gruppe von etwa siebzig Eingeborenen, Männer, Frauen und Kinder. Die kampffähigen Männer, etwa fünfundzwanzig an der Zahl, tanzten uns entgegen, wobei sie ihre Speere und Keulen schwangen. Ich galoppierte zwischen sie und erschoß ihren Anführer . . . sie waren sehr erstaunt, aber scheinbar nicht verängstigt . . . ich schoß den zweiten Lauf meiner Büchse auf drei Männer ab, die hintereinander standen, und zog dann meinen Revolver. Auch Williams kam heran und machte gute Exekution. Die Herren Burgess und Francisco folgten . . . in zehn Minuten war alles vorbei. Sechs Eingeborene waren tot oder lagen im Sterben, ungefähr zwölf andere hatten kaum eine Chance zu überleben. Die übrigen flohen in die Mangroven. Unser einziger Schaden war eine Wunde, die Williams Pferd am Kopf davontrug.

Der Verfasser und Anführer der Expedition nennt das traurige Ereignis dennoch einen Kampf und beschreibt den Todesmut seiner Opfer mit anerkennenden Worten:

. . . sie verteidigten sich mit Wildheit, wenn auch nicht mit dem kühlen Mut von Engländern. Keiner äußerte einen Laut des Schmerzes oder der Todesfurcht. Auch dann, als es

für sie keine Hoffnung mehr gab, warfen sie ihre Waffen nicht fort, sondern fochten bis zuletzt.

Sie fochten mit Holzspeeren gegen die Revolver und Gewehre ihrer Vernichter! Ein australischer Aborigine, ›Moskito‹ mit Beinamen, schwang sich zeitweise zum Führer von etwa hundert Tasmaniern auf. Er trieb sie zu verzweifeltem, wenn auch völlig vergeblichem Widerstand. Als ›Moskito‹ fiel, übernahm ›Black Tom‹ seinen Posten. Er hatte bei den Weißen gelebt und kannte so manche ihrer Listen. Aber nach wenigen Monaten mußte auch er unterliegen. Im Nordosten war es Malaganna, der sich mit fünfzig bis sechzig Mann am längsten hielt. Dann war es auch mit ihm vorbei. Keiner seiner Leute blieb am Leben.

Der ›Schwarze Krieg‹, in Wahrheit die fortschreitende Ausrottung der Ureinwohner, nahm derartige Formen an, daß Gouverneur Arthur im Jahre 1830 das Kriegsrecht verhängte und alle verfügbaren Truppen aufbot. Dabei war es nicht seine Absicht, die restlichen Tasmanier vollends zu vernichten, ganz im Gegenteil, er wollte sie lebend fangen und in einem Reservat auf der Forrester-Halbinsel unterbringen. Dort sollten sie gut bewacht, aber auch beschützt werden. Es war vorgesehen, daß kein Weißer ihr künftiges Wohngebiet betreten durfte.

So organisierte der Gouverneur seine berühmte ›Schwarze Linie‹. Sie bestand aus sämtlichen Soldaten und Siedlern, die verfügbar waren, und hatte die Aufgabe, bei ständigem Vorrücken alle noch vorhandenen Schwarzen auf die Halbinsel zu treiben. Die Truppe war mit dreißigtausend Schuß Munition ausgerüstet, dazu noch mit eintausendsiebenhundert Paar Handschellen, um die Gefangenen zu fesseln. Man sagt, es hätten insgesamt siebentausend Mann an dem Unternehmen teilgenommen. Seine Kosten betrugen fünfzigtausend Pfund Sterling, nach heutigem Wert etwa fünf bis sechs Millionen Mark. Doch war das Ergebnis überaus kläglich: Nur ein alter Mann mit seinem Enkelkind wurde eingefangen. Alle übrigen Eingeborenen hatten sich so gut versteckt, daß die gesamte Schützenkette an ihnen vorbeimarschierte.

Nach diesem völligen Fiasko erschien ein Mann namens George Robinson beim Gouverneur, von dem man wußte, daß er sich mit den Eingeborenen besser auskannte als jeder andere Weiße. Er war Maurer von Beruf und gehörte zur Sekte der Wesleyaner. Religiöse Gründe waren es, die ihn bewogen, dem so vielgeplagten Volk der Urtasmanier zu helfen. Er wollte unbewaffnet ausziehen, wollte die Schwarzen auf gütlichem Wege überreden, in das angebotene Reservat zu übersiedeln. Robinson hatte Freunde unter den Eingeborenen, vor allem eine junge Frau namens Trunganini. Sie würde ihm gewiß helfen und konnte auch dolmetschen. Der Gouverneur, von seinem Mißerfolg zutiefst ernüchtert, war damit einverstanden. Bald darauf verschwand der tapfere Maurer mit seiner schwarzen Begleitern in der Wildnis. Monatelang marschierte er durch eine bis dahin unbekannte Welt. Nach seiner Schätzung legte Robinson ungefähr siebenhundert Kilometer zurück, überstand alle Härte und jede Gefahr. Trunganini erwies sich von unschätzbarem Wert. Ihre Gefährten und sie verbreiteten überall, wo es noch Eingeborene gab, den Ruf von Robinsons guten Absichten. So gelang es ihm schließlich, den gesamten Rest der Tasmanier zu erfassen, nicht mehr als zweihundert Menschen!

Lange wollte man nicht glauben, daß diese kleine Sammlung alles war, was von den Ureinwohnern Tasmaniens noch am Leben war. Knapp dreißig Jahre nach dem Erscheinen der Weißen! Jene eintausendsiebenhundert Handschellen, die man beim großen ›Durchkämmen‹ mitgenommen hatte, wären auch bei bestem Erfolg um anderthalbtausend zuviel gewesen.

Der Restbestand von zweihundert Menschen wurde nun auf die Flinders-Insel gebracht, wenige Meilen vor Tasmaniens nordöstlicher Spitze, und der Fürsorge George Robinsons überlassen. Ihre Behandlung war gut, Kleider und Verpflegung lieferte die Regierung. Übergriffe fanden nicht mehr statt, für die Geretteten konnte ein neues Leben beginnen.

Aber die Zeit der alten Tasmanier war abgelaufen, sie dämmerten dahin und erholten sich nicht mehr. Gegen die Tuberkulose und andere Infektionen, von den Weißen mitgebracht, besaßen sie keine Abwehrkraft. Aber diese Krankheiten allein waren es nicht, eine tiefgehende seelische Depression bewirkte den körperlichen Verfall. Es war bei den letzten ihrer Rasse aller Lebenswille erloschen, es wurde kein Kind mehr geboren!

Dreizehn Jahre später waren nur noch vierzig Urtasmanier vorhanden. Robinson selber, an seiner Aufgabe verzweifelnd, hatte sich zurückgezogen. Der traurige Rest seiner Schützlinge wurde in ein anderes Lager gebracht, in die Oyster-Bucht, nördlich der Bruny-Insel. Kaum noch betreut und bald ganz vernachlässigt, starb einer nach dem anderen dahin. Zuletzt war nur noch Trunganini übrig, die Robinson durch Tasmanien geführt hatte. Sie starb 1876 im Altersheim von Hobart. Ihr Volk war damit endgültig erloschen. Auch die Wissenschaft kam zu spät, das wahrscheinlich älteste Volk auf Erden zu erforschen. Ein unbestimmter Anteil seiner Rasse ist nur noch im Blut einiger Leute auf der Cape-Barren-Insel vorhanden, wo die Nachkommen jener wüsten Robbenschläger leben, die einst tasmanische Weiber gezwungen hatten, ihr Lager zu teilen.

Nun liegt das dunkle Kapitel, sowohl was die Sträflinge wie die Ureinwohner betrifft, über hundert Jahre zurück. Heute läßt sich auf der weiten Welt kaum eine andere Insel denken, wo es friedlicher und freundlicher zugeht als in Tasmanien.

Zauberkönig Leierschwanz

Wir liegen flach auf dem Boden, schauen durchs Gitter und haben ihn noch immer nicht gesehen. Ein Dickicht von Farnkraut, grünem Gebüsch und schattigem Geäst füllt das Gehege vollständig aus. Darüber steigen Eukalyptusbäume bis zu dem hohen Drahtnetz, das alles überspannt. Nur wenn man sich auf den Rasen hinstreckt, den Kopf eine Handbreit über dem Gras, kann man durch das verzweigte Unterholz ein paar Meter weit in den riesigen Käfig hineinschauen. Es ist kellerdunkel darin, kaum daß ein blasser Schimmer Tageslicht den eingezäunten Flecken Urwald bis auf den Boden durchdringt. Allmählich gewöhnen sich die Augen daran, aber wir müssen Geduld haben und üben sie schon eine halbe Stunde lang. Doch es regt sich nichts in der dämmrigen Wildnis.

Freund René liegt neben uns, zur Zeit ganz beherrscht von seinem leidenschaftlichen Interesse für ein bestimmtes Geschöpf der einheimischen Tierwelt.

»Geduld allein genügt nicht«, sagt er leise, »Glück muß man haben, um ihn zu sehen, viel Glück. Nur im tiefsten Schatten ist er zu Hause.«

Es ging um den Leierschwanz, *Menura superba* auf lateinisch, einen Tänzer von Gottes Gnaden und Sänger mit tausend Stimmen, der mit seiner Frau in diesem Gebirge lebt. Den Tiergärtnern im Park von Healesville war es gelungen, ein Paar dieser geheimnisvollen Vögel, als sie noch ganz jung waren, einzufangen und mit großer Sorgfalt am Leben zu erhalten. In einen gewöhnlichen Käfig konnte man sie nicht sperren, ihre sensible Natur hätte es nicht ertragen. Sie verlangten nach echtem Dschungel, nach halbdunklem Schatten und tiefgrünem Gewucher. Der Boden soll weich sein, einigermaßen feucht und mit modrigem Laub bedeckt. Hoch über ihrem Dickicht sollen Äste hinausschwingen, von denen man einen weiten Ausblick genießt. So war keine andere Wahl geblieben, als ein passendes Stück Urwald zu finden, um darum und darüber ein haltbares Gebilde aus Stahlmasten und Drähten zu errichten. Es hat die Größe eines Ballsaales und liegt am Rande des berühmten, viele Quadratmeilen großen Tiergartens, eine Autostunde weit von der Großstadt Melbourne entfernt.

Doch vorerst war dem Publikum damit nur wenig gedient. Auch in seiner Gefangenschaft gab sich der Wundervogel den Blicken der Besucher nicht preis. Er blieb im Dschungelgrün verborgen, das auch in Freiheit sein gewohnter Einstand ist. Aber immerhin, es war gelungen, ein Menurapaar im Gehege zu halten, und man durfte hoffen, die beiden würden sich mit der Zeit an die Nähe von Menschen gewöhnen. Es hatte schon andere Fälle gegeben, da ein Menura seine Scheu überwand und sich offen zeigte. Vielleicht trat auch hier der Schattenvogel eines Tages auf die kleine Lichtung seiner Umfriedung, um vor den Menschen ein Konzert zu geben, ja vielleicht bekam man sogar anschließend noch sein Ballett zu Gesicht. Vorläufig schwiegen aber die beiden, und Menura, der Hausherr, tanzte im Verborgenen für seine Frau allein.

René stieß mich an.

»Aufpassen . . . links am Rand zittern die Blätter!«

Ein Schatten huschte hervor, größer als ein Hahn, kleiner als ein Fasan. Dunkler Kopf mit schwarzem Schnabel, hohe Ständer, brauner Leib und danach ein sehr langer, wippender Schwanz mit zartem Gefieder. Aber schon war es vorbei, das Gebüsch verdeckte ihn wieder.

René erhob sich und meinte, das sei sehr gut gewesen. Mehr bekämen wir heute nicht zu sehen. Eher enttäuscht als befriedigt von dem kurzen, flüchtigen Blick gingen wir an den Picknickplatz und packten aus, was wir mitgebracht hatten. Es gab hier eine vorbereitete Feuerstelle, Brennholz und einen Wasserhahn. Die Parkverwaltung sorgt wirklich gut für ihre Besucher und weiß, wie gern sich ihre Landsleute selber ihre Mahlzeit über dem offenen Feuer bereiten. Wir waren an einem Wochentag gekommen, mitten in der Regenzeit, und waren deshalb, obwohl heute ausnahmsweise klares Wetter herrschte, weit und breit die einzigen Besucher. Der Rauch zog kerzengerade in die Baumkronen. Wenn man die Bänke und Wege übersah, konnte man sich vorstellen, in einer paradiesischen Wildnis zu sein. Ein paar Känguruhs, schon längst mit den Menschen versöhnt, standen mit hängenden Vorderpfoten kaum sechs Schritt entfernt und schauten zu, was wir taten. Schallend lachte ein Kukaburra, nacheinander stelzten drei Emus vorüber, und irgendwo im Hintergrund klingelten die Glockenvögel. Wir aber sprachen nur über den Vogel Leierschwanz und von jener wunderbaren Freundschaft, die ein Menura namens James mit Frau Wilkinson geschlossen hatte.

René erzählte nicht von Gerüchten, er hatte die achtbare Witwe selber besucht und die Bekanntschaft des Vogels gemacht. Ihm war unser Freund von Frau Wilkinson regelrecht vorgestellt worden. René war eine authentische Quelle für das sonderbare Geschehen, das sich dort abgespielt hatte. Im übrigen hatte Mr. Ambrose Pratt, fünfzehn Jahre lang Präsident der Königlichen Zoologischen Gesellschaft im Staate Victoria, über den Vogel James ein Büchlein verfaßt und mit zahlreichen Fotos bebildert, die bewiesen, daß kein Hauch von Phantasie seinen klaren Blick getrübt hatte.

Zunächst muß man wissen, daß Frau Wilkinson viele Jahre ganz allein für sich in den Dandanong-Bergen gelebt hatte, etwa vierzig Kilometer von Melbourne entfernt. Sie besaß dort, noch von ihren Eltern her, die als Pioniere in jene Bergwelt vorgestoßen waren, einen großen Streifen urwüchsigen Landes. Es lag an einem dicht bewaldeten Hang, der sich zunächst sanft, dann steil und immer steiler zum Flußtal hinabsenkt. Darüber hinaus besaß die Witwe nicht eben viel, nur eine kleine Gärtnerei, die ihr verstorbener Mann seinerzeit dem üppigen Urwald abgerungen hatte. Ohne fremde Hilfe betrieb die einsame Frau auf dieser freien Fläche eine Zucht prächtiger Schnittblumen. Weil in dem milden, feuchten Klima jeder Tag ein Erntetag ist, florierte der Ein-Frau-Betrieb recht gut. Mrs. Wilkinson konnte davon leben, zwar bescheiden, doch ohne materielle Sorgen. Sie war die Einsamkeit gewöhnt, fühlte sich sogar glücklich inmitten ihres Waldes. Dies um so mehr, da sie großen Gefallen an den Vogelstimmen fand, die von früh bis spät ihre Arbeit begleiteten. Hierzu gehörten auch die vielseitigen und klangvollen Laute des sagenumwobenen Leierschwanzes, der im tiefen Dschungel jener Gegend zu Hause ist.

Andere Menschen haben nur selten Gelegenheit, seine Konzerte zu hören, ist doch der Menura superba äußerst wählerisch, was seine Umgebung betrifft. Ohnehin nur auf einen relativ schmalen Streifen der Waldberge im südlichen Queensland, Neusüdwales und Victoria beschränkt, finden sich die Einstände des seltsamen Vogels lediglich am Hang ungestörter, dichtbewachsener Täler, die drunten ein frischer Bach durchfließt und wo sich eine bestimmte Art von Vegetation erhält. Überdies verlangt der anspruchsvolle Leierschwanz auch freistehende Baumwipfel, von deren Geäst er beim Morgengrauen wie Sonnenuntergang das Farbenspiel am Himmel so recht von Herzen genießen kann. All das hatte daher Frau Wilkinsons Berghang zu bieten. Es fehlte ihr daher nicht an jener abwechslungsreichen Unterhaltung, wie sie ein Menura ebenso unermüdlich wie kostenlos zum besten gibt. Seine Konzerte sind von zweierlei Art, teils bestehen sie aus eigenen Kompositionen, teils aus der naturgetreuen Imitation anderer Vogelstimmen. Überdies vermag er täuschend ähnlich alle nur denkbaren Geräusche nachzuahmen, die er irgendwo gehört hat. Wenn man poetisch sagt, er besitze tausend Stimmen, so ist das eine krasse Untertreibung. In Wahrheit vermag die Kehle eines Leierschwanzes, wohlgemerkt nur des männlichen Vogels, ohne Ausnahme jeden Laut hervorzubringen, das Pfeifen einer alten Lokomotive ebenso wie das Kreischen einer Kreissäge. Er wiederholt das Fauchen einer Katze und die Ausrufe von Menschen. So war für Abwechslung gesorgt, und die gute Witwe bekam immer wieder neue Variationen zu hören. Aber es vergingen oft viele Monate, ohne daß sie einen ihrer Unterhalter erblickte. Wenn es geschah, so nur für wenige Sekunden und aus größerer Entfernung.

Sie selber aber wurde ständig beobachtet, ohne es zu ahnen. So kam es, daß sich ein Leierschwanz, jung an Jahren, von dem harmlosen Treiben der einsamen Frau überzeugt hatte. Am Morgen eines nebligen Februartages trat er ins Freie, schritt einen Gartenweg hinab und gab sich Frau Wilkinson zu erkennen. Sogleich blieb die Witwe reglos stehen, sie wagte kaum zu atmen. Doch der Leierschwanz zeigte keine Furcht, schaute sie forschend an und warf in rascher Bewegung seinen hübschen Kopf von einer Seite zur anderen. Damals wußte die Gärtnerin noch nicht, daß dies ein Zeichen der Begrüßung war. Sie staunte nur über den blitzgescheiten Ausdruck in seinen glänzend schwarzen, verhältnismäßig großen Augen. Schrittweise zog sich die Dame zurück, um nicht weiter zu stören. Der Menura jedoch blieb im Garten, um sich nach Käfern umzusehen.

So geschah es am nächsten und übernächsten Tag. Bei der vierten Begegnung brachte der Menura auch seine Frau mit, die jedoch ängstlich war und sich im Hintergrund hielt. Der schöngefiederte Hahn fühlte sich vollkommen sicher mit der Gärtnerin, ließ sich auch nicht stören, als sie mit ihrer Arbeit begann. Eine Weile folgte er jeder Bewegung der Menschenfrau mit offenkundigem Interesse, um alsdann wieder nach Gewürm und Kerbtieren zu suchen. Sein Vertrauen wuchs von Tag zu Tag, bis auf wenige Schritte ließ er die Frau an sich herankommen. Er wußte wohl, daß nichts von ihr zu befürchten stand.

Das ging so einige Wochen, dann wagte es die Witwe, ihren Besucher anzusprechen.

»Halloh ... boy!« sagte sie mit leiser Stimme, und »halloh ... boy«, gab der Vogel im gleichen Tonfall zurück, obwohl Mrs. Wilkinson kein Junge war.

Sie selber konnte nichts mehr sagen, das Wunder seiner Stimme verschlug ihr die Sprache. Auch der Menura war vom Grußwechsel mit einem Menschen so verblüfft, daß er sich für einige Tage nicht mehr sehen ließ. Aber dieser Rückfall in angeborene Scheu ging vorüber, am nächsten Sonntag kam er wieder, grüßte mit ›halloh ... boy‹ und leistete der fleißigen Witwe bis zum späten Nachmittag Gesellschaft. Sie sprach wieder zu ihm, und zwar vom Wetter, wie sich das bei der Einleitung von Gesprächen in angelsächsischen Ländern gehört. Die Folge menschlicher Laute konnte ihren Besucher nicht mehr erschrecken. Zwar wiederholte er keines der Worte, aber er ließ Schnalzlaute hören, von denen Frau Wilkinson bis heute annimmt, es wären seine Versuche zu einer Konversation gewesen. Sie bedauerte, daß noch kein Lehrbuch der menurischen Sprache existierte.

Von nun an begannen die täglichen Begegnungen einen regelmäßigen Verlauf zu nehmen. Zunächst sprang der Leierschwanz auf einen Ast am Rande der Gärtnerei, um während einer Viertelstunde sein Gefieder mit großer Sorgfalt zu reinigen. Nach vollendeter Toilette fühlte er sich präsentabel genug, um die Herrin des Anwesens höflich zu begrüßen. Danach unterhielt man sich für geraume Weile, ein jeder in seiner Sprache. Nahm die Gärtnerin ihre Arbeit auf, tat Herr Menura das gleiche. Er begab sich auf die Suche nach Schnecken, Würmern und anderen Köstlichkeiten. Seine Frau jedoch blieb auch weiterhin schüchtern. Sie wagte sich nie über den Waldrand hinaus, sosehr der stolze Hahn sie auch dazu bewegen wollte.

Kam die Mittagshitze, zog sich Frau Wilkinson in ihr Haus zurück, während der Vogel mit seiner Gefährtin im Dickicht verschwand. Gegen sechzehn Uhr folgte eine neue Begegnung der beiden Welten, bis es für den Leierschwanz Zeit wurde, sich in einen Baum zu schwingen, um mit sichtlicher Ergriffenheit den Sonnenuntergang zu bewundern.

Die Witwe sann auf einen Namen für ihren Liebling, gedachte eines Jugendfreundes und grüßte fortan den Leierschwanz mit ›James‹. Es mußte ihm wohl gefallen, denn er ließ sich unter diesem Namen herbeilocken.

So vergingen viele Wochen, zwischen der Witwe und dem Vogel herrschte das Einverständnis freundlicher Nachbarschaft. Mrs. Wilkinson drängte sich ihrem Besucher nicht auf, sie wußte, daß man keinem freilebenden Tier näher treten durfte, als diesem beliebte. Dem Menura selber sollte überlassen bleiben, sein Vertrauen noch weiter auszudehnen, falls er das wollte.

So kam denn ein Tag großer Überraschungen. Als die Gärtnerin, etwa eine Stunde vor Sonnenuntergang, ihre Arbeit getan hatte und in einem Sessel auf ihrer gedeckten Veranda Zeitschriften las, sprang plötzlich der Vogel James auf das Geländer. Einige Male lief er mit schnellen Schritten auf der Balustrade hin und her, machte alsdann der verblüfften Witwe eine zierliche Verbeugung und flog davon.

Als sich dasselbe Schauspiel auch in den nächsten Tagen wiederholte und weil die Hausfrau meinte, das Geländer sei für ihren Freund zu schmal, versah sie die Balustrade in ganzer Länge mit einem fußbreiten Brett. Ihre Aufmerksamkeit schien den Leierschwanz zu erfreuen. Er blieb länger, versuchte ein paar Tanzschritte und entfaltete zum ersten Mal die ganze Pracht seiner Schwanzfedern, jene Leier, nach der man ihn nennt. In englischer Sprache *Lyrabird,* Leiervogel.

Indessen war es Juni geworden, und die Liebe im Herzen des superben Menura erwacht. So begann er zu singen, erst von einem Ast herab, dann auf der verbreiterten Balustrade vor dem Wohnzimmer des Hauses. Die neuerdings überraschte Mrs. Wilkinson, nur zwei Schritt von ihm entfernt, konnte sich vor Freude kaum fassen.

Ein Liebeslied wurde ihr dargebracht, wie man es sich schöner kaum denken kann. Dies in Worten zu schildern, ist nicht möglich, aber jeder kann es hören, denn später hat James für Schallplatten gesungen, die man in australischen Fachgeschäften erwerben kann. Notfalls wende man sich um Anschrift einer Bezugsquelle an die Royal Zoological Society of Victoria. Aber ich greife vor, wir sind noch beim ersten Konzert, daß James ganz allein für Mrs. Wilkinson veranstaltete. Seinem menurischen Liebeslied folgte eine Reihe ausgezeichneter Imitationen anderer Singvögel des Waldes. Das Geläute der Glockenvögel brachte James zu Gehör, den Goldpfeifer, ein Duett der Gang-Gangs und schloß die Darbietung mit einer kompletten Lachserie des immerfröhlichen Kukaburra. Danach verbeugte er sich und segelte zu Tal, wo ihn seine Gattin schon erwartete.

Diese Vorstellungen wiederholten sich, stets um die gleiche Zeit, durch den ganzen Juni und Juli. James teilte seine Aufmerksamkeiten zwischen der eigenen Frau und Mrs. Wilkinson. Das Programm wechselte von Tag zu Tag, nie ermüdete James das Gehör seiner Freundin durch Wiederholung desselben Repertoires. Ihm standen Variationen sonder Zahl zur Verfügung. Doch Anfang August kam der stolze Hahn in die Mauser und fühlte, daß er nicht mehr die geeignete Kleidung trug, um vor einer Dame aufzutreten. Eine der schönsten

Federn aus seiner Leier deponierte er bei Nacht vor Mrs. Wilkinsons Tür, dann blieb er für Monate verschwunden.

Am 5. Dezember wurde die Gärtnerin durch leises Tappen am Fenster des Wohnzimmers aufgeschreckt. James war wieder da und pickte mit seinem Schnabel gegen das Glas. Tiefgerührt eilte die Witwe hinaus auf die Veranda. Der zauberhafte Vogel stand auf seinem Brett, freute sich über das Wiedersehen und drehte sich langsam, um der Freundin sein neues Federkleid zu präsentieren. Er schien größer geworden und noch viel schöner als zuvor. Eine halbe Stunde lang gab er Mrs. Wilkinson ein Begrüßungskonzert, mit vielen neuen Melodien und Imitationen, die er inzwischen gelernt hatte. Zum Schluß zeigte er noch ein paar Tanzschritte, um auf kommende Dinge vorzubereiten.

Wenige Tage später wurde Frau Wilkinson ernstlich krank, sie konnte sich am Morgen nicht erheben und fühlte sich sterbenselend. Ein Krampf lähmte ihre Beine, und sie litt große Schmerzen. Telefon war nicht im Hause, sie hätte es auch kaum erreichen können. Der Lieferwagen aus Melbourne, der die Blumen holte, war gestern hier gewesen. Drei Tage würden vergehen, bis er wiederkam. Bei der einsamen Lage des Hauses war auf nachbarliche Hilfe nicht zu rechnen.

Oh doch, die nachbarliche Hilfe kam! James wohnte in der Nähe. Als seine Freundin ausblieb, sich nicht im Garten zeigte, ging er sie suchen. Da er die Veranda leer fand, schritt James um das Haus, sprang auf das Fensterbrett des Schlafgemachs und blickte hinein. Hier lag nun die Menschenfrau und rührte sich kaum. Der Nachbar pickte ans Glas, raschelte mit seinem Gefieder und begann mit einem fröhlichen Getriller. Dies Wunder hatte auf die Kranke eine ungemein belebende Wirkung, sie konnte sich aufrichten und atmete wieder frei.

Für zwei volle Stunden ließ der Zaubervogel seine schönsten Melodien erklingen. Man versteht, daß es für die einsame Frau keine bessere Medizin geben konnte, und bevor der Tag zur Neige ging, war sie genesen. So hat sie das erzählt, ihren Worten kann man getrost vertrauen, denn alles, was sie sonst über James berichtet hat, erwies sich als lautere Wahrheit.

Um den Sänger für seine Samariterdienste zu belohnen, suchte sie im Garten nach allem, was er gern verzehrte, und bestreute damit seine Plattform. Aber, das war zu materiell gedacht, wie sich bald herausstellte! James hatte aus Idealismus gehandelt, er wünschte kein schnödes Futter für ehrliche Freundschaft. Wütend fegte er Käfer und Raupen von dem Brett, krächzte verägert und flog davon. Seitdem hat Frau Wilkinson nie mehr gewagt, ihn zu bewirten.

Gutmütig, wie James gesonnen war, verschwand sein Zorn sehr schnell. Am übernächsten Tag stellte er sich wieder ein und begann sogleich mit seinem ersten Ballett. Die Leier flog hoch, entfaltete sich zu einem herrlichen Vorhang, der sich mit elegantem Bogen über seinen Rücken neigte, um sodann vornüber bis auf den Boden zu fallen. In das lockere Filigran seiner schimmernden Federn gehüllt, drehte sich James im Kreise, eilte im Trippelschritt nach rechts und nach links, pirouettierte über die ganze Länge des Brettes, sprang vibrierend in die Höhe und wirbelte als buntes Federknäuel umher. Damit nicht genug, begleitete der Künstler seinen Tanz mit eigenem Orchester. Es schien, als habe er viele Stimmen zu gleicher Zeit. Das war ein Getriller und Jubilieren, ein Geläute und Geklingel, wie man es sich in der blühendsten Phantasie nicht vorstellen kann.

Bisher hatte die einsame Witwe ihr Geheimnis für sich behalten. Doch nun konnte sie es alleine nicht mehr bewältigen. Sie erzählte dem Blumenhändler von ihren wunderbaren Erlebnissen mit dem Vogel James. Kopfschüttelnd gab der Mann diese Neuigkeit weiter. Aufrichtiges Mitgefühl war die Folge, denn wer die herzensgute Frau kannte, mußte sie gerne haben. Die Witwe hatte einen Vogel, das schien sicher, aber einen Vogel anderer Art, als sie zu sehen vermeinte!

Die Kunde von ihrem Zustand verbreitete sich über den Blumenhändler bis nach Melbourne und erreichte durch Zufall auch den Präsidenten der Zoologischen Gesellschaft, Ambrose Pratt, denn seine Frau bezog ihre Blumen aus jenem Geschäft, das sie seinerseits von Frau Wilkinson holte. Weil sich Mr. Pratt von Jugend an mit den Menura superba befaßt und schon manche Merkwürdigkeit mit dem merkwürdigsten aller Vögel erlebt hatte, hielt er für möglich, daß die Erzählung der braven Witwe ein Körnchen Wahrheit enthielt. So machte er sich auf, um sie zu besuchen.

Frau Wilkinson berichtete dem erfahrenen Vogelkenner alles, was sie mit James erlebt hatte. Am Nachmittag bot sich der Beweis. Den Umgang mit scheuen Tieren gewohnt, hielt sich der Besucher im Hintergrund, als James auf der Balustrade erschien, unnötigerweise, wie sich bald zeigte. Mrs. Wilkinson hielt es für ein Gebot der Höflichkeit, die Herrschaften bekannt zu machen. Mr. Ambrose Pratt, Präsident der Königlichen Gesellschaft für Zoologie, wurde dem Leierschwanz korrekt vorgestellt. James erwies ihm eine zierliche Verbeugung, machte eine menurische Bemerkung, die man als ›sehr erfreut‹ deuten konnte, und begann mit seinen Darbietungen.

Jener Bericht, den Mr. Pratt anschließend der Fachpresse übergab, wurde in den meisten australischen Blättern veröffentlicht. Die Zeitschrift AGE nannte den Vogel James ›das Wunder in den Dandenongs‹, und Pratt selber beschrieb dessen Auftritt als eine ›Offenbarung der Natur‹. Seine weiteren Erfahrungen mit James, wie über das Leben der Leierschwänze insgesamt, legte er in einem Büchlein nieder, das den klangvollen Titel trägt: *The Lore of the Lyrabird.*

Was dort zu lesen stand, was die Presse meldete, war so ungewöhnlich, unglaublich, daß es viele der mehr oder minder gelehrten Fachleute rundweg abstritten, während sich die wirklichen Vogelfreunde aufmachten, das Mirakel mit eigenen Augen zu sehen.

Das Brett auf Frau Wilkinsons Veranda wurde zur Bühne, ihr Wohnzimmer ein Zuschauerraum. Auf sechs Stuhlreihen hintereinander saßen dort die Besucher und genossen staunend die Solovorstellung eines freilebenden Leierschwanzes. Weit davon entfernt, sich von der Gegenwart so vieler Menschen stören zu lassen, schien James sein Publikum zu genießen. Eifriger denn je und stets mit reicherem Repertoire gab er seine Vorstellungen, pünktlich auf die Minute und allein der Ehre halber. Seine Konzerte wurden vom Rundfunk übertragen und auf Schallplatten aufgenommen. Zum Filmstar avanciert, erschien James auf der Leinwand und zeigte sein Ballett in Großaufnahme. Ein Liebling der Saison, der Zaubervogel aus den Dandenongs! In Bild und Ton, in Film und Rundfunk wurde James zum berühmtesten Vogel seines Kontinents. Um ihre Freundschaft mit dem großen Künstler wurde Mrs. Wilkinson sehr beneidet, und bissig, wie die Presse nun einmal ist, hieß es in einem Kommentar: »Die würdige Witwe und der junge James, welch ungewöhnliches Paar!«

Alle Jahre wieder, wenn die Zeit gekommen war, wiederholte sich das Phänomen, worüber James aber nicht jene Pflichten vergaß, die er seiner Gattin schuldig war. Ein Küken – die Menura haben nur eines – begleitete das Paar im nächsten Jahr, danach folgte ein zweites, schließlich ein drittes und ein viertes. Mehr aber führt die Henne nicht. Denn am Ende von vier Jahren sind die Leierschwänze ausgewachsen und verlassen das Gebiet ihrer Eltern, um in anderer Gegend selber eine Familie zu gründen.

James gedieh, lernte immer neue Melodien hinzu und sonnte sich im Glanz seiner Beliebtheit. Die Leierschwänze werden sehr alt, zwölf Jahre sind erwiesen, doch können es noch viel mehr sein. Man denke nur an die angeblich hundertjährigen Papageien. James war noch jung, als ihn Frau Wilkinson zum ersten Male erblickte, und wenn er nicht gestorben ist, so lebt er noch heute.

Doch wollen wir es dabei nicht bewenden lassen, es gibt ja noch so vieles von diesen wunderbaren Vögeln zu berichten.

Was ihr eheliches Leben betrifft, so ist es ein Muster von ewiger Treue und guter Kameradschaft. Mancher Menschenmann könnte sich daran ein Beispiel nehmen, die Frauen nicht zu vergessen. Jung wird gefreit und niemals bereut. Stets bleibt die Henne in Rufnähe ihres Hahnes, er selber weicht nie aus dem gemeinsamen Lebensrevier, das von Kennern des Menura superba auf etwa eine Quadratmeile geschätzt wird. Stirbt das Weibchen, so bleibt der Hahn ein Witwer sein restliches Leben lang. Da man des öfteren ältere Menuramänner beisammen sah, wird angenommen, daß sich die verwitweten Hähne auf geheimnisvolle Weise zusammenfinden, um nicht allein zu sein. Dagegen hat man noch keine Menurahenne gesehen, die ständig ohne Partner war oder sich anderen Menurafrauen anschloß. Entweder verleben sie ihre Witwenschaft gramgebeugt im tiefsten Dickicht oder gehen nach Verlust ihres Gatten kummervoll zugrunde.

Natürlich ist der Hahn alleiniger Herr im waldigen Haus. Er bestimmt, was gemacht wird, seine Frau folgt ihm aufs Wort. Immer schreitet er voran, sie bleibt stets in seiner Nähe. Die Henne allein baut das Nest und bebrütet auch allein das einzige Ei des Jahres. Doch wird das Junge gemeinsam betreut und von beiden Eltern in allen menurischen Künsten ausgebildet. Ist der australische Frühling gekommen, so wirbt der Hahn alle Jahre aufs neue um die Gunst seiner Gattin. Da singt er Tag für Tag, viele Wochen lang erklingen seine schönsten Lieder für sie. Rauschend entfaltet er den Prunk seines Gefieders und ergeht sich vor ihren entzückten Augen in den phantasievollsten Solotänzen. So kann der Erfolg nicht ausbleiben.

Ist das rosapunktierte Ei gelegt und die Henne pflichtbewußt ans Brutgeschäft gebannt, zeigt sich des Gatten liebevolle Fürsorge von ihrer besten Seite. Schon zuvor hat der Hahn in emsiger Arbeit drei, vier oder fünf Tanzböden errichtet, alle im Blickfeld des Nestes. Abwechselnd besteigt er nun eine dieser Bühnen, um für die Unterhaltung seiner brütenden Frau zu sorgen. Er bringt ihr ein Ständchen nach dem anderen, tanzt für sie allein alle Figuren des menurischen Soloballetts und imitiert alle Stimmen und Geräusche, an denen sie Freude hat. Von Jahr zu Jahr, von Woche zu Woche gewinnt sein Repertoire an Vielfalt und Abwechslung. Die Henne lauscht ihm hingerissen und ist entzückt von seinen Künsten.

Ist das Junge aus dem Ei geschlüpft, beginnt bald seine Lehrzeit. Es ist für die Eltern keine einfache Sache, denn meist sind schon andere Geschwister vorhanden. So haben es die Erzieher mit einer gemischten Schulklasse zu tun, die aus einem Anfänger und zwei bis drei Fortgeschrittenen besteht. Die beiden Lehrkräfte müssen sich dem Vermögen jedes ihrer Kinder anpassen. Was erstaunlicherweise nicht zum Pensum der Schulklasse gehört, ist der Gesang der Menura. Den haben die Vögel von Natur aus mitbekommen. Je älter sie werden, desto besser entwickeln sich ihre Fähigkeiten von selber. Aber die Nachahmung anderer Stimmen und jeder Tanzschritt muß sie mit großer Beharrlichkeit von den Eltern gelehrt werden. Dabei sind die Kleinen eifrige Schüler, denn jeder Leierschwanz hat den Ehrgeiz, möglichst zahlreiche Triller und Stanzen fremder Herkunft in seine Konzerte einzuflechten. Nach Mr. Ambrose Pratts Aufzeichnungen brachte der fleißige James während einer halbstündigen Vorstellung nicht weniger als zwanzig verschiedene Stimmen aus der gefiederten Welt zu Gehör. Nicht nur Vögel der Umgebung wurden kopiert, auch das Kläffen eines fernen Hundes, Eisenbahnpfiffe, Autohupen, Axtschläge und das Geknatter einer Kreissäge im Forst. Man hat Leierschwänze gehört, die Ohrenzeugen von Bauarbeitern gewesen sein müssen. Am Geräusch, das sie wiedergaben, ließ sich erkennen, welche Geräte und Maschinen man verwendet hatte. Sogar die Stimmen der Arbeiter, Zurufe und männliches Gelächter kam aus den Kehlen der Imitatoren. Die Menura hatten sich in der Nähe einer Straße aufgehalten, wo gearbeitet wurde, niemandem sichtbar, doch ganz Ohr für die fremden Laute.

Damit nicht genug, an verschiedenen Orten haben einzelne Leierschwänze die gleiche Trillermelodie von Vögeln imitiert, die im Original gar nicht bekannt sind. Man hat keine Ahnung, auch die Ornithologen nicht, wer hier nachgeahmt wurde. Es gibt für dieses Rätsel nur eine Lösung: von Generation zu Generation haben die Menura ihren Jungen die Stimmen von Vogelarten beigebracht, die nicht mehr existieren. Niemand weiß, wann jene Arten ausgestorben sind, aber die Vorfahren der heutigen Leierschwänze haben sie gekannt, gehört und ihre Stimmen bewahrt. Gewiß ein phantastischer Gedanke, daß auf solche Weise die Laute von Tieren weiterleben, die kein weißer Mann jemals erblickt hat und von deren Aussehen es keine Vorstellung gibt.

Auch bei seinen Gefährten im Federkleid ist der Menura superba ungemein beliebt. Wo er auftritt, um zu konzertieren, findet sich sogleich eine Schar minderbegabter Sänger ein, um dem großen Meister zu lauschen. Sie hüpfen dem Hahn mit der Leier hinterher und genießen mit offensichtlicher Freude seine Darbietung. Hat er geendet, verlangen sie piepsend nach einer Zugabe. Gutmütig, wie der Künstler ist, folgt er meist ihrer Bitte und läßt noch ein paar Melodien folgen. Ähnlich verhielt sich James auch den Menschen gegenüber. Man mußte ihm nur freundlich zureden, dann verlängerte er seine Vorstellung. Zahlreiche Augenzeugen haben es bestätigt, sogar im Film war das zu sehen. Stets wandte sich James bei seinem Konzert den Betrachtern zu und machte ihnen am Schluß eine Verbeugung. Kein Zweifel, daß er Bewunderung zu schätzen wußte und sich freute, so lebhaft beachtet zu werden.

Doch nichts gleicht der Bewunderung, die seine eigene Frau für ihn hegt. Sobald er mit Tanz oder Gesang beginnt, hört die Henne auf zu scharren und eilt herbei. Sie hat nur noch Augen und Ohren für ihn, den Herrlichsten von allen. Jeder Ton und jede Nuance seiner Bewegungen ist für sie reines Entzücken. Und er weiß das, es gefällt ihm über die Maßen. Ein glückliches Wesen, das seine Liebste so vollkommen zu beglücken vermag!

Wie man es bei solch edlem Charakter gar nicht anders erwartet, ist der Leierschwanz auch ein guter Nachbar für seinesgleichen. Peinlich achtet er die Rechte seines Nächsten, nie wird er in fremde Grundstücke eindringen. Um ganz korrekt zu sein, wird sogar ein Streifen Niemandsland respektiert, der jedes Revier vom anderen trennt. Erblickt man sich von weitem, so schreiten beide Herren gravitätisch aufeinander zu, treffen sich genau in der Mitte und begrüßen sich mit ausgesuchter Höflichkeit. Ein kleines Spielchen wird veranstaltet, wobei die Hähne keckernd umeinander kreisen. Alsdann folgt der höfliche Abschied, und jeder kehrt in sein Gebiet zurück.

Neunzehn Jahre seines Lebens hat Mr. Thomas Tregellas dem Studium der Leierschwänze gewidmet, doch nie einen Streit zwischen ihnen beobachtet. Der Forscher wohnte im ausgehöhlten Stamm eines Baumriesen, fern aller Menschen tief im Wald von Monbulk, wo die Menura seit alters ein ungestörtes Leben führen. Die Vögel hatten sich an den Vogelmenschen gewöhnt, er stand mit ihnen auf dem gleichen freundschaftlichen Fuße wie Frau Wilkinson mit ihrem

James. So konnte Tom Tregellas unter anderem beobachten, daß sich die Hennen während der Brutzeit Besuche abstatten. Während die Wöchnerin auf ihrem Ei verharrte, ließ sich der Besuch auf einem Ast vor dem Neste nieder und erkundigte sich nach dem Befinden. Tregallas ist der Überzeugung, daß eine regelrechte Unterhaltung stattfindet. Es wird leise gemunkelt, viel genickt und die Augen bewegen sich lebhaft. Wie sich das unter Leuten mit guter Kinderstube gehört, wird einige Tage später der Besuch erwidert. Das schwache Geschlecht darf die Grenzen überschreiten, die Herren aber treffen sich wie gesagt nur im Niemandsland.

Was den Gesang und Tanz betrifft, so beschränkt sich die Henne auf deren Anfangsgründe. Es reicht gerade aus, um die Kleinsten zu unterrichten. Ihre Fähigkeiten liegen auf dem Gebiet des Nestbaus. Aus Zweigen wird eine solide Hohlkugel gewoben, die nur nach vorne geöffnet ist. Gewiß, das können andere Vögel auch, aber Frau Menura vollbringt noch ein Meisterstück an Tarnung. Vom nächsten Eukalyptusstamm reißt sie einen Streifen Rinde ab, etwa anderthalb Meter lang und zehn Finger breit. Dieses Riesenband wird nun, die helle Seite nach oben, quer über das Nest gezogen. Eine geniale Maßnahme zum Schutz vor Raubvögeln! Diese sehen zwar den auffälligen, fast weißen Streifen im Graugrün des Waldes und sollen ihn auch sehen. Davon wird ihr scharfes Auge so gebannt, daß sie die verschwommenen Konturen des Nestes darunter nicht wahrnehmen. Hier hat ein Vogel dasselbe optische Prinzip angewandt, das die Menschen erst vor relativ kurzer Zeit entdeckten, die Auflösung bestimmter Umrisse durch krasse Bemalung in anderen, scharfkantigen Formen. Man erinnere sich nur der Tarnanstriche von Kriegsschiffen, Munitionsschuppen und sonstigen militärischen Anlagen. Für den Beobachter im Flugzeug verschwindet darunter das eigentliche Objekt. Darauf sind unsere Experten nicht vor dem Ersten Weltkrieg gekommen. Frau Leierschwanz hat es schon immer gewußt.

Sie kam nicht aus kluger Überlegung dazu, sondern aus Instinkt, und doch sind die Menura fähig, aus schlechter Erfahrung relativ schnell zu lernen. Ein Phänomen, das in dieser Art bei Tieren äußerst selten, wenn nicht einmalig ist. Bevor die Weißen nach Australien kamen, gab es dort keine Füchse. Erst um 1850 wurden sie von englischen Sportsleuten eingeführt, die auch im fünften Erdteil nicht auf ihre Fuchsjagden zu Pferde verzichten wollten. Einigen der so grausam gehetzten Füchsen gelang es zu entkommen. Sie vermehrten sich und drangen schließlich bis in die Dschungel der Bergwälder vor. Binnen kurzem wurden sie zu den schlimmsten Feinden der Menura. Deren Nester lagen damals noch auf dem Boden und waren jedem räuberischen Zugriff ausgesetzt. Bevor die Füchse erschienen, hatte es im Lebensbereich der Leierschwänze so gut wie kein Raubwild gegeben. Der Dingo, Australiens Wildhund, dringt nicht in die Wälder ein. Aber mit dem Fuchs war ein Feind aufgetaucht, der über die Gehege herfiel und die Brut vernichtete. Nach Lage der Dinge mußten seine

Räubereien schon bald zur Ausrottung der Leierschwänze führen. Doch die klugen Hennen begriffen rasch, was zu tun war. Sie verließen den Boden und verlegten ihr Heim in die Äste. Jetzt befinden sich alle Nester so weit vom Grund entfernt, daß sie kein Fuchs erreichen kann. An den erwachsenen Vogel wagt sich der Fuchs nicht heran, wie es scheint. Henne wie Hahn besitzen einen starken Schnabel und sehr kräftige Krallen. Sie brauchen beides, um das Moderholz aufzureißen, worin es von schmackhaften Kerbtieren wimmelt. Also können sie auch einem Fuchs gefährlich werden. Nun sind Nest und Nachwuchs gesichert. Soweit sich feststellen läßt, können die Füchse den Bestand der Leierschwänze nicht mehr vermindern.

Was zeitweise ihren Bestand gefährdet hat, sind die Rodungen der Farmer und Viehzüchter. Wo der Urwald verschwindet, geht es auch mit den Vögeln des Dickichts zu Ende. Weite Gebiete, wo der Leierschwanz früher gelebt hat, sind zu Acker und Weide geworden. Dort ist Menura superba kaum noch eine Erinnerung. Aber gottlob dürfen nun die Berghänge an der Küste nicht mehr abgeholzt werden, die Wälder, so dicht wie nur möglich, sind lebenswichtig zur Erhaltung des relativ feuchten Klimas. Wenn die Gewässer versiegen, die aus dem Bergwald rieseln, würden drunten im Flachland die Felder verdorren, ja selbst die Städte wären ohne genügend Wasser. So stehen heute viele tausend Quadratmeilen des Bergwaldes unter Naturschutz. Unnötig zu sagen, daß auch die Leierschwänze durch besondere Gesetze nachhaltig geschützt sind. Die Strafen, welche einzelne Frevler in gerechter Weise erlitten, beweisen exemplarische Strenge. Dagegen wurden die Leierschwänze in alten Zeiten stark von den Eingeborenen bejagt, die sich mit den schönen Federn schmückten. Die schwarze Urbevölkerung ist in den Bergen an der Küste so gut wie ausgestorben. So haben sich trotz Beschränkung seines Lebensbereiches die Zeiten für den Menura gebessert. Während der letzten Jahrzehnte rechnete man mit langsamer, aber sicherer Vermehrung des Zaubervogels.

Unser Feuer war niedergebrannt, die selbstbereitete Mahlzeit im schattigen Grün schon längst beendet. Aber wenn René erzählte, der alles wußte, was je über den Menura geschrieben wurde, vergingen die Stunden ohne Blick auf die Uhr. Ich glaube, daß er liebend gerne dem Beispiel Tom Tregellas gefolgt wäre, um wie dieser als Eremit im Wald zu leben und Jahre der Beobachtung allein dem Leierschwanz zu widmen. Aber ihm gehörten viele Frisiersalons, die Dauerwellen waren wichtiger.

»Ein süßes Gift möcht' ich diesen Vogel nennen, der alle Menschen berauscht, die sich zu sehr mit ihm beschäftigen.«

So war es auch einem Mann ergangen, der ungenannt im Buch des Ambrose Pratt zitiert wird. Der Leierschwanz sei mehr als ein Vogel, schrieb er an den Präsidenten der Zoologischen Gesellschaft, er sei eine Persönlichkeit, weit vollkommener als die meisten Menschen. Sein Blick habe den Ausdruck überlegener Intelligenz, und die Aura eines echten Künstlers umgebe ihn. »In seiner Gegenwart«, heißt es zum Schluß jenes Briefes aus den zwanziger Jahren, »habe ich das gleiche Gefühl, als hörte ich die Melba singen oder sähe die Pawlowna tanzen.«

Wirklich ein ›süßes Gift‹, wie René gesagt hatte. Der Menura superba war fähig, einen empfindsamen Menschen zu verzaubern.

Wir aber durften nicht länger verweilen, heute war unser Reisetag. Mit allem Gepäck hatten wir schon unsere Kabine bezogen. Nur die Verladung der Fracht war noch nicht beendet, so hatte uns der Käpt'n noch einmal entlassen. Dieser letzte Besuch im Waldpark von Healesville stand nicht mehr im Programm, er war eine unvorhergesehene Zugabe.

»Wir haben noch Zeit«, meinte René, »wir machen einen Umweg über die Forststraße.«

Sein offener Sportwagen, knallrot, verließ schon bald jene breite Asphaltbahn, die unmittelbar nach Melbourne führt. Statt dessen rollten wir auf einem schmalen, vielgewundenen Weg durch die prächtigen Wälder. Eine schönere Fahrt haben wir selten gemacht. Das tiefgrüne Farngebüsch, oft drei und vier Meter hoch, füllte alle Lücken zwischen den Stämmen. Kein Fleck des Bodens war zu sehen. Haushohe Eukalypti, in der mannigfachen Erscheinung ihrer zahlreichen Variationen, stiegen kerzengerade in den Himmel. Mit ihren Ästen formten sie droben ein vollständiges Dach. Der Duft verborgener Blüten lag in der Luft, aus dem feuchten Boden stieg der Atem lebendiger Erde. Noch nichts hatte die Hand des Menschen in dem undurchdringlichen Dschungel geändert, nur eben diesen Weg hindurchgezogen. Unser Freund fuhr langsam, die Umwelt genießend, ohne viel zu erklären. Wir hatten soeben eine Kurve umrundet, als René auf die Bremse trat. Der Weg durchschnitt einen Hügel, mit rötlich schimmernder Flanke zur linken Seite.

Droben, auf dieser Kante, glänzte die Silhouette eines Vogels mit langem, zartgefedertem Schwanz. Ein *Menura superba* . . . kaum zehn Schritt von uns entfernt. Wir verhielten den Atem.

Längst hatte er den Wagen und die Menschen darin gesehen, schaute uns an und neigte seinen Kopf zur Seite.

Das währte unendlich lange, in Wirklichkeit wohl nur wenige Minuten.

Der schimmernde Hahn weitete die Flügel, reckte den Hals und schwebte hinauf auf den Weg. Dort drehte er sich einige Male im Kreise, um dann sein Gefieder zu entfalten. Die graublaue Leier erschien, wippend und vibrierend im dämmrigen Licht des Urwalds. Wir sahen den mattbraunen Glanz des Gefieders an seinem Körper, das helle Filigran der Saiten in seiner Lyra und die blitzend schwarzen Augen, mit denen uns der schöne Vogel betrachtete.

Das Wunder des Waldes präsentierte sich in all seinem Zauber und schien zu empfinden, wie entzückt wir waren. Ein paar Trippelschritte nach links, einige rechts und zurück in die Mitte. Schließlich eine graziöse, sehr höfliche Verbeugung, und fort war er, mit geschwindem Husch wieder ins Dickicht getaucht.

Wir blieben noch geraume Weile völlig stumm. Der Wagen stand still, und der Wald ringsum war es auch.

»Australien hat Ihnen einen schönen Abschied geschenkt«, sagte schließlich René, »einunddreißig Jahre bin ich im Land, aber das habe ich noch nie erblickt . . . so nah und deutlich habe ich den Leierschwanz noch nie gesehen.«

Wir rollten weiter, verließen den Schutz der Wildnis und gelangten bald in die lärmende Stadt, zwischen hohe Häuser und drängenden Verkehr.

Noch vor Einbruch der Nacht glitt unser Schiff aus dem Hafen.

Bibliographie

AUSTRALIA
Official Handbook, 1965

AUSTRALIA
Chronology and Fact Book 1606–1976, Dobbs Ferry/N.Y. Oceana Publ. 1978

BARROW, SIR JOHN
With Shame Remembered, Cassel and Co. Ltd. Melbourne 1962

BEATTY, BILL
Unique to Australia, Ure Smith, Sydney 1952

BECKER, O. E. H.
Das australische Abenteuer, Kreiselverlag, Leipzig 1961

BIRD, ALAND, AND DAVID S. MACMILLAN
The Sydney-Scene 1788–1960, Melbourne University Press 1960

CLUNE, FRANK, AND STEPHENSON
The Viking of Van Diemens Land, Angus and Robertson, Sydney 1954

CLUNE, FRANK
The Overland Telegraph, Angus and Robertson, Sydney 1955

DANIELSSON, BENGT
What Happened on the Bounty, George Allen and Unwin Ltd. Bury St. Edmunds 1962

ELKIN, A. P.
The Australian Aborigines, Angus and Robertson, Sydney 1938

GLUTH, OSCAR
Das höllische Paradies, L. Staackmann-Verlag, Bamberg 1955

GREENWAY, JOHN
Bibliography of the Australian Aborigines and the Native People of Torres Strait 1959

GOREY, NATHALIA U. A.
The Alice, Country Womens Ass. of South Australia, Adelaide 1960

GRIMBLE, SIR ARTHUR
J'ai choice les Iles, Amiot and Daumont, Paris 1953

GROOME, ARTHUR
I Saw an Strange Land, Angus and Robertson, Sydney 1950

HALL, VIC
Namatjira of the Aranda, Rigby Ltd. Adelaide 1962

HALL, VIC
Dreamtime Justice, Rigby Ltd. Adelaide 1962

HAUSER, HEINRICH
Australien, Safari-Verlag, Berlin 1956

HERBERT, XAVIER
Capricornia, Christian Wolf Verlag, Hamburg o. J.

HILL, ERNESTINE
The Great Australian Loneliness, Robertson and Mullens Ltd. Melbourne 1940

HILL, ERNESTINE
Flying Doctor Calling, Angus and Robertson, Sydney 1947

IDRIESS, JOHN L.
Flynn of the Inland, Angus and Robertson, Sydney 1932

IDRIESS, JOHN L.
Man Tracks, Angus and Robertson, Sydney 1935

JOHNSTON, SIR HARRY
Pioneers in Australia, Blackie and Son Ltd. London 1913

LOCKWOOD, DOUGLAS
Crocodiles and Other People, Rigby Ltd. Adelaide 1953

LOHSE, BERND
Australien und Südsee heute, Umschau-Verlag, Frankfurt 1953

MACKANESS, GEORGE
The Life of Viceadmiral William Bligh, Angus and Robertson, Sydney 1931

MOUNTFORD, CHARLES P.
Braune Menschen, roter Sand, Streifzüge durch die Wildnis Australiens, Orell Füssli Verlag, Zürich 1951

NORDHOFF, CHARLES, AND NORMAN HALL
Mutiny, Chapmann and Hall Ltd. London 1933

NOWACK, WILHELM
Australien, W. Goldmann Verlag, Leipzig 1938

PETRIE, HELMUT
Sterbende Welt in Nordwest-Australien, Limbach-Verlag, Braunschweig 1954, Kulturgeschichtliche Forschungen Bd. 5

PRATT, AMBROSE
The Lore of the Lyrabird, Robertson and Mullens, Melbourne 1938

PRINGLE, JOHN DOUGLAS
Australian Accent, Chatto and Windus, London 1958

RASHLEIGH, RALPH
The Adventures of Ralph Rashleigh, Jonathan Cape, Toronto 1929

RUTTER, OWEN
The Court Martial of the Bounty Mutineers, William Hodge and Co. Ltd., London 1931

ROSS, FREDERICK
Die Ureinwohner Australiens, Koehler and Amelang, Leipzig 1969

SACHSE, GÜNTHER
Die Meuterei auf der Bounty, Bertelsmann, Gütersloh 1962

SCHERER, P. A.
Venture of Faith, United Evangelical Lutheran Church in Australia, Adelaide 1963

SKEMP, H. R.
Tasmania Yesterday and Today, Macmillan and Co., Toronto 1958

STUTTERHEIM, KURT VON
Australien, Herbig-Verlag, Berlin 1949

WHITE, PATRICK
Voss, Kiepenheuer and Witsch, Köln–Berlin 1959

Register